춘하추동 실전 사주학 (교재용)---❼

신살통변(神殺通辯)

四柱神殺 (사주신살)

藥(약)인가? 毒(독)인가?

김숙희 엮음

두원 출판미디어

사주(四柱)신살(神殺)

사주(四柱) 신살(神殺),

약(藥)인가? 독(毒)인가? " ━ ━ ━ ━ 를 펴내면서.

기(氣)의 표출(表出)됨이, 움직이는 것을 보고 우리는 기(氣)가 운행(運行)을 한다하는 표현을 하는데, 그것이 각자의 심신(心身)에 도달하여 직간접으로, 다양한 방법으로 영향을 미치는데 길(吉)로 작용하면 신(神)이요, 흉(凶)으로 작용하면 살(殺)이라 칭(稱)한다.

음양(陰陽)의 논리(論理)와 같은 이분법적(二分法的) 이야기지만, 어찌 보면 극히 이기적(利己的)인 생(生)에 대한 편협(偏狹)적 논리(論理)라고도 볼 수 있는 것이다.

살생(殺生)이란?

살(殺)과, 생(生)의 순환(循環) 논리이다. 생(生)을 하기 위해서는 살(殺)을 행해야 하는 어쩔 수 없는 삶의 논리이기도 하다.

이처럼 살(殺)이란 부인(副因) 할 수 없는 존재(存在)인 것은 확연한 것이다.

이 책에서 논하는 신살(神殺)이란?

존재(存在)의 유(有),무(無)를 논하는 것이 아니다.

이러한 부분에 대한 탐색(探索)을 하여 보자는 것이다.

살(殺)이란?

세탁기에 여러 종류의 옷을 섬유 및 기타 불순물이 묻은 것과 혼합하여 돌릴 경우, 손상(損傷)이나 색(色)의 변화(變化)로 깨끗한 옷에 묻어나는 것을 많이 본다. 바로 살(殺)의 작용이다.

갈대란?

자신과 접하고 공유하는 많은 사람들에게 나름대로 생각할 시간(時間)과,

공간(空間)을 제공하기도 하고, 때로는 인생의 덧없음을 알려주기도 한다. 모든 것이 그러하듯 삼라만상이 물상(物象)에 대한 관(觀)이니 보이는 데로, 안 보이는 데로 구멍의 크기만큼 생각하기 나름이다.

갈대란?

불길을 당겨 붙여주면 환함과, 따뜻함을 전해주며 자신을 불태운다. 그리고 한 줌의 재가 되어 드넓은 대지(大地), 보이지 않는 한 구석에 안착(安着)하여 허공(虛空)을 응시하며, 잠시 잠깐 허공에 걸려있던 시간을 아쉬워한다.

갈대란?

우리는 대체적 이 정도이면 아, 이제 갈대의 일대(一代)는 끝이 나고 긴 수장(收藏)의 시간이 지나야 다음 대(代)로 이어지겠구나! 하고 생각을 한다. 그러나 결코 그리 쉽게 끝나지 않는 것이 인연(因緣)이다. 모질고, 악한 것이 인연(因緣)이다.

갈대란?

어느 장인의 손에 올리어져 한 줌의 재가 까만 염료로 변하여 새하얀 광목(廣木) 위에 합(合)을 이루어, 아름다운 무늬를 만들면서 다시금 허공에 걸려 자신의 분신을 밝힌다.

갈대인 목(木)이 불인 화(火)의 과정을 거쳐 재인 토(土)로 화(化)하였다가 덩어리가 되어 금(金)의 과정을 거쳐 물인 수에 풀어지면서 엉기어 광목(廣木)인 목(木)에 다시 합(合)을 하여 목(木)으로 화(火)한 형상(形象)을 나타낸다.

일대(一代)에서도 끝이 나는 것이 아니라, 자기 자신의 본연(本然)의 성질(性質)을 그대로 유지하면서 목(木)의 성향으로 화(化)한 것이다. 그렇다면 계속적인 인연을 이어가도록 한 것이 무엇일까?

재로 화하였어도 선택(選擇) 받은 것이다.

자신을 필요로 하고, 진가(眞價)를 알아주는 장인(匠人)에 의하여 생사(生死)의 위기(危機)에서 회생(回生) 한 것이다.

극히, 아주 극히 드문 경우지만 이것이 많아질 수도 있는 것은 당연한 것이다. 갈대의 타고 남은 재(滓)를 이용하여 자연염료를 만드는 것이다.

화학염료가 아닌 순수 자연염료를 만드는 것이다.

여기에서 장인(匠人)은 누구일까? 살(殺)을 이용하는 사람이다.

그럼 살(殺)은 무엇일까? 타고남은 재다. 그냥 내버려두어도 절로 자양분(滋養分)이 되어 자기 역할을 다 할 것이다.

여기에서 이야기를 끝낸다면, 그것으로 끝이 날 수 있다. 한 걸음 더 나아가 여기에서 염료로 작용하여 아름다운 무늬를 창조하여 미적 감각을 표출하는 재원(財源)이 되고, 의식주(衣食住)에 많은 도움이 된다면, 그 차이는 많이 날 것이다.

살(殺)이란 이용(利用)하기 나름이다. 필요 없다 하여 사용(使用)을 안하는 경우도 있고, 관심이 없어 버려두는 경우도 있고, 여러 상황이 생기는 것은 당연하다.

신살(神殺)에 대한 많은 논란은 사실이다. 어느 것이 옳고, 그르다는 판단을 떠나서 가용(可用)의 의미에서 보자.

아궁이에서 재로 버려지는 것들을 그저 한적한 대지위에 버리지 않고 채로 거르면 향로(香爐)의 재로 기막힌 변신을 한다.

이러한 관점(觀點)에서 보자는 것이다. 버릴 것은 버려야겠지만 유용하게 얼마든지 활용을 할 수가 있다. 그에 대한 활용도(活用度)나 양(量)은 각자의 필요에 의해서, 얼마든지 늘어난다.

신살(神殺)이란?

사주(四柱)신살(神殺)

살생(殺生)이란 의미를 생각하면 될 것이다.
살(殺)이란 생(生)을 위한 과정이요, 필히 거쳐야 하는 과정이다.
그 지나는 과정에 있어 많은 부작용이 발생을 한다.
살(殺)을 활용(活用)을 한다는 것, 살(殺)의 부작용(副作用)에서 벗어나 좋은 점만 적절히 추려 바로 생(生)으로 연결하는 효과를 보자.
이것이 신살(神殺)을 알아야 하는 이유이다.
살(殺)을 가용(可用)하여, 이용(利用) 되도록 하자.

아직도 갈 길이 멀어 힘이 드는 상태이지만, 잠시 숨을 돌리는 사이, 부족한 점이 많은 사람이, 작은 지면이지만 저의 의견을 올리는 바이오니 많은 선배님, 선생님들의 지도와 편달을 바랍니다.

신살(神殺)에 대한 궁금증이 많으시거나 필요하신 분들에게 어느 정도 충족이 되어 만족함을 얻으실 지는 글을 읽으시는 분들이 판단하리라 믿습니다. 모자라는 점 많지만, 다만 정성으로 올린 글이오니 무릇 장인(匠人)의 손과 발이 되어 주는 글이기를 바라는 마음입니다.

辛卯年　壬辰月　庚戌日　戌時

엮은이　　김 숙희 올림.

• 차례

"사주 신살(神殺) 약(藥)인가? 독(毒)인가?"를 펴내면서.----------3

☀ 살(殺)이란?--------------15

제1장
신살(神殺)이란?

신살(神殺)이란 무엇인가?--------------------23
신(神)이란?-------------------23
길신(吉辰), 흉신(凶神)---------24
살(殺)이란?----------------25
올바른 선택의 신살과 적용.--------------31

제2장
십이신살(十二神殺)의 활용(活用).

십이신살(十二神殺)이란?------------37
십이신살(十二神殺)의 작용과 분석----------------42

- 겁살(劫煞)--46

  사(死),절(絶)이란?----------------47
  겁살표--------------------51
  성정(性情)으로 살펴보는 겁살(劫煞)-----------------53
  육친(六親)관계로 살펴보는 겁살(劫煞)--------------57
  위치(位置)별로 살펴보는 겁살(劫煞)------------63
  흐름으로 읽어보는 겁살(劫煞)------------71
  망신살과 겁살의 상호관계-------------72
  겁살(劫煞)방에 대한 생활의 지혜(知慧)-----78

- 재살(災殺)----84

  의미(意味)로 살펴보는 재살(災殺)----------------84
  재살의 작용--------------------85
  성정(性情)으로 살펴보는 재살(災殺)-----------------92
  육친(六親)별로 살펴보는 재살(災殺)--------------93
  위치(位置)별로 살펴보는 재살(災殺)-----------101
  흐름으로 읽어보는 재살(災殺)-----------102
  재살(災殺)방에 대한 생활의 지혜(知慧)-----103
  실전(實戰)으로 살펴보는 재살(災殺)---------104

- 천살(天殺)----109

  의미(意味)로 살펴보는 천살(天殺)-----------------109
  천살(天殺)표----------------------110
  성정(性情)으로 살펴보는 천살(天殺)-----------112
  육친(六親)별로 살펴보는 천살(天殺)-----------------114
  위치(位置)별로 살펴보는 천살(天殺)------------116
  흐름으로 읽어보는 천살(天殺)------------117
  천살방(天殺方)에 대한 생활의 지혜(知慧)-----120

실전(實戰)으로 살펴보는 천살(天殺) --------- 121

● <u>지살(地殺)--124</u>

  의미(意味)로 살펴보는 지살(地殺)--------------- 124
    지살(地殺)표--------------------- 125
  성정(性情)으로 살펴보는 지살(地殺)--------------- 126
  육친(六親)별로 살펴보는 지살(地殺)--------------- 130
  위치(位置)별로 살펴보는 지살(地殺) ------------ 133
  흐름으로 읽어보는 지살(地殺)------------ 135
  실전(實戰)으로 살펴보는 지살(地殺)--------- 138

● <u>년살(年殺)---141</u>

  의미(意味)로 살펴보는 년살(年殺)--------------- 141
    년살표(年殺表)--------------------- 143
  성정(性情)으로 살펴보는 도화(桃花)살--------------- 144
  위치(位置)별로 살펴보는 도화(桃花)--------------- 145
  육친(六親)별로 살펴보는 년살(年殺)--------------- 151
  도화(桃花)와 바람기와의 상관관계(相關關係)----------- 164
  위치(位置)별로 살펴보는 년살(年殺)---------- 166
  흐름으로 읽어보는 년살(年殺)------------ 168
  년살(年殺)방(方)에 대한 생활의 지혜(知慧).---- 172
  실전(實戰)으로 살펴보는 년살(年殺)--------- 172

● <u>월살(月殺),고초살(枯焦殺)--176</u>

  의미(意味)로 살펴보는 월살(月殺)--------------- 176
    월살표(月殺表)--------------------- 177
  성정(性情)으로 살펴보는 월살(月殺)--------------- 179
  육친(六親)별로 살펴보는 월살(月殺)--------------- 180
  위치(位置)별로 살펴보는 월살(月殺)--------------- 184

흐름으로 읽어보는 월살(月殺) ---------- 185

월살(月殺) 방(方)에 대한 생활의 지혜(知慧).---- 187

실전(實戰)으로 살펴보는 월살(月殺)-------- 188

● 망신살(亡神殺)--190

의미(意味)로 살펴보는 망신(亡神)---------------- 190

망신표(亡神表)-------------------- 192

성정(性情)으로 살펴보는망신(亡神) ------------ 194

육친(六親)별로 살펴보는 망신(亡神)------------ 195

위치(位置)별로 살펴보는 망신(亡神)---------------- 199

흐름으로 읽어보는 망신(亡神) ---------- 201

망신(亡神)방(方)에 대한 생활의 지혜(知慧).---- 203

실전(實戰)으로 살펴보는 망신(亡神)-------- 204

● 장성살(將星殺)---207

의미(意味)로 살펴보는 장성살(將星殺)--------------- 207

장성살(將星殺)표(表) --------------------- 208

성정(性情)으로 살펴보는 장성살(將星殺)------------ 209

육친(六親)별로 살펴보는장성살(將星殺) ------------ 211

위치(位置)별로 살펴보는 장성살(將星殺)------------ 211

흐름으로 읽어보는 장성살(將星殺)---------- 216

장성살(將星殺) 방(方)에 대한 생활의 지혜(知慧).---- 223

실전(實戰)으로 살펴보는 장성살(將星殺)-------- 224

● 반안(攀鞍)살----226

의미(意味)로 살펴보는 반안(攀鞍)-------------- 226

반안(攀鞍) 표(表) --------------------- 228

성정(性情)으로 살펴보는 반안(攀鞍) ------------ 229

육친(六親)별로 살펴보는 반안(攀鞍)------------ 230

위치(位置)별로 살펴보는 반안(攀鞍)---------------234
흐름으로 읽어보는 반안(攀鞍)---------------234
반안(攀鞍)방(方)에 대한 생활의 지혜(知慧).----240
실전(實戰)으로 살펴보는 반안(攀鞍)-----------240

● **역마(驛馬)----242**

의미(意味)로 살펴보는 역마(驛馬)---------------242
역마(驛馬) 표(表) ---------------------244
성정(性情)으로 살펴보는 역마(驛馬)살------245
육친(六親)별로 살펴보는 역마(驛馬)---------247
위치(位置)별로 살펴보는 역마(驛馬) -----------------253
흐름으로 읽어보는역마(驛馬) ------------255
실전(實戰)으로 살펴보는 역마(驛馬) ------------260
역마(驛馬) 방(方)에 대한 생활의 지혜(知慧).----262

● **육해살(六害殺)---264**

의미(意味)로 살펴보는 육해살(六害殺)---------------264
육해살(六害殺)표(表) ---------------------267
성정(性情)으로 살펴보는 육해살(六害殺)---------268
육친(六親)별로 살펴보는 육해살(六害殺) ------------269
위치(位置)별로 살펴보는 육해살(六害殺)---------------271
흐름으로 읽어보는 육해살(六害殺) ------------273
육해살(六害殺) 방(方)에 대한 생활의 지혜(知慧).----278
실전(實戰)으로 살펴보는 육해살(六害殺) ------------280

● **화개살(華蓋殺)--284**

의미(意味)로 살펴보는 화개살(華蓋殺) ---------------284
화개살(華蓋殺) 표(表---------------------285

성정(性情)으로 살펴보는 화개살(華蓋殺)------286
육친(六親)별로 살펴보는 화개살(華蓋殺)------296
위치(位置)별로 살펴보는 화개살(華蓋殺)------298
흐름으로 읽어보는 화개살(華蓋殺)------299
화개살(華蓋殺)방(方)에 대한 생활의 지혜(知慧)----300
실전(實戰)으로 살펴보는 화개살(華蓋殺)------301

제 3장
흉신(凶神)

흉신(凶神)의 분석(分析)------305

● **공망살(空亡殺)----308**

공망(空亡)이란?------309
절로공망(截路空亡)------311
육십갑자(六十甲子) 공망(空亡)------314
성정(性情)으로 살펴보는 공망살(空亡殺)------315
위치(位置)별로 살펴보는 공망살(空亡殺)------316
육친(六親)으로 살펴보는 공망살(空亡殺)------318
신살(神殺)로 보는 공망(空亡)------322
흐름으로 읽어보는 공망살(空亡殺)------323
실전(實戰)으로 살펴보는 공망살(空亡殺)------324

● **양인살(羊刃殺)---326**

성정(性情)으로 살펴보는 양인살(羊刃殺) ----------------327
오행(五行)으로 살펴보는 양인(羊刃)의 성정(性情)----------328
위치(位置)별로 살펴보는 양인살(羊刃殺)----------------330
양인살(羊刃殺) 표(表) ------------------330
흐름으로 읽어보는 양인살(羊刃殺)-----------331
실전(實戰)으로 살펴보는 양인살(羊刃殺)-----------334

● 반음(返吟) 및 복음(伏吟)--335

● 비인(比刃)-----339
성정(性情)으로 살펴보는 비인(比刃)----------------339

● 괴강살(魁罡殺)---342
성정(性情)으로 살펴보는 괴강살(魁罡殺)----------------342
통변(通辯)으로 살펴보는 괴강살(魁罡殺)----------------344
실전(實戰)으로 살펴보는 괴강살(魁罡殺)-----------346

● 백호살(白虎殺)--347
성정(性情)으로 살펴보는 백호살(白虎殺)----------------348
육친별로 살펴보는 백호살(白虎殺)의 작용(作用) ----------349
위치(位置)별로 살펴보는 백호살(白虎殺)----------------349
흐름으로 읽어보는 백호살(白虎殺) -----------353
실전(實戰)으로 살펴보는 백호살(白虎殺)-----------354

● 천라지망살(天羅地網殺)-355
천라지망살(天羅地網殺)의 의미(意味)----------------355
천라지망살(天羅地網殺)의 구성(構成)----------------355
천라지망살(天羅地網殺)의 작용(作用)과 응용(應用)----------------356

- 현침살(懸針殺)---359
  - 현침살(懸針殺)의 구성(構成)과 작용(作用)--------------359
- 형살(刑殺)------361
  - 삼형살(三刑殺)--------------362
  - 상형살(相刑殺)--------------366
  - 자형살(自刑殺)--------------368
  - 형살(刑殺)의 작용(作用)과 특징(特徵)-----------370
  - 형살(刑殺)의 통변(通辯)-------------372

- 파살(破殺)-------------376
- 해살(殺)------------378
- 원진살(怨嗔殺)----------381
- 귀문관살(鬼門官殺)------388
- 탕화살(湯火殺)----------397
- 상문(喪門),조객(弔客)-----400
- 급각살(急脚殺)----------404
- 단교관살(斷橋關殺)------410
- 낙정관살(落井官殺)------412
- 평두살(平頭殺)---------416
- 홍염살(紅艶殺)---------419
- 고신(孤辰),
  과숙살(寡宿殺)---------424
- 십악대패살(十惡大敗殺)---430
- 음양차착살(陰陽差錯殺)---434
- 효신살(梟神殺)---------438
- 천전살(天轉殺),지전살(地轉殺)-
  -----441

제 4장
신살(神殺) 통변(通辯)

- ✪ 신살통변---------447
- ✪ 편집후기---------461
- ✪ 도서목록-----462
- ✪ 판권--------464

살(殺)이란?

살(殺)이란?

은둔하여 있다가도 언제 어떻게 나타날지 모르는 일촉즉발(一觸卽發)의 상황(狀況)과도 같다.
눈에 뜨이지 않고, 나타나지도 않는 것이 좋다.
작용(作用)을 한다하여도, 미리 감지(感知)를 하여 대비하여야 하는 것이다.

살(殺)이란?
추풍낙엽(秋風落葉)과도 같다. 성장(成長)과 번영(繁榮)을 간직하다, 시간의 흐름에 편승(便乘)하여 올라간 만큼 내려가 휴식(休息)시간을 갖고 수장(收藏)의 시간을 맞는다. 나름대로 많은 아쉬움을 간직하면서 다음을 기약하는 것이다.

살(殺)이란?
집에서 마련하여 주는 정성이 담긴 음식을 먹지 못하고 밖에서 외식(外食)을 하던가, 임시방편으로 허기(虛氣)를 채울 때 나타나는 결과(結果)와도 같다.

무엇인가 부족(不足)하고, 실속도 없고, 심하면 해(害)가 되기도 한다. 약(弱)하면 미비하지만, 심하면 생각을 초월하는 결과를 초래한다. 왜일까? 간단하게 음식을 조리 할 때 경우를 비교하여보자. 집에서는 식구들을 위하여, 건강을 위하여 체질에 맞는, 영양가 있는 갖가지 재료와 입에 맞도록 준비하여 식탁에 올리는 것이다.

당뇨나 기타 고질병에 유익한, 섭생(攝生)에 지켜야 할 여러 가지 금기(禁忌)사항이나, 참고사항을 충실히 유의하여 음식을 만들 것이다.
외식(外食)일 경우 당신의 식성이나, 체질에는 절대 맞추지 않는다.

살(殺)이란?

당신이 잘 골라서 선택하여야 한다. 그러나 아무리 선택을 잘 한다하여도 당신을 위한 식탁은 집에서 준비하고, 마련한 것만큼은 못하다.
집에서도 스스로 맞춤식단을 마련하여 최강의 음식을 섭취하여야 한다.
깍두기의 경우를 보자. 크기를 알맞도록 그리고, 입에 편하도록 치아의 상태도 고려하여 적당하게 준비를 할 것이다. 그러나 밖에서는 많은 사람을 기준하여, 영리를 목적으로 함으로 그러한 사항에는 개의치 않는다. 당신이 불편해하던, 몸에 이상이 오던 상관하지를 않는다.
그렇다고 그것이 해롭다든가 이상이 있다는 것은 아니다. 당신의 기준으로 보았을 때 크게 이롭지 않을 수 있다.
그로 인하여 당신은 어떤 불편을 감수하고, 부작용이 생기는 것일까?
연령이 많은 사람일 경우는 크기가 지나치게 크면 치아를 상하는 경우가 생긴다. 기력(氣力)이 약(弱)하므로 큰 것은 입에 맞지가 않다. 자연 여러 번 나누어 씹어야 하는 것이다. 그사이 잇몸이 상하거나, 치아에 무리가 오는 것이다.
당뇨(糖尿)가 있는 사람이 삼겹살집에서 고기를 먹다가 오돌 뼈를 잘못 씹어 치아가 부러지는 불상사로 인해 낭패를 보는 경우도 있다.
이러한 것이 바로 살(殺)의 작용이다. 건강한 사람과 비교 한다면 차이가 날 수도 있다. 중요한 것은 약간의 요소(要素)로 인하여 불의의 경우를 당하는 가능성이 더 많은 것 역시 살(殺)의 작용이다.
건강한 사람이라도 영락없다는 것이다.
아이들일 경우는 맵거나, 크기가 지나치게 크면, 아예 먹을 생각을 안 한다. 설사 먹는다 하여도 물에 씻어서 먹거나, 옆에서 잘라주어야 하니 시간이 흐르는 사이 식욕(食慾)이 감소하는 것이요, 세 번 먹을 것을 한 번 정도 손이 가는 것이다. 그러다보니 엉뚱한 것에 손이 가거나, 영양의 섭

살(殺)이란?

취에 있어 양적(量的), 질적(質的)인 문제점이 생긴다.
내 돈을 내면서, 음식을 취하면서도, 심신(心身)에는 생각만큼 큰 보탬이 되는 것이 아니다. 똑같은 재료를 직접 구입하여 내 몸에 맞는 음식으로 취하였다면 후(後)에도 개운할 것이다.
정신적인 편안함과 푸근함을 느끼고, 가정의 안락함과 삶의 풍요로움도 알 것이다. 여기서 문제가 되는 것은 내가 그만큼 움직이고, 정성을 다하고, 노력한다는 것만이 추가되어야 할 요인(要因)이다.
재료를 선별하고, 생각하고, 수고를 하여 음식을 만드는 과정이 살(殺)을 구별하는 것이다. 반대로 아무런 정성(精誠)과 노력(努力)도 하지 않고 편안하게 음식을 취하는 것이 살(殺)을 방치하는 것이다.
음식(飮食)뿐 아니라 의복(衣服), 신발의 경우도 마찬가지다.
크기를 구별하지 않고 아무 옷이나 걸치거나, 계절감각도 없이 무 개념(槪念)으로 입고, 신는 것이다. 방치(放置)하여 처리하는 모든 경우가 살(殺)을 무시하는 경우요, 살(殺)을 부르는 행위(行爲)이다.
선별(選別)하여 정성(精誠)을 기하는 것과, 그저 안이(安易)하게 행(行)하는 것과의 차이 이다. 정성을 다하는 것은 정신(精神)을 살찌우는 것이요, 흉(凶)을 방지하는 것이요, 주의 없이 행(行)하는 것은 살(殺)을 키우는 것이요, 알게, 모르게 흉(凶)을 당한다.
살(殺)이란 이러한 것이다. 아무런 차이가 없을 것 같아도 이리 차이가 많이 나는 것이다. 물론 흉(凶)이 작용(作用)을 안 하는 수도 있다. 그러나 그것이 누적(累積)이 되고, 일시적(一時的)으로 나타나지 않는다하여 아, 살(殺)이란 별 것이 아니구나! 하고 단정(斷定)을 하지는 못한다. 그것이 흉(凶)으로 작용을 한다는 것은 명백한 사실이다.
이것이 살(殺)을 알아야 하는 이유이다.

살(殺)이란?

풍수적인 사항에 있어서도 마찬가지다. 왜 그러한 살(殺)들을 살피는 것일까? 정신적(精神的)인 면에 작용하는 부분이 클 것이다. 그 자체만 하여도 이미 심리적인 안정을 기하는 것이므로 판별에 대한 역할은 다하는 것이다. 그런데 과연 그것뿐일까?

많은 사항에 있어서 작용한다는 것을 알아야 한다.

집을 선택할 때도 마찬가지이다.

풍수에 의존하는 이유는 무엇일까? 꼭 "의존 한다" 보다 기본적으로 상생(相生)과 상극(相剋)을 생각해보자.

쉽게 알 수 있는 사항인데 우리는 그냥 지나치는 것이다.

그것이 살(殺)을 부르는 것이다.

자기는 영리(營利)하게 잘하는 것 같아도, 옆에서 볼 때는 한심한 것이다.
이 또한 고생(苦生)을 사서 하는 것이니, 살(殺)을 부르는 행위이다.

살(殺)이란?

⇧ 흉살(凶殺)이 작용을 한다. 왜 일까? 비탈길인데 정면(正面)으로 마주친다.

흉살(凶殺)이란 엄히 다스리고 문책(問責)을 해야 하는 것이다.

앞이 안 보이면 발등에 불이 떨어져도 어찌 할 바를 모른다.
감각적으로 아! 위험한 상황이구나! 알아도 앞이 안 보이니 어쩔 수가 없는 것이다. 알면서도 거동하기가 불안하니 그 심리적(心理的) 상태는 어떨까? 일단은 앉으나 서나 다.
양팔을 휘둘러보아도 앞이 보이지 않으니 답답하기만 더하다.
신살(神殺)이란 발등에 떨어지는 불과도 같다.

살(殺)이란?

신살(神殺)이란?

제 1장
신살(神殺)이란?

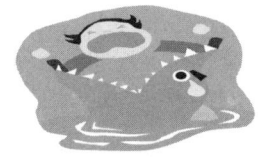

- ☑ 신살(神殺)이란 무엇인가?
- ☑ 표현(表現)의 차이(差異)의 신살(神殺).
- ☑ 올바른 선택(選擇)의 신살(神殺)과, 적용(適用).
- ☑ 신살(神殺)은 주체(主體)가 될 수가 없는 것이다.

사람의 심리(心理)란 묘(妙)한 것이다.
버리라고 하면 더 갖고 싶고, 손에 더 움켜쥐려고 하는 것이 인간(人間)의 본성(本性)인 지도 모른다.
얼마 전에 고인이 되신 무소유(無所有)를 설법(說法)하시던 어느 스님의 뜻을 사람들은 역(逆)으로 그것을 소유하려고 무진 애를 쓴다.
"살(殺)이란 버려야 하는 것이다." 라고 하는데 왜 자꾸 들추고 하는 것일까? 비합리적이란? 이유(理由)를 알고 판단(判斷)을 하여야 한다.

신살(神殺)이란?

신살(神殺)이란?

● 신살(神殺)이란 무엇인가?

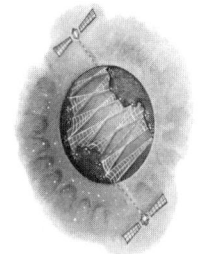

신(神)이란?

신(神)이란 무엇일까?

사전에 나와 있는 의미는 종교적(宗敎的)인 의미의 대상(對象)으로 우주(宇宙)를 주재(主宰)하는 초인간적이요, 초자연적인 능력을 가진 무어라 형언하기조차 힘든 그러한 존재(存在)라는 것인데, 일부에서는 그 존재(存在) 조차 부정(否定)하는 사람들도 간혹 있기는 하지만 과연 신(神)이란 무엇일까?

신(神)이란? 감히 근접하기가 어렵고 참으로 성스러운 존재이다. 그렇다고 그 존재(存在)에 대한 궁금증은 아직 까지 속 시원하게 풀리지 않고 있는 것도 사실이다. 형이상학적인 존재라 영혼(靈魂)이요, 혼백(魂魄)을 말하기도 하지만 인간이 감히 엄두도 못 낼 정도의 높은 경지에 있는 형언하기조차 힘든 창조라는 권위와 불가사의(不可思議)하고, 교묘(巧妙)하고, 지혜(知慧)로우며, 손에 닿지 않는 먼 곳에서, 또는 가까이서 작용을 한다. 삼라만상을 지배하고 운영하는 시각적(視覺的)으로 확연(確然)한 것도 아니고, 손에 닿을 것 같기도 하지만, 결코 그리 될 수 없는 그야말로 신비에 쌓인 우주의 영적인 지도자와 같고, 어찌 보면 기(氣)의 변화(變化)에 의한 머나먼 관계이기도 한 것이다.

그러나 여기서는 귀신(鬼神)을 말하는 것이다. 모든 것은 음양(陰陽)의 이치(理致)에 의하여 길(吉)이 있으면, 흉(凶)이 있는 것처럼 신(神)에도 길신(吉神)이 있으면, 흉신(凶神)이 있는 것이다.

신살(神殺)이란?

신(神)이라는 존재(存在)가 음양(陰陽)의 오묘한 변화에 의하여 창출되는 그 자체(自體)인지? 아니면 무어라 표현할 수 없는 그 무엇인지? 부족한 면이 너무 많은지라 논하기조차 어려워진다.

길신(吉神)이란?
선(善)을 우선으로 하고, 잘못 되었으면 옳게 인도(引導)하고 가르치는 것이요, 추(醜)한 것도 아름다움으로 변화(變化)시키고, 복(福)도 적으면 많도록 하여주고, 흉(凶)을 길(吉)로 전환을 하여주고, 부정적(否定的)인 것도 긍정적(肯定的)인 것으로 다 바꾸어준다.
귀인(貴人)중의 귀인(貴人)이다. 귀신(鬼神)이라 하여도 귀신(貴神)이라는 것이다. 길신(吉神)이란 착한 신(神)이라 하여 선신(善神)이라 한다.

흉신(凶神)이란?
놀부의 심보와 같은 것이라, 잘나가면 발을 걸어 넘어트리는 것이요, 남이 잘되는 것을 보지 못하는 것이다. 호시탐탐 기회를 노리고 있다가 조그만 틈만 생겨도 비집고 들어가 긍정(肯定)을 부정(不正)으로 하는 것이다. 오지 말아야 하고, 보이지도 말아야 한다.
인생(人生)사에 있어서 항상 다가오고 사라지는 길신(吉神)과, 흉신(凶神)은 만물의 영장(靈長)이라는 인간도 어쩔 수 없이 받아들여야 하는 운명(運命)의 과정(課程)이다.
특히 흉신(凶神)을 살(殺)이라는 표현(表現)을 하여 걱정과, 근심(謹審)의 대상(對象)으로 기피(忌避)한다.
흉신(凶神)이란? 선(善)하지 못하여 악신(惡神)이라 한다.

신살(神殺)이란?

살(殺)이란?

잡느냐, 잡히느냐의 차이이다.
잡으면 사는 것이요, 놓치면 상(傷)하는 것이요, 해(害)를 당하는 것이요, 핍박(逼迫)을 당하는 것이다. 살(殺)이란 곤(困)이다.

◆ 살(殺)이란?

흉신(凶神)을 말한다. 륙(戮)이라는 뜻으로 살육(殺戮), 도륙(屠戮) 즉, 죽이는 것이요, 죽는 것이요, 베기도 하고, 배임을 당하는 것이요, 헤치는 것이요, 해침을 당하기도 한다. 살(殺)이란 나무를 베듯, 뻗어나감을 상대방의 의사와 무관하게 일방적으로 정지시키고, 성장을 없애는 것이다.
성장(成長)이란 생명을 이어나가는 과정(過程)이다.
생명(生命)을 이어가는 방법(方法)을 강제로 바꾸는 것이다.
성장을 빼앗긴 생명(生命)은 다른 생명의 모체(母體)가 되어 다시 새로운 생명으로 탄생(誕生)을 한다. 그리고 또 다시 성장(成長)을 계속하는 것이다. 이것이 생명(生命)의 윤회(輪回)이다.
살(殺)이 없으면, 생(生)이 이루어지지가 않고, 생(生)이란, 살(殺)이 없으면 이루어지지 않는다. 생(生)이 살(殺)이요, 살(殺)이 생(生)이다.
생(生)은 생(生)이요, 살(殺)역시 생(生)이다. 그래서 항상 살생(殺生)이라 하여 붙어 다니는 것인지 모른다.

신살(神殺)이란?

수(殳)란?

창이나, 몽둥이, 막대기를 뜻한다. 우(又)란 오른손을 말하는데, 결국 손에 들린 살상(殺傷)도구에 의해 상해(傷害)를 입는 것을 말한다.

쇄(殺)란?

"빠르다."라는 뜻도 된다. 그만큼 반응(反應)이? 빠르다. 좋은 습관은 몸에 배는데 힘들고 시간 또한 많이 걸리고, 나쁜 습관은 쉽게 몸에 흡수가 되는 것이나 같다. 비긴다는 뜻도 포함이 된다.
신살(神殺)을 따지는 근본적(根本的)인 이유(理由)는 무엇일까?
신살(神殺)이란? 신살(神殺)이지만, 신살(身殺)로 작용한다.
신(神)이란 귀신(鬼神)인데, 그 대상(對象)은 누구일까?
삼라만상(森羅萬象)의 모든 물체(物體)인 것인데, 육신(肉身)이 정상적으로 활동하는 생명체와, 아닌 것 전부를 말한다. 그중 제일로 치는 것이 바로 인간(人間)이다.
지금 논(論)하는 것도 바로 인간(人間)들이기 때문에 서로가 이야기 하는 것이다. 만일 다른 생명체(生命體)라면 무슨 이야기를 하는지 모를 것이다. 사람에 관련된 사항을 이야기하는 것이다.

평온한 연못의 물인 것 같아도,
  디디면 빠지는 것이 물이다.

신살(神殺)이란?

● 표현(表現)의 차이(差異)의 신살(神殺).

내가 뚫으면 터널이요, 남이 뚫으면 구멍이라고 하고, 내가하면 사랑이요, 로맨스지만, 남이 하면 불륜(不倫)이라 한다. 길도 내가 가는 길만이 정도(正道)라 우긴다.

굳이 신살(神殺)이라는 표현(表現)을 안하고, "조심하십시오, 안 좋습니다. 라고 하여도 얼마든지 가능(可能)하다. 아무리 좋은 길이라도 조심하지 않으면 항상 위험하다.

도로(道路)라는 자체는, 이미 들어서는 순간 위험에 노출(露出) 되는 것이다. "지출(支出)이 심하고, 결국에는 낭비(浪費)로 이어집니다. 죽 쑤어 개주는 결과가 됩니다." 이것은 투자(投資)나 금전(金錢)활동(活動)의 경제적인 면에서 신중(愼重)을 기하라는 설명이다.

역마살(驛馬殺)이요, 지살(地殺)이니 움직이면 동전 굴러가는 소리가 나고, 자동차가 움직이려면 그냥 굴러갑니까? 기름이 있어야 움직이지 않습니까? 결국은 금전(金錢)이 나간다는 소리요, 움직임을 자제(自制)하라는 소리가 된다. 경거망동(輕擧妄動)을 삼가라는 말도 된다.

역마(驛馬)도 역마 나름이다. 육친(六親) 중 어디에 해당이 되고, 주체(主體)를 정하고, 득실(得失)에서 어떤 결과(結果)가 나오는 가 비교분석하고 각각의 환경(環境)과, 여건(餘件)을 살펴야 한다.

득(得)인가? 실(失)인가? 를 살펴야 한다.

상담을 하다보면 차라리 살(殺)이라는 접미사를 붙여 설명하면 오히려 더 이해를 빨리 하는 경우가 많다. 그것은 우리네 일상생활에서 그만큼 눈에

신살(神殺)이란?

안보이게 뿌리가 깊어진 것이요, 받아들이는 쪽에서도 더욱 심도(深度) 있게 받아들인다.
이미 예전부터 생활사에 깊이 간직되어 있었다.
자극적인 단어를 사용하여 상대방에게 충격적 요법을 쓴다는 의미를 떠나서, 좀 더 확실하게 각인(刻印) 시킨다는 의미로 보면 이해(理解)가 쉽다.
이것을 터널과, 구멍이라는 시각(視覺)으로 해석(解釋)한다면 할 말이 없다. 학구적(學究的)인 면으로 연구(研究)하는 것과, 실지 상담(相談)에서 나오는 약간의 해설방법의 차이다.
무엇이든 항상 지나치면 부작용이 생기는 것은 당연하다.
적절(適切)한 사용은 자신(自信)이 알아서 처리하는 것이다.
아무 일이 없을 때, 그저 남의 일이려니 하다가 막상 내가 직접 그러한 상황에 부딪히면 진짜, 그런 것이 있나? 하고 한 두 번씩 의구심을 가졌을 것이다. 많은 사람들은 말을 한다. 특히 이 분야에 오랜 세월을 보내신 분들 중에도 "그저 자신이 항상 조심하고, 성실하고, 매사 주의하여 행동을 하고, 건강을 유지하시면 됩니다. 괜한 일에 집착하고, 신경을 쓰는 자체가 긁어 부스럼을 낳는 경우가 되지요" 하고 말이다.
물론 맞는 말이다. 모든 것이 원인(原因)이 있어야 결과(結果)가 있는 것이다. 여름인데도 우박이 떨어지고, 겨울인데 장맛비가 쏟아지는 이유는 무엇일까? 기상(氣象)의 변화(變化)로 인한 이상(異狀) 작용이다. 그렇다 기상(氣象)이다. 이것은 눈에 보이는 기상(氣象)이다. 가시(可視)적인 변화이다. 누구나 알 수 있는, 겉으로 드러나는 양(陽)의 변화다.
음(陰)적 변화(變化)는 그럼 무엇일까?
대단히 많은 종류가 있다. 인간사 생활적인 면에서 나타나는 그 중의 하나가 바로 길흉(吉凶)의 변화(變化)다.

신살(神殺)이란?

돌발적(突發的)인 상황이요, 예견(豫見)된 상황일 수도 있다.
여기에서 논(論)하는 것은, 우리 삶의 변화(變化)가운데 일부분인 신살(神殺)의 조화(調和)에 대하여 논하는 것이다.
형이상학적(形而上學的) 경우와, 형이하학적(形而下學的) 경우를 아울러서 말이다.
토끼가 자라에게 "나의 간을 육지에 두고 왔으니 같이 가자."고 한다는 말에 속은 자라처럼, 알지도 못하는 사람에게 감언이설(甘言利說)로 현혹하는 것이 아니요, 허무맹랑한 이단적(異端的) 사설(私設)을 하는 것도 아니다.
그렇다면 신살(神殺)에 대한 논의(論議) 자체가 필요 없다.
많은 사람들이 논(論)하는 이유는 무엇일까?
다 할 일이 없어서 하는 것일까?
그것은 아닐 것이다. 무엇인가 이유(理由)가 있다.
형이하학적(形而下學的)이 아닌, 형이상학적(形而上學的)인 형태로 작용하여, 형이하학적(形而下學的)인 결과로 나타나지만, 과연 그것이 그로 인한 작용인가? 아직 확실하게 증명을 할 수는 없지만 그렇다고 무조건 아니다! 라고 확언(確言)하기도 참으로 묘(妙)한 부분이 많다. 이에 대하여 앞으로 무엇인가 결과가 언제인가는 나올 것으로 기대를 하는 바이다.

신살(神殺)이란?

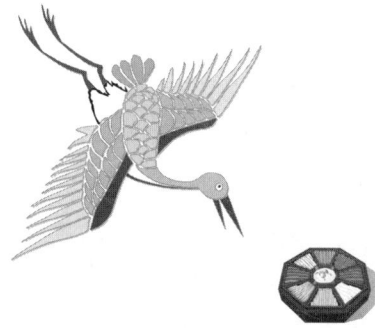

나는 과연 이것을 취하여야 할 것인가? 자문하여 보지만, 결국 그는 본능적(本能的)인 작용에 의하여 취하고 말 것이다.

신살(神殺)이란?

● 올바른 선택(選擇)의 신살(神殺)과, 적용(適用).

이훈(彛訓)이란? 사람으로서 항상 지켜야 할 교훈(敎訓)을 이른다.
신살(神殺)을 적용함에 있어서 이를 근본(根本)으로 삼아야 할 것이다.

신살(神殺)도 그 종류가 무궁무진(無窮無盡)하여 과연 무엇은 사용을 하고, 무엇은 금(禁)하여야 할 것인가 헷갈리는 것이 사실이다.
무조건적인 것도 문제이지만, 그 구분 또한 명백한 한계가 애매한 것도 사실이다. 각자가 경험(經驗)에 의하여, 갖고 있는 지식(知識)에 의하여, 양심(良心)적 면에 의하여, 배운 그대로, 각자의 판단(判斷)에 의하여 활용(活用)하는 것이 현실(現實)이다.
"유부(有孚)면 혈거(血去)코 척출(惕出)하야 무구(无咎)리라." 하였다.
"믿음이 있다면 피 보는 참상(慘狀)을 피할 수 있고, 두려움에서 벗어나 원망(怨望)이나, 허물이 없을 것이다."는 것이다.
이것에 대하여 선(線)을 그어 이것은 아니고, 저것은 그렇다고 말하는 것도 무리(無理)이며, 많은 과제(課題)를 안고 있다는 것도 사실(事實)이다. 이에 대한 판단(判斷)은 각자가 알아서 할 것이지만, 나름대로의 선은 이미 정(定)하여진 것이 많으므로 선택하여 사용 하는 것이다.

신살(神殺)이란?

● 신살(神殺)은 주체(主體)가 될 수가 없는 것이다.

모든 것은 서로간의 조화이다.
일방통행은 안 되는 것이다.
서로가 서로를 존중하는 것이고, 배려하는 것이다. 신살(神殺)은 신이 만든 것이 아니다.

신살(神殺)은 하나의 기능(機能)과, 작용(作用)에 대한 명칭(名稱)에 불과한 것이다. 주체(主體)인 일간(日干)과의 상호(相互)연관(聯關)작용(作用)이라던가 변화(變化), 영향(影響)은 있지만, 결코 주체(柱體)가 되어 모든 것을 중심점(中心點)에서 볼 수는 없다.
중심(中心)에는 항상 일간(日干)인 주체(主體)가 있다.
일간(日干)의 판단(判斷)여하와, 작용(作用)에 따라 존재(存在)가 가능(可能)한 것이다.
주체(主體)가 아니라고 무시하여도 될 것인가?
"여기서의 답은 아니다." 이다. 비록 주체(主體)는 아닐망정 절대로 간과(看過)하여서 안 될 존재(存在)다.
나인 아(我)라는 존재는, 타(他)의 존재가 있음으로 존재(存在)가 가능한 것이다.
양(陽)이란? 음(陰)이 있음으로, 양(陽)이라는 존재(存在)가 가능하듯 그런 관계도 성립 된다.
천간(天干)은 지지(地支)가 있어야 천간(天干)이라는 존재(存在)가 빛 보는 것이다. 신살(神殺)은 종류(種類)가 너무나도 많으나, 그중 제일 기본

신살(神殺)이란?

적(基本的)이고, 12지지(地支) 자체(自體)에 해당하여 붙인 명칭(名稱)을 사용하는 신살(神殺)이므로, 각 지지(地支)에 해당하는 육친(六親)의 별칭(別稱)이라 생각하면 된다.

명리(命理)에 대한 이해(理解)와, 운명(運命)에 대한 좀 더 확실한 근접(近接)이라고 생각하고 보면 편하다.

오행(五行)자체는 일반적(一般的)으로 많이 이해(理解)를 하지만 육기(六氣)라는 부분에 대하여는, 전자(前者)에 대한 이해보다 적은 편이 사실이다. 신살(神殺)도 일종의 기(氣)의 변화(變化)이다.

정하여진 틀에 의한 변화일 수 있지만, 그 변화의 다양성(多樣性)을 본다면 이차, 삼차적인 변화라고 볼 수 있다.

신살(神殺)이란 항상 용맹(勇猛)하고, 과격(過激)하고, 냉정하지 못하여 지근함이 부족하다. 이에 대한 모든 것은 내가 강(强)하면 견디고 넘어서는 것이요, 약(弱)하면 차이고, 밀리는 것이다. 강약(强弱)의 논리(論理)이다.

신살(神殺)이란?

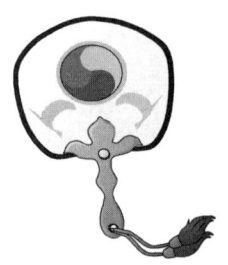

나에게 이(利)로운 물건도 내가 사용을 하여야, 익(益)이 된다.
남이 사용하면 나와는 상관이 없다.
취할 수 있다는 것은
인연이 되어 혜택을 입는 것이나, 흉(凶)으로 작용하지 않는다는
보장은 없다.

제2장

십이신살(十二神殺)의 활용(活用).

- 겁살(劫煞)
- 재살(災殺)
- 천살(天殺)
- 지살(地殺)
- 년살(年殺)
- 월살(月殺)
- 망신(亡身)
- 장성(將星)
- 반안(攀鞍)
- 역마(驛馬)
- 육해(六害)
- 화개(華蓋)

십이신살(十二神殺)의 활용(活用)

제주도의 세낭

십이신살(十二神殺)의 활용(活用)

● 12신살(神殺)이란?

12신살(神殺)은 글자 그대로 12가지 신살(神殺)을 말하는 것이다.
각 지지(地支)에 대입(代入)하여 명칭(名稱)을 붙인 것이다.
지지는 년(年), 월(月), 일(日), 시(時) 하여 구성이 된다.
실질적(實質的)으로 갖추어지는 것은 사주(四柱)의 기둥에 하나씩 4가지의 신살(神殺)이 구성이 된다. 물론 중복(重複) 되는 경우도 있다.
여기에서 변화(變化)란 기준(基準)을 어디에 정하는 가? 에 따라 또, 달라지는 것이다. 주체(主體)의 확립 필요성(必要性)이다.

● 삼합(三合)과, 지지(地支)와의 관계.

삼합(三合)은 지지(地支)의 합(合)인데, 세 개의 각각 다른 지역의 기운이 합쳐져 하나의 커다란 기운(氣運)을 형성(形成), 표출(表出) 되는 것이다.
신살(神殺)의 관계를 알려면, 삼합(三合)의 관계를 살펴야 한다.
구성된 지지(地支) 기능(機能)을 알아야 한다.
모든 것이 그러하듯 원리(原理)를 정확히 파악 한다면 내용(內容)을 이해(理解)하고, 응용(應用)하는데 커다란 도움이 된다.

십이신살(十二神殺)의 활용(活用)

● <u>삼합(三合)의 특성(特性)</u>을 살펴보자.

구성(構成) 지지(地支)	변화(變化) 오행	중심(中心)지지(地支)
해, 묘, 미 (亥, 卯, 未)	목(木)	묘(卯)
인, 오, 술 (寅, 午, 戌)	화(火)	오(午)
사, 유, 축 (巳, 酉, 丑)	금(金)	유(酉)
신, 자, 진 (申, 子, 辰)	수(水)	자(子)

☼ 서로간의 연대이다. 범위의 정도이다.
☼ 시간적인 면, 공간적인 면에서 방합(方合)과 차이가 생긴다.

◆ 각각의 중심에는 방합(方合)의 가운데 기운이 자리를 하고 있다. 해묘미(亥卯未) 삼합(三合)의 경우를 보면 해(亥)수, 묘(卯)목, 미(未)토가 합하여 목(木)의 기능을 나타낸다.
◆ 중심에는 항상 합(合)의 화(化)한 기능성을 상징하는 제일 왕(旺)한 기운(氣運)이 있어야 한다.

◆ 실질적인 핵심(核心)을 이루는 것이다. 반삼합(半三合)도 가운데의 왕(旺)한 기운이 없으면 김O빠진 맥주와 같다.
◆ 골수분자는 변함이 없지만, 아닌 경우, 언제 어떻게 변할지 장담을 못한다.

◆ 방합(方合)은 지역적인 방위(方位)의 합이요, 삼합(三合)은 지역적이 아닌 이질적(異質的)이고, 포괄적(包括的) 합이다. 깊이 보다는 공간(空間)을 더 중시(重視)한다.

십이신살(十二神殺)의 활용(活用)

☞ 삼합(三合)의 기운(氣運)을 살펴보자.

네트워크를 형성 하는 것이다.
파워의 강도(强度)를 시험하는 것이다.
전국적이냐? 지역적인가?
일회용인가? 영구적인가?

◆ 해묘미(亥卯未)를 보면 목(木)인
데, 해(亥)중 갑(甲)목이요, 미(未)중 을(乙)목이다.)
① 목(木)기운의 시작인 해(亥)수로부터 시작 한다. 범위를 보는 것이다. 해(亥)중 갑(甲)목이 자리하고 있다. 해(亥)수 속에 갑(甲)목이 자리를 하여 목(木)의 기운이 시작 된다.
② 외형(外形)으로는 수(水)의 작용이 시작되지만, 이미 안에서는 목(木)의 기운(氣運)이 자라기 시작하고 있다. 해(亥)수에서 시작하여 미(未)토에서 완성이 된다.
③ 해(亥)수에서 시작을 하여 묘(卯)목에서 왕(旺)한 기운을 자랑하고, 서서히 기울기 시작하여 미(未)토까지 그 기운이 미친다. 목(木)의 영역(領域)이 나타난다.
④ 미(未)토는 정(丁),을(乙),기(己)하여 지장간(支藏干)에 나타나는 것이다. 목(木)의 기운(氣運)은 여기서 끝나고, 금(金)으로 이어진다. 극(剋)하는 기운을 만나기 전에 합(合)의 기운(氣運)은 사라진다.

◆ 인오술(寅午戌)을 보면 화국(火局)인데, 인(寅)중 병(丙)화요, 술(戌)중, 정(丁)화이다.
① 화국(火局)의 시작은 인(寅)목에서 시작된다. 인(寅)중 병(丙)화가

십이신살(十二神殺)의 활용(活用)

있기 때문이다.
② 오(午)화에서 절정(絶頂)을 이루고, 기운이 식어가지만 그래도 화(火)의 기운(氣運)은 여전히 남아 그 역할을 한다.
③ 술(戌)토에서 그 기운을 접는다. 술(戌)은 지장간(支藏干)이 신(辛), 정(丁),무(戊)이다. 정화(丁火)가 있다. 화국(火局)의 기운(氣運)은 여기까지 작용한다. 극(剋)하는 수(水)의 기운을 만나기 전에 정리(整理)한다.

◆ **사유축(巳酉丑)**을 보면 사(巳)중 경(庚)금이요, 축(丑)중 신(辛)금(金)이다.
① 금국(金局)의 시작은 사화(巳火)에서 싹이 트기 시작하여 기운(氣運)을 나타내기 시작한다.
② 유금(酉金)에 이르러 왕(旺)함을 자랑하고 전성기를 구가한다.
③ 축(丑)에 이르러 그 기운(氣運)을 종식(終熄)한다. 축토(丑土)는 신(辛)금을 갖고 있다. 자기의 종착점이다.

◆ **신자진(申子辰)**을 보면 수국(水局)인데, 신(申)중 임(壬)수요, 진(辰)중 계(癸)수이다.
① 수(水)의 시작은 신(辛)금에서 시작한다.
② 자(子)수에서 왕(旺)함을 누리고, 계속 그 영역(領域)을 사수(死守)한다.
③ 진(辰)토에 이르러 수(水)의 기운(氣運)을 마감한다. 진(辰)토는 지장간(支藏干)에 을(乙), 계(癸), 무(戊)가 있다.
● 각각의 처음에는 합(合)한 기운의 전(前) 기운(氣運)이 있다. 서서히

십이신살(十二神殺)의 활용(活用)

준비(準備)를 한다. 변화의 조짐을 알린다.
- 목(木)국일 경우 해묘미(亥卯未)이므로 수(水)인 해(亥)수요, 화국(火局)일 경우 인오술(寅午戌)이므로, 목(木)인 인(寅)목이다. 금국(金局)과, 수국(水局)도 같은 연유이다.

돌이란 크던, 적던 풀 속에 있다하여 풀이 되는 것이 결코 아니다.
오히려 돋보이는 작용을 하기도 한다.

십이신살(十二神殺)의 활용(活用)

● 12신살(神殺)의 작용(作用)과 분석(分析).

12신살(神殺)은 과연 어떠한 작용을 하는 것일까?

삼합(三合) 신살(神殺)	사유축 (巳酉丑)	해묘미 (亥卯未)	신자진 (申子辰)	인오술 (寅午戌)
겁살(劫煞)	인(寅)	신(申)	사(巳)	해(亥)
재살(財殺)	묘(卯)	유(酉)	오(午)	자(子)
천살(天殺)	진(辰)	술(戌)	미(未)	축(丑)
지살(地殺)	사(巳)	해(亥)	신(申)	인(寅)
년살(年殺)	오(午)	자(子)	유(酉)	묘(卯)
월살(月殺)	미(未)	축(丑)	술(戌)	진(辰)
망신(亡身)	신(申)	인(寅)	해(亥)	사(巳)
장성(將星)	유(酉)	묘(卯)	자(子)	오(午)
반안(攀鞍)	술(戌)	진(辰)	축(丑)	미(未)
역마(驛馬)	해(亥)	사(巳)	인(寅)	신(申)
육해(六害)	자(子)	오(午)	묘(卯)	유(酉)
화개(華蓋)	축(丑)	미(未)	진(辰)	술(戌)

⇨ 우선 도표를 보고 그 순서와 암기하는 방법을 살펴보기로 하자.

◆ 각각의 성향(性向)을 살핀다.
◆ 우선 공통점(共通點)은 무엇인가? 찾아야 한다.
◆ 구성(構成)의 특징(特徵)을 찾아야 한다.

십이신살(十二神殺)의 활용(活用)

● 십이신살(十二神殺)을 쉽게 기억하는 방법.

1. **겁살(劫煞)** : 삼합(三合)의 끝자 다음자. 인오술(寅午戌)하면 술(戌) 다음 해(亥)가 겁살(劫煞)이다. 겁살(劫煞)은 망신(亡身)살과 충(沖)한다. 사해(巳,亥)-충(沖)이라 망신(亡身)은 사(巳)이다.

2. **재살(災殺)** : 삼합의 왕지를 충(沖)하는 사왕지(四旺地) 글자(子,午,卯,酉). 인오술(寅,午,戌)일 경우 오(午)를 충(沖)하는 자(子)가 재살(災殺)이다. 장성(將星)을 충(沖)한다.

3. **천살(天殺)** : 삼합오행이 생(生)하는 다음 삼합의 끝 글자(辰,戌,丑,未). 반안(攀鞍)과는 충(沖)을 이룬다. 년지(年支) 기준(基準)일 경우 년지가 해묘미(亥卯未)에 속하면, 목(木)이라 목(木)이 생(生)하는 것이 화(火)이니, 삼합(三合)으로는 인오술(寅午戌)이라 끝 자는 술(戌)인데 술(戌)과 충(沖)은 진(辰)이라, 진(辰)이 천살(天殺)이 된다.

4. **지살(地殺)** : 삼합의 첫 글자(寅申巳亥). 해묘미(亥卯未), 인오술(寅午戌), 사유축(巳酉丑), 신자진(申子辰)의 각 첫 글자로 인신사해(寅,申,巳,亥)인 사생지(四生地)다. 역마(驛馬)와 충(沖)을 이룬다.

5. **년살(年殺)** : 삼합오행을 생(生)하는, 이전 삼합의 중간글자(子,午,卯,酉). 육해(六害)와 충(沖)을 이룬다.

6. **월살(月殺)** : 삼합(三合)의 끝 글자인 화개(華蓋)를 충(沖)하는 글자(辰,戌,丑,未).

7. **망신(亡身)** : 삼합오행의 사생지 글자(寅,申,巳,亥). 목(木)이면 해묘미(亥卯未)가 삼합(三合)인데, 삼합(三合)의 중간 글자인 묘(卯)인 장성(將星)의 앞 자(字), 즉 인(寅)이다.

8. **장성(將星)** : 삼합의 중간(가운데) 글자로 자오묘유(子,午,卯,酉)가 해

십이신살(十二神殺)의 활용(活用)

당이 된다. 재살(災殺)과는 충(沖)의 관계이다.
9. **반안(攀鞍)**: 삼합오행을 생(生)하는 이전 삼합(三合)의 끝 글자(辰,戌,丑,未). 년지, 일지가 해묘미(亥卯未)에 해당할 경우, 삼합(三合)하여 목(木)이라, 목(木)을 생(生)하는 오행(五行)은 수(水)이다. 삼합(三合)으로는 신자진(申子辰)이므로 끝 자(字)인 진(辰)이 반안(攀鞍)이다.
10. **역마(驛馬)**: 삼합의 첫 글자를 충(沖)하는 글자(寅,申,巳,亥). 지살(地殺)과는 충(沖)을 이룬다.
11. **육해(六害)**: 삼합오행이 생(生)하는 다음 삼합의 중간글자(子,午,卯,酉). 년살(年殺)과 충(沖)의 관계다.
12. **화개(華蓋)**: 삼합의 끝 글자(辰,戌,丑,未). 월살(月殺)과 충(沖)을 이룬다.

● 12신살(神殺)은 각각 충(沖)하는 살(殺)이 있다. ① <u>각각 을 짝지우면 6으로 줄어든다.</u> 그러면 반만 알아도 된다.
그리고 ②인신사해(寅,申,巳,亥), 자오묘유(子,午,卯,酉), 진술축미(辰,戌,丑,未)로 모으면 결국 셋으로 집약(集約)된다.
여기에 ③호환(互換)의 관계(關係)를 이해한다면 더욱 쉬워진다.

● **12신살(神殺)의 성향(性向)과, 차례, 그 작용(作用).**

성향(性向), 작용(作用)을 살펴보고, 12운성(運星)과의 연관을 살핀다.

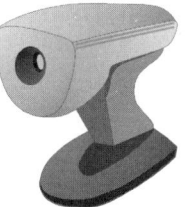

십이신살(十二神殺)의 활용(活用)

1. 겁살(劫煞)--남의 것을 훔치고, 도둑질 당하는 것이다.
2. 재살(災殺)--재난(災難)을 당하고, 감옥가고 억울하다.
3. 천살(天殺)--악(惡)을 행하면 천벌(天罰)을 받는다.
4. 지살(地殺)--움직여도 다 연유(緣由)가 있어야 한다.
5. 년살(年殺)--욕(慾)을 품으니, 욕(辱)을 당한다.
6. 월살(月殺)--달을 쳐다보니 한숨만 나온다. 고민하고 마른다.
7. 망신(亡身)--몸이 망가지니, 마음도 덩달아 따라간다.
8. 장성(將星)--별을 어깨에 달고, 무거움에 중압감을 느낀다.
9. 반안(攀鞍)--정상(頂上)에 오르니 내려가기가 싫다.
10. 역마(驛馬)--말이 많으니, 갈아타기가 좋다.
11. 육해(六害)--해(害)가 많으니 병(病)든다.
12. 화개(華蓋)--비닐하우스라 속이 다 보인다. 덮개가 약하다.

● **신살(神殺)과, 십이운성(十二運星), 육친(六親)과의 관계.**
신살(神殺), 십이운성(十二運星), 육친(六親)과의 관계를 살펴본다.
양(陽)과, 음(陰)으로 분리하고 각각 어디에 해당하는 가? 살피는 것이고, 의미(意味)와 부합되는 사항을 살펴 적용한다면 더욱 심도 깊은 추명(推命)이 될 것이다.

경부선이나, 호남선이나, 중앙선이나 결국에는 서로가 통한다.
그래야만 서로 간 효율성이 높아진다. 각각의 특성을 먼저 살피고 연관관계를 살피는 것이다. 항상 지름길은 있다.
과연 그것이 무엇일까? 를 고민하면서 두들겨보는 현명함이 요구되는 것이다. 대운(大運), 세운(歲運), 월운(月運), 일진(日辰) 까지도 다 볼 수가 있는 것이요, 반드시 살펴야 한다.

겁살(劫煞)

● 겁살(劫煞).

◆ 의미(意味)로 살펴보는 겁살(劫煞).

비견(比肩)과, 비겁(比劫)의 작용(作用)을 한다.
겁(劫)이란? 력(力)과, 거(去)의 합(合)한 형태이다.
거(去)란? 가다, 잃어버리다, 떠나다, 배반하다. 라는 뜻이다.
곧 재앙(災殃)과도 연관 지어진다. 력(力)이라, 힘에 의하여 제압당하는 것이요, 힘이 사라지는 것이다. 외부(外部)의 영향이니, 밖에서의 작용이 대부분이나, 알게 모르게 스스로 자초(自招)하는 경우도 발생한다.
겁살(劫煞)은 병궁(病宮), 사궁(死宮), 절궁(絶宮)에 해당하고, 곤경(困境)과 어려움을 말한다.
양간(陽干)은 순행(順行)이요, 음간(陰干)은 역행(逆行)이다.
양간(陽干)은 절(絶)에 해당하는데, 겁살(劫煞)의 의미를 이해하는데 적용하여 추명 한다면 더욱 정확하다.

- ◆ 천간(天干)에 재성(財星)이 있는데, 지지(地支)에 겁살(劫煞)이 있다고 하자. 어떻게 풀이 할 것인가? 돈이 있으나, 나갈 곳이 이미 다 정해져 있다. 나는 손 한 번 대지도 못하고 다 털리는 것이다. 이것이 겁살(劫煞)의 의미다.
- ◆ 여기서도 다른 경우가 생길 수 있다. 받을 사람이 부재(不在)중 일 수 있고, 사정이 생겨 다음에 주어도 되는 경우도 발생(發生)한다. 이럴 때는 겁살(劫煞)에서 일시적이나마 풀려난다.

십이신살(十二神殺)의 활용(活用)

■ **사(死), 절(絶)**이란? 어떤 상황을 말하는 것일까?

- ✪ 병궁(病宮) : 병(病)이 드는 과정이다. 지나치게 기력(氣力)을 소모한다. 카드를 지나치게 사용하는 것이다. 후(後)에 결제(決濟) 할 것을 생각하여야 하는데 한도(限度)가 남았다고 남발한다.
- ✪ 사궁(死宮) : 병(病)궁 다음에 오는 과정. 병(病)든 몸으로 계속 자신의 기운을 허비한다. 결국은 명(命)을 다하는 것이다. 부도(不到)다. 돌려막기도 한계에 부딪힌다.
- ✪ 절궁(絶宮) : 절(絶)이란? 끊어지는 것이요, 망(亡)하는 것이다. 흔적도 없이 사라진다. 존재(存在)와의 인연(因緣)이 다한다. 파산(破散)이다. 신용불량자가 된다. 파산(破産)신청한다.
- ➡ 목(木)의 사(死)는, 목(木)의 명(命)을 다하는 것인데, 자신을 불태워 희생(犧牲)하는 것이요, 절(絶)은 허리가 끊어지고, 토막이 나는 것이다. 나무가 타버리는 것이요, 나무가 절단(切斷)난다.
- ➡ 화(火)의 사(死)는, 불길이 꺼지는 것이요, 토(土)로 변한다. 절(絶)은 수공(水攻)을 당한다. 불길이 사라지는 것이요, 뜨거운 기운을 상실하여 허공으로 흩어진다.
- ➡ 토(土)로 변하는 것이다. 수극화(水剋火)하는 것은 불의 기운을 물이 씻어 멀리 보내는 것이니, 자연 흔적(痕迹)도 없이 사라진다.
- ➡ 토(土)의 사(死)는, 간직했던 자양분을 다 잃어버리고, 자기의 몸이 굳어져 가색(稼穡)의 역할을 못한다. 절(絶)은 나무뿌리에 의하여 흙이 균열이 되는 것이요, 붕괴(崩壞)되어 엉기지 못하는 것이요, 낙상(落傷)이요, 떨어지는 것이요, 추락(墜落)이다.
- ➡ 금(金)의 사(死)는, 간직한 습(濕)한 찬 기운을, 외부의 더운 기운에

겁살(劫煞)

다 빼앗기며 물인 수분(水分)을 생성(生成)하는 일이요, 절(絶)은 불에 녹아서 형체(形體)가 없어지는 것이니 산화(散華)하는 것이다.

→ 수(水)의 사(死)는, 목(木)에게 자신을 흡수토록 하여 탈진(脫盡)이 되는 것이요, 절(絶)은 흐름의 작용을 하지 못하고 갇히어 증발(蒸發)하여 마르는 것이다.

→ 흐름을 이어가지 못하고 섞여서 변질되어 형체화(形體化) 되는 것이요, 기체화(氣體化)되어 허공(虛空)을 맴도는 것이다. 단절(斷絶)이요, 지속적 흐름이 이어지지 않는다.

● 남의 것을 취하려 해도 쉬운 것이 아니다. 남보다 기운이 앞서야 하는 것이요, 부지런해야 한다.

● 역(逆)으로 방어(防禦)를 하여도 상대(相對)를 압도(壓倒)해야 퇴출(退出)시킨다.

● 음양(陰陽)의 이치(理致)가 이러하다. 차고나면 기우는 것이 순리(順理)다. 어렵사리 종횡(縱橫)으로 연합(聯合)하여 모든 것을 포기하고 합당(合黨) 하였더니 이제는, 각자 계파에 따른 득실(得失)을 따지기 시작한다. 내 몫을 달란다. 이것이 겁살(劫煞)이다.

● 길(吉)작용 하면 주고도 남는다. 그러나 흉(凶)작용을 하면 파벌(派閥)싸움에, 인신공격(人身攻擊)에, 물귀신작전이 나온다. 밥그릇은 하나요, 수저는 많은 것이 개싸움이다.

● 이제 부터 정신을 차려야 하는 것이고, 무엇인가 새로운 돌파구를 찾아야 한다. 이미 엎질러진 물이다.

● 빈손으로 다시 시작하는 것이다. 절치부심(切齒腐心)이요, 절처봉생(絶處逢生)이다.

→ 비겁(比劫) 작용이므로, 탈재(奪財)요, 분재(分財)요, 파산(破散)이

십이신살(十二神殺)의 활용(活用)

요, 자중지란(自中之亂)이다. 콩가루 집안이다. 수신제가(修身齊家)에서, 제가(齊家)에 앞서 수신(修身)이 먼저이다. 수신(修身)에 앞서 할 일이 또 있다.

➡ 속전속결(速戰速決)이다. 흥망성쇠(興亡盛衰)가 신속하다. 분실(紛失) 수(數)가 발생한다. 도둑이 들기도 하고, 물건을 잊어버리고 두고 나오기도 하고, 차키를 안에 둔 채 문을 잠그기도 한다.

➡ 낭비(浪費)와 착각(錯覺)의 빈도(頻度)가 많아진다. 헛돈을 많이 쓰고, 기분 내다 주머니가 비어버린다. 일순간의 판단으로 실행(失行)하여 낭패(狼狽)를 본다.

➡ 마치 무엇에 홀린 것처럼 멍한 상태가 되어버린다. 신호위반, 기타 범칙금 부과해당행위, 음주(飮酒)로 실수, 오천 원을 천 원으로 착각(錯覺)하여 지불, 기타 말 같지 않은 실수(失手)를 한다.

➡ **겁살(劫煞)**이라 하여 항상 당하기만 하는 것이 아니다. 역(逆)작용할 경우, 반대 현상이 나온다. 도벽(盜癖)이 발동하는 것이다. 살림살이가 넉넉한데도 불구하고 자질구레한 생활용품을 몰래 손에 움켜쥐는 것이다. 경찰서 출입을 한다.

➡ 증(增), 개축(改築)을 하면 흉상(凶狀)이 되는 방위(方位)가 겁살(劫煞)방위다. 년(年), 일(日)별로 해당되는 겁살(劫煞) 방위는 생활주변의 보수, 개수와 밀접한 관련이 있다. 별다른 주의 없이 손을 보게 되면 반드시 복잡한 문제가 생긴다.

➡ 겁살(劫煞) 방위를 수리할 경우, 해당 관청에 미신고하는 등으로 말썽이 생기지 않도록 적법한 절차를 반드시 지켜야 한다.

➡ 무시하고 임의로 손을 대면 강제로 철거당하거나, 시정 명령을 받는 관재(官災), 소송(訴訟), 벌금형(罰金刑) 등에 휘말리게 된다.

겁살(劫煞)

→ 관재수(官災數)가 아니면 "동토(凍土)가 났다"고 해서 집 주인이 몸이 아프거나 급변, 급사당하는 이변(異變)이 생긴다. 대추나무가 미친다.

→ 겁살(劫煞)은 재살(災殺), 천살(天殺)과 더불어 삼살(三殺)이라 하여 방위(方位)로는 삼살방(三煞方)이다.

● **삼합(三合)의 끝 자(字), 다음 자(字)가 겁살(劫煞)이다.**
☞ 신자진(申子辰)--진(辰)다음, 사(巳)화가 겁살(劫煞)이다.
☞ 해묘미(亥卯未)--미(未)다음, 신(申)금이 겁살(劫煞)이다.
☞ 인오술(寅午戌)--술(戌)다음, 해(亥)수가 겁살(劫煞)이다.
☞ 사유축(巳酉丑)--축(丑)다음, 인(寅)목이 겁살(劫煞)이다.

☀ 갑(甲),계(癸)--------신(申)이 겁살(劫煞)
☀ 을(乙), 병(丙), 무(戊)---해(亥)가 겁살(劫煞)
☀ 정(丁), 기(己), 경(庚)---인(寅)이 겁살(劫煞)
☀ 신(辛), 임(壬) -------사(巳)가 겁살(劫煞)

● **인,신,사,해(寅申巳亥)가 양간(陽干)의 겁살(劫煞)에 해당이 된다. 음간(陰干)의 경우는 다르다. 구별이 필요하다.**

◆ 인신사해(寅申巳亥)에 해당하는 신살(神殺)--양간(陽干)
겁살(劫煞),망신(亡身), 역마(驛馬), 지살(地殺)이 해당된다.

십이신살(十二神殺)의 활용(活用)

◉. 겁살표(劫殺表).

[양간(陽干)의 경우.]

양간(陽干)\지지(地支)	갑(甲)	병(丙)	무(戊)	경(庚)	임(壬)
인(寅)	망신(亡身)	지살(地殺)	지살(地殺)	겁살(劫煞)	역마(驛馬)
신(申)	겁살(劫煞)	역마(驛馬)	역마(驛馬)	망신(亡身)	지살(地殺)
사(巳)	역마(驛馬)	망신(亡身)	망신(亡身)	지살(地殺)	겁살(劫煞)
해(亥)	지살(地殺)	겁살(劫煞)	겁살(劫煞)	역마(驛馬)	망신(亡身)

[음간(陰干)의 경우.]

음간(陰干)\지지(地支)	을(乙)	정(丁)	기(己)	신(辛)	계(癸)
인(寅)	장생(長生)	육해(六害)	육해(六害)	재살(災殺)	년살(年殺)
신(申)	재살(災殺)	년살(年殺)	년살(年殺)	장생(長生)	육해(六害)
사(巳)	년살(年殺)	장생(長生)	장생(長生)	육해(六害)	재살(災殺)
해(亥)	육해(六害)	재살(災殺)	재살(災殺)	년살(年殺)	장생(長生)

⬆ 겁탈(劫奪)을 당하므로 없어지는 형상이 되는 것이다.

◆ 년지(年支), 일지(日支)를 기준으로 하여 볼 경우.

삼합(三合)\겁살(劫煞)	❶ 사유축 (巳酉丑)	❷ 해묘미 (亥卯未)	❸ 신자진 (申子辰)	❹ 인오술 (寅午戌)
겁살(劫煞)	인(寅)	신(申)	사(巳)	해(亥)

❶ 사유축(巳酉丑)은 금(金)인데, 겁살(劫煞)은 인(寅)목이다.

겁살(劫煞)이란 겁탈(劫奪)인데, 인(寅)중의 병(丙)화가 철(鐵)인 금

겁살(劫煞)

(金)을 녹이면서 겁탈(劫奪)하는 것이다.

❷ **해묘미**(亥卯未)는 목(木)인데, 겁살(劫煞)은 신(申)금이다.
신(申)중 경(庚)금이, 나무인 목(木)을 자르며 겁탈(劫奪)한다.

❸ **신자진**(申子辰)은 수(水)인데, 겁살(劫煞)은 사(巳)화이다.
사(巳)중 무(戊)토가, 물인 수(水)를 가두며 겁탈(劫奪)한다.

❹ **인오술**(寅午戌)은 화(火)인데, 겁살(劫煞)은 해(亥)수이다.
해(亥)중 임(壬)수가, 불인 화(火)를 끄면서 겁탈(劫奪)한다.

◼ 일간(日干)을 기준으로 하여 볼 경우.[겁살표]

오행(五行)	목(木)		화(火)		토(土)		금(金)		수(水)	
십간(十干)	甲	乙	丙	丁	戊	己	庚	辛	壬	癸
절(絕)	申		亥		亥		寅		巳	
사(死)		亥		寅		寅		巳		申

◘ (양(陽)은 절(絕)이요, 음(陰)은 사(死)이다.)

◆ 갑(甲)목 일간(日干)을 살펴보자.

신(申)금이 겁살(劫煞)이다. 예리함으로 인하여 일간(日干)에게 가히 위협적 존재가 된다. 기신(忌神)의 역할을 한다. 그렇다면 희신(喜神)의 역할은 못하는 것인가? 그렇지 않다. 주변에 비겁(比劫)이 왕(旺)하여 숲이 너무 울창하다면 신(申)금인 기계톱으로 솎아내는 것이다. 희신(喜神)의 역할을 한다. 그러나 여기에서 문제가 되는 것이 있다. 구신(救神)이 있는가? 문제가 된다.

목(木)의 기운이 지나치게 강하면 역(逆)으로 당한다.

뒷심이 있어야 한다. 자동차가 기름이 있어야 굴러가듯, 원류(原流)가 든든하여야 한다. 원류(原流)가 시원치 않다면 신(申)금은 움직이려하지 않

십이신살(十二神殺)의 활용(活用)

을 것이다. 당하는 줄 알면서 누가 감히 칼을 들고 앞장 설 것인가?
승산(勝算)을 본다.

갑(甲)목이 신약(身弱)할 경우, 주변에 자신을 겁박(劫迫)하는 존재가 없는 경우, 신(申)금이 겁살(劫煞)로써 자기 지위를 십 분 활용하며 항상 괴롭힌다. 어떻게 하여야 자연스럽게 희신(喜神)으로 변하게 하여 이롭게 될 것인가? 환경이 조성 되어야 한다.

신(申)은 편관(偏官)이니 살(殺)이다. 그러나 자(子)수가 근접하고 있을 때는 갑(甲)목을 협조한다. 신(申)금은 임(壬)수의 생지(生地)로써 갑(甲)목의 활동에 물심양면(物心兩面)으로 도움을 주는 조력(助力)자로, 희신(喜神)의 역할을 한다.

❋ 지지(地支) 신살표(神殺表).

地支	子	丑	寅	卯	辰	巳	午	未	申	酉	戌	亥
劫煞	巳	寅	亥	申	巳	寅	亥	申	巳	寅	亥	申

⬆ 지지(地支)와의 대조(對照)로 살펴보는 겁살과의 관계인 것이다.

⚽ 성정(性情)으로 살펴보는 겁살(劫煞).

선녀가 목욕을 하는 사이에, 옷을 몰래 훔쳐가는 행위나 같다. 목적을 위해서는 상대의 허점을 노려, 욕망(慾望)을 달성하려는 행위다. 행하는 사람과, 그 행위로 인하여 당하는 입장으로 나누어진다. 강하면 행하는 것이요, 약하면 당하는 것인데, 강자(强者)와 약자(弱者)의 시각(視覺)이 각기 다르다.

겁살(劫煞)

- 겁살(劫煞)은 대체적으로 흉(凶)으로 작용하고, 당하는 입장에서 바라보는 시각(視覺)이다. 역(逆)으로 작용할 경우, 그와 반대로 설정(設定) 하면 된다.
- 겁살(劫煞)의 진정한 의미는 당하는 경우다. 강약(强弱)의 정도에 따라 가감(加減)이 나타난다.
- 약한 겁살(劫煞)이란?

천간(天干)으로 인한, 지지(地支)의 무력(無力)이다.
겁살(劫煞)이 길신(吉神)이라 함은, 사주원국 내에서 육합(六合) 및, 삼합(三合)으로 뚜렷한 제 몫을 못하고, 환경(대운, 세운)에서 자신을 보조(補助)할 때를 말한다.

→ 누구인가가 노리고 있다가 슬쩍하는 것이므로 말수가 적은 편이요, 과묵형이다. 당하는 순간은 정신이 멍하다. 주변이 어수선하거나, 복잡하다. 어디에선가 숨어 있다 갑자기 나타나므로, 전혀 예측을 못한 순간에 당한다. 당하는 경우, 모르고 당하니 멍한 것이다. 악수하면서 포옹하고 가락지를 빼간다.

→ 반대로 감언이설(甘言利說)로 하여 상대방이 나를 현혹을 시킨다. 눈 뜨고 당한다. 정신을 차리고 생각을 하여보니 어처구니없는 것이다. 웃고 즐기다 당한다.

→ 시선(視線)을 집중하여 보아야 하는데 집중이 안 된다. 눈에 꺼풀이 씌는 것이다. 사랑에 눈이 머는 것도 재성(財星), 관성(官星)에 겁살(劫煞)이 꼈기 때문이다. 상대방의 입장에서는 순식간에 해치워야 하므로 신속하고, 민첩하다. 꽃놀이패를 두고 있다.

→ 집중(執中)하기 시작하면 옆에서 사람이 죽어도 모른다. 도둑을 맞을 때는 잘 짓던 개도 안 짖는다.

십이신살(十二神殺)의 활용(活用)

- 도둑질을 하면서 하나 더, 하나 더 하다가 잡힌다. 버릴 때는 과감하게 버릴 줄 알아야 한다. 빼앗길 때 허무하게 빼앗긴다. 신용불량(信用不良)도 졸지에 된다. 70억의 재산가가 도박에 미쳐 놀아나다 졸지에 중국집 종업원으로 탈바꿈한다. 앞으로 그 사람 남은 인생은 회한(悔恨)의 행복만이 남아 있다. 인생사 일장춘몽(一場春夢)이다.
- 겁살(劫煞)이라 하여 무조건적은 아니다. 전쟁(戰爭)에서 적(敵)을 이기려면 적을 죽여야 하듯, 내가 성공하고, 남보다 앞서기 위해서 보다 많이, 보다 높이, 보다 빨리, 그리고 보다 더 업그레이드된 상태를 유지해야 한다. 그러기 위해서는 내가 남의 것을 빼앗지는 않아도, 빼앗기지 않고 지켜야 한다.
- 부득이할 경우 정도(正道)로 하여 즉, 법(法)적인 절차라도 밟아 남의 것을 취하는 경우도 생긴다. 여기서도 신강(身强), 겁살(劫煞)이 길(吉)로 작용할 경우, 크게 당하지 않는다. 본전이라도 찾는다. 여기에서 발생(發生)하는 결과는 겁살(劫煞)이 어떤 작용(作用)을 하는가에 달린 것이다.
- 겁살(劫煞)은 겁탈(劫奪)의 의미다. 작용(作用)치고는 너무 가혹(苛酷)하다. 겁살(劫煞)작용이 자주 반복(反復)되면, 평생 살아가는 낙(樂)이 없어진다. 가도 가도 끝없는 사막이다.
- 겁살(劫煞)은 절(絶)에 해당한다. 사람이란 자기의 소중한 것을 빼앗기면 절망(絶望)하기 마련이다. 하늘이 무너지는 것과 같은 생각이 든다. 희망(希望)이 없어진다. 여기에서 연속적(連續的)으로 일이 벌어지거나, 견디지 못한다면 사(死)로 연결된다. 다만 일시적(一時的)이고, 규모(規模)가 크지 않으니 다 견딘다. 여기에 다른 일이 겹쳐 생기면, 그때는 실로 문제가 심각해진다.

겁살(劫煞)

➡ 나의 것을 빼앗기는 것도 여러 종류다. 자의(自意)에 의한 것인가? 타의(他意)에 의한 것인가? 내부적(內部的) 문제인가? 외부적(外部的)문제인가? 알고 당하는가? 모르고 당하는가?

➡ 관재구설(官災口舌), 쟁투(爭鬪), 송사(訟事), 시비(是非), 무고(無告),중상모략(重傷謀略),폭행(暴行),공갈(恐喝),협박(脅迫),납치(拉致) 등 많은 사안(事案)들이 발생하는데 곤경(困境)에 처하게 되고, 일이 꼬이고, 모든 것을 잃어버리는 극(極)한 상황까지 나오게 된다.

➡ 겁살(劫煞)이란 일종의 훼방(毁謗)이요, 방해(妨害)다. 못 먹는 감 찔러나 본다는 식이다. 자연 주변(周邊)이 시끄러워진다.

➡ 일이란 잘못되어 나가면 무엇인가 분위기가 이상한 것이다. 모든 상황에 대한 책임은 내가 진다.

➡ 겁살(劫煞)은 힘이 약하여 빼앗긴다는 뜻으로, 자신의 당함이 크고, 망신(亡身)과 충(沖)하는 지지(地支)이므로 왕따에 폭행까지 당하는 형상이다.

➡ 실생활에 있어서 심한 고독(孤獨)과 고뇌(苦惱)에 많은 고민(苦悶)하고, 피해(被害)의식이 강해져 사회에서 일탈(逸脫)하고 싶은 생각이 가득 차는 시기다.

➡ 겁살(劫煞)은 살(殺)중의 선두주자로 그 성패(成敗)가 극명하고, 망설임 없는 것이 특징이다. 재살(災殺)과 성향(性向)이 같아 사촌(四寸) 같다. 사(巳)화와, 오(午)화의 관계를 보면 오행(五行)은 같아도 음양(陰陽)이 다른 차이가 있듯.

➡ 겁살(劫煞)은 남이 나에게 잘할 땐 성인군자처럼 굴지만, 한 번 수틀리면 아주 잔혹하고 냉정해진다. 없으니 잃어봐야 손해날 것 없다는 극한 심리이다. 아니면 말고 식이다.

십이신살(十二神殺)의 활용(活用)

➡ 겁살(劫煞)이 들면 불같은 기질에 과격하고, 과단하며 투기적 경쟁성이 아주 강하며 속으로 질투심(嫉妬心)도 강(强)하다. 지금은 힘이 약하여 당하지만 언제인가는 내가 본때를 보여주마! 하고 속으로 칼을 갈고 있다.

➡ 남은 보이지 않고, 자신에게만 집중하므로 이기심(利己心)의 전형을 나타낼 때가 많다. 음주 운전자가 자기는 조심스레 신중을 기하여 운전을 잘하는 것 같지만, 밖에서 보는 사람들은 위태롭기 그지없다.

⚽ .육친(六親)별로 살펴보는 겁살(劫煞)의 작용.

▣ 인수(印綬).

🍃 집을 샀는데 알고 보니 재개발 될 지역이다. 미리 알아본다고 다 알아 보았는데 잘못 알아본 것이다. 당장 되지도 않고, 하지도 못하고 진퇴양란(進退兩亂)이다. 거기에 가격(價格)도 비싸게 구입(購入)을 한 것이다.

🍃 기획부동산에 속아 비싼 값에 구입한다. 개발될 여지도 없는 땅을 어이없는 가격에 산 후 발만 동동 구른다.

🍃 보증(保證)잘못서서 재산(財産)을 다 날린 경우다. 요사이 보증도 많이 달라져서, 예전처럼 그런 피해(被害)는 많이 줄었다. 인감증명(印鑑證明)도 잘 떼서 주어야 한다. 엉뚱한 곳에 사용하여 피해(被害)를 본다.

🍃 가난은 나라님도 못 말린다고 하였는데, 주택 값이 지나치게 비싸면 일반 영세민들은 자기 집 마련하기가 하늘의 별따기나 마찬가지다. 신약(身弱)이라 아예 엄두를 못 낸다. 겁살(劫煞)의 작용이 워낙 크

겁살(劫煞)

다.
- 재개발 사업 시 조합에서 일을 하고 이사로 등재를 하였는데, 몇 년이 흐른 후 갑자기 시공사와의 금전적인 문제로 인하여 가압류(假押留)가 들어온다. 뒤통수를 얻어맞는다.

▶ 비겁(比劫).
- 견겁(肩劫)에 겁살(劫煞)이 있을 경우 친구나, 가족 등으로 인하여 금전(金錢) 지출(支出)이 심하다. 돈이 안 모인다.
- 견겁(肩劫)에 해당하는 사람들과 금전(金錢)거래를 한다면 영락없이 날린다. 아예 거래 안 하는 것이 좋다.
- 동업(同業)으로 인한 건은 피하는 것이 원칙(原則)이다. 잘나가다가 망한다. 서로 간에 자기 욕심만 챙기고 바빠진다. 동업자간 우애가 사라지고, 얼굴을 붉히며 이별(離別)을 고한다.
- 금전거래를 하지 말아야 할 경우다. 친구 잃고, 돈 잃고 이래저래 되는 일 없다.
- 비견(比肩), 겁재(劫財), 양인(羊刃)이 많은 사람은 항시 흉사(凶事)가 항상 근접하여 있으므로 몸을 다치거나, 객사(客死), 흉사(凶死)로 이어지는 경우도 생긴다.

▶ 식상(食傷).
평생 직장생활 끝에 퇴직(退職)을 하고, 그 돈을 종자(種子)돈으로 하여 사업(事業)을 하려고 하다, 한 방에 사기(詐欺)를 당하여 낭패를 본다. 무엇인가 한다고 하다 거덜이 난다. 이럴 경우 잠시 관망(觀望)하는 것이 좋다.
- 도식(倒食)의 작용으로 망가지는 경우도 있으나, 이 경우는 오히려

십이신살(十二神殺)의 활용(活用)

도식(倒食)의 작용이 도와주는 결과를 낳는다. 인성(印星)이 식상(食傷)을 극(剋)하는 것은 다 이유가 있다. 부모가 자식을 물가에 내보내는 것과 같은 연유(緣由)이다.

🖋 인성(印星)은 모친(母親)인데, 식상(食傷)은 내가 활동하는 것이요, 나의 활동(活動)반경(半徑)이다. 나이가 환갑이 지나도 부모들이 볼 적에 자식이 항상 불안하다. 하는 일이 항상 걱정되어 비는 것이다. 제발 덤벙대지 말고 침착하게 행동하도록 말이다.

🖋 식상(食傷)의 기운이 강하고, 인성(印星)이 약할 경우 씨알이 안 먹힌다. "너는 떠들어라, 나는 하고 싶은 대로 다 할 것이다."하고 말이다. 여기에 겁살(劫煞)이 작용하면 가관(可觀)이다.

🖋 기본적으로 식상(食傷)은 관(官)을 극(剋)하므로 밖으로 튀려는 성향이 강하게 나타난다.

🖋 정도(正道) 보다 편법(便法)을 추구하려는 기운이 강하게 나타난다. 결과는 허망하다. 재주부린다고 하기는 하는데, 사고만치는 것이다.

🖋 하는 행동(行動)이 도(道)에 어긋나고, 윤리(倫理)를 벗어날 경우 "귀신(鬼神)은 뭐 하나, 저런 인간 잡아가지도 않고 말이야!" 하고 탄식(歎息)한다.

🖋 식상(食傷)의 기운이 지나쳐 관(官)도, 인수(印綬)도 다 무시하는 것이다. 겁살(劫煞)이 작용을 하면 망나니가 된다. 패륜아(悖倫兒)가 된다.

● 나의 잇속만 차리기에 급급 하는 것이다.
지나친 암중모색(暗中摸索)이다.
선의(善意)의 행동(行動)이 아닌
것이 문제다.

겁살(劫煞)

▶ 재성(財星).

- 금고(金庫)에 구멍 나고, 문이 활짝 열린 것이다. 도(盜)선생이 수시로 출입(出入)을 한다.
- 남성(男性)의 경우 일주(日柱)가 이러하다면, 금전(金錢)으로, 처(妻)로 한 번은 뒤집어진다. 길, 흉(吉凶)은 구별해야 한다.
- 돈 좀 모이면 또 어디에선가 나갈 구멍이 생기고, 아무리 노력(努力)을 하여도 재물(財物)이 잘 모이지 않는다. 남자가 재성(財星)이 겁살(劫煞)이고, 기신(忌神)이면 배우자로 인한 파산가능성이 있다. 배우자에게 경제권을 넘겨주면 안 된다.

▶ 관살(官殺).

- 여성의 경우 관성(官星)에 겁살(劫煞)이 있으면 남자 잘못만나 거덜난다. 특히 운(運)에서 올 경우 남자(男子) 조심하여야 한다. 남편(男便)일 경우, 사고치고, 밖에 돈 나갈 일만 저지른다.
- 여자가 관성에 겁살이면 남자에게 돈 뜯긴다. 비견(比肩)에 겁살(劫煞)이면 친구 때문에 돈 뜯긴다.
- 민사(民事)에서 승소(勝訴)하는 것도 나의 권리를 지키는 행위지만, 그 과정에서 남의 것을 나의 것으로 만드는 경우도 생긴다. 형사사건(刑事事件)도 마찬가지요, 범칙금(犯則金)도 마찬가지다.
- 겁살(劫煞)을 당할 경우는 행정조치의 오인, 졸속(拙速)처리, 날벼락과 같은 경우로 財産(재산)상의 피해, 精神的(정신적)인 피해, 行動(행동)상의 制裁(제재)를 받기도 한다.

십이신살(十二神殺)의 활용(活用)

⚽ 겁살(劫煞)이라도 희신(喜神), 길로 작용을 할 경우.

의좋은 형제의 이야기와도 같다.
안보는 사이에 조금 이라도,
보태주고, 사랑하고 아끼는 것이다.
진정한 협력의 관계가 성립된다.
길(吉)로 작용을 하는 것이다.
이것도 사주가 강(强)하여야 제 역할을 한다.

- 역(逆)으로, 길(吉)로 작용을 하니 통변(通辯)에 유의해야 한다. 당하는 것이 아니라 횡재(橫材)를 한다. 운 좋게 복권에 당첨이 된다. 그러나 그것도 운(運)의 기운(氣運)이 지나가고 나면 개털이 된다. 죽기 살기로 잡고 있으면 그나마 챙기는 것이다. 생각지도 않던 유산(遺産)을 물려받는 것이요, 잊었던 돈이 들어온다.
- 대체로 길신(吉神)인 겁살(劫煞)일지라도 사주에 있으면 길흉(吉凶)이 파란만장했음을 암시한다.
- 년(年)을 기준으로 하나, 일(日)도 기준으로 하니 이의 참조도 필요하다. 항상 두 곳을 살펴야 한다.
- 겁살(劫煞)이란? 일종의 도둑놈이나 같다. 상법(相法)으로 본다면 일단 도(盜)선생 상(象)이요, 우범자(虞犯者) 상(象)이다. 허나 요즈음 일부 범죄자(犯罪者)들은 예전의 범법자들과는 색다른 양상을 나타내는데 시대적 변화다.
- 컴퓨터 및 기타 미디어를 이용한 범법행위를 하면서도 그자체가 위법행위라는 사실을 체감하지 못하는 경향도 많고, 살기 위한 삶의 한 방편이라 간단히 생각하는 경향이 강하다. 특히 젊은 층의 이러한 사

겁살(劫煞)

고방식은 큰 사회적인 문제다. 근본적인 상(象)의 특징은 변함없다.

- 운(運)에서의 겁살(劫煞)이 희신(喜神), 길신(吉神)으로 길(吉)작용을 한다면, 복잡 다 난(複雜多難)한 가운데에서도, 나에게 의외의 도움을 주고, 생각지 않은 횡재수도 발생한다.
- 겁살(劫煞)은 절치부심(切齒腐心)하는 은근과 끈기의 상징이다. 이 경우는 깨달음이 문제가 된다. 사주에 하나 정도 있으면 매사에 프로 근성이 오기로 작용하여 나타나는 수가 있다.
- 양발이 문지방을 기준으로 하여 한 발은 안쪽에 한 발은 바깥쪽에 있는 상황이다. 안인가? 밖인가? 이럴까? 저럴까?

십이신살(十二神殺)의 활용(活用)

⚽ 겁살(劫煞)이 기신(忌神), 흉(凶)으로 작용을 할 경우.

겁살(劫煞)이 흉(凶)으로 작용을 하면 가중 처벌 죄가 적용이 된다. 소급(遡及)도 되는 것이다. 소도 없어진 달구지요, 거기에 흉물(凶物)로 버려지니 이중고(二重苦)이다.

➡ 흉신(凶神)겁살(劫煞)은 무게가 없고, 허풍이 심하며 간사하고, 겉과 속이 다르며 관재수와, 사기성도 다분하다.
➡ 겁탈(劫奪)이니 도벽(盜癖)이 발생하고, 경쟁(競爭)에 따른 질투(嫉妬)도 심해지며, 노력 없이 대가(代價)를 바란다. 허탈감에 따른 일종의 보상심리다.
➡ 일(日),시(時)에 겁살(劫煞)이 있고 합(合)이 되면, 노력을 안 한다. "주는 밥이나 먹지!" 하는 안이한 생각을 한다.
➡ 한 푼이 생기면 쓰기 바쁘다. 도박(賭博), 주색(酒色)에 빠져 재산을 파(破)해도 반성의 기미가 보이지 않는다. 가정(家庭)이 파탄(破綻) 난다.

● .위치(位置)별로 살펴보는 겁살(劫煞).

각각 위치에 있을 때, 상황의 통변(通辯). 주안점은 일간(日干)의 강약(强弱), 그리고 운(運)의 변화, 환경을 살펴야 한다.

◆ 년주(年柱)
년지(年支)에 겁살(劫煞)이 위치하는 경우다.

겁살(劫煞)

- 조부(祖父)대의, 선조(先祖)대의 상황이다. 겁살(劫煞)에 해당하는 일이 있었던 것이다. 시기적으로 본다면 초년(初年)이요, 유년기(幼年期)다.
- 일간(日干)의 입장에서 본다면 어린 시절 있었던 일이 된다. 윗분들의 환경(環境)에 따라 길흉(吉凶)이 정(定)하여진다. 어린 시절은 윗분들이 어려우면, 아이들은 따라가니 어려운 것이다.
- 고생(苦生)이 따르는 것이다. 초년(初年)고생(苦生)은 사서 한다고 하지만, 이것은 다르다. 어려우니 집도 자기 집이 아닐 것이다.
- 이사도 자주 하게 되고 자연 타향살이요, 어려움이 많다. 타향살이라 함은 꼭 먼 외국이나, 외지에, 객지에 나간 것 만 뜻하는 것이 아니다. 어느 정도의 중, 장거리를 두고 자주 옮기는 것도 타향살이의 범주에 속한다.
- 일간(日干)이 강(强)할 경우, 어느 위치에 겁살(劫煞)이 있더라도 작용이 미비하다. 조업(祖業)을 계승하지 못하고 타향 객지에서 고생. 손재. 파산, 탕진 등 재산을 지키지 못한다.
- 겁재(劫災)와 대운(大運)이 합세하여 년지(年支)를 극,충(剋,沖)하면 조상의 동산 및 부동산을 놓고, 이권(利權)및 재산(財産)시비(是非) 및, 분쟁(分爭)이 발생하고, 험악한 상황으로 이어진다.
- 종중(宗中)의 땅을 팔아먹는 것이요, 소송(訴訟)에 휩쓸린다. 택지개발(宅地開發)로 이어진다. 결국은 분해(分解)된다.
- 천성(天性)은 순수하고 담백하나, 환경에 의하여 그것이 쉬 변한다. 논리(論理)가 약하고 심오하지 못하여 남의 시선을 집중시키지를 못한다. 호기심 강한 즉흥적인 기질을 품는다.
- 침착함이 결여되고, 그에 대한 분석력이 약하다. 오래 간직하지를 못

십이신살(十二神殺)의 활용(活用)

하는 것이 원인(原因)이다.

◆ **월주(月柱).**
부모의 자리이다. 길(吉)로 작용하면, 부모(父母) 덕(德)을 입는 것이요, 흉(凶)으로 작용하면 부모대(父母代)에 겁살(劫煞)의 영향을 받는다.
➡ 월지(月支)를 충(沖)하거나, 극(剋)하면, 부모의 재산에 의한 분쟁과, 시비가 발생하고, 겁살(劫煞)의 영향이 직접적으로 나에게 미친다.
➡ 경제적(經濟的) 면도 있지만, 인연(因緣) 분야에서 문제가 발생한다. 인덕(人德)이 사라진다. 내가 책임진다.
➡ 예전에는 가정(家庭)이 어려우면 자식들을 남의 집에도 보냈다. 자연 가족 간의 즉 부모(父母), 형제(兄弟)의 관계가 멀어진다.
➡ 본인(本人)의 의사(意思)와는 상관이 없다.
➡ 일간(日干)이 강(强)하고, 길(吉)의 작용을 그대로 입는다면 횡재(橫材)이다. 부모님이 소유하고 있던 주식이 깡통이 될 것 같아 남 주느니 차라리 자식에게라도 그냥 준다하여 주식을 물려받았는데, 어느 날 부터인가 주가(株價)가 천정부지로 치솟는 것이나 같다. 부모님은 겁살(劫煞)이지만 나는 그 역(逆)이다.
➡ 흉(凶)으로 작용한다면 부모님이 보증(保證)을 잘못서서 전 재산(財産)을 날리고, 그 여파(餘波)로 어려움의 연속이다.
➡ 부모님의 긴병으로 인하여 가산(家産)이 탕진(蕩盡) 되는 것도 이에 속한다.
➡ 식물인간으로 치료를 받다가, 안락사를 위하여 강제퇴원을 요구하여 오히려 더 정신을 차리고 오래 사신 할머니처럼 겁살(劫煞)이 해제(解除)가 되는 경우도 있다. 조실부모(早失父母). 부모형제 중 객사

겁살(劫煞)

(客死)인연. 승패(勝敗)다단. 자수성가. 집안변고, 풍파.
- 운(運)에서 겁살(劫煞)과 합(合)을 형성하면 그 기운이 약화(弱化)된다. 부부이별, 부부 신병고생. 주거불안, 파산 가능성 타진.
- 육친(六親) 덕과, 인덕(人德)이 없고, 관재구설(官災口舌) 및, 실물수(失物數) 등으로 심신(心身)의 어려움을 겪는다.

◆ **일주(日柱).**

일주(日柱)에 겁살(劫煞)이 있다함은, 일지(日支)에 겁살(劫煞)이 있는 것이다. 육친성도 어디에 해당이 되는 가 살펴야 한다. 나의 뿌리가 겁살(劫煞) 작용을 받는다. 피해의식에 사로잡혀 있다.
매사 일처리나 처신(處身)이 자유롭지 못하고, 항상 위축된 형상이다.
스스로를 옭아매고 있다.
특히 신약(身弱)일 경우 이런 사람들은 정신적(精神的), 육체적(肉體的)인 면으로 기(氣)가 가라앉은 상태. 빙의(憑依)나, 헛것이 보인다거나, 정신적 치료가 필요한 사람도 생긴다.
자의적(恣意的)인 일처리가 아니고, 항상 남의 눈치를 보면서 억압(抑壓), 강요(強要)에 의한 일 처리다.
- 처궁(妻宮), 남편궁(男便宮)이 부실하니, 결혼(結婚)을 하여도 항상 배우자의 눈치 보기가 바쁘다. 밤일을 하여도 허락을 받아야 한다. 이혼(離婚)을 하여도 당한다.
- 운(運)에서 겁살(劫煞)이 올 경우는 어떤가? 길(吉)로 작용 하는 경우, 희신(喜神) 작용을 한다. 지지고 볶는 가운데서도 무엇인가 나에게 득(得)이 된다.
- 남성(男性)의 경우는 재(財)가 되는 것이요, 처(妻)의 덕(德)으로 재

십이신살(十二神殺)의 활용(活用)

(財)를 득(得)하고, 관(官)으로 이어진다. 여성(女性)의 경우는 관(官)이 되는 것이니 남편 덕(德)으로 하여 기쁨과, 행복(幸福)을 만끽한다.

➡ 부부싸움을 한 후, 화해(和解)하자며 같이 외식(外食)을 나간다. 갈등, 미움으로 얼룩진 사이에 새로운 관계가 설정되는 것이나 같다. 한차례 소나기가 온 후 하늘이 맑아진다. 전혀 해결(解決) 기미가 보이지 않던 일들이 해소(解消)된다.

➡ 일지(日支)에 겁살(劫煞)이 있고, 길신(吉神)이면 반대로 나가는 것이 아니라, 내가 취하는 것이다. 겁살(劫煞)이 길(吉)로 작용할 경우 총명(聰明)하고, 영특하여 지혜로움을 뽐낸다. 만인을 대함에 있어 군자와 같음이라 대범하고, 비범하여 많은 이로 하여금 스스럼없이 가깝도록 하니 생각지 않은 횡재(橫財)가 생기고, 득재(得財)도 하는 것이다. 요즈음으로 친다면 정보(情報)에 능(能)한 것이다.

➡ 일지(日支)는 처궁(妻宮)이라, 처(妻)의 됨됨이가 귀인(貴人)과 같고, 아름답고, 빛나니 모두들 우러러보고, 현숙함에 탄사를 보낸다. 이 또한 처(妻)의 도움으로 인하여 득재(得財), 영전(榮轉)한다. 일지(日支)는 부부(夫婦)궁에서 작용하고, 특히, 겁살(劫煞)을 협조하는 대운(大運)인가? 비협조적인가? 를 잘 살펴보아야 한다.

➡ 년지(年支) 기준하여 일지(日支)가 겁살(劫煞)작용을 하면 서로의 배우자와 등을 돌리게 되는데, 피차 후회한다.(이별, 사별도 한다)

➡ 신약(身弱)할 경우는 겹치기로 당하는 것이니 몸조심이다.

➡ 신강(身強), 길(吉)로 작용할 경우 당하여도 조용히, 작게 당한다. 그러나 신경이 쓰이는 것은 어쩔 수 없다.

➡ 흐름이 전체적으로 도와준다면 변화(變化)가 작용하나 큰 탈 없이 무

겁살(劫煞)

난한 경우로 바뀌기도 한다. 그러나 상처(傷處)는 남는다.
- 일지(日支)의 겁살(劫煞)이 오히려 일간에게 힘이 되고, 재관(財官)이 왕(旺)한 상태에서 겁살(劫煞)이 같이 행동을 한다면 경쟁자를 물리치고, 내가 올라가는 형상이요, 아파트 당첨이요, 승진(昇進)이요, 낙하산도 탈 수가 있다.
- 낙하산이라 욕(辱)하지만 그것도 운(運)이요, 팔자(八字)다. 감투를 써도 확실하게 쓰는 것이다. 못 타는 사람은 기운(氣運)이 그만큼 약(弱)하다.
- 겁살년(劫殺年)이 오면 빼앗기고 빼앗으니, 천지가 시끄럽고 요란하며, 온 가정(家庭)이 동요될 수 있으며, 지지(地支)가 시끄러운데 천간(天干)에서도 이와 같이 작용하면, 천충지충(天沖地沖)과 같은 형상으로 나타나 예측하지 못한 상황에 가정사에 부부(夫婦)는 물론이며 이산가족(離散家族)을 만들 수 있고, 관재구설, 시비, 송사, 상해, 투쟁 등으로 모든 것을 일시적으로 잃어버리는 사태가 발생한다.
- 겁살(劫煞)은 은폐된 곳에서 나타나니, 우연스런 돌발사고와 같은 형상이다. 정상적이던 프린터가 잉크가 모자라 작동을 안 하는 것이나 같다. 항상 복병(伏兵)이 작용한다.
- 운(運)에서 겁살(劫煞)을 극(剋)할 경우, 겁살(劫煞)의 흉(凶)이 사라지는 것은 당연한 것이다. 이제는 역(逆)으로 빼앗기는 것이 아니라, 빼앗기는 요소(要素)가 없어지게 된다. 외부적인 상황을 본다면 진성어음으로 알고 받은 것이 딱지어음이라 코피가 터졌는데, 다행히 다른 곳에서 받은 어음은 결제 되어 험악한 상황에서 멈춘다.
- 겁살(劫煞)이 자기 자리만 지킨다. 흉(凶)으로 본다면 배우자를 빼앗기는 형상이니, 이혼(離婚)으로 이어진다. 자신의 약(弱)함으로 인하

십이신살(十二神殺)의 활용(活用)

여 생기는 일이다. 어디 하소연 할 곳도 없다. 아내가 외도하여도 알면서 넘어간다.
➡ 외부(外部)의 영향(影響)으로 인한다. 환경에 의한 것이다. 그러나 근본적으로 본다면 항상 원인은 잠재하여 있었다.
➡ 건강(健康)으로 본다면, 병(病)으로 인하여 부부(夫婦)관계를 이어가기 힘들다. 거기에 경제적(經濟的) 원인이 가중(加重)한다면 더더욱 힘들어진다. 여기에서 더 심하다면 사라지는 것이라, 북망산(北邙山)으로 가는 경우도 발생한다.
➡ 길신(吉神)일 경우, 어느 정도 해소가 되나, 흉(凶)으로 작용할 경우는 영락없는 겁살의 불운(不運)이 찾아온다.
➡ 운(運)에서 겁살이 원국의 년지(年支)와 합세하여 일간(日干)을 해롭게 한다면, 풍류(風流)심이 발동하여 가정불화가 심하여진다.
➡ 일지(日支)가 합하여 일간(日干)을 극(剋)하더라도 가내(家內)가 시끄럽고, 집 안이 한 번 뒤집어지니 상황이 편치만 않다. 심하면 극도의 심각한 정신적 불상사도 연출된다.

◆ **시주(時柱).**
시주에 위치(位置)한 육친(六親)에, 겁살(劫煞)에 해당하는 일 생긴다.

➡ 시지(時支)에 겁살(劫煞)이 오는 경우. 시지(時支)는 자손(子孫)의 자리요, 말년(末年)이 되는 자리이다.
➡ 말년(末年)이란? 그동안 살아온 삶에 대한 판결이 내리는 자리다. 잘 살았던, 못 살았던 지나온 과정에 대하여 공과(功過)를 논하여, 의무적(義務的)으로, 싫어도 답을 기다려야 한다.

겁살(劫煞)

→ 심신(心身)이 쇠(衰)하여 기력(氣力)이 부실(不實)한 시기다. 당연히 스스로 과거처럼 활기찬 모습은 보이기가 힘든 것이다. 마음은 안 그런데 몸이 말을 듣지 않는다.

→ 기계도 오래 쓰면 망가지고, 녹이 생기는 법이다. 스스로 몸조심을 위주로 하고, 근력(筋力)운동(運動)도 포기하는 시기(時期)이다.

→ 중년의 후반기부터는 오히려 근력운동을 강화하는 것이 노쇠(老衰)되는 몸을 지탱하는 방법이고, 몸의 수분 탈진(水分脫盡)을 방지하는 것이다.

→ 시지(時支)는 자손인데, 겁살(劫煞)이 길신(吉神)으로 작용을 하면 자손(子孫)에 경사(慶事)라, 그에 해당하는 좋은 일이 생기는 것이요, 장래(將來)가 크게 걱정은 없다.

→ 흉(凶)으로 작용을 할 경우는 자손(子孫)으로 인한 관재구설(官災口舌)이나, 명예(名譽)손상(損傷) 등의 고통(苦痛)을 감수해야 한다.

→ 유산상속(遺産相續)으로 인한 불협화음(不協和音), 형제간의 반목(反目)등으로 속을 썩는다.

→ 자식의 허약, 불화, 자손을 보지 못할 수도 있는 암시. 말년(末年)에 사업을 한답시고 큰 소리는 쳤지만 대책이 없다. 자식들한테 신세지기 싫어 움직이기는 하지만 항상 불안하다.

십이신살(十二神殺)의 활용(活用)

● 흐름으로 읽어보는 겁살(劫煞).

운(運)에서 겁살(劫煞)이 올 경우의 여러 변화상황, 전체적인 영향, 부분적 영향과 변화를 살피는데 겁살(劫煞)의 작용으로 인한 변화를 본다. 선천적인 원국의 변화, 후천적인 운의 변화다.

◆ 대운(大運)과 겁살(劫煞)과의 관계.

대운(大運)은 환경(環境)이다. 사람은 자의든, 타의든 항상 환경의 지배를 받는다. 아무리 아니라고 하여도 어쩔 수 없는 속물처럼 사는 것이 인생이다.

➡ 세운(歲運)에서의 겁살(劫煞)이 대운(大運)과 합(合)이 되면 겁살(劫煞)작용은 무디어지고, 유명무실하여진다. 그러나 환경(環境) 즉 대운(大運)이 겁살(劫煞)을 도와준다면 고삐 풀린 망아지가 된다. 흉(凶)이 절로 커진다.
➡ 운(運)에서 겁살(劫煞)이 삼형(三形)살을 형성시키면, 법적으로 형(刑)을 받지 않으면, 대수술(병의 악화 및 우연 돌발사고)을 받는 형상이다.
➡ 겁살(劫煞)의 성향(性向)은 억압이다. 남에게 억압당하는 삶을 살기도 하며 부동산의 압류, 강제매각 등을 당하는 경우다.
➡ 겁살(劫煞), 년살(年殺), 반안(攀鞍)살이 삼합(三合)되면 투자(投資)로 재능을 드러내 대박을 터트리는 좋은 성과를 낼 수 있다. 흉(凶)이면 쪽박 찬다.
➡ 경쟁적 명예욕이 강하여 밖에서는 잘하지만, 집안이나 아랫사람(만만

겁살(劫煞)

한 사람)에게 소홀히 대한다.
- 도전적이며, 기(氣)가 강하면, 남에게 지고는 못사는 정신도 된다. 만일 사회적 성공을 거둔 경우라면, 밖에서는 존경받으나 가정(家庭)은 필히 남모르는 고민이 있다. 항상 마음속에는 근심과, 고뇌가 있어 집안에 할 일이 많으면서 바깥일 때문에 일손이 잡히질 않는다.
- 사람의 눈은 둘이지만, 두 곳을 한꺼번에 잘 보지 못한다. 가능할 것 같아도 불가능한 것이 현실이다. 현실(現實)을 직시해야 한다.

◆ <u>망신살(亡神殺)과 겁살(劫煞)의 상호관계.</u>

망신살(亡神殺)과 겁살(劫煞)을 논하는 것은 상호(相互) 충(沖)의 관계가 성립되기 때문이다. 사주(四柱)나, 운(運)에서 같이 동조(同調)를 한다면 어떨까?

- 인신사해 (寅,申,巳,亥) 는 역마(驛馬),지살(地殺),망신(亡身),겁살(劫煞)에 해당한다. 역마(驛馬),지살(地殺)은 실질적인 움직임이고, 망신(亡神),겁살(劫煞)은 변화 움직임을 보인다.
- 인신사해(寅,申,巳,亥)는 사생지(四生地)요, 변화(變化)가 무쌍하다. 이것이 칠살(七殺)로 작용하면 동(東)에 번쩍, 서(西)에 번쩍한다. 망신살(亡神殺)이라 그야말로 망(亡)하는 것이요, 겁살(劫煞)이라 한없이 당하기만 한다.
- 이율배반적(二律背反的)인 성향이다. 건드리지 않으면 발동(發動)을 하지 않는다. 그러나 잘못 건드리면 긁어 부스럼이다. 충(沖)과, 충(沖)의 연속이라 저항(抵抗)이 거세다.

십이신살(十二神殺)의 활용(活用)

➡ 역마(驛馬)와 지살(地殺)은 충(沖)이요, 돌아다니는 경우인지라, 타향(他鄕)에서 생활이다. 군복무를 하여도 먼 곳에서 해병대처럼 수륙양용 하는 것이다. 삶도 이와 같다.

➡ 수화(水火)상전이요, 투쟁(鬪爭)의 역사다. 겁살(劫煞)과 망신(亡身)이니 충(沖)이다. 흉(凶)의 연속이다. 졸지에 노숙자(露宿者)처럼 전락한다.

➡ 겁살(劫煞)이 사주에 있으면 자연 성격이 불안하고, 간혹 포악한 면이 나타난다. 그것은 일종의 피해(被害)의식이 강하다 보니 상대방에 대한 증오심이 강하고, 스스로 자신을 지키고자 하는 본능(本能)에서 나온다. 겹쳐 있다면 언제인가 사고를 일으킨다. 지나친 방어로 인한 사고도 야기한다. 과잉방어다.

➡ 이것이 둘 이상이 있다면, 그 성향이 더욱 강하여 진다. 여성의 사주에 토(土)가 셋이 있으면, 일반적으로 성격(性格) 관리하기 어렵다는 표현을 하는데, 겁살(劫煞) 역시 마찬가지다.

➡ 둘도 문제가 많은데, 셋이면 접하기 불편한 사람이다. 대체적으로 요 근래의 범죄자들을 보면, 체격이 왜소한 것 같으면서 눈빛에 살기(殺氣)가 서린 모습을 많이 본다. 버려진 애완동물 눈빛이다.

➡ 가정적(家庭的)으로 문제가 많고, 정상적인 부부(夫婦)관계가 성립이 어려워지고, 사회에서 외면을 당한다. 은둔생활을 한다거나, 지나치게 방구석에 있는 시간이 긴 학생이나, 젊은이들 한 번 정도 살펴볼 여지가 있는 사람들이다. 여기에 양인(羊刃)이 더한다면 막가파가 되는 경우도 발생한다. 범죄의 우려가 있다. 자해(自害)하는 경우도 나온다.

➡ 항상 당하는 분위기에서 지내다보니 남의 것을 몰래 취하여 나의 것

겁살(劫煞)

으로 하려는 심리가 강하여진다. 도벽이 생기는 것이요, 그것을 행동으로 옮긴다.

→ 여기에 성년이 되면 성(性)적인 욕구(慾求)가 생기는데, 겁살(劫煞)이 많으니 정상적(正常的)으로 이성(異性)을 접하기 어려워진다. 이러다보니 발생하는 것이 미성년자, 연약한 이성(異性)에 대한 우발적, 계획적 성범죄(性犯罪)로 이어진다.

→ 겁살(劫煞)이나, 망신(亡身)이 중복하여 있으면, 이는 매우 음란(淫亂)하고, 통제(統制)가 불능(不能)하여 진다. 사고를 내는 것이요, 항상 뒷감당으로 많은 정력(精力)을 허비한다.

→ 가족 가운데 겁살(劫煞)에 해당하는 띠를 갖고 있는 경우, 가족 간의 화목(和睦)이 우려되고, 심하면 인연(因緣)을 끊자는 이야기가 나온다. 호적을 파간다는 이야기 나온다.

→ 겁살(劫煞)이 관살(官殺)에 해당하고, **공망(空亡)일 경우** : 관살(官殺)은 나의 명함과 같다. 실속이 없다. 이름만 회장(會長)이지, 아무런 효용가치가 없다. 품위(品位) 유지비만 들어가고, 지출(支出)만 심한 것이다. 결국은 자기 스스로를 옭죄는 것이다. 바지사장으로 있다 개망신만 당한다.

→ 겁살(劫煞)이 고신(孤辰), 과숙살(寡宿煞)과 같이 할 경우인데, 그렇지 않아도 팔자가 서러운데, 거기에 공망(空亡)이 보태진다면 세상을 한탄하고, 외면하고, 등지는 팔자이다. 속세(俗世)와 인연이 없다. 종교(宗敎)에 귀의(歸依)하거나, 도(道) 닦는 팔자이다.

→ 모든 것이 사라진듯하고, 필요하니 도움을 원하고, 여의치 않으면 훔쳐서라도 욕망(慾望)을 채우고 싶어진다. 여성(女性)일 경우 생리 때, 자기도 모르게 도벽(盜癖)이 발동하는 경우가 바로 이러한 경우다.

십이신살(十二神殺)의 활용(活用)

출혈(出血)이 심하니 심신(心身)의 일부분이 없어지는 것으로 착각(錯覺)하는 것이다. 직장도 뻐젓하고, 남들이 부러워할 정도로 가정도 부유한데, 그 때만 되면 도벽(盜癖)이 발동한다. 그래야만 심신(心身)의 안정(安靜)이 온다.

➡ 수백억대의 부동산 소유자가 상습적으로 절도 행위를 하는 것도 마찬가지다. 신강(身强)하고 재다(財多)하여 능히 재(財)를 간직하면서도, 겁살(劫煞)이 살(殺)의 작용하는 경우, 재물(財物)의 욕심(慾心)으로 작용하여 화(禍)를 당한다. 살풀이를 하여야 한다. 아홉을 가진 놈이 열을 채우려는 행위(行爲)다.

◆ **겁살(劫煞)이 합화(合化)할 경우.**

➡ 일반적 해석의 경우다. 겁살(劫煞)은 사(死), 절(絶)에 해당되므로 모든 것이 약화(弱化)되어 도움이 필요하다. 그런데 합화(合化)한다는 것은 일종의 도피요, 일시적 해결책도 된다.
➡ 그러나 근본적(根本的)인 상황에 있어서 환경(環境)에 의한 변화(變化)이므로 항상 그에 대한 고뇌와, 고통은 따른다.

🪶 겁살(劫煞)

● **오행(五行)별로 살펴보는 겁살(劫煞)의 작용.**

겁살(劫煞)은 인신사해(寅,申,巳,亥)인데, 오행(五行)중 어디에 속하는가? 판단하고, 연관된 부분을 살펴본다.

➡ **인(寅)목**이 겁살(劫煞)일 경우 : 극심한 가뭄과, 이상 난동으로 인하여 원예, 조림, 삼림사업이 막심한 피해를 입는다. 밤중에 퍽치기를 당하는데 각목으로 맞는다.

➡ **신(申)금**이 겁살(劫煞)일 경우 : 철강, 광산, 제철, 제련, 제강, 금속업, 등 연관된 사업이다. 금값의 폭등으로 부품제작에 어려움을 겪는다. 강도를 만났는데 흉기(凶器)로 위협한다. 금방이 털리는데 경보기도 작동 안 한다.

➡ **사(巳)화**가 겁살(劫煞)일 경우 : 화재(火災)로 인하여 직접적으로 인명을 손실(損失)당하고, 재산피해를 입는다. 어느 지방도시의 사격장 화재사건.

➡ **해(亥)수**가 겁살(劫煞)일 경우 : 4대강 사업으로 인한 여파로, 어느 골재업체 사장님의 자살을 생각하면 된다. 외국에 휴가차 바닷가에 갔다가 쓰나미로 인하여 목숨을 잃는 경우도 있다.

◆ **삼살방(三煞方)을 찾는 방법.**

① 2010년은 경인(庚寅)년이다. 우선 삼합(三合) 되는 해를 찾는다.
② 인(寅), 오(午), 술(戌) 년이 삼합(三合)에 해당이 된다.
③ **겁살(劫煞), 재살(災殺), 천살(天殺)**에 해당되는 삼방위(三方位)가 삼살

십이신살(十二神殺)의 활용(活用)

  방(三煞方).
④ 해, 자, 축(亥子丑)이 삼살방(三煞方)인데, 수(水)라 북방(北方)이다.
⑤ 북방(北方)이라 함은 정북(正北), 서북(西北), 동북(東北) 3방위가 해당된다.
⑥ 년(年)을 기준으로 할 경우는 월(月), 일(日), 시(時)를,
⑦ 일(日)을 기준으로 할 경우는 년(年), 월(月), 시(時)를 살핀다.

◆ 삼재(三災)를 찾는 방법.

삼재(三災)는 삼살방(三煞方)과 마찬가지로, 그 요령을 정확히 알면 쉽게 찾을 수 있다.

➡ 삼재(三災)란 <u>역마(驛馬), 육해(六害), 화개(華蓋)</u> 3신살(神殺)을 말한다. 출생 년(出生年)을 살펴, 이에 해당하는 년(年)을 찾는다.
● 1980년생이라면 경신(庚申)년 생이다.
지지(地支) 삼합(三合)년을 찾는다. 신자진(申子辰)년이다.
삼재(三災)는 인, 묘, 진(寅卯辰)년이 된다.
삼합(三合)에서 방합(方合)을 찾으면 된다.
❶ 끝 자(字)가 같은 삼합(三合)에서 방합(方合)을, 삼합오행에서 생(生)해주는 오행 방합(方合)을 찾으면 된다.
❷ 화토(火土)는 동격(同格)이라, 화(火)는 토(土)로 본다.
✪ 신자진(申子辰) ☞ 인묘진(寅卯辰)
✪ 인오술(寅午戌) ☞ 신유술(申酉戌)
✪ 해묘미(亥卯未) ☞ 사오미(巳午未)
✪ 사유축(巳酉丑) ☞ 해자축(亥子丑)

겁살(劫煞)

- 사랑하는 사람들은 상대방 결점(缺點)을 잘 보지 못한다. 그것은 상대방의 일거수일투족을 모두 사랑하는 마음으로 사랑스럽게, 옳게, 그리고 모든 것을 긍정적(肯定的)으로 보기 때문이다. 그로 인하여 가려진 베일을 벗기지 못한다.
- 안 좋은 소리를 할 경우, 오히려 험담(險談)을 한다며 좋은 쪽으로 보라고 항변(抗辯)을 한다. 이것이 사랑의 콩깍지요, 겁살(劫煞)이다.

- **격탁양청(激濁揚淸)이 필요한 것이 겁살(劫煞)이다.**
악(惡)을 제거하고, 선(善)을 드날리듯, 겁살(劫煞)운에서 무조건적 지출(支出)이나, 어쩔 수 없는 상황이라도 선별을 잘 하여야 한다.

□ **겁살방(劫殺方)에 대한 생활의 지혜.**

자기가 살고 있는 집의 공간(空間)에서, 겁살방향(劫殺方向)은 항상 조심스럽고, 손을 보아야 할 공간이다.

➡ 특히 놓여 있는 것들을 살펴보면 주로 지불(支佛)및, 청구서(請求書), 지로용지 및 재산상의 지출(支出)및 손실(損失)을 요하는 것들이 자리한다. 특히 문서(文書)나 중요한 서류(書類) 같은 것은 절대로 놓아서는 안 된다.

➡ 은행(銀行)의 사금고를 이용하더라도 방향(方向)을 잘 살피어 보관(保管)을 해야 한다. 귀금속류, 현금(現金), 통장등도 절대로 놓아서

십이신살(十二神殺)의 활용(活用)

는 안 된다. 손을 타거나 절도(竊盜), 사찰(伺察) 등으로 인하여 망신(亡神)을 당한다.

● **실전(實戰)으로 살펴보는 겁살(劫煞).**

❋ 곤명(坤命)

己	丁	壬	丙
酉	亥	辰	寅

진(辰)월, 정(丁)화 일간(日干)이다.

인년(寅年)이라, 해(亥)가 겁살(劫煞)이다.

➡ 年(년)을 기준(基準)으로 하여 보았을 경우다.
여기서 겁살(劫煞)의 응용은 어떻게 할 것인가? 일지(日支)에 있다.
인,오,술(寅,午,戌) 생(生)이 일지(日支)에 해(亥)를 갖추면 겁살(劫煞)이다. 일지(日支)는 나의 뿌리이다. 뿌리가 겁살(劫煞)이니 도둑을 안고 사는 것이다.
12지지(地支)가 순환(循環)을 하니 인(寅),오(午),술(戌) 년(年)이 오면 겹쳐서 작용하니 조심하고, 신중해야 하는 운(運)이다.
임(壬)수인 정관(正官)이 월간(月干)에 있고, 지지(地支)에 임(壬)수가 암장(暗藏)하여 있다. 정화(丁火) 일간(日干)은 유(酉)금에서 장생(長生)하고, 인(寅)에서 사(死)하는 것이다. 해(亥)중 갑(甲)목이 있고, 유시(酉時)가 있으니 등불은 밝힐 수 있다.

❋ 곤명(坤命)

壬	甲	乙	甲
申	子	亥	寅

해(亥)월, 갑(甲)목 일간이다.

물속에서 자라는 나무이다.

➡ 여기에서 겁살(劫煞)은 해(亥)인데, 장생(長生)으로 지장간은 갑(甲)

겁살(劫煞)

목에 해당된다. 년지(年支)의 인(寅)목은 병(丙)화도 작용하고 있다.
년간(年干) 갑(甲)목의 비견(比肩)이 겁살(劫煞)작용을 한다.
시지(時支) 관(官)이 인성(印星)으로 화(化)한다.
인성(印星)과, 비겁(比劫)으로 뭉친 사주다.
강에 뗏목이 가득한 형상이다. 갑목(甲木)은 꽃을 피워야 제몫을 한다.
뗏목이 흘러야 하는데 남방(南方)으로 향(向)해야 번화(繁華)하고, 영화(榮華)로움을 나타낸다.
시(時)에 절로공망(截路空亡)이 있다. 월지(月支)는 공망(空亡)이고 합(合)으로 인하여 공망(空亡)이 해소된다고 하지만, 그 또한 문제가 많다.
갑자(甲子)는 납음(納音)으로 해중금(海中金)이다.
인(寅)중, 병(丙)화가 년지(年支)에 있다.
조상 삶의 발자취를 살피면서 많이 빌어야 한다.
시지(時支)의 편관(偏官)이 일지(日支)와 반합(半合)을 이루니 자손과의 사이는 그런대로 원만하다. 자손(子孫)이 늦은 것이 흠으로 나타난다.

❋ 곤명(坤命)

庚	丙	己	癸	미(未)월, 병(丙)화 일간(日干)이다.
寅	寅	未	丑	겁살이 일(日)과, 시(時)에 중복해 있다.

⬆ 정기(正氣)를 사용하는 상관(傷官)격 사주이다. 겁살(劫煞)이 중복(重複) 되어있다.
상관(傷官)의 기운이 강하니 인성(印星)의 도움과, 재성(財星)의 활약이 필요하다.
재성과, 인성이 힘겨루기를 하고 있다. 인성은 상관의 기운을 견제하고, 재성(財星)은 상관의 기운을 설기(泄氣)토록 하는 것이 중요한 관점이다.
일지(日支), 시지(時支)는 남편(男便)과 자손(子孫)의 자리다.

십이신살(十二神殺)의 활용(活用)

상관(傷官)이 과(過)하나, 인성 또한 강하여 관(官)을 보호하는 능력은 있다. 시상(時上)에 편재(偏財)가 있으나, 절지(絶地)라 큰 기대는 어렵다. 그래도 관성(官星)을 생하려 부단 노력하는 것이 아름답다.
금(金), 수(水) 기운도 필요한 사주인데, 겁살(劫煞)작용으로 인하여 기대(期待)에 부응(符應)하지 못한다.
편재(偏財)인 경(庚)금이 일간(日干)인 병(丙)화에게 화극금(火克金)을 당하고 있으니 스스로 쪽박 깨는 형상이다.
지지(地支)는 겁살(劫煞)이고, 하극상(下剋上)이 항상 벌어지고 있는 것이다.
 인성(印星)이 상관(傷官)을 극하나, 편재인 경(庚)금이 인성(印星)을 견제하지만, 어렵고 관(官)을 생(生)하기에 이 또한 역 부족이다.

❋ 곤명(坤命)

戊	辛	庚	癸
戌	卯	申	亥

신(申)월, 신(辛)금 일간(日干)이다.
경(庚)금 겁재(劫財)밑에 겁살(劫煞)이 있다.

⬆ 경(庚)금이 월(月)에 있으므로 오빠이다.
오빠의 지나친 반대로 인하여 이성(異性)과 헤어진 여성(女性)이다.
오빠의 기운에 비하여, 본인의 기운이 빈약하다. 일(日)과, 월(月)의 지지(地支)가 묘(卯)-신(申)으로 귀문관살이다. 사주(四柱)가 지나치게 신강(身强)한 편인데, 겁살(劫煞)작용을 하니 더더욱 피곤하다.
다행인 것은 시지(時支)와, 일지(日支)가 합(合)을 이루니 고마운 것이다.

❋ 건명(乾命)

甲	甲	辛	庚
戌	辰	巳	申

사(巳)월, 갑(甲)목 일간이다.
정관인 신(辛)금의 지지가 겁살(劫煞)이다.

⬆ 년(年)이 신, 자, 진(申, 子, 辰)에 해당하므로 사(巳)화가 겁살(劫煞)

겁살(劫煞)

이 된다. 신(辛)금은 정관(正官)이 된다.
재관(財官)이 왕(旺)하여 신약(身弱)한 사주다.
가뜩이나 관(官)이 왕(旺)하여 관살혼잡이다. 월(月)에서 작용이 심하다.
월지(月支)는 부모님의 자리라 부모(父母)에 문제가 심각하다.
일(日), 시(時)는 지지(地支)에서 진-술충(辰戌沖)으로 자중지란(自中之亂)이다. 가정(家庭)이 흔들릴 정도이다.
겁살(劫煞)은 절지(絶地)에 해당한다. 건강(健康)을 살펴보면 목(木)의 뿌리가 흔들리니 탈모(脫毛)현상이 심하게 나타나고 있다.

❋ 곤명(坤命)

癸	丙	辛	丙
巳	子	卯	辰

묘(卯)월, 병(丙)화 일간(日干)이다.
시지(時支)가 겁살이다.

⬆ 현재 무직(無職)이고, 아직 미혼(未婚)이다.(2010년)
년(年), 월(月) 지지(地支)가 묘(卯)-진(辰)으로 육해(六害)살이요, 월지(月支)와 일지(日支)가 자(子)-묘(卯)형(刑)이다.
사(巳)화는 년지(年支) 기준하여 겁살(劫煞)이고, 일간(日干) 기준하여 망신(亡身)이다. 월지(月支)가 형(刑)이요, 해(害)다.
월간(月干)은 정재(正財)인데 참으로 어려운 지경(地境)에 처한 것이다.
년간(年干)과 일간(日干)에서 서로가 쟁탈전(爭奪戰)을 벌이니 소용없다.
금전적(金錢的)인 어려움과, 결혼(結婚)이 늦어지는 이유다.
여성에게 정재(正財)는 시어머니이니, 결혼과 연관된다.
일지(日支)에 정관(正官)이 있으나, 천간(天干) 쟁합(爭合)이요, 지지는 형(刑)이다. 꺼져가는 불길이라, 풍전등화(風前燈火)다.
시간(時干)에 정관(正官)이 있으나, 지지(地支)에 사(巳)화가 겁살(劫煞)이다. 시간(時干)의 계(癸)수는, 시지(時支) 사(巳)화의 남자(男子)다.

십이신살(十二神殺)의 활용(活用)

☺ 신살(神殺)은 년지(年支)를 기준(基準)으로 하여 보기도 하고, 일지(日支)를 기준으로 살펴보기도 하는데, 좋은 방법은 욕심(慾心) 같기도 하지만 두 가지를 다 살펴보는 것이 좋다. 숙달하는데 시간이 걸릴 일도 없고, 전체적인 흐름을 확인 하는 방법도 된다.
일진(日辰)을 살피면서 대체적으로 일주(日柱)와, 일진(日辰)과의 관계를 살피면서 신살(神殺)을 활용한다면 더더욱 정확한 판단이 될 것이다.

☺. 겁살(劫煞)은 신속함이 우선이다.
흥망성쇠(興亡盛衰)가 생각보다 빠른 시간 안에 나타난다. 일의 추진에 있어 진행속도를 본다. 예견할 때 참고하면 아주 적절하다.

☞ 겁살(劫煞)이 목(木)에 해당할 경우-------3,8이니 3일이나, 8일 이내에 결단이 난다. 월(月)로 보면 3-8개월, 년(年)까지는 안 본다. 길므로 결정(決定)되는 것 보다는 흐름에 있어서 겁살(劫煞)로 본다.

재살(災殺)

재살(災殺).

吉凶悔吝者 生乎動者也 길흉회린자 생호동자야
(마음이 움직여 그에 따른 행동에 의하여 모든 길(吉), 흉(凶),회(悔),린(吝)이 생기는 것이다.)
그러나 그것이 인간에 의한 것이 아닐 경우는 천재지변(天災地變)에 해당한다.

◆ 의미(意味)로 살펴보는 재살(災殺).

재(災)란? 재화(災禍)요, 재앙(災殃)이요, 주벌(誅伐)이다.
내 천(川)자와, 불 화(火)자가 합쳐져 한 글자를 이룬다.
내 천(川)은 수(水)요, 불 화(火)는 화(火)이다. 천(川)은 물난리요, 홍수이다. 쓰나미도 같다.
화(火)는 불난리요, 화재(火災)인 것이요, 산불이요, 가스폭발이요, 화마(火魔)로 인하여 생기는 재앙(災殃)이다.
재살(災殺)은 겁살(劫煞)다음에 온다. 겁살(劫煞)로 인하여 모든 것이 황폐화(荒廢化)되니 그로인한 재앙(災殃)을 맞이한다.
골프장 짓는다고 소중한 산을 헐값에 강제로 빼앗다시피 하여 헐값에 사들여 산의 나무들을 황폐화시키고 난 후, 그 결과에 대한 소송이나 반대로 후유증(後遺症)에 시달린다. 시민단체의 거센 반발이나 자연보호단체들의 집단 항의도 받는다.

✹금수(金水) 많은 사람----수해(水害), 냉해(冷害)
✹목화(木火) 많은 사람----건조(乾燥)로 인한 재해, 황사

십이신살(十二神殺)의 활용(活用)

◆ **재살(災殺)의 작용(作用).**

재살(災殺)의 작용(作用)은 편관(偏官), 상관(傷官), 형,충,파,해(刑沖波害)와 같다. 편관(偏官)은, 살(殺)이니 흉폭(凶暴)함을 드러내고, 잔혹함이다. 상관(傷官)은, 정관(正官)을 극(剋)하니, 천방지축(天方地軸)으로 겁 없이 날뛰는 것이요, 잘못을 인정(認定) 안하고 억지 부린다.
음주단속에 걸렸으면 순순히 인정하지 이를 무시하고 혈액을 채취하여 더 사나운 일을 당하는 것이요, 도망가다 자수(自首)하는 것도 다 부질없는 일이요, 다 괘씸죄다. 한참 지난 후에 그에 대한 변명(辨明)을 늘어놓지만, 이미 재살(災殺)이 작용하고 난 후다.

◆ **재살(災殺)은 태궁(胎宮), 병궁(病宮)에 해당이 된다.**
양(陽)은 태궁(胎宮)이요, 음(陰)은 병궁(病宮)이다.
양(陽)은 순행(順行)이요, 음(陰)은 역행(逆行)으로 하여 진도(進度)가 나간다.

◉ 삼합(三合)의 가운데 자(字)인 장성(將星)을 충(沖)하는 자(字)가 재살(災殺)이다. , 酉)가 해당이 된다.자, 오, 묘, 유(子, 午, 卯, 酉)
◉ 결국 삼합(三合)의 가운데 자(字)가 재살(災殺)이다.
◉ 서로가 호환(互換)이 된다. 우리 집 에서의 재살(災殺)이 ,남의 집에서는 장성(將星)이 되는 것이나 같은 원리(原理)다.

☀ 신자진(申子辰):자(子)-오(午)충 하여 오(午)가 재살(災殺).
☀ 해묘미(亥卯未):묘(卯)-유(酉)충 하여 유(酉)가 재살(災殺).
☀ 인오술(寅午戌):오(午)-자(子)충 하여 자(子)가 재살(災殺).
☀ 사유축(巳酉丑):유(酉)-묘(卯)충 하여 묘(卯)가 재살(災殺).

재살(災殺)

● 자오묘유(子午卯酉)가 양간(陽干)의 재살(災殺)에 해당된다.
음간(陰干)의 경우, 다르니 구별이 필요하다.
자,오,묘,유(子午卯酉)에 해당하는 신살(神殺)-----재살(災殺), 년살(年殺), 장성(將星), 육해(六害)----**양간(陽干)**에만 해당된다.

◐ [양간(陽干)의 경우].--태궁(胎宮)에 해당하는 것이 재살(災殺)

천간 지지	갑(甲)	병(丙)	무(戊)	경(庚)	임(壬)
자(子)	년살(年殺)	재살(災殺)	재살(災殺)	육해(六害)	장생(長生)
오(午)	육해(六害)	장생(長生)	장생(長生)	년살(年殺)	재살(災殺)
묘(卯)	장생(長生)	년살(年殺)	년살(年殺)	재살(災殺)	육해(六害)
유(酉)	재살(災殺)	육해(六害)	육해(六害)	장생(長生)	년살(年殺)

⬆ 장성(將星)과, 재살(災殺)이 충(沖)하고, 년살(年殺)과, 육해(六害)가 충沖한다.

◐ [음간(陰干)의 경우].----병궁(病宮)에 해당.----양간의 역마(驛馬)

천간 지지	을(乙)	정(丁)	기(己)	신(辛)	계(癸)
자(子)	역마(驛馬)	겁살(劫煞)	겁살(劫煞)	지살(地殺)	망신(亡身)
오(午)	지살(地殺)	망신(亡身)	망신(亡身)	역마(驛馬)	겁살(劫煞)
묘(卯)	망신(亡身)	역마(驛馬)	역마(驛馬)	겁살(劫煞)	지살(地殺)
유(酉)	겁살(劫煞)	지살(地殺)	지살(地殺)	망신(亡身)	역마(驛馬)

십이신살(十二神殺)의 활용(活用)

● 년지(年支), 일지(日支)와, 일간(日干)으로 보는 재살표(財殺表).

◆ 년지(年支), 일지(日支) 기준으로 볼 경우.

삼합(三合)	사유축 (巳酉丑)	해묘미 (亥卯未)	신자진 (申子辰)	인오술 (寅午戌)
재살(災殺)	묘(卯)	유(酉)	오(午)	자(子)

◆ 일간(日干) 기준으로 볼 경우.

오행(五行)	목(木)		화(火)		(土)		금(金)		수(水)	
십간(十干)	甲	乙	丙	丁	戊	己	庚	辛	壬	癸
태(胎)	酉		子		子		卯		午	
병(病)		子		卯		卯		午		酉

⬆ (양(陽)은 태궁(胎宮)이요, 음(陰)은 병궁(病宮)이다.)
☀ 갑(甲), 계(癸), ------ ☞ 유(酉)가 재살(災殺)
☀ 을(乙),병(丙),무(戊),--- ☞ 자(子)가 재살(災殺)
☀ 정(丁),기(己),경(庚),--- ☞ 묘(卯)가 재살(災殺)
☀ 임(壬),신(辛),------ ☞ 오(午)가 재살(災殺)

※ 지지(地支) 재살(災殺) 신살표(神殺表).

地支	子	丑	寅	卯	辰	巳	午	未	申	酉	戌	亥
災煞	午	卯	子	酉	午	卯	子	酉	午	卯	子	酉

⬆ 지지(地支)와의 대조로 살펴보는 재살(災殺)과의 관계다.

재살(災殺)

● **재살(災殺)은 일명 수옥살(囚獄殺)이라고 한다.**

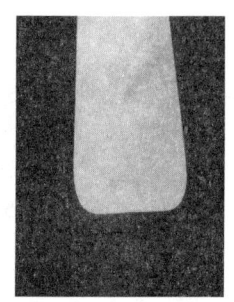

○ 재살(災殺)은 재해(災害)의 당사자가 바로 자신(自身)인 것이다. 내가 궁지로 몰린다.
○ 옴짝달싹 못하는 것이다. 결국 갇히는 형상이라, 일명 囚獄殺(수옥살)이라 한다.
○ 비행기 안이다. 즐거운 여행이지만, 일단은 그 안에 갇혀 있는 형상이다.

➡ 수옥살(囚獄殺)이란? 송사(訟事)나 기타, 관재수(官災數)로 옥(獄)살이 한다는 흉살(凶殺)이다. 그 원인(原因)이 어디에 있나? 살펴야 한다. 자의(自意)인가? 타의(他意)인가? 나만의 잘못이 아니라고 우겨도 소용없다. 맞고소도 쌍방으로 들어가는 경우도 생긴다. 증인(證人)이 없을 경우 더욱 그런 것이다. 억울하여도 할 수가 없다.
➡ 집행유예, 음주단속으로 인한 구속, 또는 교통 범칙금, 및 기타 과징금 납부 등이 해당된다. 기한(期限)을 넘겨 이자까지 붙여 납부(納付)를 해야 한다.
➡ 목소리 큰 놈이 이긴다고 당하는 경우도 생긴다. 항상 디카나, 핸드폰으로 증거를 담아두어야 한다. 정황상으로는 피해(被害)자인 것 같아도, 졸지에 가해자(加害者)로 둔갑하는 경우가 생긴다.
➡ 밧줄로 꽁꽁, 사랑의 포로가 된 상황이다.
(아무것도 안 보인다.
판단력(判斷力)을 상실한다.)
여기에서 일을 그르치는 경우가 발생한다.

십이신살(十二神殺)의 활용(活用)

● **실물수(失物數)**에 해당하는 살(殺)이다.

재살(災殺)은 삼합(三合)의 가장 왕(旺)한 기운(氣運)을 충(沖)하는 살이라, 그 배포며, 웅장함이 기운을 앞세워 전체를 집어 삼킬 기세(氣勢)로 다가온다. 장기판에서 차, 포가 먼저 떨어지면 승리를 장담하기가 어려워진다. 결국은 협상을 하여 양보하여 원만함을 추구하거나, 백기(白旗)를 드는 방법이 최선으로 나타난다.

약(弱)한 쪽에서 손해(損害)를 보는 것은 당연하다. 어느 선택이던 결국 손해(損害)를 보는 것은 정해진 답이다. 나의 모든 것, 또는 대부분이 없어지는 것이다. 일상생활로 보면 나의 소지품, 귀중품, 재산 등이 사라지는 것이다. 이것이 바로 실물수이다. 이에 대응하는 기운의 강약(强弱) 정도에 따라서, 대소(大小)의 차이가 생긴다.

신약(身弱)의 경우, 집안에 도둑이 들거나, 노상강도를 당하거나, 소매치기, 퍽치기, 사기 등이 해당한다.

설사 신강(身强)이라 하여도 운(運)에서의 변화로 인하여 일시적(一時的)인 신약(身弱)의 상태로 변하여 당하는 것이 실례(實例)다.

도둑이 들어도 처음 한두 번은 실패를 하다라도, 결국은 당하는 것은 신강(身强)이라도 어쩔 수가 없는 경우가 된다.. 조짐이 나타날 경우는 신속한 대응이 필요하다.

➡ 도난(盜難)에 의한 분실이요, 실수(失手)에 의한 분실이다.
➡ 실물의 경우는 겁살(劫煞)의 경우가 역마(驛馬)라면, 재살(災殺)에서의 실물수(失物數)는 지살(地殺)과도 같다. 왔다갔다 움직이다가 잃어버린다.

재살(災殺)

→ 겁살(劫煞)은 강탈(强奪) 당하는 것이요, 재살(災殺)은 원인적인 일에 의하여 강탈(强奪)은 아니지만, 도적(盜賊)을 당하는 것이요, 분실(紛失)을 한다.

→ 택시에 핸드폰을 두고 내리는 것이요, 우산을 두고 내리는 것이요, 지갑을 빠트리고 내리는 것 등등이다. 여기에서 더 약이 오르는 일이 생긴다. 택시에 핸드폰을 두고 내렸는데 누가 차번호를 일일이 기억을 하는가? 두고 내린 것 자체도 나중에 아는데 말이다. 어찌어찌하여 기사와 연결이 되었다. 연락을 준다더니 함흥차사이다. 실물수(失物數)인 것이다. 약이 오르지만 참아야 하는 것이다. 결국은 못 찾는다.

→ 여기에는 본의 아닌 실수가 따르는 것이 원칙인데, 심리적(心理的)인 압박(壓迫)으로 인하여 지나치게 서두른다거나, 음주(飮酒)로 인한 자신의 불찰(不察) 등이 원인(原因)이 되는데, 다 분실은 분실(紛失)이다. 강하게 작용을 할 경우, 일의 사안이 중대하다.

→ 회사의 중요한 서류를 분실하는 것이요, 중요한 파일을 분실하는 것이요, 공금을 분실하는 것이요, 문서를 분실하는 것 등이다.

→ 요즈음 많이 등장하는 기술유출도 같은 맥락이다. "도둑하나 열이 당하지 못한다."고 하는 말이나 같다. "믿는 도끼에 발등을 찍히는 것"이다. 사업체가 망한 곳도 있다.

● 실물수(失物數)의 범위에 대한 판단.

실물수(失物數)가 생겨도 안에서 생길 것인가?
밖에서 생길 것인가?

십이신살(十二神殺)의 활용(活用)

범죄의 경우 내부(內部)의 소행인가? 외부(外部)의 소행인가?
어떻게 판단을 할 것인가? 우선 기본적으로 년(年), 월(月)을 양(陽)으로 하여 밖으로 보는 것이고, 일(日), 시(時)를 음(陰)으로 하여 안으로 보는 것이다. 운(運)에서 오는 경우는 변화(變化)가 육친 및 기타 어디로 작용하는가를 판단하여 가름한다.

◆ 실제 상담할 때는 이러한 점이 커다란 작용을 하므로 육하원칙(六下原則)에 의한 발상(發喪)이 필요하다.

◆ <u>시간적(時間的)인 면의 판단법(判斷法).</u>

실물수(失物數)가 생기거나, 수옥살(囚獄殺), 등이 발생할 때 그 시간적(時間的)인 면을 본다.
언제쯤 그런 일이 생기는 것일까? 오행(五行)의 작용으로 보더라도 시기(時期)가 매우 쇠약(衰弱)하고, 희미한 상태인 것이다. 지지(地支)의 시간을 살핀다.

➡ 갑(甲), 계(癸) 일주(日主), 해묘미(亥卯未) 일지(日支)
　☞ 유(酉)가 재살(災殺), 유시(酉時)에 해당.(저녁에.)
➡ 임(壬), 신(辛) 신자진(申子辰) 일지(日支)
　☞ 오(午)가 재살(災殺), 오시(午時)에 해당.(대낮에)
➡ 경(庚),기(己),정(丁) 사유축(巳酉丑) 일지(日支)
　☞ 묘(卯)가 재살(災殺), 묘시(卯時)에 해당.(오전 시간)
➡ 병(丙),무(戊),을(乙) 인오술(寅午戌) 일지(日支)
　☞ 자(子)가 재살(災殺), 자시(子時)에 해당.(한 밤중에)

재살(災殺)

🌑 성정(性情)으로 살펴보는 재살(災殺).

→ 삼합(三合)기준으로 장성(將星)을 충(沖)하는 글자(예를 들어 해묘미(亥卯未)면 묘(卯)가 장성(將星)이고, 유(酉)가 재살(災殺)) 십이운성(十二運星)으로는 태궁(胎宮)에 해당한다.(양간(陽干)의 경우)

→ 태생적으로 겁이 많고 불안감에 휩싸이기 쉽다. 때로는 언어와 눈빛이 위협적이다. 통제되고 억압된 상황에서 고초를 겪는 환경에 놓이기 쉬우니 겁(怯)이 많고 항상 불안함이 있다. 말이 없거나, 더듬는 경우도 발생한다. 부모(父母)가 일찍 이별, 사별을 하여 한쪽이 없을 경우, 지나치게 빈곤하여 핍박을 받는 경우, 부모와 같이 있는 시간이 부족한 경우 등은 환경(環境)에 의하여 발생하는 재살(災殺)이다.

→ 수옥(囚獄)살은 십이신살의 재살(災殺)과 같은 것으로 사주가 안 좋은 사람일수록 관재(官災)에 자주 시달려 심하면 감옥을 몇 번씩이나 출입하게 된다. 혹은 아무도 모르는 곳에서 횡사(橫死)하는 경우도 있으며, 납치나 유괴 등의 암시로 본다.

→ 군인(軍人)이나 경찰(警察), 검찰, 기타 독립직, 경호원, 요 근래에는 보안업체의 근무도 가하다. 유사 직업에 종사(從事)한다면 이 살(殺)이 있는 것이 좋다. 해소(解消)하는 직업이다.

→ 재살(災殺)이 있으면서 사주원국이 불미하면 평생 허리를 못 펴고, 못 산다. 원국의 재살(災殺)은 눈치가 구단이다. 어찌 보면 총명성도 있으니 잘 보살펴야한다. 순간적으로 불리한 처지를 벗어나려는 심리가 있어 계책(計策)에 능하고 민첩하게 움직인다. 지나치면 항상 거짓말과 소설 같은 상상의 나래로 인하여 주변을 힘들게 한다.

→ 삼합(三合)의 제일 왕(旺)한 기운(氣運)을 충(沖)하는 것이 재살(災

십이신살(十二神殺)의 활용(活用)

殺)이다. 왕(旺)한 기운과 충돌(衝突)을 하니, 그 여파(餘波)가 만만치 않은 것이다. 잘나가는 꼴을 못보고, 잘났으면 흠집을 내야 직성이 풀린다. 간덩이가 부풀어 오른다. 제일 왕(旺)한 기운과 대적(對敵)을 하려고 하니 그 기세(氣勢)가 대단하다. 설사 기운이 모자라면 깡다구라도 있어야 한다. 힘에 부치다보면 편법을 사용하고, 사고(事故)를 친다.

➡ 다른 살(殺)과 마찬가지로 재살(災殺)도 호환(互換)으로 작용을 하는데, 왕(旺)한 장성(將星)을 충(沖)한다 하여도, 결국 자신도 어느 순간(瞬間), 어느 영역(領域)에서는 장성(將星)의 역할을 한다. 왕(王)과, 왕(旺)의 싸움도 된다. 사활(死活)을 걸고 하는 치열한 왕권다툼을 한다.

➡ 재살(災殺)은 생명과, 명예에 관한 일들이 자주 발생한다. 자존심으로 인한 하찮은 일에서부터, 목숨 걸고 싸우는 일들이 발생한다. 기득권의 세력과, 비토세력간의 알력이 바로 그러한 것이다. 여당과 야당이다.

➡ 사주(四柱)에서 득령(得領), 득지(得地), 득세(得勢)를 못하고 운(運)에서도 도움을 받지 못하면, 항상 사는 것이 피곤하고, 어려움의 연속인 것이다. 기본적(基本的)인 상황(狀況)인데 여기에 흉살(凶殺)이 가(加)하여 진다면 두말 할 필요 없다. 갈수록 태산이다.

➡ 겁살(劫煞) 다음에는 재살(災殺)이 온다. 불운(不運)의 연속이다. 겁살(劫煞)에서 큰 피해(被害)를 보았다면 재살(災殺)에 대한 방비도 게을리 하여서 안 될 것이다.

➡ 여기에 대운(大運)까지 합세를 한다면 죽을 맛이다. 가정(家庭)에 심각한 문제요, 직장(職場)이나, 사업(事業)까지 연이어 벌어진다면 참

재살(災殺)

으로 큰 일 이다.
➡ 여기에서도 음양(陰陽)으로 살피는데 년(年), 월(月)의 형충파해(刑沖破害)는 밖에서 겪는 것이요, 일(日), 시(時)는 안에서 겪는 일이다. 여기에서도 신강(身强), 신약(身弱)이 나오는데, 신약(身弱)일 경우는 한없이 약해지지만, 신강일 경우 의외로 득재(得財), 득명(得名)을 하는데 그것은 왕(旺)한 기운을 형충파해(刑,沖,破害)하여 그것을 굴복(屈伏)시키거나, 취(取)하는 형상이 되기 때문이다.

⚽ .육친(六親)별로 살펴보는 재살(災殺)의 작용.

재살(災殺)의 작용 원인(原因)이 어디에 기인하는가를 살피는 것이다. 당하는 것은 일간(日干)이다. 발생지를 찾아본다는 것이다. 미리 살펴 접촉을 금(禁)하는 것이 최선책이다. 휘말리지 말라는 것이다.

➡ 인수(印綬)
인수(印綬)에 해당하는 사항이 범죄나, 형사사건에 연루된다.
학원법 위반으로 인하여 벌금을 물거나, 처벌을 받는다.
인성(印星)이 재살(災殺)에 해당하면, 문서에 의한 파기로 사기, 서류도둑, 기술유출, 일시적이고 우발적인 범행, 계획이 아니라 장기적으로 치밀하게 계획 된 사전계획이다.
➡ 사문서변조, 위조, 인감위조, 소유주가 불분명한 토지의 등기권리 위조 및 행사, 신분증의 위조사건, 어음딱지 사건, 여권의 위조, 졸업장 위조 및 행사, 논문 이중등재, 표절로 인한 사법적인 처벌을 받는 경우, 저작권위반행위, 및 상표권, 발명권, 특허권등록 및 표절, 서화의

십이신살(十二神殺)의 활용(活用)

위작(僞作)도 이에 해당한다.
→ 정당성이 거부된 행위다. 날고는 싶은데 날개가 없는 것이요, 뛰고는 싶은데 다리가 시원치 않다. 먹고는 싶은데 입안이 헐은 것이요, 넣고는 싶은데 주머니가 없는 것이요, 보고는 싶은데 앞이 뿌연 것이다. 여기에서 심한 경우를 본다면 얼마 전 자신(自信)의 명예(名譽)실추로 인한 강박관념(强迫觀念)을 견디지 못하고 스스로 한강에서 투신한 어느 기업체의 사장의 경우처럼 명예손상으로 인한 자살이 재살(災殺)이다. 재살, 겁살이 동시에 작용한 것이다.
→ 인수(印綬)가 재살(災殺)이면, 전과가 많아야 그늘진 인생에서 인정을 받는 불행한 일로 이어지는 것이나 같다.

▶ 비겁(比劫)

비겁(比劫)일 경우는, 직계(直系) 및 주변(周邊)의 가까운 사람들이다. 멀리 있는 친척보다, 이웃사촌이 낫다고 하지만 연락이라도 닿는 친척은 요즈음 세상이 동시 일일권이라 화상통화도 가능한 세상이니 급박한 경우라도 다 얼굴은 볼 수 있다. 예전에는 이 핑계, 저 핑계하여 피하였지만 지금은 그럴 수도 없는 세상이다.

→ 가정교육(家庭敎育)과 환경(環境), 심성(心性)으로 인한 문제가 발생하는 것이다. 부모가 재산을 물려주지 않는다고 술을 먹고 행패를 부리는 존속상해(尊屬傷害), 형제지간에 재산 분배를 놓고 법정으로 문제가 비화되는 경우. 있는 놈은 있는 대로, 없는 놈은 없는 대로 똑같은 것이고, 다만 액수의 차이이다.
→ 형제는 용감하였다면서 범행을 공모하다가 붙잡히고, 교도소에서 알

재살(災殺)

게 된 동기(同期)아닌 동기와 어울려 못된 짓거리하다가 잡혀가는 경우, 장물(臟物)로 처분하다 들통이 나는 경우, 의리(義理)를 존중한다며 친구 따라 강남가다 철창으로 행하는 경우, 자신의 환경을 탓하며 불특정다수를 향한 엉뚱한 화풀이 범죄로 큰 집에 가는 경우, 자해(自害)행위도 이에 속한다.

◘ 식상(食傷)

가만히 있으면 이등(二等)이라도 한다. 하찮은 재주를 큰 재주로 알고 기고만장(氣高萬丈)한다. 동네 통반장은 다 하는 것이다.

➡ 술 취한 기분에 밤중에 남의 집 대문을 발로 차고, 소란을 피우다 경찰이 출동을 하자 꼬리를 내리고, 잘못을 빌고 용서를 구하고 부서진 기물에 대한 보상(報償)을 약속하고 돌아가더니, 그 뒤로는 함흥차사라, 해방불명으로 결국 기소로 처분이 내려진다. 잘못에 대한 마무리를 확실히 하였다면 용서받고, 이해를 했을 터인데 괘씸죄로 혼이 나는 것이다. 기소중지로 아무것도 못한다.

➡ 쓸데없이 남을 헐뜯다가 개망신을 당하는 것이다. 아니면 말고 식의 저질폭로사건, 인터넷에 의한 허위날조 기사 등 이런 사람들은 대체적으로 정신적인 면에 문제 있는 사람들이다. 식상(食傷)은 인성(印星)의 제재(制裁)를 받는다. 그래서 한 번 뜨고 싶어 한다. 남들이 자기 자신을 영웅(英雄)시하는 것이 소원이다. 주변(周邊)으로부터 외면(外面)을 당한다. 위험한 사람들이다.

➡ 힘들고 어려운 일은 아랫사람을 시키고, 자신은 꿀맛만 보려고 하는 무사안일(無事安逸)주의에 빠진 믿을 수 없는 사람이다. 일신상의 안

십이신살(十二神殺)의 활용(活用)

전(安全)만을 추구하다 구렁텅이에 빠진다.
- 장애인을 고용하여 폭리를 취하는 것이요, 임금을 제때에 주지 않아 쇠고랑을 차는 것이요, 외국인 노동자를 고용하고 학대하는 것이요, 약점(弱點)을 이용하여 부(富)를 축적하고자 하는 것이니, 전부다 그 업(業)을 어찌 감당할지가 궁금하다.
- 식상(食傷)이 재살(災殺)에 해당하면, 나 자신도 모르게 지나쳐 분별(分別)력을 잃어버린다. 도식(倒食)의 기운이 있다면 어느 정도 감내가 가능한데, 그러지 않을 경우 스스로가 이성(異性)을 찾아 행동을 하고, 침착함을 겸비하여야 한다. 일을 벌이지 말아야 한다. 계약금(契約金)을 날리더라도 포기하는 것이 좋다.
- 관(官)을 극(剋)하니 준법정신(遵法精神)이 사라지고, 힘의 논리, 통밥의 논리가 앞장을 선다. 결과는 처참하다.
- 선거(選擧)에서 낙선(落選)을 할 것이 불 보듯 훤한데 굳이 출마를 하는 것이다. 빚 만 잔뜩 지고, 아내에게 이혼(離婚)을 당하는 것이다. 이때는 아무리 말려도 듣지 않는다. 조용한 산사라도 찾아 며칠 쉬고 오고 난 뒤 생각 좀 하자고 하여도 요지부동(搖之不動)이다. 그래 잘난 멋에 사는 인생인데------,니 맘대로 하세요.

▶ 재성(財星)

재(財)가 재살(災殺)과 연관이 된다면 재산(財産)이 흩어지고, 부모덕이 없다고 본다. 처첩(妻妾)이 당하는 격이며, 재(財)의 손실(損失)이 크다.

- 재살(災殺)이 재성(財星)이면 직업(職業)선택에 있어서 경찰서, 법원, 검찰, 형무소, 사법기관 등을 상대로 하여 사업(事業)을 해야 한다.

재살(災殺)

재성(財星)은 음식(飮食)이라 식재료납품, 식당, 구내매점, 등등.

➡ 재살(災殺)이 재성(財星)에 해당하면 부(父)로 인한 손재(損財), 처(妻)나, 이성(異性)으로 인한 금전적(金錢的)인 손실(損失)이 나타난다. 아내가 낭비가 심한 것이요, 카드 지출이 심하여 말다툼이 벌어진다. 시장(市場)에 가서 장을 보아도 바가지요, 많은 음식을 하여 놓고 손님을 기다려도 아무도 오지 않는 것이나 같다.

➡ 음식을 잘못 먹고 탈이 난다. 이것이 더 심하다. 상가(喪家)에 가서, 음식 먹고 탈이 나는 것도 같은 맥락이다. 심하면 상문(喪門)살로 고생한다.

➡ 일상생활(日常生活)과 연관을 하여 본다면 금전(金錢)과 이성(異性)간의 부도덕(不道德)한 관계, 부적절(不嫡切)한 처신(處身)으로 인하여 발생하는 치정관계(癡情關係), 및 성폭력관련사건, 금전과 연관된 사항을 보면 사기(詐欺), 탈세(脫稅), 횡령(橫領), 뇌물수수(賂物授受), 제공(提供) 등의 경제사범(經濟事犯), 도박(賭博)이나 노름으로 인한 재산탕진, 가정파괴(家庭破壞) 등 부작용이 발생하고, 재성에 해당하는 사람들이 옥고를 치르거나, 경, 검찰에 불려 다니는 불상사(不祥事)가 발생한다.

▣ 관살(官殺)

여기에서 한걸음 더 나아간다면 관(官)일 경우는 어떤가? 직업(職業)으로 연관이 된다. 위에 언급한 직종(職種)으로 본다.

➡ 남성(男性)일 경우, 관성(官星)이면 직장(職場) 및, 자식(子息)으로 인하여 손재수(損財數)와 망신(亡身)수가 따른다. 심한 경우는 사찰

십이신살(十二神殺)의 활용(活用)

을 받기도 한다. 감사(監査)에 걸려 혼나기도 하는 데, 잘못되면 옷을 벗는다.

→ 여성(女性)일 경우, 남편(男便) 및 외간 남자, 또는 남편의 형제로 인하여 발생한다. 부적(不適)절한 관계로 인한 망신(亡身)에 관재수(官災數)다.

→ 한동안 사회적으로 이슈가 되었던 연예인의 간통사건 역시 이에 속한다.

→ 어느 여성(女性)의 사생활(私生活)과 관련, 부적절한 음란동영상으로 협박을 하여 금품을 갈취하려다 여러 사람이 연루된 사건 역시 관(官)에 의한 재살(災殺)이다.

→ 여기서도 흉(凶)으로 작용 하는가? 길(吉)로 작용 하는가? 를 살펴야 한다. 길(吉)로 작용 할 경우는 종사(從事)하는 경우가 된다. 그러나 흉(凶)으로 작용 할 경우, 종속(從屬)당한다.

→ 칼의 손잡이와, 칼날이다. 일간(日干)이 왕(旺)할 경우는 남을 부리면서도 면피는 한다. 그러나 그 여파(餘波)는 남는다.

→ 형사건(刑事件)으로 이어진다. 민사(民事)로 해결할 수도 있는 일인데 형사사건으로 연결 지어진다. 관(官)이라 직무(職務)와 연관된 사항이 더 많다. 악의적이고, 고의성이 짙다. 이것이 되풀이되다 보니 상습범이 된다.

→ 철가방이라 칭하는 공무원의 범죄, 감사 및 감찰비리, 공문서 위, 변조 및 행사 사건, 공직자윤리 위반사건, 공익 선거사범(選擧事犯), 변호사법위반, 등등 남성의 경우는 자손이 연루되어 곤욕을 치루고, 여성의 경우는 남편(男便)이나 사업(事業)이 구설(口舌), 외압(外壓)에 시달린다. 심하면 이로 인하여 목숨을 끊는 경우도 발생(發生)한다.

재살(災殺)

사옥빌딩에서 투신자살이 바로 이런 재살(災殺)이 관(官)에 거(居)한 것이다.

➡ 운행 중 차량이 여럿 신호위반으로 걸려도 내가 제일 먼저 걸리는 것이다. 범칙금도 액수가 항상 원칙대로 나온다. 아량이 통하지 않는다.

➡ 관재수(官災數)가 생겨도 화해(和解)가 될 일도 이상하게 자꾸 꼬이고, 말 한 마디에 눈덩이 되어 불구속으로 이어진다.

➡ 여성(女性)에게 있어서, 재살(災殺)이 관성(官星)에 연결되면 어떨까? 관성(官星)은 남편(男便)이다. 남편이 재살(災殺)에 해당하는 일을 당한다. 그 원인(原因)이 재(財)로 인하여 발생한다. 금전(金錢)문제, 여자(女子)문제로 다투다 형사사건(刑事事件)으로 연루된다.

➡ 여기에서 문제가 되는 것은 재살(災殺)이라는 그 자체가 문제가 되는 것이 아니다. 그로인한 파급효과(波及效果)가 무섭다는 것이다.

➡ 얼마 전에 불거졌던 어느 개그맨의 술좌석 폭행사건처럼 그로 인한 방송 편집삭제 및, 출연에 불이익 당하는 그런 결과가 나온다.

➡ 잘나가다가 브레이크가 걸리는 것이요, 그 다음의 후유증(後遺症)이 더 심각하다. 정상적인 흐름을 잡으려면 많은 시간이 걸린다는 것이다. 술과 음식은 다 재(財)다.

➡ 연평도 바다에서 북한의 포격으로 인하여 배가 침몰하여 불의의 사고를 당하여 순직한 이들 역시 재살(災殺)의 영향이다. 근무(勤務) 중의 사건(事件)이다.

십이신살(十二神殺)의 활용(活用)

● .위치(位置)별로 살펴보는 재살(災殺).

각각의 위치에 있을 때, 그 상황의 통변(通辯)이다.
 여기에서 주안점은 일간(日干)의 강약(强弱), 그리고 운(運)의 변화.

◆ 년주(年柱)
년지(年支)에 재살(災殺)이 위치하는 경우다.
조상 중에 비명횡사 하신 분이 있어 항상 시끄럽다. 년주(年柱)는 어린 시절인데 갖은 병마(病魔)에 시달리거나, 많고 작은 사고(事故)를 자주 당한다. 조상(祖上)이 항상 시끄러운 것이다.
 조상 탓하기 딱 좋은 사주이다. 그러나 근본적 원인(原因)은 자신의 부족(不足)함을 알아야 한다.

◆ 월주(月柱).
교통사고, 실물수(失物數)가 많다. 몸에 흉터. 해외거주 필요성. 재살(災殺)이 특히 월지(月支)에 있으면 매사에 긍정적인 사고보다, 부정적인 사고가 앞선다. 남과의 융화(融和)에 항상 잦은 문제를 발생한다.
자신의 지나친 우월감(優越感)을 억제하여야 한다.

◆ 일주(日柱).
부부이별의 가능성을 암시한다. 잠시라도 편안한 감정을 못 느끼고, 항상 불안 초조한 감이 눈에 보일 정도로 나타난다. 실물수(失物數)로 항상 깜빡깜빡한다. 안정감(安定感)을 상실한다.

재살(災殺)

◆ **시주(時柱).**

자식(子息)과의 인연이 박하여 자손을 얻기가 어렵고, 설사 자손이 있다 하여도 생각만큼 따르지를 못한다. 직장(職場)을 얻어도 가족과의 즐거운 여유를 갖기가 어렵고, 주말부부요, 기러기 아빠다. 할아버지, 할머니가가 맡아서 기르는 경우도 생긴다.

● **흐름으로 읽어보는 재살(災殺).**

➡ 인성(印星)이 재살(災殺)인데 재성(財星)을 감당하지 못하면 부도(不到)요, 문서가 썩은 것이요, 인장(印章)으로 인한 사기(詐欺)를 당하는 것이요, 부모님에게 흉사(凶事)가 생긴다. 인성(印星)이 재살(災殺)일 경우 발생하는데, 재성(財星)이 왕(旺) 할 경우 영락없다.
➡ 재살(災殺)이 중복(重複)되면 재앙(災殃)이 가중(加重)작용 한다.
➡ 자식(子息)은 부모에게 겁살(劫煞), 재살(災殺)의 역할을 한다. 자손(子孫)이 재살(災殺)에 해당한다는 것은, 아비를 누르고 올라선다는 것이다. 좋게 본다면 기본적(基本的)으로 나보다 더 나은 행복(幸福)을 누릴 소양(素養)은 갖고 있다는 말이다.
➡ 자기 꾀에 스스로 자기가 넘어간다. 일을 하여도 잘 되어야 본전이다. 시작을 안 한만 못한 것이다. 단순, 성급함이다.
➡ 역마(驛馬)와 합(合)을 형성하면, 재살(災殺)에서의 변화를 도모한다. 위기의 순간이나, 어려운 환경을 극복하는 묘수(妙手)가 생각나고, 귀인(貴人)이 나타나 손을 내민다. 돌파구(突破口)를 모색하는 것이다. 역마(驛馬)는 좌충우돌(左衝右突)이요, 돌출(突出)이라 사지(死地)에 몰려 있다, 틈새를 노려 돌파(突破)를 감행(敢行)하는 것이다.

십이신살(十二神殺)의 활용(活用)

➡ 재살(災殺)과, 장성(將星)은 충(沖)의 관계이다. 충(沖)을 당하는가? 충을 가(加)하는 가? 에 따라 뉘앙스가 달라진다. 충(沖)으로 인한 여파(餘波)는 생기는데, 그 여파가 길(吉)과, 흉(凶)의 어느 쪽에 해당하는 가 살펴볼 여지가 있다. 재살(災殺)로 인한 어려움에서 벗어나는 극적인 전환(轉換)도 이루어진다. 특히 운(運)에서 도움이 된다면 더더욱 좋은 쪽으로 흐른다.

➡ 양인(羊刃)과, 칠살(七殺)이 재살(災殺)에 해당하면 그 흉(凶)의 수위(水位)가 더 높아진다. 양인(羊刃)과 칠살(七殺)의 특성(特性)이 그대로 나타난다. 거기에 재살(災殺)의 성향(性向)이 가임되어 흉폭(凶暴)하게 변한다.

➡ 재살(災殺)로 인하여 일이 막히거나, 꼬일 때 재살(災殺)이 삼합(三合), 육합(六合)이 되면 재살(災殺)의 기능이 일시 정지(停止)가 되므로, 한동안 고민(苦悶)이 자동으로 해결 된다. 전화위복(轉禍爲福)은 합(合)의 화(化)한 결과를 분석한다.

□ 재살방(災殺方)에 대한 생활의 지혜.

➡ 재살은 나의 선택(選擇)과, 권리(權利)에 대한 찬탈(簒奪)권 과도 관련이 있는 것이니, 방향(方向) 또한 그러한 작용을 받는다. 물건이 있어도 그와 연관된 물건이요, 사람이 있어도 권한을 가진 사람이요, 직 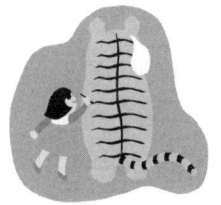 간접인 영향을 미친다. 방위나, 위치의 선택에 있어서도 항상 관심을 가져야 한다.

➡ 재살은 병(病)주고, 약(藥)주는 곳이다. 음(陰)이 있으면 양(陽)이

재살(災殺)

있듯 들어가면 나가는 출구(出口)가 반드시 있다. 재살의 과정(過程)을 거쳐야 한다면 차라리 재살의 관리(管理)구역에 있으면서 출구를 찾는 것이 현명하다.

➡ 엉뚱한 곳에 있으면 오히려 재살(災殺)의 심한 저항(抵抗)에 더 곤욕(困辱)을 치른다. 중병이 발생한 경우 재살 방향 병원이 좋고, 병원 출입구도 재살방향이 좋다.

➡ 재살(災殺) 방향에 위치한 건물이나, 공간은 손을 대지 않는 게 좋고, 이를 어기면 탈이 난다.

● **실전(實戰)으로 살펴보는 재살(災殺).**

⬇ 현재 결혼을 전제로 교재중인 사람이다. 재살(災殺)을 부각(浮刻)하여 살펴보자.

✳ 곤명(坤命)

庚	壬	壬	庚
戌	戌	午	申

오(午)월, 임(壬)수 일간(日干)이다.
월지(月支)가 재살(災殺)이다.

⬆ 주변으로부터 결혼(結婚)에 대한 압박을 심하게 받는 사람이다. 사귀는 사람이 있어도 연애(戀愛)를 하는 것 같기도 하고, 안 하는 것 같기도 하고 애매한 상태를 유지하고 있다.

원인(原因)은 무엇일까? 재살(災殺)인 오(午)화가 일(日)과, 시(時)의 편관(偏官), 월살(月殺)과 합(合)을 형성한다. 신(辛)금이 병(丙)화와 합하여 비겁이 되니, 관이 자꾸 없어진다.(지장간)

자꾸만 일보후퇴(一步後退)를 유도(誘導)한다. 월지(月支)가 재살(災殺)이니 영향이 크다. 어머니의 성화(聲華)가 극성이다.

십이신살(十二神殺)의 활용(活用)

❋ 건명(乾命)

辛	癸	戊	己
酉	卯	辰	未

진(辰)월, 계(癸)수 일간(日干)이다.
시지(時支)유(酉)가 재살(災殺)이다.

⬆ 묘(卯)-진(辰)하여 해살(害殺)이요, 묘(卯)-유(酉)하여 충(沖)이다. 월지(月支)와 시지(時支)가 합(合)하여 진(辰)-유(酉)합 금(金)을 형성한다. 묘-유(卯酉)상충(相沖)과, 묘-진(卯辰)해살(害殺)을 해제하는 것이다. 이것은 살(殺)의 관점에서 본 것이고, 합(合)의 관점에서 본다면 묘미(卯未) 목국이요, 진유(辰酉)합 금(金)이라, 금목(金木) 상전(相戰)이다.

천간(天干)으로는 무계(戊癸)합을 형성한다.

관성(官星)이 지나치게 강(强)하고, 인성(印星) 또한 왕(旺)하다. 중요한 것은 일간(日干) 자체가 신약(身弱)하다.

다행인 것은 편인(偏印)이 중간에서 완충역할을 하고, 대운(大運)이 비겁(比劫)운으로 흐른다.

그러나 또 여기서 살(殺)의 관점에서 본다면 갑자(甲子) 대운(大運)에서, 일지(日支)와는 자묘(子卯)형(刑)이요, 자유(子酉)파(破)가 형성된다.

재살(災殺)인 유(酉)가 병(病)주고, 약(藥)주는 형상이다.

갑자(甲子) 대운(大運)이라, 자(子)는 망신살(亡身殺)이다.

일간(日干)에게 힘이 되는가? 부담으로 되는가 살펴야 한다.

❋ 곤명(坤命) (2010년 42세)

丙	乙	乙	己
戌	卯	亥	酉

해(亥)월, 을(乙)목 일간(日干)이다.
사유축(巳酉丑) 묘(卯)가 재살(災殺)이다.

⬆ 아직도 싱글인 여성(女性)이다. 원인(原因)은 무엇일까?

재살(災殺)

살(殺)로서 한 번 풀어보자. 여성이 결혼(結婚)을 하는 문제는 관(官)을 살펴야 한다. 그리고 관(官)에 직접적(直接的)으로 작용을 하는 육친(六親)을 살펴야 한다.

재살(災殺)인 묘(卯)가, 일지(日支)에 자리하고 있다. 그런데 비견(比肩)이다. 남편(男便)의 자리에 나와 같은 사람이 있다.

인성(印星)해(亥)와 합(合)이 되고, 시지(時支)의 술(戌)토와 합(合)을 하여 목(木)에서 화(化)로 흘러간다. 결국은 다 관(官)을 극(極)하는 것이다. 재살(災殺)이 기능을 발휘한다. 그러니 결혼이 힘들다.

조상(祖上)에서도 방훼를 하고 있다. 일지(日支)상충(相沖)이요, 시지(時支)해살(害殺)이다.

✱ 건명(乾命)

丙	甲	甲	戊
子	子	子	午

자(子)월, 갑(甲)목 일간(日干)이다.
인오술(寅午戌)하여 자(子)가 재살(災殺).

⬆ 월(月), 일(日), 시(時)가 재살(災殺)이다.
셋이 어울리니 국(局)을 형성하는 것과도 같다.
정인(正印)이 셋이 이어져있다. 다 재살(災殺)이다.
인성(印星)이 흉(凶)인가? 길(吉)인가? 를 살펴야 한다.
12운성(運星)으로 본다면 목욕궁(沐浴宮)에 해당된다.
흉(凶)으로 작용하여 일간(日干)인 갑(甲)목을 어지럽게 하고 있다.
거기에 재살(災殺)이니 인성(印星)의 기운이 지나치게 왕(旺)하다.
아직 미혼인 남성인데 궁합을 보러왔던 사람이다. 냉기(冷氣)를 없애야 할 것인데 오히려 온기(溫氣)를 없애고 있다. 춥기만 하다.
토(土)인 재성(財星)이 년(年)에 있고, 자-오충(子-午沖)으로 하여 뿌리가 상(傷)한 것이다. 역(逆)으로 당한다. 천간(天干)에서는 극(剋)을 받

십이신살(十二神殺)의 활용(活用)

고, 지지는 충(沖)을 당하고 참으로 어려운 지경이다.
수화미제(水火未濟)이다.

❋ 건명(坤命)

```
癸 庚 癸 丁
未 午 卯 丑
```
묘(卯)월의 경(庚)금 일간(日干)이다.
사,유,축(巳酉丑), 묘(卯)가 재살(災殺)

⬆ 월지(月支)에 재살(災殺)을 놓고 있다.
12운성(運星)으로 본다면 태궁(胎宮)에 해당이 된다.
아직 나이가 어린 학생이다. 월지(月支)에 재살(災殺)이다.
천간(天干)으로 충(沖)이요, 지지(地支) 반삼합(半三合)이다.
언변(言辯)이 유창하나 지나친 총명(聰明)함으로 인하여, 오히려 그것이 문제가 될 소지가 많다. 신약(身弱) 사주인데, 인성(印星)을 합하여 재(財),관(官)으로 화(化)하니 득(得)보다는 실(失)이 많다.
재혼(再婚)가정의 자녀이다.

❋ 건명(乾命)

```
戊 壬 庚 甲
申 午 午 子
```
오(午)월, 임(壬)수 일간(日干)이다.
오(午)화가 재살(災殺).

⬆ 재살(災殺)인 오(午)화가 겁재(劫財)인 년지(年支)의 자(子)수와 충(沖)을 하고 있다. 시지(時支)의 신(申)과는 반삼합(半三合).
격국(格局)으로는 시상편관격(時上偏官格)이요, 정재격(正財格)이다.
12운성(運星)으로 본다면 재살(災殺)이 태궁(胎宮)에 해당.
정재(正財)가 재살(災殺)에 해당한다. 정재(正財)가 연(連)이어 있으니 약간의 문제점이 내포된다.
정재(正財)의 역할을 보자. 인성(印星)을 극(剋)하고, 겁재(劫財)에 극

재살(災殺)

(剋)을 받는 형상이다.

왕(旺)한 기운에 대항(對抗)하여 제 역할을 하고 있으나, 식신(食神)이 충(沖)을 받아 상태가 안 좋다. 원류(原流)가 부실(不實)하다.

보급(補給)에 문제가 생긴다. 능력 발휘가 힘들다.

도식(倒食)이다. 운(運)에서나 기대하여야 한다.

지지(地支)에서 재살(災殺)의 작용(作用)이 더 속상하다.

천충지충(天沖地沖)하여 발달(發達)이 늦어진다.

합(合)은 거리가 멀고, 충(沖)은 가깝다.

철길은 영원히 만나지 못하는 길이다.

십이신살(十二神殺)의 활용(活用)

● 천살(天殺)

◆ 의미(意味)로 살펴보는 천살(天殺).

천재지변(天災地變)에 의한 흉사(凶事)를 겪는다. 다 키워놓은 농작물(農作物)이 때 아닌 우박(雨雹)으로 인하여 피해를 보거나, 갑작스런 기온의 변화로 냉해(冷害)를 당하거나, 수해(水害)로 침수당하여 애써 가꾼 모든 농사가 허망(虛妄)하게 되는 것이다. 보험(保險)이라도 들었으면 다행이다. 그런데 그것도 까다롭다.

천살(天殺)과 연관이 많은 사주의 주인공은 항상 미리 보험(保險)에 가입하는 것이 좋다. 천재지변(天災地變)은 아무런 소식이 없이 찾아온다.

비 오는 날 가로수에서 끊어진 전선에 감전을 당하는 것이요, 계곡에서 야영을 하다 휩쓸리는 것이요, 산에서 조난을 당하는 것이다.

바닷가에서 파도에 휩쓸려 실종(失踪)을 당하는 것이요, 고산(高山)을 등정(登頂)하고, 하산(下山)시 기후(氣候)이변(異變)으로 인하여 사고(事故)를 당한다. 아닌 밤중에 홍두깨다. 천재지변으로 각종 재앙을 말하는데 태풍의 피해 홍수 피해 물, 불, 등, 불시(不時)에 재난(災難)과 화근(禍根)이 미치고 변을 당할 수 있다. 사전에 미리 그런 곳은 피하는 것이 상책(上策)이다. 관재구설, 돌발사고, 태풍의 피해, 전기, 벼락, 정신병, 신경질환, 암, 고혈압, 중풍, 등의 일이 생긴다. 부모와의 인연이 없다.

☞ **재살(災殺)에 이은 설명.**

골프장 이야기다. 갖은 소송과 반대로 인하여 시달리는 사이 자연재해를 맞는 것이다. 산은 벌거숭이가 되었고 그 사이 장마로 인하여 산사태가

 천살(天殺)

발생하는 것이요, 장마로 인한 피해가 막심하다. 차라리 쓰레기 매립장을 이용하여 골프장을 조성하였다면 오히려 찬사(讚辭)를 들었을 것이다.

◘ 년지(年支), 일지(日支)를 기준으로 하여 볼 경우.

삼합(三合)	❶ 사유축 (巳酉丑)	❷ 해묘미 (亥卯未)	❸ 신자진 (申子辰)	❹ 인오술 (寅午戌)
천살(天殺)	진(辰)	술(戌)	미(未)	축(丑)

◉ 삼합(三合)의 첫 글자의 앞 자(字)가 천살(天殺)이다.
◉ 진, 술, 축, 미(辰, 戌, 丑, 未)가 해당이 된다.
◉ 천살(天殺)은 반안(攀鞍)과 충(沖)이 된다.

※ 신자진(申子辰) : 신(申)자 앞 미(未)가 천살(天殺)
※ 해묘미(亥卯未) : 해(亥)자 앞 술(戌)이 천살(天殺)
※ 인오술(寅午戌) : 인(寅)자 앞 축(丑)이 천살(天殺).
※ 사유축(巳酉丑) : 사(巳)자 앞 진(辰)이 천살(天殺).

◘ 일간(日干)을 기준으로 하여 보는 천살표(天殺表).

오행(五行)	목(木)		화(火)		토(土)		금(金)		수(水)	
십간(十干)	甲	乙	丙	丁	戊	己	庚	辛	壬	癸
십이운성	양(養)									
	戌		丑		丑		辰		未	
	쇠(衰)									
		丑		辰		辰		未		戌

⬆ (양간(陽干)은 양(養)이요, 음간(陰干)은 쇠(衰)이다.)

십이신살(十二神殺)의 활용(活用)

☀ 갑(甲)과, 계(癸)는 술(戌)이 천살(天殺)
☀ 임(壬)과, 신(辛)은 미(未)가 천살(天殺)
☀ 경(庚),기(己),정(丁)은 진(辰)이 천살(天殺)
☀ 병(丙),무(戊),을(乙)은 축(丑)이 천살(天殺)

⚽ 진술축미(辰戌丑未)는 천살(天殺), 월살(月殺), 화개(華蓋), 반안(攀鞍)에 해당한다.

☯ . 양간(陽干)으로 보는 진술축미(辰戌丑未).

陽干 地支	갑(甲)	병(丙)	무(戊)	경(庚)	임(壬)
진(辰)	반안(攀鞍)	월살(月殺)	월살(月殺)	천살(天殺)	화개(華蓋)
술(戌)	천살(天殺)	화개(華蓋)	화개(華蓋)	반안(攀鞍)	월살(月殺)
축(丑)	월살(月殺)	천살(天殺)	천살(天殺)	화개(華蓋)	반안(攀鞍)
미(未)	화개(華蓋)	반안(攀鞍)	반안(攀鞍)	월살(月殺)	천살(天殺)

☯ . 음간(陰干)으로 보는 진술축미(辰戌丑未).

陰干 地支	을(乙)	정(丁)	기(己)	신(辛)	계(癸)
진(辰)	월살(月殺)	반안(攀鞍)	반안(攀鞍)	화개(華蓋)	천살(天殺)
술(戌)	화개(華蓋)	천살(天殺)	천살(天殺)	월살(月殺)	반안(攀鞍)
축(丑)	반안(攀鞍)	화개(華蓋)	화개(華蓋)	천살(天殺)	월살(月殺)
미(未)	천살(天殺)	월살(月殺)	월살(月殺)	반안(攀鞍)	화개(華蓋)

천살(天殺)

⚽ **성정(性情)으로 살펴보는 천살(天殺).**

● 천살(擅殺) : 함부로 죽이는 것, 멋대로 경거망동 하는 것.
천살(天殺) : `불길한 별'의 이름.

➡ 십이운성(十二運星)으로는 양지(陽地)에 해당한다. 삼합기준으로 삼합 첫 글자 이전 글자(예를 들어 인오술(寅午戌)이면 축(丑)이다.)

➡ 천살(天殺)은 모두 진,술,축,미(辰,戌,丑,未)에서 발생한다. 천살은 모든 일이 형성(形成)되기 이전(以前)의 단계이다. 전초전(前哨戰)이다. 전환기에 발생한다. 혼돈(混沌)의 시기(時期)다.

➡ 천살(天殺)은 순수하고, 깨끗하고, 조용하고, 담백함을 좋아한다. 많은 사람들로부터 존경을 받는 위인과 같은 존재이다. 그 뜻이 살기 위해서는 형충파해(刑沖波害) 및, 흉(凶)과의 연관이 없어야 길(吉)하다. 대운(大運), 세운(歲運) 역시 마찬가지다.

➡ 대지(大地)는 어머니다. 고요와 터전인 것이다. 준비가 완료된 것이다. 이제부터는 열심히 갈고, 닦고, 개간하는 것이 일이다. 계획하고, 준비를 하고, 일하는 것을 삼합(三合)이라고 한다면, 개발(開發)되기를 기다리는 토(土)인 대지(大地)는 바로 진, 술, 축, 미(辰戌丑未)인 것이다. 진술축미(辰戌丑未)가 해당된다.

➡ 국가적(國家的)으로 천재지변(天災地變)이 일어나면 상상을 초월하는 많은 피해로 모두가 가슴을 태운다. 탄식과 아쉬움과 슬픔을 뒤로 한 채 관, 민이 모두 합심을 하여 국가적인 재난을 극복하기 위하여 더

십이신살(十二神殺)의 활용(活用)

더욱 뭉치기 마련이다. 군관민(軍官民)이 합치는 것을 삼합(三合)이라 한다면, 원인(原因)을 제공하는 것은 천재지변(天災地變)이다.
➡ 이와 같이 삼합(三合)이 이루어지기 이전, 무엇인가가 태동(胎動)되기 이전, 즉 삼합의 첫 자(字), 바로 앞 자(字)가 천살(天殺)이다.

◆ <u>음양(陰陽)으로 구분을 한다면</u>

➡ 냉해(冷害), 수해(水害)등은 음(陰)에 해당한다.
➡ 한해(旱害)로 인한 피해는 목화(木火)인 양(陽)에 해당하는데, 금수(金水) 음(陰)이 많은 사람은 냉해(冷害)를 당한다.
➡ 목화(木火) 양(陽)이 많은 사람은 한해(旱害)를 당한다. 과다(過多)하면 당한다. 부족(不足)하면 오히려 더 좋다.
➡ 작물(作物)을 재배하여도 계절(季節)에 따른 특성(特性), 품종(品種)의 선택(選擇)을 잘해야 한다.

● <u>천살(天殺)을 극복하는 방법.</u>

시집을 안 간 처녀는 아이를 낳아 본적도 없다. 그리고 아이에게 젖을 먹여보지도 않고, 키워보지도 않았지만 혼인(婚姻)을 하여 자식을 낳고 잘도 키운다.
모르는 것은 부모님께 배워가며 자녀를 양육하지만 아무런 문제가 없다. 거기에는 진심어린 사랑과, 숭고한 마음이 있기 때문이다. 천살(天殺)도 마찬가지다. 이런 마음과 행동이면 얼마든지 준비하고 넘어가는 것이다.

천살(天殺)

⚽ 육친(六親)별로 살펴보는 천살(天殺)의 작용.

우리는 어려서부터 권선징악(勸善懲惡)의
이야기를 듣고 자라면서 그것을 교훈삼아
삶의 지표로 하여 성장하였다.
하늘은 아버지와 같이 근엄하다.

▶ 인수(印綬).

손을 안대도 될 것을 자꾸 건드린다. 온 몸이 좀 쑤신다.
새로운 것에 대한 향수가 나를 부른다. "자기 뭐해? 나 좀 잡아봐라" 하고 말이다.
남의 떡이 커 보이고, 차도 멋져 보인다. 바꾸고, 새것으로 무엇이던 변화를 추구한다.

➡ 천살(天殺)년에는 가능한 건드리고, 파헤치고, 근간(根幹)을 이루는 것은 일체 이동(移動)이나 손대는 것을 금(禁)하였다. 그것은 이미 형성되어 터전이 닦인 부분이라 뿌리부터 파헤쳐 옮기는 형상이라 결코 바람직하지 않다. 송두리째 옮기는 것이다.

➡ 천살(天殺)은 진술축미(辰,戌,丑,未)라 토(土)인 땅이다. 인간의 기본 바탕이 되는 것이니 곡식을 재배하여 양식으로 활용하고, 집을 지어 신변(身邊)을 보호하고, 가정(家庭)을 이루는 근간(根幹)을 마련한다.

➡ 근간(根幹)을 이루는 사항에 대한 변화(變化)이니 신중하고, 묻기를 거듭하고, 조상에 대한 예의(禮義)를 갖추어야 한다.

십이신살(十二神殺)의 활용(活用)

➡ 비겁(比劫).

천살(天殺)과 육해살(六害殺)의 합(合)은 천형(天刑)과 같아 환영 받지 못하고 가족, 가까운 주변(周邊)에 모든 것을 의탁하는 형태로 나타나기 쉽다.

➡ 자만심에 사로잡혀 되지도 않을 엉뚱한 짓을 하게 되고, 의외의 흉사(凶死)가 중중하여, 가족에서 떨어져 사는 형상이 나타나고, 따돌림을 받게 되어 스스로 고립(孤立)을 자처하는 형국이다.

➡ 무엇인가 활로(活路)를 찾아야 하는데, 발만 동동 구르고 꼼짝을 못한다. 마음은 있어도 머리와 몸이 따르지 않는다.

➡ 식상(食傷).

식상(食傷), 재성(財星)에 해당하면, 병(病)주고 약(藥)주는 형상이라 야자타임을 요구한다. 윗사람을 부하로 거느리는 것과 같고, 정통성을 부정하고 퓨전이라는 명목으로 위계질서가 문란하여진다.

➡ 운(運)에서 천살(天殺)이 자신을 협조하면 의외의 성사로 순풍에 돛을 달고 항해하는 격이며, 기쁨에 입이 찢어진다.

➡ 사람이란 순한 이도 손에 칼을 들면 난폭하여지고, 휘두르고 싶어 하는 것이 심사(心思)다. 무모한 도전이나 들 뜬 기분에 사로잡히지 말아야 한다. 결국 나의 무덤을 파는 것이다.

➡ 반발(反撥)이 강하고, 그것이 밖으로 표출(表出) 된다. 나의 뜻에 반하는 경우는 미워지고, 보기도 싫어진다. 주변 사람들과 벽을 쌓지 말아야 한다. 항상 양보(讓步)하고, 겸손(謙遜)을 잊지 말아야 한다.

천살(天殺)

▶ 재성(財星).

천살(天殺)이 재성(財星)에 해당하면, 더 없이 분주(奔走)해지고, 심란(心亂)해지면서 마음의 안정(安定)을 찾기가 어려워진다.

- 간단한 일도 복잡하게 여겨지고, 일이 손에 잡히지 않는다. 정신(精神)이 없다. 치매에 걸린 형상과 같다.
- 일을 하여도 두서(頭緒)가 없고, 물건을 팔아도 가격(價格)이 헷갈린다.

▶ 관살(官殺).

병원(病院)에 가서 진찰(診察)을 해도, 정확한 병명(病名)이 나오지 않는다. 아프기는 아픈데 진단이 어려워진다. 천형(天刑)살에 해당하는 징조가 나타난다.

- 조상(祖上)병, 귀신(鬼神)병이라 하는 알 수 없는 병(病)으로 시달린다. 우선 주변을 깨끗이 정리하여야 한다. 복잡한 관계는 청산하여야 한다. 인간적인 면에 집착하여 시간을 끌다보면 낭패를 당한다. 환경도 청결을 유지함이 중요하다.
- 흔히들 나타나는 빙의니, 잡귀니 하는 것도 다 근본적인 사항이 청결이다. 치워야하는 것이다. 꼭 필요하지 않는 것은 시야에서 사라지도록 하는 것도 방도이다.
- 친구를 잘못 사귀어 휩쓸릴 경우 친구를 안 만나면 되듯, 주변의 모든 것도 다 마찬가지다.

십이신살(十二神殺)의 활용(活用)

● .위치(位置)별로 살펴보는 천살(天殺).

년(年), 월(月), 일(日), 시(時)로 각각 작용을 살펴보는 것이다.
지지(地支)에서 작용을 보는 것이다.
천살(天殺)은 년(年), 월(月), 일(日), 시(時)를 막론하고 모두가 인연(因緣)의 부덕(不德)을 의미하므로 자주 의기소침(意氣銷沈)하고, 고독(孤獨)을 주(主)로 한다.

◆ 년지(年支) 천살(天殺)의 경우.

 조상(祖上) 중에 비명횡사 있고, 형제는 흩어진다. 척박한 환경(環境)으로 타향(他鄕)에서 하는 일이 부진하여 고생한다.

◆ 월지(月支) 천살(天殺)의 경우.

천살(天殺)이 월(月)에 있으면, 부모형제가 생이별 하고, 각종 질병 등으로 인해 큰 병이 나고, 합병증(合倂症)이 생기고, 예고 없는 일이 자주 일어나고, 신체적 부조화(不調和)로 단명(短命)하기 쉽다
선조(先祖)때 부터 집안이 윤택하지 못했고, 본인은 고생(苦生)이 따르고 중년(中年)이 지나야 편안해 진다. 부모 중 특히 아버지와 인연이 적다. 아직까지 부모 영향을 받는 시기(時期)다.

➡ 월지(月支) 천살(天殺)은 인간(人間) 인연(因緣)의 수(數)를 말하는데, 그 중에서도 가족(家族)의 운, 혹은 부모(父母) 운을 설명한다. 천살(天殺)의 기운이 강(强)하면 부친 중 한 분이 이혼(離婚)을 하거나, 혹은 제3자의 부모를 두게 되고, 형제간에 분쟁이 심하니, 이 또한 본인성장기(成長期)에 정서적으로 이롭지 못하다.

천살(天殺)

➡ 초년(初年) 운(運)이 아주 불리하게 이루어질 뿐 아니라, 가족 간의 이별 아닌 이별을 만들고, 근거지(根據地)나 고향(故鄕)을 떠나 타지(他地)에서 살아가는 경우다.

◆ 일지(日支) 천살(天殺)의 경우.
➡ 천살(天殺)이 일(日)에 있으면, 하는 일마다 구설수(口舌數)가 따르고, 인생이 고독(孤獨)하다. 부부간에 다툼을 하여도 말이 씨가 된다고 상대방을 폄하하거나, 막말에, 재수(財數) 없으며 "고사(告祀)를 지낸다."는 언행(言行)을 일삼는다. 삿대질에 막가는 경우로 발전한다.

◆ 시지(時支) 천살(天殺)의 경우.
➡ 자신(自信)의 덕(德)이 없고, 자식(子息)복도 없다. 자식이 감옥(監獄)이나 질병(疾病)으로 고생한다. 어린 자식은 하늘의 조화(造化)와 불, 물, 천둥, 벼락, 낙반사고, 등 천재지변(天災地變)을 각별히 주의해야 한다. 여기에 첨언한다면 바람으로 인한 질환, 전염병등도 조심을 하여야 한다.
➡ 가정(家庭)이나 자식(子息)에게 질병우환. 양자운명. 낙태 수 조심. 말년(末年)에 건강, 질병에 더욱 유의해야 한다. 자식(子息)이 결혼(結婚)을 하여도 자손(子孫)이 없어 근심하는 경우다.

● 흐름으로 읽어보는 천살(天殺).

➡ 천살(天殺)은 인간(人間)의 의지와 노력으로 감당할 수 없는 천재지

십이신살(十二神殺)의 활용(活用)

변(天災地變)을 의미한다. 특히 천살(天殺)이 충(沖)을 당하거나, 형(刑)을 당하면 상상하기 어려운 상황에 직면하게 된다.

➡ 천살(天殺)이 형(刑)을 당하면 관재수(官災數)가 발생하는 것으로 보는데 크고, 작던 그 일로 인하여 노심초사(勞心焦思)하고 어디에 있어도 편함을 얻지 못한다. 심지어는 잠을 자다도 깜짝깜짝 놀라기도 한다.

➡ 진술축미(辰,戌,丑,未) 사고(四庫)의 글자는, 사주에 천살(天殺), 월살(月殺)이 동시에 나타날 때 가장 불리하다.(년 기준)

➡ 천살(天殺)이 흉(凶)으로 나타나 기신(忌神)으로 작용하면, 망가진 인생이라며 자신의 팔자(八字)를 탓하고, 조상과 부모 하늘을 우러러 한탄하고 원망하며 한숨 짖는 살(殺)이다. 다 그러려니 하고 사는 것이 인생이다.

➡ 천살(天殺)이 합(合)을 이루어 기신(忌神)이 되면, 인간의 의지(意志)와 무관한 천재지변(天災地變) 등을 당할 수 있다. 작물의 경우 천재지변으로 인하여 보상을 받고 다른 작물로 대체하여 만회하려 하여도 작용범위에서 또 다른 피해를 입는다. 시기의 선택을 잘 하여 행(行)하도록 한다.

➡ 천살(天殺), 망신살(亡神殺)의 합(合)은 무엇인가? 항상 2%가 부족하다. 보통 평생을 지고 갈 콤플렉스 요인을 가지고 살게 된다. 팔자(八字)가 순탄하지 않다.

➡ 천살(天殺)과, 망신살(亡神殺)의 합운(合運)은 정신(精神)이 혼란스럽고, 결단(決斷)을 내리지 못하는 상황으로 머뭇거리다가 일을 그르친다. 확실한 자신(自信)이 안 선다.

➡ 천살(天殺)과, 육해(六害)의 합(合)은 천형(天刑)과 같아 독립심을

천살(天殺)

발휘하지 못한다. 남 밑에 들어가 고용직을 택하던가, 셔터 맨이나, 시키는 데 로 움직이는 것이 편하다.

➡ 천살(天殺), 육해(六害), 망신(亡神)이 삼합(三合)을 이루면 되는 일이 없다. 혼자서도 힘들지만 설사 동업을 한다하여도 독박을 쓰는 것이다. 피 박에 쓰리고 당한다. 흉(凶)이 흉(凶)과 담합을 하니 그 어찌 좋을 리가 있겠는가? 망(亡),육(六),천(天)이 흉(凶)으로 작용을 하면 막강한 상관(傷官), 편관(偏官)의 역할을 한다.

➡ 천살(天殺)의 고난(苦難)은 반안(攀鞍)이 충(沖)을 하게 되면 재난(災難)이나, 고난(苦難)에서 벗어나 가까스로 갈 길을 찾게 되는데, 이것도 운(運)에서 작용이 지나가면 또 당한다.

➡ 천살(天殺)의 고난은 반안(攀鞍)의 충(沖)을 이용하여 벗어나는데 매사 모든 것을 반안(攀鞍)의 방향으로 하거나, 상, 중, 하에서 상을 반안(攀鞍)쪽으로 치우치도록 하여 천살(天殺)의 기운(氣運)을 억제(抑制)하는 것이 좋다. 서로가 충(沖)의 관계 때문이다.

➡ 천살(天殺) 작용(作用)하는 시기(時期)에 중도에서 손을 떼려면, 합(合)이 드는 시기(時期)를 선택하여 행하는 것이 좋다. 천살(天殺)이 형충(刑,沖)을 받는 시기도 염두에 두는 것이다. 종합적인 판단을 한 후 결정을 한다.

□ **천살방(天殺方)에 대한 생활(生活)의 지혜.**

천살방(天殺方)은 천살(天殺)에 해당하는 지지(地支)의 방위(方位)를 살피는 것이다.

십이신살(十二神殺)의 활용(活用)

- ➡ 천살방(天殺方)은 조상신이 보호하는 호법신들이 출입하는 방이므로 신명(神明)과 연관이 있은 물건을 두어서 안 된다. 법당에서 특히 신경을 써야하는 부분이다.
- ➡ 조상묘소는 반드시 천살방향이 최고이다. 후손들은 넉넉한 삶을 산다. 조상(祖上)의 음덕(蔭德)을 입는다.
- ➡ 천살방은 추구하는 곳이다. 공부하는 학생에게 행운의 방향이다. 항상 정리하며 새로운 기운을 맞는다.
- ➡ 천살(天殺)일진(日辰) 손님 중 잘못된 경우이거나, 막힌 경우, 후회하는 일로 방도(方道)를 찾는 사람이라면, 천살 삼합(三合)시기가 적기(適期)이다.
- ➡ 천살(天殺)의 의미 중에는 인간적 윤리나, 도덕에 의해 타인을 양육(養育)해야 하는 상황으로 생각할 수 있다. 양자(養子)를 들이거나, 신의 제자를 들일 때 이에 대한 판단기준이 될 수 있다.

⚽ 실전(實戰)으로 살펴보는 천살(天殺)의 작용.

※ 곤명(坤命)

己	乙	辛	丙
卯	酉	丑	午

축(丑)월, 을(乙)목 일간(日干)이다.
인오술(寅午戌)하여 축(丑)이 천살(天殺).

🔼 시상편재격(時上偏財格)이요, 귀록격(歸祿格)도 성립된다.
45세(2010년)의 여성인데 미혼이다. 원인(原因)은 무엇일까?
우선 관성(官星)을 살펴보자. 천간(天干)으로 편관(偏官)인 신(辛)금이 병신(丙辛)합이요, 오축(午丑)으로 귀문(鬼門)이다.
일지(日支)와 시지(時支)가 묘유(卯酉)충이다. 일지(日支)에 경(庚)금이 있으나 엉뚱한 곳에 마음이 간다. 싫다는 사람을 굳이 마음에 두는 것이

천살(天殺)

다. 일간(日干)인 을(乙)목과는 참으로 인연(因緣)이 박(薄)하다.
지장간(支藏干)을 살펴보아도 합(合)과 충(沖)이요, 복잡(複雜)다난(多難)하다. 관(官)과 인연(因緣)이 박하다.
월지(月支)인 축(丑)토가 천살(天殺)인데. 음(陰)으로 양(陽)으로 기본적인 작용이 나타난다.
일간(日干) 자체가 신약(身弱)하니, 관(官)의 변화(變化)에 속수무책 이다. 현재의 대운(大運)이 병신(丙申)이라 더욱 골치가 아프다.
조상(祖上)에서 관(官)을 일찌감치 묶어버린다.

❋ 곤명(坤命)

```
丁 壬 戊 癸
未 辰 午 丑
```
오(午)월, 임(壬)수 일간(日干)이다.
사유축(巳酉丑), 진(辰)토가 천살(天殺).

⬆ 괴강(魁罡)격에 천살(天殺)이 합쳐진 형국이다.
천간(天干)으로 합(合)이 다양(多樣)하다.
지지(地支)에도 특히 일지(日支)에 지망(地網)살이라, 남편자리가 항시 불편하다. 일간 자체가 신약(身弱)이니, 그에 대한 영향이 크다. 다행히 대운(大運)이 44부터 비겁(比劫)으로 흐르니 다행이다

❋ 곤명(坤命)

```
丙 甲 甲 癸
子 辰 子 巳
```
자(子)월, 갑(甲)목 일간(日干)이다.
사유축(巳,酉,丑), 진(辰)토가 천살(天殺).

⬆ 인성(印星)이 강(强)한데, 일지(日支) 또한 재(財)가 인성(印星)으로 화(化)한다. 천살(天殺)인데 전환기라 엉뚱한 행동으로 어려움을 더하고 있다. 인성(印星)이 재(財)를 흡수(吸收)한 형상이다.
년지(年支)의 사(巳)중 경(庚)금이 남편(男便)인데, 이별(離別)을 고한 후 현재 재혼(再婚) 한 여성이다. 운(運)에서 내친 것이다.

십이신살(十二神殺)의 활용(活用)

일지(日支)의 진(辰)토가 천살(天殺)인데 물로 바뀐다.
현재 살고 있는 남편(男便)의 사주를 보자. 남편 역시 일지(日支)에 천살(天殺)을 놓고 있다.

❋ 건명(乾命)

甲	己	癸	甲
戌	丑	酉	午

유(酉)월, 기(己)토 일간(日干)이다.
축(丑)토가 천살(天殺).

⬆ 일지(日支)의 축(丑)토가 천살(天殺)이다.
일(日), 시(時)에서 간합지형(干合支刑)의 형태를 이룬다.
여기에서 천살(天殺)의 영향력을 살펴보자. 또한 오축(午丑)이 귀문, 상천살(相穿殺)이다.
이 사주의 주인공은 인(寅)년이면 노이로제에 걸린다. 왜? 사고로!
천살(天殺)이 년지(年支)와 합(合)한다. 운(運)에서 또 가세를 하여 인오축(寅,午,丑), 인오술(寅,午,戌)을 형성하여 관재(官災)로 변한다.
일지(日支)의 축(丑)도 천살(天殺)로 가세를 한다.
일간(日干)으로 보아도 축(丑)토가 천살(天殺)이다.
결국 재혼(再婚)한 것이다. 남녀(男女)간에 일지(日支)에 천살(天殺)을 놓고 있는 부부(夫婦)이다. 서로가 한 번 씩은 변화를 겪은 것이다. 남성(男性)인데 현재 운수업에 종사하고 계시다.

지살(地殺)

지살(地殺).

◆ 의미(意味)로 살펴보는 지살(地殺).

지살(地殺)이란? 글자 그대로 땅에서 이루어지는 변화이다. 대지(大地)란 사람이 모든 것을 의탁(依託)하여 지내는 곳이다. 어느 한 곳을 기준으로 하여 정지(停止)된 상태라면 변화(變化)란 크게 기대하기가 어려울 것이다. 그러나 항상 움직이고, 이동(移動)하는 것이 우리의 삶이다.

지살(地殺)이란 이러한 활동상의 유동적(流動的)인 면을 논하는 것이니 기운(氣運)이 있어야 하고, 생동감(生動感)이 있어야 한다. 그래서 인신사해(寅,申,巳,亥)가 해당된다.

땅이란 사람이 발로 디디고 서서 신체를 의지하는 곳이라 밑에서 변화가 생긴다면 직간접적으로 반응(反應)이 바로 나타나는 곳이다. 그만큼 작용(作用)과, 반작용(反作用)이 빠르다.

지살의 작용은 이동(移動), 유동(流動), 기타 동적(動的)인 면에서의 변화(變化)다. 매체를 이용한 움직임과, 변화 또한 마찬가지다.

지살(地殺)의 앞부분이 천살(天殺)이다. 천지(天地)가 요동을 치고 난 후 서서히 움직이기 시작한다. 혼동(混同)된 상태를 정리하자니 바쁘다. 이리저리 움직이며 정신이 없다. 어떻게 움직이어야 할 것인지? 무엇을 먼저 손보아야 할 것인지? 어찌 생각하면 황당하다.

중요한 것은 무조건 움직여야 한다. 일단 시작은 하여야 한다. 단락, 단락 시작의 매듭을 만들어야 한다.

십이신살(十二神殺)의 활용(活用)

◉ 삼합(三合)의 첫 글자 가 지살(地殺)이다.
◉ 지살(地殺)과 충(沖)하는 자(字)가 역마(驛馬)이다.
◉ 인, 신, 사, 해(寅,申,巳,亥)가 해당이 된다.
◉ 양간(陽干)의 경우 합화된 오행의 인성(印星)이 지살(地殺)이 된다.
☀ 신자진(申子辰) : 신(申)자가 첫글자(字), 지살(地殺).
☀ 해묘미(亥卯未) : 해(亥)자가 첫글자(字), 지살(地殺)
☀ 인오술(寅午戌) : 인(寅)자가 첫글자(字), 지살(地殺)
☀ 사유축(巳酉丑) : 사(巳)자가 첫글자(字), 지살(地殺)

◆ 년지(年支), 일지(日支)를 기준으로 하여 볼 경우.

삼합(三合)	❶ 사유축 (巳酉丑)	❷ 해묘미 (亥卯未)	❸ 신자진 (申子辰)	❹ 인오술 (寅午戌)
지살(地殺)	사(巳)	해(亥)	신(申)	인(寅)

◆ 일간(日干)을 기준으로 하여 볼 경우의 지살(地殺).

오행(五行)	목(木)		화(火)		토(土)		금(金)		수(水)	
십간(十干)	甲	乙	丙	丁	戊	己	庚	辛	壬	癸
십이운성	생(生)	亥		寅		寅		巳		申	
	왕(旺)		寅		巳		巳		申		亥

⬆ (양간(陽干)은 생(生)이요, 음간(陰干)은 왕(旺)이다.)인신사해(寅申巳亥)가 해당 된다.
☀ 갑(甲)과, 계(癸)는, 해(亥)가 지살(地殺)
☀ 임(壬)과, 신(辛)은, 신(申)이 지살(地殺)
☀ 경(庚),기(己),정(丁)은, 사(巳)가 지살(地殺)
☀ 병(丙),무(戊),을(乙)은, 인(寅)이 지살(地殺)

지살(地殺)

☞ 인신사해(寅申巳亥)에 해당하는 신살(神殺)---겁살(劫煞), 망신(亡身), 역마(驛馬), 지살(地殺)이 해당된다.

[양간(陽干)의 경우.]

陽干 地支	갑(甲)	병(丙)	무(戊)	경(庚)	임(壬)
인(寅)	망신(亡身)	지살(地殺)	지살(地殺)	겁살(劫煞)	역마(驛馬)
신(申)	겁살(劫煞)	역마(驛馬)	역마(驛馬)	망신(亡身)	지살(地殺)
사(巳)	역마(驛馬)	망신(亡身)	망신(亡身)	지살(地殺)	겁살(劫煞)
해(亥)	지살(地殺)	겁살(劫煞)	겁살(劫煞)	역마(驛馬)	망신(亡身)

[음간(陰干)의 경우.]

陰干 地支	을(乙)	정(丁)	기(己)	신(辛)	계(癸)
인(寅)	장생(長生)	육해(六害)	육해(六害)	재살(災殺)	년살(年殺)
신(申)	재살(災殺)	년살(年殺)	년살(年殺)	장생(長生)	육해(六害)
사(巳)	년살(年殺)	장생(長生)	장생(長生)	육해(六害)	재살(災殺)
해(亥)	육해(六害)	재살(災殺)	재살(災殺)	년살(年殺)	장생(長生)

⚽ **성정(性情)으로 살펴보는 지살(地殺).**

대지(大地)는 모든 것을 포용(包容)하는 어머니와 같다.
모든 씨앗은 땅속에서부터 발아(發芽)하기 시작한다.
그런데 그 토양(土壤)이 식물을 양육(養育)하기 적합하지 않은 토양이면 어떻게 될 것인가?

십이신살(十二神殺)의 활용(活用)

식물이 고사(枯死)하거나, 돌연변이(突然變異)를 일으키거나, 정상적인 성장(成長)을 하지 못한다.

지(地)란 선(先)하면 미(迷)하고, 후(後)하면 득(得)하리라 하였다. 지(地)란 설쳐서 득(得) 볼 것이 없다.

지살(地殺)이란 선천적(先天的)으로 설치는 것이다.

경거망동(輕擧妄動)이라는 의미가 있으니 조심하라는 것이다.

지살(地殺)이란 삼합(三合)을 형성(形成)하고 제일 먼저 분주하게 움직이기 시작한다. 합(合)자체가 길(吉)로 작용을 하던 흉(凶)으로 작용을 하던, 형성체가 생겼으므로 칼을 뽑아버다다. 썩은 무라도 자르기 위하여, 불은 점화(點火)되어야 화기(火氣)가 발생(發生)한다.

시작은 움직임이지만, 분주하게 활동을 시작한다. 대지(大地)에 씨를 뿌린 후 싹이 나오기 시작하는 것이다.

"잠용(潛龍) 물용(勿用)이라 하였지만, "현룡재전(見龍在田) 이견대인(利見大人)"이다. 삼합(三合)이 형성이 안 되면, 지살(地殺)이 나서지를 못하지만, 일단 형성되고 나면 제일 먼저 나선다. 과연 그것이 이해득실(利害得失)에서 어떤 결과가 나오나 환경(環境)과, 운(運)을 살펴야 한다. 기운만 갖추었다고 다 되는 것이 아니다. 삼합의 입장에서는 견(見)이지만, 상대의 입장에서는 현(現)이다.

➡ 육친(六親)으로 비교한다면 식상(食傷)과 같다. 활동(活動)을 하는 것이요, 살아 움직이는 것이니 동적(動的)이요, 능력(能力)을 발휘(發揮)한다.

➡ 오행(五行)으로 본다면 수(水)다. 흘러야 움직이므로 수(水)의 역할을 한다. 구석구석을 찾아서 잘도 다닌다. 모자라면 채워주니 온갖

지살(地殺)

궂은일도 도맡아 한다.
- 지살(地殺)하면 같이 따라다니는 것이 있는데, 그것은 역마(驛馬)이다. 역마살(驛馬殺)이다. 지살과 역마는 성향이나, 작용이 같은 면이 많으나 약간의 차이가 생긴다. 역마(驛馬)를 대(大)라 하면 지살(地殺)은 소(小)다. 예를 든다면 지살(地殺), 역마(驛馬)가 삼합(三合)국으로 연결이 된다면? 전출(轉出)이나 전입(轉入)을 지살(地殺)로 본다면, 이민이나, 해외출장 등은 역마(驛馬)로 본다.
- 새로운 환경이요, 새로운 시작의 의미(意味) 이다. 장생(長生)-지살(地殺)은 막 태어난 아기이므로 천방지축(天方地軸)이다. 물가에 내보낸 아이처럼 항상 불안하다. 옆에서 보살피고 주의(注意)를 요하는 것이다.
- 지살(地殺)은 육체적(肉體的)인면 뿐 아니라, 정신적(精神的)인 면도 같이 동(動)하는 것이라 엉뚱한 생각도 하지만, 사색(思索)도 겸비한다.
- 지살(地殺)은 역마(驛馬)와 동격(同格)이나, 준(准) 역마(驛馬)로 판단한다. 지살(地殺)은 삼합(三合)의 시작(始作)이라, 항상 동(動)하려는 준비가 되어 있고, 제자리에서 움직이는 특성(特性)이 있다.
- 지살(地殺)이 길신(吉神)이면 동(動)하여 이득(利得)이고, 기신(忌神)이면 동(動)할수록 해(害)가 된다.
- 자본금(資本金)은 굴려 늘리는 것이 득(得)이라 활용(活用)할수록 좋은 것이고, 부채(負債)는 많아질수록 빚만 늘어나는 것 밖에 없다.

십이신살(十二神殺)의 활용(活用)

● .바람둥이 구별 방법.

➡ 수(水)일간이 수(水)가 많으면? 물이 넘치니 끼가 넘치는 것이요, 계속 흐르니 소리가 요란하다. 막아도 넘치는 것이 물의 생리(生理)다.

➡ 고이면 썩으니, 명(命)줄이 끊어진다. 살기 위하여 계속 흐르려 하는 것이다. 물이 깊으니 속을 알 수 없는 것이요, 물이 깨끗하지 못하면 탁수(濁水)라 표현을 하는데 청수(淸水)와 구별되어야 한다. 탁수(濁水)일 경우, 놀아도 지저분하게 노는 것이요, 청(淸)하면 매너 좋게 놀지만, 결국 그놈이 그놈이다.

➡ 목(木)일간이 목(木)이 과다(過多)하면? 고집도 세지만, 바람이 한 번 불면 온 숲이 흔들리면서 바람소리에 정신없다. 그냥 바람은 지나면 그만이지만, 숲속의 바람은 맴돌며 작용한다. 한 번 바람피우면 주변이 온통 난리(亂離)다.

➡ 지살(地殺)이 도화(桃花)살이나, 홍염(紅艶)살과 함께 있으면 이성(異性)을 찾아 헤매는 바람둥이의 기질(氣質)이다. 여기서도 내가 찾아 나서는가? 상대방이 쫓아오는 가? 구별이 생긴다. 둘이 눈이 맞아 손잡고 줄행랑치는 경우도 발생한다.

➡ 지살(地殺)과 역마(驛馬)가 같이 있다면 손발이 맞장구를 치는 격이라 바람기가 다분하다. 위치(位置)따라 강도(强度)가 달라진다. 일(日), 시(時)를 보면서 전도(前途), 강도(强度)를 판단한다.

지살(地殺)

⚽ 육친(六親)별로 살펴보는 지살(地殺)의 작용.

▶ 인수(印綬).

편인(偏印)지살(地殺)이면 사교성(社交性)과 순발력이 특출하여 과(科)대표요, 협상(協商)의 명수, 단체의 대변인 역할을 한다. 지나치면 쓸데없는 일에 총대 메는 역할을 자임하다 낭패(狼狽) 본다.

관(官), 인(印)에 해당하면 명예(名譽)가 따르는 형상이라, 귀인(貴人)이 항상 같이 한다. 인덕(人德)을 보게 된다.

역마(驛馬), 지살(地殺)과 인성(印星)과 동주(同柱)가 되면 타국(他國)의 향수와, 언어(言語)라 외국어 전공하면 길(吉)하고, 어학연수, 외국문화탐방, 교환학생 등 혜택을 받고, 관(官)에서 연결이 지어지면 통역관(通譯官), 특파원(特派員), 지사근무, 군 무관, 대사관 근무, 외국 순회공연 등 기회가 주어진다.

여행과 교제에 즐거움이 발생하기도 하고, 상대방을 찾아가는 부지런함을 보인다. 지살(地殺)이라 스스로 찾아서 움직여야 무엇인가 이루어진다. 작은 것부터 시작되어도 열심히 해야 한다. 기다리면 만사가 어려워진다.

▶ 비겁(比劫).

→ 비겁(比劫)은 재성(財星)을 극한다. 양간(陽干)이면 처(妻)를 극하는 것이요, 아내 찾아 동서남북(東西南北)이다. 들들 볶이다보니 보따리를 싸서 나간다. 음간(陰干)이면 부친(父親)을 극(剋)하는 것이다. 부친(父親)을 극(剋)하는 경우, 사업자금(事業資金)을 대달라고 조른다.

→ 사업(事業) 좀 한다고 부지런히 다니며 재물(財物)만 탕진(蕩盡)을

십이신살(十二神殺)의 활용(活用)

한다. 경험(經驗)도 부족하고, 인성(人性)이 부족한데 품위(品位) 유지한다며, 폼 잡다 쪽박을 찬다.
➡ 친구들과 어울려 다니면서 방탕(放蕩)생활을 한다. 집안이 어려운데, 제대 후 도울 생각은 안하고, 월급을 타서 통째로 피서(避暑), 여행(旅行)가는데 다 쓴다. 내년을 또 기약(期約)한다.

▶ 식상(食傷).

식상(食傷)지살(地殺)이면 출장강좌, 강의, 판매직 및 영업, 유통업종, 이동(移動)수단을 이용한 업종(業種)에 종사한다. 각종 정비업종도 이에 해당한다.

➡ 역마(驛馬), 지살(地殺) 놓은 자는 항시 제자리에 가만히 있지를 못한다. 행동 자체도 분주하고, 어수선하다. 침착성이 부족하고, 진득한 맛이 없다. 특별한 일도 없이 바쁘기만 하다. 자질구레한 잔일에 사람이 녹아 난다. 돈도 안 되는 일에 바쁘기는 우라지게 바쁘다. 일을 펼치기는 잘한다. 나중의 문제까지는 생각하지 않는다. 시작하는 것을 최상(最上)의 목표(目標)로 생각한다.

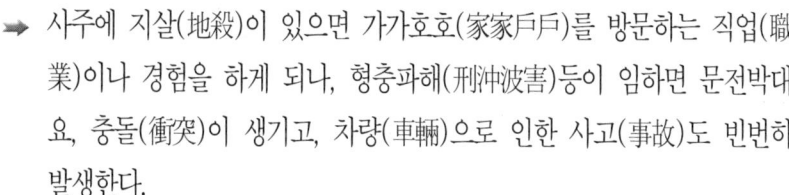

➡ 사주에 지살(地殺)이 있으면 가가호호(家家戶戶)를 방문하는 직업(職業)이나 경험을 하게 되나, 형충파해(刑冲波害)등이 임하면 문전박대요, 충돌(衝突)이 생기고, 차량(車輛)으로 인한 사고(事故)도 빈번히 발생한다.

지살(地殺)

▶ 재성(財星).

- 역마(驛馬)가 없는 지살(地殺)은 자극(刺戟)받지 않으므로 세월아 내월아 하면서 급박함을 느끼지 못한다. 막말로 빈 리어카만 부지런히 끌고 다녀도, 건강(健康)에 이상(異狀)이 없다면 먹고 산다. 소, 말도 고삐를 죄어야 달린다.
- 가만히 앉아서 버는 것이 아니다. 열(熱)과 성(誠)을 다해 최선을 다해서 활동을 한다. 신발바닥이 떨어지도록 돌아다닌다. 외근(外勤)이나, 영업직(營業職)이다. 돈을 벌어도 어렵게 번다. 능력(能力)이 그것 밖에 안 된다.
- 돌고 도는 돈이, 돈이다. 돈에 집착(執着)하여 돈을 따라다닌다. 저축이 별로 없다. 금전(金錢)이 모이지 않는다.
- 역마(驛馬)지살(地殺)이 재성(財星)이면서 도화(桃花), 홍염(紅艷), 목욕(沐浴)과 동주(同柱)하면 색정(色情)으로 도주(逃走)한다.
- 요즈음은 여자가 나돌기 시작하면, 이미 나의 아내가 아니고 다른 사람의 여자(女子)라고 생각할 정도로 개념(槪念)이 많이 변하였다. 가정(家庭)은 자기의 이용(利用)수단(手段)에 불과하다. 간통(姦通)도 이제는 사라지는 세상이다.
- 정조관념(貞操觀念)이라는 단어 자체가 무색하다.

▶ 관살(官殺).

- 관살(官殺)지살(地殺)이면 외무부, 교통부, 여행사, 무역업 등 해외근무의 인연이 좋다. 여하튼 멀리, 자주 움직인다.

십이신살(十二神殺)의 활용(活用)

➡ 보따리 상인이요, 중간상인이요, 소개업이요, 수출입관련업무, 무역업종 등에 종사하면 지살(地殺)에 어울린다.
➡ 작용(作俑)이 잘못되면, 해외여행 공짜라는 말에 현혹되어 밀수품 심부름하다 신세 망친다.

● .위치(位置)별로 살펴보는 지살(地殺).

◆ 년주(年柱)

지살(地殺)이니, 고향(故鄕) 떠나 타향(他鄕)에 정착을 한다.
선조(先祖)중 객사(客死)영혼(靈魂)이 있다고 본다.
요즈음에는 객사(客死)라는 개념이 많이 변하였다. 예전에는 교통수단이 크게 발달하지 않아 집을 나서면 시간이 많이 걸렸다.
특별한 일이 아니면 잘 나서지를 않고, 일이 있어도 한꺼번에 모아서 처리하는 방법을 택하였다. 현대에는 이동수단의 발달로 인하여 전국(全國)이 일일 권(一日圈)이요, 세계도 일일 권 시대에 도달하고 있다.
✹일반적인 객사(客死) 의미는 집 떠나 타지(他地)에 머무르며 생활(生活)하다 사망(死亡)하는 경우로 간주하는데, 집을 떠나 집 밖에서 사망한다면 객사(客死)로 보는 것이 엄밀한 의미에서 객사(客死)다.
✹일반적으로 집에서 병원(病院)으로 옮겨져 치료받다가 사망하는 경우가 많은데, 이것은 객사(客死)로 보기가 좀 난해하다. 대체적으로 임종(臨終)시 주변에 식구나, 친척 등 가까운 사람이 없거나, 주거지와 동떨어진 경우나, 귀가 도중, 출타 중, 또는 산행 중, 여행 중, 갑자기 쓰러져 혹은 불상사(不祥事)로 인하여 병원으로 옮겨지더라도 갑작스런 임종(臨終)을 한

지살(地殺)

다면 이 역시 객사(客死)에 해당한다.

◆ **월주(月柱).**
조업(祖業)을 이어받지 못한다. 적성(適性)이나, 실력(實力) 또는 환경적인 사연, 본인의 깨닫지 못함으로 인하여 선대(先代)의 업(業)을 잇지를 못한다.
월지(月支)는 어머니의 자리라 이동(移動)이 있으므로 생모(生母)와 인연(因緣)에 변동(變動)이 생기니 계모(繼母)와 연(緣)이 이어진다.

◆ **일주(日柱).**
가만히 앉아서 하는 일은 적성에 맞지 않다. 경험(經驗)과 식견(識見)이 필요한 일에 종사한다.
예술적인 소양이 풍부하고,, 근면 성실하여 자기가 종사하는 분야에 파고드는 습성이 있다.

항시 동서남북으로 바쁘고 이동(移動), 변동(變動)이 심하다.(보험은 필수로 가입을 해야 한다.)

◆ **시주(時柱).**
 노년(老年)까지 주변에서 마당발 소리 듣는다. 사방에 인연이 많으니 가정보다 밖의 일에 더 관심이 많다.
자식(子息)이 정착(定着)하지 못하고, 공연히 겉돈다. 하는 일을 보아도 마음에 차지 않는다.

십이신살(十二神殺)의 활용(活用)

● <u>흐름으로 살펴보는 지살(地殺).</u>

➡ 지살(地殺)은 역마(驛馬)가 있어야 빛을 본다. 서로가 상충(相沖)하는 관계지만 경쟁적(競爭的) 관계이다. 사람이란 걸으면 뛰고 싶고, 뛰면 날고 싶은 것이 상정이다. 때로는 장애가 되기도 하고, 나의 앞길을 가로막는 극한적(極限的)인 경우도 있지만, 삶의 질(質)을 높이고, 보다 더 분발(分發)하여야 사는 것이 인생(人生)이다. 자극제(刺戟劑)로 생각해야 발전(發展)이 있다.

➡ 지살(地殺)과 원진이 같이 있으면 어떨까? 사주(四柱)의 원국(原局)에 지살(地殺)이 있고, 원진(元嗔)이 있으면 사람이 발전성(發展性)이 없다.

➡ 생각은 있는데 좀 더 폭넓은 생각이 필요하다. 갑론을박(甲論乙駁)하다 보니 앞으로 나가지 못한다. 떠드는 사이에 세월(歲月)만 흘러간다. 이때는 누군가가 어리석음을 일러주어야 하는 것이다. 좋은 것이 좋다고 조용히 일러서는 먹히지 않는다. 깨부수어야 한다. 망치로 호두까기 인형이다.

➡ 지살(地殺)이 역마(驛馬)와, 화개(華蓋)가 함께 동(動)하면 해외출입 이동수(移動數)다. 지살(地殺)과, 역마(驛馬)가 힘을 합하는데 화개(華蓋)까지 가세하면 해외공연이요, 국내는 무대가 좁은 연예인과 같은 것이라 한류스타가 되는 것이요, 빌보드 진입을 위하여 미국(美國)으로 출국하여 활동한다. 포교(布敎)활동을 하여도 국제적(國際的)으로 한다.

➡ 지살(地殺)은 못 말린다. 움직이는 것이다. 마당은 큰 비로 쓸지만 방안은 작은 비로 쓸어야 한다. 역마(驛馬)가 큰 비라면 지살(地殺)

지살(地殺)

은 작은 빗자루다. 쓸어 담는 기능은 한다. 지살이 합(合)이나, 혹은 형충파해(刑,沖,波,害)를 당해도 움직이는 근성(根性)은 사라지지 않는다.

➡ 지살(地殺)이 움직이려면 앞에 장애(障碍)가 없어야 한다. 차(車)가 고장이 나거나 도로(道路)가 막히면 제 기능(機能)을 발휘하지 못한다. 물건은 있어도 사용을 못하는 것이다.

➡ 환경(環境)의 변화(變化)를 살펴야 한다. 자체 가속(加速)은 역마(驛馬)가 충(沖)을 하는 것이요, 길이 뚫리는 것은 계절(季節)이 변화하는 것이다. 지살은 시작이라 계절의 시작이다. 계절의 끝이 지나야 다음 계절로 옮겨간다.

➡ 지살(地殺)은 타이밍을 조율(調律)할 줄 알고 실력을 과시하고 행사하겠다는 의지가 강하다.

➡ 사주(四柱)에 지살(地殺)이 있으면 항상 변동이 나타난다. 특히 그에 해당하는 육친(六親) 변동(變動)이 심하고, 환경(環境) 변화(變化)에 주시(注視)가 필요하다.

➡ 지살(地殺)과 화개(華蓋)가 합(合)을 이룰 경우, 화개(華蓋)에 대한 능력(能力)을 발휘하지만, 한 곳에 정착하여 하는 행위가 아니라 여기저기 움직이면서 활동(活動)한다.

➡ 지살(地殺)을 역마가 충(沖)하면 변동수(變動數)가 커지는데, 당하는가? 가하는 가? 에 따라 해석(解釋)이 달라지고, 기울기가 심할수록 불안한 기색(氣色)은 어쩔 수 없다.

➡ 지살(地殺)과 장성(將星)이 합(合)을 이루면 파견근무인데, 돌아올 경우, 개선장군이 된다. 장성(將星) 다음은 반안(攀鞍)이기 때문이다.

➡ 지살(地殺), 장성(將星), 화개(華蓋)의 삼합(三合)이 형성될 경우 일

십이신살(十二神殺)의 활용(活用)

반적인 정(正)삼합(三合)인데, 각 살(殺)의 특징을 다 겸비하는 것이다. 자기가 속한 분야(分野)에서 일가견(一家見)을 이루기 위한 출사(出仕)이다.

➡ 지살(地殺)이 육해(六害)와 동주하면 소극적이고 무력해지고, 반대로 역마와 함께 하면 활발하고 명랑해진다.

➡ 인신사해(寅,申,巳,亥)생은 육해(六害)년인 자오묘유(子,午,卯,酉)년을 만나면 화재(火災), 관재구설(官災口舌), 교통사고(交通事故)등을 당한다.

➡ 지살(地殺)은 자기의 능력을 과대평가(過大評價)하여 최대한 밖으로 튀고 싶어 하는 성향이 강하다. 일을 하고 싶어 안달이 난 백수다.

➡ 지살(地殺)의 해는 사업의 영업적(營業的)인 면으로 볼 경우, 새로운 도약(跳躍)의 계기가 된다. 창의적(創意的)이고, 도전적(挑戰的)인 자세로 임한다면 의외의 효과를 얻을 수 있다.

➡ 특히 편인(偏印)에 해당할 경우, 타의 추종(追從)을 불허하는 명품(名品)아이디어가 나온다.

➡ 여자(女子)가 역마(驛馬),지살(地殺)에 관(官)이면 국제결혼(國際結婚) 할 가능성이 있다.

지살(地殺)

● **실전(實戰)으로 살펴보는 지살(地殺).**

역마(驛馬)와 지살(地殺)은 공통으로 응용을 하므로 역마의 설명에서 지살과 같이 병행(竝行)하여 설명을 하기로 하고.

❋ 곤명(坤命)

壬	壬	乙	癸
寅	子	丑	亥

축(丑)월, 임(壬)수 일간(日干)이다.
해묘미(亥卯未), 해(亥)수가 지살(地殺)

⬆ 해자축(亥子丑)하여 방합수국(方合水局)을 형성한다.
년지(年支) 해(亥)수가 지살(地殺)이 된다.
사주가 매우 강(强)한 편이다. 정관격(正官格) 사주다.
관(官)에 집착(執着)이 매우 강한 사람이다. 희망사항 이다.
그러나 결국 그것이 비겁(比劫)으로 변하고 만다.
26.무진(戊辰) 대운(大運)인데 아쉬움이 많은 시절이다.
현재 사법고시준비를 하고 있다. 갈림길에 서 있는 경우다.
년간(年干)에 해(亥)수인 지살(地殺)이 작용을 하지만, 대운(大運)이 남방(南方) 화운(火運)으로 흐르니, 냉(冷)한 사주에 온기(溫氣)가 흘러 냉함을 잡아준다.
년(年)에 록(祿)을 놓고 있으니, 늦게 발복(發福)하는 사주일까?
절로공망(截路空亡)이다. 공망(空亡)이 인, 묘(寅卯)이다.

❋ 곤명(坤命)

乙	壬	辛	丁
巳	辰	亥	巳

해(亥)월, 임(壬)수 일간(日干)이다.
사,유,축(巳酉丑), 사(巳)가 지살(地殺)

⬆ 년(年)과, 시(時)에 지살(地殺)을 놓고 있다.
월(月)의 해(亥)수가 역마살(驛馬殺)이다. 일지(日支)에는 천살(天殺)을

십이신살(十二神殺)의 활용(活用)

놓고 있다. 인신사해(寅申巳亥)를 다 갖추지 못한 것이 아쉬움이다.
역마와, 지살이 겹쳐 있고 천살(天殺)의 작용 또한 강하게 나타난다.
아직 미혼(未婚)이다. 부궁(夫宮)이 천살(天殺)이요, 역마(驛馬), 지살(地殺)이라 안정(安定)이 더디고, 생활이 불안정(不安定)하다.

❋ 건명(乾命)

辛	辛	乙	巳
卯	丑	亥	未

해(亥)월, 신(辛)금 일간(日干)이다.
해,묘,미(亥卯未), 해(亥)가 지살(地殺)

⬆ 상관(傷官) 해(亥)수가 지살(地殺)이다. 상관(傷官)이 편인(偏印)과, 편재(偏財)와 합(合)하여 재국(財局)을 형성한다.
지살(地殺)이 재국(財局)을 형성하여, 처궁(妻宮)에 있는 축(丑)토를 극(剋)한다. 결혼이 늦어진다. 년간(年干)의 기(己)토 역시 지살(地殺)작용으로 맥을 못 춘다.

❋ 곤명(坤命)

甲	壬	乙	巳
辰	亥	亥	未

해(亥)월, 임(壬)수 일간(日干)이다.
해,묘,미(亥卯未)하여 해(亥)가 지살(地殺)

⬆ 해묘미(亥卯未)하여 월지(月支), 일지(日支)의 해(亥)수가 지살(地殺)이다. 진해(辰亥)-- 원진(怨嗔),귀문(鬼門)이요, 시주(時柱)가 백호(白虎)로 앞날에 대한 걱정도 해야 한다.
해(亥)-해(亥)가 자형살(自刑殺)을 이루고 있는데, 지살(地殺)의 자중지란(自中之亂)이다.
남편의 뒷바라지로 금전적(金錢的)인 애로사항이 심한 경우다.

❋ 건명(乾命)

己	庚	壬	甲
卯	子	申	寅

신(申)월, 경(庚)금 일간(日干)이다.
인,오,술(寅午戌), 인(寅)이 지살(地殺)

지살(地殺)

⬆ 충(沖)과 형(刑)이 다난(多難)한 사주다.

역마(驛馬)와 지살(地殺)이 같이 연(連)이어 있다. 재성(財星)이 충(沖)으로 얼룩진다. 재성(財星)이 자기 자리를 찾아 가려해도 방해(妨害)가 심하다. 천간(天干)으로 흐름은 좋다. 빛 좋은 개살구다.

✳ 곤명(坤命)

庚	甲	甲	丙
午	寅	午	午

신(申)월, 경(庚)금 일간(日干)이다.
인,오,술(寅午戌), 인(寅)이 지살(地殺)

⬆ 인오술(寅午戌)하여 일지(日支) 인(寅)목이 지살(地殺)이다.

지살(地殺)인 인(寅)목이 식상(食傷)으로 화(化)한다. 지살(地殺)이 길(吉)로 작용(作用)한다.

자신을 승화(昇華)하여 종아격(從兒格)으로 흐른다.

남편(男便)의 눈에 보이지 않는 외조(外助)가 있다.

갑경충(甲庚沖) 하려 하여도, 충(沖) 받는 목(木)의 힘이 더 강하다.

년간(年干)의 병(丙)화가 극(剋)을 하니 쉬운 일이 아니다.

묵묵히 자기 자리를 지키면서 아내를 바라보는 남편이다.

흑백의 조화이다. 서로가 조금씩 양보를 하는 것이다.

십이신살(十二神殺)의 활용(活用)

● 년살(年殺).

◆ 의미(意味)로 살펴보는 년살(年殺).

✸ 년살(年殺)은 도화살(桃花殺), 함지살(咸池殺)
이라 하는데 패지(敗地)요, 12운성(運星)으로는 양간(陽干)은 목욕궁(沐浴宮), 음간(陰干)은 건록(建祿)에 해당이 된다.

✸ 지살(地殺) 다음에 오는 것이 년살(年殺)이다. 지살(地殺)은 시작이라 일단 벌리고 있는 중에 시간이 흘러버린다.

사람이란 누구나 다 마찬가지이지만 무엇인가 계획하고, 실행하면 스스로에게 "나는 잘 될 거야!"하면서 자기 최면을 걸기도 한다.

실질적(實質的)으로 나중에 세월(歲月)이 흐르고 나면, 그 당시라는 회상을 하게 된다.

✸ 일의 진행이 무난하고, 걸림이 없이 잘 나가고 있다고 착각(錯覺)을 하고 본다. 결과(結果)는 지나봐야 알지만, 일단 과정에서 부족한 면이 있더라도 긍정적(肯定的)인 면으로 평가를 내린다.

년살(年殺)이 바로 그러한 면이다. 잘나가는 것으로 보고 그에 걸맞게 처신(處身)을 한다. 힘들고 어려워도 성공한다는 사고(思考), 결코 남보다 뒤지지 않는다는 사고, 못 할 것이 없다는 자신감이 충만하다.

자연 실수(失手)가 발생하고, 실패(失敗)를 거듭하고, 착각한다.

그에 대한 보조적인 방법이 주색(酒色)이요, 대인관계(對人關係)요, 매너다. 가끔씩은 들이밀기도 하고, 밀리기도 한다.

년살(年殺)

- ◆ **도화(桃花)**
- ☀ 복숭아꽃이라는 의미인데, 연지곤지를 바른 것 같은 색과, 모양새를 연상하면 된다.
- ◆ **함지(咸池)**
- ☀ 물을 모아둔 곳으로 성(城) 같은 곳의 외곽에 주변을 둘러싸고 있는 연못, 내 같은 곳으로 빠지기 딱 알맞은 곳이다. 산에 인공으로 조성하는 저수지나, 호수 같은 경우도 해당이 된다. 풍수와도 연관된 사항이다.
- ◆ **목욕(沐浴)**
- ☀ 몸을 씻기 위해서, 거시기를 하기 위해서 옷을 벗는다. 실오라기 하나 걸치지 않고 말이다. 불이라도 난다면? 누가 갑자기 들이닥친다면? 함정(陷穽)의 의미로 생각하면 쉽다. 나락으로 빠진다.
- ➡ 일몰(日沒)이라는 의미처럼 해가 물에 잠긴다.
- ➡ 일주(日柱) 대(對) 주중(柱中)과 상관관계,
- ➡ 년지(年支) 대(對) 주중(柱中)과 상관관계를 살핀다.

- ◉ 삼합(三合)의 첫 글자, 다음 자(字)가 년살(年殺)이다.
- ◉ 년살(年殺)과 충(沖)하는, 자(字)가 육해(六害)이다.
- ◉ 삼합오행을 생조(生助)하는 왕지(旺地)-----(신자진(申子辰) 수국(水局)의 경우 생(生)하는 삼합(三合)국은 금(金)인 사유축(巳酉丑)인데, 왕지(旺地)이니 유금(酉金)이 된다.
- ◉ 장생(長生) 다음에 가는 기운(氣運)이다.
- ◉ 자, 오, 묘, 유(子, 午, 卯, 酉)가 해당 된다.

십이신살(十二神殺)의 활용(活用)

- ☀ 신자진(申子辰) : 신(申) 다음 , 유(酉)가 년살(年殺)
- ☀ 해묘미(亥卯未) : 해(亥) 다음 , 자(子)가 년살(年殺)
- ☀ 인오술(寅午戌) : 인(寅) 다음 , 묘(卯)가 년살(年殺)
- ☀ 사유축(巳酉丑) : 사(巳) 다음 , 오(午)가 년살(年殺)

◆ 년지(年支), 일지(日支)를 기준으로 하여 볼 경우.

삼합(三合)	❶ 사유축 (巳酉丑)	❷ 해묘미 (亥卯未)	❸ 신자진 (申子辰)	❹ 인오술 (寅午戌)
년살(年殺)	오(午)	자(子)	유(酉)	묘(卯)

◆ 일간(日干)을 기준으로 하여 볼 경우.

오행(五行)	목(木)		화(火)		토(土)		금(金)		수(水)	
십간(十干)	甲	乙	丙	丁	戊	己	庚	辛	壬	癸
십이운성 목욕(沐浴)	자(子)		묘(卯)		묘(卯)		오(午)		유(酉)	
십이운성 건록(建祿)		묘(卯)		오(午)		오(午)		유(酉)		자(子)

❈ (양간(陽干)은 목욕(沐浴)이요, 음간(陰干)은 건록(建祿)이다.)
자오묘유(子午卯酉)가 해당 된다.

- ☀ 갑(甲)과, 계(癸)는, 자(子)가 년살(年殺).
- ☀ 임(壬)과, 신(辛)은, 유(酉)가 년살(年殺).
- ☀ 경(庚),기(己),정(丁)은, 오(午)가 년살(年殺).
- ☀ 병(丙),무(戊),을(乙)은, 묘(卯)가 년살(年殺).

년살(年殺)

● 성정(性情)으로 살펴보는 도화살(桃花殺).

🦋 도화살(桃花殺)의 특징.

바람이 분다. 내가 원해서 하는 경우도 있고, 알 수 없는 기운에 이끌려 본의 아니게 휩쓸려 행하는 경우도 있다.
농염한 자태에, 뭇 남성이 녹아나고, 훤칠한 미모와, 건실한 모습에 많은 여성들이 흠모하는 것이다. 복근과, 꿀벅지에 녹아난다.

비록 이성(異性)간 문제만이 아니다. 대체적으로 그에 많은 비중을 두고, 해석(解釋) 하고 있다.
주로 이성(異性)간에 발생하는 관계를 많이 표출한다.
패신(敗神)으로 취급을 한다. 복수(複數)가 된다면 좋은 일은 아니다.
주색(酒色),도박(賭博),음란(淫亂),득병(得病),작첩(作妾),부정포태, 바람기, 불륜(不倫), 등등 별로 바람직하지 않은 부분의 대명사(代名詞)로 사용 되는 살(殺)이다.
각 살(殺)마다 기운이 왕(旺) 할 때와 기력(氣力)이 쇠진한 경우로 구분하는데, 왕(旺)하다 함은 생왕(生旺)한 것이요, 쇠진(衰盡)하다 함은 사절(死絶)에 해당한다.

■ 도화(桃花)가 왕(旺)할 경우.
도화(桃花)가 생왕(生旺)할 경우는 끼가 다분함이 아니라, 도(度)를 지나친다. 인물값 한다고 나름대로

십이신살(十二神殺)의 활용(活用)

틀도 좋고, 외관상의 자태(姿態)에 많은 시간을 허비한다. 자연 업무(業務)나, 가정(家庭)에 나태할 수밖에 없다. ❋먹고 노는 것을 좋아하니 악착같은 근성이 부족하고, 성실과 근면에는 관심이 없다. 한편으로는 인자(仁慈)함에는 여유를 갖는다.
상전(上典)인양 착각(錯覺)을 하니 결국은 허당이다.
주색(酒色)에는 집착을 하여 탕아(蕩兒)요, 탕녀(蕩女)의 근성이 나온다. 더욱이 사(死), 절(絶)에 임한다면 헤어나지를 못한다.
친구를 사귀어도 문제아요, 불평불만이 팽배한 친구요, 사회에 불만(不滿)이 많은 친구들이다보니 언어(言語)도 거칠어지고, 행동 또한 모가 지어 간혹 주변의 사람들을 깜짝깜짝 놀라게 하는 것이다.
도박(賭博)이나, 요행(僥倖)을 좋아하여 사람들로부터 지탄(指彈)을 받는 경우가 많다.
년(年), 일(日)을 기준(基準)으로 하여 판단하되 육친(六親)과 연관하여 살펴보면 그 다양성이 더욱 두드러진다.
다른 신살(神殺)의 경우, 동일한 방법으로 판단 한다면 새로운 맛이 날 것이다.

● .위치(位置)별로 살펴보는 도화살(桃花殺).

🦋 년지(年支)를 기준(基準)으로 하여 볼 경우.

❋ 월지(月支)에 도화살(桃花殺)이 위치(位置)할 경우.
월령도화(月令桃花)라 하는데, 월지(月支)는 어머니의 자리라 모친(母親)의 풍류(風流)이다.

년살(年殺)

연애결혼(戀愛結婚)을 한 경우도 성립이 되고, 어머니가 재혼(再婚)을 한 경우가 된다. 요즈음은 재혼(再婚)이 흔하므로, 무조건 나쁜 의미로 해석을 하여서는 안 된다.
그것이 누구의 잘못인가 판단할 정도는 되어야 한다.
피치 못할 사정도 있는 것이요, 환경(環境)에 의한 사정도 있다.
일간(日干)과 연관을 지으면, 정실부인의 자손이 아닌 것인데, 요즈음으로 친다면, 재혼(再婚)을 하여 새로 출생(出生)한 경우도 이에 해당한다고 볼 수가 있다.
성(性)이 같을 수도, 다를 수도 있다.
주변(周邊)의 환경적인 면으로 본다면 유흥가, 환락가 밀집한 지역에서 생활하거나, 하였다 볼 수 있다.

※ 건명(乾命)

癸	癸	乙	戊
亥	未	卯	午

묘(卯)월, 계(癸)수 일간(日干)이다.
월지(月支) 묘(卯)목이 도화(桃花)이다.

⬆ 식신(食神) 묘(卯)목이 국(局)을 형성하고, 천간(天干)으로 식신(食神)인 을(乙)목이 투출(透出)하였다.
식신(食神)도 많으면 상관(傷官)으로 화(化)한다. 관(官)이 식상(食傷)으로 화(化)하여 방풍림을 형성한다.
여기저기서 선을 보라고 하여 나서기는 하지만 성사가 잘 안 된다.
식상(食傷)의 기운이 강(強)하니, 관(官)인 자손(子孫)이 맥을 못 춘다.
자연 결혼(結婚)에 문제가 있다.
자손이 조상자리에 있다. 애늙은이인가 보다. 이 역시 조상(祖上)에게 빌어야 한다. 자손(子孫)을 보내달라고 말이다.

십이신살(十二神殺)의 활용(活用)

❋ **일지(日支)에 도화살(桃花殺)이 있다면?**

일지도화(日支桃花)라고 하는데 일지(日支)는 처궁(妻宮), 남편(男便) 궁이니 본인(本人)과 직접적 연관이 깊어진다. 길흉(吉凶)의 여러 문제가 야기된다.

➡ 작첩동거(作妾同居)라 한 지붕 두 가족의 형태로 이어진다.
➡ 요사이는 남몰래 잘들 하니 무어라 말하기가 그렇다. 앞으로는 간통(姦通)이라는 용어 자체가 사라질지 모르는 세상이다. 서로간의 부적절한 관계로 연결된다.
➡ 일주(日柱)는 중장년 즉, 말년(末年)의 전초전이라 늦바람에 날 새는 줄 모르는 경우가 나온다.
➡ 서로 간에 의심(疑心)을 하는 경우도 발생을 한다. 아니 땐 굴뚝에 연기가 나리오! 만 일단 문제가 있기는 있다.
➡ 부부간의 사이는 은밀한 것이라 아무도 모른다. 누가 더 원인을 제공한 것인가는 각자의 사주(四柱)를 살펴보고, 판단하는 것이다.

❋ 건명(乾命)

庚	壬	己	己
子	午	巳	酉

사(巳)월, 임(壬)수 일간(日干)이다.
일지(日支) 오(午)화가 도화(桃花)이다.

⬆ 사주가 일지(日支), 월지(月支)가 화기(火氣)로 치장이 되어 신약(身弱)으로 보인다. 월지(月支)가 원인제공 하여 괴로움만 생기는 줄 알았더니 년지(年支)와 반합(半合)하여 금기(金氣)를 형성하니 전화위복(轉禍爲福)이 된다.
시지(時支)와 일지(日支)가 충(沖)으로 얼룩지나 사(巳)화의 변화가 중요

년살(年殺)

한 역할을 한다. 삶의 변화가 때로는 괴로움을 주나, 견디면 결과는 행복으로 귀결(歸結)된다. 나의 편이 항상 있다. 일지(日支)재성도화이다.

❋ 시지(時支)에 도화살(桃花殺)이 위치(位置)할 경우.

시지(時支)는 말년(末年)이다. 잘못하면 늙은이가 망령(妄靈)이요, 주책이라는 소리를 듣기가 십상이다. 그러나 요즈음은 말년에 성적(性的)인 문제로 하여 노인들의 욕구불만(欲求不滿)이 사회적인 문제로 대두 되는 현실이다.

➡ 편야도화(偏野桃花)라 하여 먼저 꺾는 것이 주인이요, 임자다. 강가에 매어둔 배니 먼저 올라타는 사람이 임자요, 우선권(優先權)이 있고, 연고권(緣故權) 행사를 한다.
➡ 시(時)는 연령(年齡)으로 본다면, 일지(日支)보다 아래다. 고로 연하(年下)다. 정신적(精神的)인 면에서도 처지는 경우다. 본인이 챙겨주어야만 하고, 맡겨도 불안한 상태이다.
➡ 성격이 까다롭다거나, 어린 형태라 신경이 많이 쓰이는 경우다. 물가에 보낸 아이와도 같다.

❋ 곤명(坤命)

己	壬	庚	甲
酉	午	午	子

오(午)월, 임(壬)수 일간(日干)이다.
년지(年支) 기준 유(酉)가 도화(桃花).

⬆ 시간(時干)에 정관(正官)이 있다. 지지(地支)에는 도화(桃花)다. 말년(末年)에 바람나는데, 바람둥이를 만난다. 신유(申,酉) 공망(空亡)이다. 다 부질없는 일이다.

십이신살(十二神殺)의 활용(活用)

🦋 일지(日支)를 기준(基準)으로 하여 볼 경우.

일지(日支)의 삼합(三合)을 통하여 살펴보는 것이다. 일지(日支)는 본인(本人)과 직접적인 관계가 더 강(强)하다고 볼 수 있다. 년지(年支) 역시 마찬가지이지만, 그보다 이 경우는 때에 따라서는 그 농도(濃度)가 더 진하게 나타난다.

🦋 년지(年支)에 도화(桃花)가 있을 경우.

도삽도화(倒揷桃花)라 하여 여성(女性)으로 본다면, 노랑(老郞)과의 인연(因緣)이요, 남성으로 본다면 연상(年上)의 여인(女人)과 인연(因緣)이다. 연령(年齡)으로 보았을 때 정상적(正常的)인 결합이 아니다.
일단 상식적(常識的) 면에서는 벗어난다.
도삽(倒揷)이란? 거꾸로 꽂는 것이다. 농기구이지만 자기가 사용하는 연장이요, 밥줄을 이어주는 기구이다. 일을 거꾸로 처리한다는 것이다. 이른 나이에 빨리 아는 것 또한 이에 속한다. 나이에 걸맞지 않게 너무 빨리 기능이나, 처신, 능력이 출중하여도 결코 바람직한 것이 아니다. 주변에서 천재(天才)니, 달인(達人)이니, 영재(英才)니 하는 것은 다 기준(基準)의 잣대가 그렇다는 것이다.
실질적으로 본인에게는 너무나 많은 희생(犧牲)이 강요된다.
그로인한 인간적(人間的)인 면이나, 자신에게 안겨지는 부담감(負擔感)등은 이루 형언(形言)하기가 힘들 것이다.

→ 년(年)은 조부모(祖父母)의 자리라, 그 분들의 풍류(風流)로 볼 수 있지만, 논하기가 어려운 부문이다.
→ 나이로 본다면 초년(初年)의 자리인데, 초년에 무슨 바람이 나겠는

년살(年殺)

가? 윗분들의 행적(行績)으로 인한 영향이다. 업보(業報)이다.
➡ 주로 이장(移葬)하거나, 묘(墓)자리를 잘 못써서 탈이 날 경우, 년(年)을 많이 본다.

❋ 곤명(坤命)

壬	丁	甲	庚
寅	亥	申	子

신(申)월, 정(丁)화 일간(日干)이다.
년지(年支) 해(亥)수가 도화(桃花)이다.

⬆ 일지(日支)기준 년지(年支)가 도화(桃花)이다. 년(年) 도화(桃花)가 있고 관(官)이다. 도삽도화(倒揷桃花)이다.
사주 자체가 합(合)과, 충(沖)으로 얼룩진다. 삶이 다사다난(多事多難)하다. 관(官)이 지나치게 많으니 이 또한 거역(拒逆)하기가 힘들다.
누가 그랬던가? 인생(人生)은 나그네 길이라고 말이다.
만나고, 헤어짐이 지나치지 않아야 중용(中庸)의 길을 간다.
어차피 잘못된 만남에서 벗어나려고 하는 것이 인간의 심사(心事)이다.
그러나 그 흔적(痕迹)은 어찌 할 것인가?

🦋 **월지(月支)에 도화(桃花)가 있을 경우.**

월령도화(月令桃花), 월지도화(月支桃花), 원내도화(園內桃花)라고도 한다.
남자는 유부녀, 여자는 유부남과 통간(通姦)
유부남, 유부녀로 연결이 이어지는데 부적절한 이성(異性)관계를 나타낸다.
요사이는 혼인빙자 간음, 간통죄 자체가 많은 변화가 있으니 유념을 하여 설명(說明)해야 한다.

십이신살(十二神殺)의 활용(活用)

* 후처소생(後妻所生) : 요즈음은 재혼(再婚)을 한 후 출생(出生)을 할 경우도 같이 본다. 이복형제(異腹兄弟)가 된다.
* 생활환경(生活環境) : 맞벌이 시대라 어머니가 자녀와 함께 같이 하는 시간이 적어진다. 유아원(幼兒園)에 다닐 경우 종일반에 있거나, 초등학교(初等學校)를 다녀도 방과 후 학교에서 시간을 더 보내는 경우다.
* 할머니나, 할아버지에 의하여 양육(養育)이 될 경우도 포함. 가정불화(家庭不和)로 인하여 탁아소(託兒所)에 보내질 경우다.

❋ 곤명(坤命)

癸 庚 癸 丁
未 午 卯 丑

묘(卯)월의 경(庚)금 일간(日干)이다.
월지(月支) 묘(卯)목이 도화(桃花)이다.(일지기준)

⬆ 재혼(再婚) 가정에서 출생한 학생이다.
요즈음 재혼가정이 많으므로 굳이 이상할 것도 없다.
일지(日支) 기준하여, 월지(月支),에 도화(桃花)가 존재할 경우를 살펴보는 것이다. 식상(食傷)의 기운(氣運)이 강(强)한데, 상관(傷官)을 기준하여 각 지지를 살펴보자.
년지(年支)는 묘궁(墓宮)이요, 월지(月支)는 태궁(胎宮)이요, 일지(日支)는 목욕(沐浴)이요, 시지(時支)는 관대(冠帶)이다.
중요한 것은 일단 서로간의 의사소통이 중요한 것이다. 대화(對話)가 선결이 되어야 한다. 자주 접하며 작은 일도 공유하여 힘을 합해야 하는 것이다.

년살(年殺)

⚽ .육친(六親)별로 살펴보는 년살(年殺)의 작용.

항상 가정(家庭)의 중요성이 강조되는 것은 왜 일까? 요즈음의 사회에서는 더욱 그렇다. 시공을 초월하는 가족 간의 사랑이 필요하다.

🦋 육친(六親) 별로 살펴보는 도화살(桃花殺).

모든 것은 좋게 보면 좋은 것이요, 흉(凶)하게 보면 흉(凶)한 것이다. 지극히 인간적인 면에서 보는 것과 냉정하게 판단하여 보는 것과는 차이가 있는 것이 또한 현실(現實)이지만, 각기 다 음양(陰陽)이 그러하듯 항목(項目)에 대하여 각기 나누어 생각하면 된다.

🌼 인수(印綬)도화(桃花) : 인성(印星)이 도화(桃花)에 해당.

넓게 보면 부모(父母)요, 좁게 보면 어머니다.
➡ 부모님이 연애결혼(戀愛結婚)을 한 것이요, 바람기가 있는 것이다. 모친을 봉양(奉養)하게 되거나, 모친(母親)의 한이 많다. 모친 연애, 외정 가능성. 어머니 품행이 단정치 못하다고 본다.
➡ 야동에 대한 관심이 호기심(好奇心)을 자극한다.
➡ 재다신약(財多身弱)이고, 인성(印星)이 용신(用神)일 경우 이런 경우가 많다. 반대로 지나치게 많아 오히려 재성(財星)이 용신(用神)이 되는 경우다.

십이신살(十二神殺)의 활용(活用)

❋ 곤명(坤命)

| 乙 | 甲 | 甲 | 癸 |
| 亥 | 戌 | 子 | 亥 |

자(子)월, 갑(甲)목 일간(日干)이다.
년지(年支) 기준 자(子)수가 도화(桃花).

⬆ 가뜩이나 인성(印星)이 많아 문제인데, 거기에 도화(桃花)이다.
(2009년)대학원에 재학 중이다. 인성(印星)이 과다(過多)하다 보니 덕(德)이 없다. 일지(日支)에 재성(財星)인 토(土)가 있으니, 물줄기를 막아주는 둑의 역할을 한다. 술(戌)중 정(丁)화가 빛을 발한다.

❋ 건명(乾命)

| 辛 | 丁 | 己 | 庚 |
| 丑 | 亥 | 卯 | 戌 |

묘(卯)월, 경(庚)금 일간(日干)이다.
월지(月支)의 묘(卯)가 도화(桃花)이다.

⬆ 묘(卯)목은 편인(偏印)이지만, 지장간(支藏干)이 여기(餘氣)에 해당하므로 갑(甲)목 정인(正印)이 해당된다.
도화(桃花)이나, 신약(身弱)에서 신강(强)한 사주(四柱)로 바뀌는 경우이다. 지지(地支)에서 연속된 흐름이 역(逆)으로 흐른다.
인성(印星)이 상관(傷官)과 합(合)을 형성하여 나에게 힘으로 작용을 하는 것이다. 어머니의 도움이 크다.
치맛바람도 때로는 필요하다. 대운(大運)의 흐름이 좋은 것 같지 않다.
사주 원국(原局)의 지지(地支) 기운(氣運)이 화(火) ➡ 목(木) ➡ 수(水)로 흘러간다. 차라리 그것은 좋은 것이다.
운(運)과의 흐름에서 묘(妙)한 조화(調和)를 이룰 수가 있다.

년살(年殺)

※ **비겁도화(比劫桃花)** : 비겁(比劫)이 도화(桃花)에 해당할 경우.

주변(周邊)의 가까운 사람이다. 형제(兄弟)요, 친우(親友)관계이다.
유혹(誘惑)의 끈이 상당히 질긴 것이다. 탈재(奪財)요, 파산(破産)이요,
탈부(奪夫)현상이 먼저 떠오른다.

➡ 동창회, 동문회 나가면 꼭 사고치는 사람이다. 심하면 가정불화(家庭不和)로 이어진다.
➡ 성폭력이나, 추문(醜聞)에 연루되는 경우는 도화가 형충파해(刑冲波害)를 당하거나, 그로인한 불똥이 튄다. 사주가 강(强)하면 파급효과가 적으나, 신약(身弱)일 경우 눈탱이 맞는다.
➡ 견겁(肩劫)이 지나치게 왕(旺)할 경우는 깡통을 차거나, 형무소(刑務所)로 직행한다. 다른 경우로 본다면 본인(本人)이 뒤치다꺼리로 하느라, 정작 본인은 눈에 안 보이는 생활이나, 자신의 앞날에 지장(支障)을 받는다.
➡ 유흥(遊興)비로 탕진을 하는 경우가 많다. 그로인하여 범죄(犯罪)가 발생할 우려가 생긴다. 간혹 신문지상(新聞紙上)에 올라오는 경우가 바로 이러한 경우이다.
➡ 유흥업소(遊興業所)의 출입이 잦아진다. 안마시술소, 경마, 카지노 등 도박에 빠진다. 다 주변(周邊)의 덕이다. 이때는 사람이 많이 어울리는 장소, 모임 등에는 참석을 자제 하여야 한다.
➡ 호기심(好奇心)이 발동하여 아차! 하는 순간 실수를 한다.
➡ 질투, 사치, 허영, 낭비가 심하고 남편이 바람을 피거나, 비겁(比劫)에게 빼앗긴다.

십이신살(十二神殺)의 활용(活用)

❋ 곤명(坤命)

| 庚 | 丁 | 甲 | 辛 |
| 戌 | 卯 | 午 | 酉 |

오(午)월, 정(丁)화 일간(日干)이다.
년지(年支) 기준, 오(午)가 도화(桃花).

⬆ 교육(敎育)업계에 종사하는 분이다.

월지(月支) 도화(桃花)인데 비견(比肩)이다. 비겁(比劫)이 왕(旺)하여 오히려 재(財)가 용신(用神)인 경우이다. 가족, 형제의 고심(苦心)으로 인하여 결혼(結婚)이 늦어지고 있다. 재(財)가 용신(用神)이다 보니 금전(金錢)에 대한 집착(執着)이 매우 강하다.

❋ 상관도화(傷官桃花)

상관(傷官)이 도화(桃花)에 해당하는 경우인데, 상관도화(傷官挑花)라 하여 직장에서 성추행성 발언에 구설에 오르고, 노조운동이 과격하여지고, 시비가 심하고 여명(女命)은 자녀(子女)가 이성문제로 인한 걱정이 생길 수 있다.

상관(傷官)은 정관(正官)을 극(剋)한다. 얼굴이 두꺼워진다. 몰염치인 것이다. 횡단보도(橫斷步道)도 무단으로, 교통법규(交通法規)도 무시하고 싶어진다. 사고(事故)발생의 원인이 되는 것이다. 잘못을 저질러도 죄의식을 못 느낀다.

➡ 자동이체(自動移替)도 도둑질을 당하는 기분이 강하게 든다.
➡ 공과금(公課金)납부에 대한 불만도 팽배하여진다.
➡ 절도범(竊盜犯)이 마치 의적(義賊)인양 착각을 한다.

년살(年殺)

- ➡ 시기적으로 매우 불안정(不安定)하고, 불신(不信)과 불만(不滿)이 가득찬 시기(時期)라 더욱 침착하고, 안정(安靜)을 요하는 시기(時期)다.
- ➡ 일종의 막가파식이요, 불특정(不特定) 다수(多數)에 대한 반항심(反抗心)이다.
- ➡ 판단(判斷)이 흐려져 돌이키기 힘든 많은 실수를 야기한다.
- ➡ 이성(異性)을 사귀어도 정상적인 관계가 아니고, 부적절한 관계요, 연령(年齡)도 어울리지가 않는다. 위치(位置) 또한 어울리지 않고 지탄(指彈)을 받을 정도로 위험한 관계이다.
- ➡ 상관(傷官)이 지출(支出)이라 손이 커지고, 씀씀이도 헤퍼진다.
- ➡ 복권(福券)을 사도 10-20장씩 마구잡이로 구입을 한다.
- ➡ 술을 마셔도 양주(洋酒)만 골라 마시고, 허세(虛勢)를 부린다.
- ➡ 미혼(未婚)일 경우는 결혼 전에 성(性)관계는 보통이요, 속도위반(速度違反)에, 낙태(落胎) 또한 자주한다. 지운지 얼마 안 되었는데, 또 임신(姙娠)을 하는 경우이다. 여성의 경우 낙태(落胎)는 상관도화(傷官桃花)가 형,충,파,해(刑沖波害)등 문제가 생긴다.

❋ 건명(乾命)

戊	乙	壬	戊
寅	巳	戌	午

술(戌)월, 을(乙)목 일간(日干)이다.

일지기준, 년지 오(午)화가 도화(桃花)이다.

⬆ 남성(男性)인데, 상관도화(傷官桃花)로 여러 사항이 겹친다.
현재 교제 중인 여성이 불안한 것이다. 어떤가? 물어온 것이다.
인수(印綬)와 비겁(比劫)이 필요한데, 운(運)이 동방(東方)인 비겁(比劫) 운으로 흐른다. 천간(天干)으로 식상(食傷)운의 기운(氣運)이 흐르니, 항

십이신살(十二神殺)의 활용(活用)

상 인성(印星)의 기운을 간직하여야 한다. 음(陰)일간에 식상(食傷)은 실질적인 힘으로 작용하나, 지나치면 항상 역(逆)으로 작용한다.

❋ **재성도화(財星桃花)** : 재성(財星)이 도화(桃花)로 작용.

작첩(作妾)치부(致富)란 여성(女性)의 도움을 받아 부(富)를 취하는 것이다. 이용(利用)이라는 단어도 사용이 된다. 여기에서 문제가 되는 것은 꼭 여성(女性)만이 아니라는 것이다. 남성(男性) 역시 마찬가지다. 본인 및 부친의 풍류 가능성이 있다.

흔한 대상이 꽃뱀이요, 제비이다.
예전의 인식(認識)은 그저 춤이나 잘 추고, 이성(異性)을 잘 유혹(誘惑)하면 다 그런 부류의 사람으로 치부하였지만, 지금은 그 대상(對象)이 상당히 폭 넓어졌다. 남을 등치고, 사기치고, 빈대처럼 붙어살고, 감언이설(甘言利說)로 상대를 현혹하고, 다단계, 폭력 및 협박 공갈, 버젓이 남이 부러워하는 위치에 있는 인간들 역시 이에 준하는 행동(行動)과 처신(處身)을 함으로 인하여, 시대적인 변화의 흐름을 읽게 한다.

➜ 처가(妻家)덕으로 출세(出世)하는 것 역시 이에 해당한다.
➜ 남편(男便)이 처(妻)의 덕(德)으로 먹고사는 것이다. 셔터 맨도 이에 해당한다.
➜ 요즈음 여성상위(女性上位)시대라 하여 사회적인 활동을 하는 여성이 참으로 많다. 전업주부(專業主婦)의 경우도 많지만, 알바라도 하여 가정(家庭)에 보탬이 되고자 많은 노력을 하는 것이다. 월급으로만 대도시에서 아파트 장만하기가 힘든 세상이다.

년살(年殺)

- 부부(夫婦)의 맞벌이도 일종의 작첩치부(作妾致富)이다.
- 생각하는 방식이 너무 완고(完固)하다 할 지 모르지만, 확실한 부분인 것은 당연하다.
- 직업(職業)이 보도방이나, 안마시술소, 유흥업, 기타 여성인력, 여성전용 이용시설, 물품, 생활용품 등등 기타 연관된 직종(職種)에 종사하는 남성도 이와 연관이 있다고 보아도 무방하다.
- 직간접으로 상업행위 및, 도움을 주거나, 같이 사회생활을 하여 부(富)를 득(得)하는 사람들도 다 작첩치부(作妾致富)에 해당하는 것이다. 꼭 처(妻), 첩(妾)이라 하여, 본인(本人)과 연관이 있는 처(妻)만을 말하는 것이 아니다.
- 의처증(疑妻症)과도 연관(聯關)이 이어진다. 재성(財星)인 아내가 도화(桃花)이니 아내가 화려(華麗)하고, 자태(姿態)가 고운 것이다. 아름다우니 남이 보는 것도 아까운 것이다. 말을 건네는 그 자체도 싫어지는 것이다. 자기의 눈에만 그렇게 보이는 것이다. 남이 볼 경우, 그리 신경 쓸 정도도 아닌데 혼자 미쳐서 그런다. 좋게 말하면 애처가(愛妻家)이다.
- 남자 경우는 재성(財星)이 아버지요, 아버지의 형제(兄弟)요, 여성인 고모(姑母)도 해당이 된다. 도화(桃花)는 특히 여성(女性)과 관련이 강(强)하므로 고모(姑母)로 이어진다. 미혼남성일 경우 과연 어떤 아내를 맞을 것인가? 그의 고모를 보면 안다.
- 편재(偏財)년살(年殺)이면 아버지가 주색(酒色)을 좋아하고, 식성이 까다롭고, 가무(歌舞)를 즐기고 취향(趣向)이 다양하다.
- 여성(女性)의 경우를 보면 매간득재(賣姦得財)다. 몸을 팔아 돈을 버는 경우를 말한다. 신체(身體)를 이용한 득재(得財)이다. 요즈음으로

십이신살(十二神殺)의 활용(活用)

비긴다면 누드사진첩이라든가, 플레이보이 잡지에 모델이 되는 것 등이다. 심하면 성(性)을 이용한 득재(得財)도 포함된다. 유흥업소(遊興業所)에서 스트립쇼를 한다는 것도, 도우미 역할을 한다는 것도, 잘 빠진 몸매를 이용하여 득재(得財)를 하는 것도, 잘생긴 외모(外貌)를 이용하여 하는 것도 다 재주이다.

➡ 모든 것은 생각하기 나름이다. 예술이요, 많은 이들을 즐겁게 하고, 선망의 대상이 되는 것으로 승화(昇華)시키며 생각하는 것도 다 자유(自由)다.

➡ 대승적(大乘的)인 차원에서 판단(判斷)을 하는 것은 각자가 판단하기 달린 것이다. 그것에 대하여 옳고 그름을 논할 이유(理由)도 없고, 권리(權利)도 없다. 돈만 있으면 된다는 금전(金錢)만능(萬能)의 세상이 아닌가? 좀 더 품위(品位)를 지키면서 승화(昇華)시키는 것이 아쉬운 것이다.

➡ 집안 풍류(風流)로 이어진다. 가문(家門)의 영광(榮光)이다. 집안 식구들의 은밀(隱密)한 사생활(私生活)로 이어진다. 예전에는 풍류(風流)지만, 지금은 사생활(私生活)이다. 향락적(享樂的)인 면에 지나치게 빠진다. 물품을 구입하여도 실용성보다 화려함에 치우친다. 명품만 찾는다. 가격(價格)이 비싸다보니 낭비(浪費)는 절로 따라온다. 도화(桃花)는 화려(華麗)함이요, 그것을 충족(充足)하려면 많은 부작용(副作用)에 부정(不正)과, 부패(腐敗)가 따른다.

➡ 요즈음은 재혼(再婚)하여 다시 보금자리를 꾸미고, 보다 나은 삶을 영위하여 행복(幸福)을 누리는 경우도 많이 접하게 된다. 엄밀한 의미에서 본다면 재혼(再婚) 역시 소실팔자라 볼 수가 있다.

➡ 상담 시 소실팔자(小室八字)보다 재혼할 확률(確率)이 높다고 설명하

년살(年殺)

는 것이 옳다. 예전의 사항을 본다면 황진이와도 같은 것이요, 얼굴마담이요, 마담뚜도 해당된다. 쭉쭉빵빵도 이에 해당한다.

➡ 술장사를 하려면 도화(桃花)의 기운이 강(强)하면 더 좋은 것이다. 그에 따라오는 많은 부분들이 있지 않은가? 꽃이란 일단 향기(香氣)가 그윽하여야 벌, 나비가 몰린다. 퇴폐(頹廢), 향락(享樂)업종에서 두각(頭角)을 나타낸다.

➡ 다단계 사업에 종사하면서 주변의 아는 사람들을 꼬드기고, 유혹(誘惑)하여 구렁텅이로 빠트리는 것 역시 이에 해당한다. 나이 드신 분들을 상대로 하여 불량 건강식품을 바가지 씌우는 상혼(商魂) 역시 이에 해당한다.

✱ 곤명(坤命)

戊	庚	丁	甲
寅	午	卯	寅

묘(卯)월, 경(庚)금 일간(日干)이다.
월지(月支) 묘(卯)목이 도화(桃花)이다.

⬆ 재관(財官)이 왕(旺)한 사주(四柱)이다. 재(財)도화이다.
시간(時干)의 무(戊)토 편인(偏印)이 희신(喜神)인데, 운(運)에서나 기대하여 보지만 사주(四柱)가 지나치게 약(弱)한 것이 흠이다.
말년(末年)에 정신을 차리지만, 너무 시기(時期)가 늦어 아쉬운 감이 든다. 팔자(八字)의 굴레를 벗어나기가 힘들다.

✱ 건명(乾命)

丙	辛	癸	甲
卯	寅	酉	辰

유(酉)월, 신(辛)금 일간(日干)이다.
월지(月支) 유(酉)가 도화(桃花)이다.

⬆ 월지(月支) 유(酉)금이 비겁(比劫)인데, 도화(桃花)에 해당한다. 이 또한 용신(用神)의 역할도 한다. 도화(桃花)가 용신(用神)이다. 그러니 항상 돈, 돈 하는 사람인 것이다. 관(官)과 합(合)을 이루려면 쏨쏨이가

십이신살(十二神殺)의 활용(活用)

좋아야 하니 말이다.

* **관성도화(官星桃花)** : 관성(官星)이 도화(桃花)에 해당.

남명(男命)에게는 자녀(子女)인데, 대학가서 열심히
공부할 줄 알았더니 미팅에 전념하고 있다.
여명(女命)은 남편(男便)에 해당이 되는데 외도로 인
하여 속을 썩이는 것이요, 직장에서의 승진 및 구설
이 생길 수도 있다.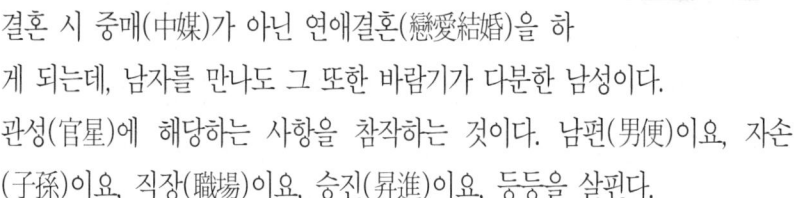
결혼 시 중매(中媒)가 아닌 연애결혼(戀愛結婚)을 하
게 되는데, 남자를 만나도 그 또한 바람기가 다분한 남성이다.
관성(官星)에 해당하는 사항을 참작하는 것이다. 남편(男便)이요, 자손
(子孫)이요, 직장(職場)이요, 승진(昇進)이요, 등등을 살핀다.

➡ 정관(正官)에 대한 사항이며, 정관도화(正官桃花)라고도 한다.
➡ 카사노바와도 같은 기질(氣質)이 나타난다.
➡ 신약(身弱)일 경우, 치정(癡情)관계로 인하여 구설(口舌)에 오르고, 삭탈관직(削奪官職)이요, 불명예퇴임이다. 성추행으로 언론누출로 인한 개망신이다. 공직분야의 성(性)대접 및 유착관계이다. 신강(身强)하면 얼굴이 곰 가죽이다.
➡ 목적(目的)을 위하여 수단(手段)과 방법(方法)을 가리지 않는 것이다. 미인계(美人計)도 해당한다. 승진이나, 승급, 기타 자신의 출세를 위하여, 사업(事業)상 이득(利得)을 위하여, 불법(不法), 탈법(脫法)을 마다않는 경우가 있는데, 이것 역시 이에 해당한다고 보면 된다.

년살(年殺)

➡ 운(運)에서 올 경우, 갈림길에 서는 경우가 많다. 관운(官運)이 지나고 나면 인수(印綬)운이 오기 때문이다. 여기에서 넘어가면 인성(印星)으로 바뀌는 것이니 강약(强弱)과, 전체적인 변화(變化)흐름을 읽어야 한다.

❋ 곤명(坤命)

丁 庚 壬 乙
丑 申 午 巳

오(午)월, 경(庚)금 일간(日干)이다.
월지(月支) 오(午)가 도화(桃花)이다.

⬆ 정관격(正官格)의 사주(四柱)인데, 관(官)의 기운(氣運)이 강하다.

 일지(日支)에 록(祿)을 놓고 있으니, 일간(日干)도 지지 않으려고 요지부동(搖之不動)의 자세를 취한다.
월지(月支)의 정관(正官)이 도화(桃花)다. 시상(時上)에 정관(正官)이 있고, 년지(年支)에 편관(偏官)이 있으니 정, 편관이 혼잡(混雜)한 것은 사실이다. 41세부터 대운이 북방(北方)으로 흐르니, 관(官)의 기운을 잠재우는 것은 좋은데 지나침이 걱정이다.
사람이란 항상 있을 때, 평상시에 잘하여야 한다.

❋ **살성도화**(殺星桃花) : 편관도화(偏官桃花)를 말한다.

살성(殺星)이라 길(吉) 쪽보다는 흉(凶)한 쪽이 더 강하다. 관재수(官災數)와 신병(身病)이 있으며, 남명(男命)은 자녀(子女)가 업무와 연관된 일이나, 학업 등을 핑계로 엉뚱한 곳에서 딴 짓을 한다.

도박, 게임, 풍류(風流)에 탐닉하고, 여명(女命)은 애정(愛情)전선(戰線)에 이상이 생기며, 남편의 덕이 부족하고 많은 풍파를 겪게 된다.

십이신살(十二神殺)의 활용(活用)

아무리 편관(偏官)이라도 강(强)하면 능(能)히 견딘다.
신약(身弱)일 경우, 문제가 된다.
인성(印星)의 유무에 따라 변화가 달라진다. 충격(衝擊)을 완화하고, 흡수(吸收)하기 때문에 파급효과(波及效果)가 차이가 난다.
살성도화(殺星桃花)는 신체적(身體的)으로, 직접적(直接的)으로 치고 들어온다. 정관(正官)도화 보다 속도가 빠르다.
도화(桃花)의 속성(俗性)에 형,충,파,해(刑沖波害)를 겸비(兼備)한다.

➡ 몸을 다치는 경우가 발생한다. 불의(不意)의 사고(事故)다.
➡ 내 마음만 생각을 하다 배신(背信)을 당하고, 구설(口舌),관재(官災)로 연결이 되고, 결국 밀려나는 결과가 된다.
➡ 몸을 상(傷)하는데 아파도 중병(重病)이요, 다쳐도 중상(中傷)이다. 설마 하던 것이 암(癌)으로 전이 되는 것이나 같다. 심리적(心理的)으로 초조(焦燥)와, 불안(不安), 불면(不眠), 등으로 고생.

※ **곤랑도화(滾浪桃花).**

복숭아꽃이 자기의 자태(姿態)를 지나치게 뽐내며 방자하게 행동을 하다 심한 격랑(激浪)을 만나 어려움을 겪듯, 곤경(困境)에 처한다. 득병(得病)이 대표적인 사례다. 대표적인 형상은 천간(天干)으로는 합(合)을 이루고, 지지(地支)에서 형(刑)을 형성한다.

년살(年殺)

※ 곤명(坤命)

| 辛 | 丙 | 戊 | 戊 |
| 卯 | 子 | 午 | 戌 |

오(午)월, 병(丙)화 일간(日干)이다.
시지(時支) 묘(卯)목이 도화(桃花)이다.

⬆ 자칭 꽃미녀라 칭하는 52세의 여성이다.(2009년)
일간(日干)과, 시간(時干)이 병신(丙辛) 합(合)이요,
일지(日支)와, 시지(時支)가 자묘(子卯) 형(刑)이다.
월지(月支)와, 일지(日支) 역시 자오(子午)-충(沖)이다.
항상 남성(男性)문제로 하여 세월(歲月)을 보내는 여성이다. 일지(日支)가 관(官)으로 좌충우돌(左衝右突)이다.

🦋 도화(桃花)와, 바람기의 상관관계(相關關係).

음(陰)은 양(陽)을 찾는 것이요, 양(陽)은 음(陰)을 찾는 것이 인지상정(人之常情)이다. 언제, 어떤 상황일 때 이성(異性)과의 합(合)이 이루어지는 것인가? 흘러가는 것인가? 머물다 지나가는 것인가? 판단해야 한다.
도화살(桃花殺)이 아니더라도 바람피울 사람은 바람피우는 것이다.
연기(煙氣)도 아닌데 바람을 어찌 피우는가? 그러니 바람이다.
결과(結果)는 길(吉)인가? 흉(凶)인가? 정상적(正常的)인 관계인가? 부적절(不適切)한 관계인가? 문제인 것이다. 부적절에서 부적(不嫡)이라는 의미로 생각하면 된다.
여기에서 적(嫡)이란? 본처(本妻)를 말하는 것이다. 여성(女性)의 입장에서 보아도 본 남편(男便)이 아니므로 뜻은 통(通)한다.
이성(異性)인 상대(相對)가 부족(不足)하여도, 지나치게 많아 남아도 문제가 생긴다. 지나치게 건강(健康)하여도 병(病)이요, 허약(虛弱)하여도

십이신살(十二神殺)의 활용(活用)

병(病)이다.

여성(女性)에게는 관(官)이요, 남성(男性)에게는 재(財)이다.

특히 수(水)일주가 강하고, 목(木)일주가 강하여도 바람이다. 진(辰),사(巳) ➡ 손(巽):동남(東南) ➡ 풍(風):바람 이다.

☀ 건명(乾命)

己	庚	辛	乙
卯	辰	巳	未

사(巳)월, 경(庚)금 일간(日干)이다.
일지(日支), 월지(月支)가 풍(風)에 해당.

⬆ 건설계통에 근무하는 분이시다. 자리가 항상 좌불안석이다. 이동(移動)수가 많다. 근무(勤務)를 하여도 움직임이 많다. 구설과, 잡음이 항상 그치지 않는 것이다. 그래도 굳건히 버티는 것이다.

⬟ **위치(位置),연결(連結)로 암장(暗藏)을 판단(判斷)을 하는 법.**

지장간(支藏干)은 정기(正氣)의 기운(氣運)이 해당하여야 더 정확하다.
월지(月支)와 일지(日支)를 살펴보고 연관(聯關)관계를 살펴보는 것이다.

여성(女性)은 관(官)과 암합(暗合)이요,
남성(男性)은 재(財)와 암합(暗合)이다.
운(運)에서 오는 기운(氣運)으로 보는 바람기.
어느 해에 바람이 나는 것일까?

➡ 이성(異性)은 여성(女性)이다. 그러므로 재성(財星)인데, 정재(正財)가 합(合)이 들 때 바람기가 동(動)한다. 암장(暗藏)으로 재(財)가 합(合)을 할 때, 역시 마찬가지다.

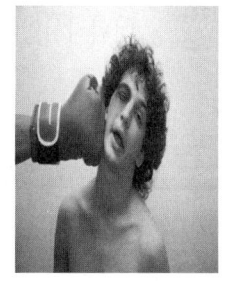

년살(年殺)

◆ **바람나는 운(運)**

재관(財官) 간합운, 재관 암합운, 일지합운, 도화운.

→ 일지(日支)가 삼합(三合)을 이룰 때, 도화(桃花)운 일 때 바람난다. 여성의 경우는 남편(男便)이 바람난다.
→ 여성에게는 관성(官星)이 이성(異性)이 된다. 관성(官星)과 합(合)을 이룰 때 바람난다. 공연히 설레고 누구인가가 대시하여 주기를 바라는 것이다.

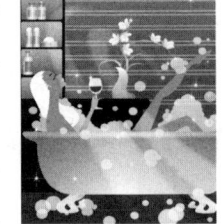

→ 암장(暗藏)으로 관(官)과 합(合)을 이루면 바람이 난다. 이 역시 도화(桃花)운이면 바람난다. 여성의 사주(四柱)에서 금수냉한(金水冷寒)의 사주는 도화(桃花)가 많아도, 도화(桃花)운이 도래(到來)하여도 바람나는 것과는 거리가 멀어진다.
→ 기본적으로 불감증(不感症)이요, 결벽증(潔癖症)에 가까워 불이 붙다가 꺼지는 형상이다. 다만 지나치지 않고 어느 정도 균형을 유지한다면 달구어지는데 시간이 많이 걸리므로 어지간한 변강쇠의 남성들은 미리 처지거나, 지친다. 달구어지기도 전에 말이다. 미지근한 물은 금방 더워지지만 찬 물은 시간이 걸리는 법이다.

● 바람이란 지나친 욕심(慾心)이 빚어내는 부작용이다.
● 부족한 부분을 서로가 보완하려고 노력을 먼저 선행을 한다면 흔들리는 바람은 작용을 하여도 굳건히 견디어 나간다. 사랑의 완주(完走)를 하는 것이다.

십이신살(十二神殺)의 활용(活用)

● 위치(位置)별로 살펴보는 년살(年殺).

◆ 년주(年柱).
선조(先祖)들 중 풍류(風流)를 즐기고, 그로 인한 낭비도 있고, 활동적(活動的)인 면에서는 적극적(積極的)인 면이 나타난다.

◆ 월주(月柱).
부모, 형제 중 재취 풍류, 재산탕진, 연예, 예술, 화류계 쪽에 인연.

◆ 일주(日柱).
애정(愛情)문제로 인한 이성간의 불협화음이다. 부부간의 불화, 이성(異性)간의 구설수(口舌數), 동거(同居), 이혼(離婚), 재혼(再婚). 파혼
일지도화(日支桃花)가 해당이 된다.
작첩동거(作妾同居), 처외유정(妻外有情). 특히 비겁(比劫)이 태왕(太旺)하면 의부증(疑夫症), 의처증(疑妻症)이 항상 나타난다.
형충파해(刑,沖,破,害)등이 동주(同柱)하면 파혼, 이혼, 등 헤어짐이 이루어지고, 성추행, 폭행 등 불상사가 생기기도 하고, 이로 인한 망신 등 추한 경우가 발생한다.

◆ 시주(時柱).
자식(子息)이 애정(愛情)문제로 속을 썩인다.
자식이 도화(桃花)기질이 있다.
말년(末年)에 이성(異性)문제로 인하여 고민을 한다. 자식들에게 이야기도 못하고, 혼자 속을 썩인다. 황혼이혼 이야기도 나온다.

- 167 -

년살(年殺)

요즈음은 평균수명이 늘어나면서 황혼이혼(黃昏離婚)도 자주 나타나고, 무조건적인 "나이가 들었는데!"가 아니다.

노인 인구가 많아지다 보니, 이것 또한 사회적인 문제로 대두가 되고 있는 현실이 아닌가? 보통 사주 추명 시 노년(老年)에 대한 생활면은 잘 살피지 않고, 자식(子息)이나 건강(健康)면 정도로 간단히 넘어가는 경향이 많은데, 이제는 보다 더 심도(深度) 있는 관찰이 필요한 것이다. 보통 80까지는 자세한 추명(推命)이 필요하다.

노인의 성(性)문제도 이제는 사회적인 문제로 대두된다.
나이가 들면 지나온 세상 회한이 교차하는 시기인 것이다. 사회적인 연륜은 많아도, 기(氣)는 많이 쇠(衰)하여 판단력에 가끔은 오류가 생기기도 한다. 많은 시간을 같이 보내면서 대화가 필요하다.

십이신살(十二神殺)의 활용(活用)

● 흐름으로 읽어보는 년살(年殺).

여명(女命)에 비견(比肩), 겁재(劫財)가 많거나, 관성(官星)이 많거나, 합(合)이 많은 경우 매우 음란(淫亂)하다고 본다.

➡ **편야도화**가 있을 경우 특히 년(年) 기준 시(時), 대중 앞에 나서는 직업, 유흥업에 종사, 향락, 연하남과 인연 가능성이 있다. 본인이 즐기며 스스로 합리화(合理化)시키는 경향이 강하다.
➡ **원내(園内)도화(桃花)**가 있을 경우, 일(日) 기준 월(月), 월(月)에 있으니 기본적인 환경이 불미하고, 유부남, 유부녀와 사통 가능성이 많다.
➡ 요즈음으로 친다면 묻지 마 관광을 선호한다거나, 등산을 가더라도 목적은 다른 데에 있다. 취미활동을 하여도 마음은 콩밭에 있는 사람이다.
➡ **형살도화(刑殺挑花)**는 고속도로 상에서 앞에서 과속(過速)으로 인하여 사고가 났는데도 빤히 보고 지나면서, 자신도 똑같이 과속을 하면서 질주(疾走)를 즐기는 것이다. 그 사고는 그 사람의 잘못으로 인한 것이고, 나는 내가 알아서 한다 식이다. 자기가 죽는 줄 모르고, 나야 다르지 하며 설치는 것이다.
➡ 이성(異性)으로 인한 관재구설과, 성병, 각종 성인병, 도박, 주색(酒色)으로 패가할 가능성이 있다.(특히 子卯형) 재성(財星)이 연결될 경우는 주식폭락, 펀드, 집값하락으로 인한 투기손해 등 여러 현상으로 나타난다.
➡ 지나치게 노출된 의상으로 인하여 망신을 당하기도 한다. 외모(外貌)

년살(年殺)

가 지나치게 노출이 되면, 마음의 노출(露出)이 심(甚)하다.

➡ **곤랑도화**는 간합지형(干合支刑)이 대표적이다. 여명(女命)은 화류계, 남명(男命)은 애정구설, 삼각관계로 인한 스캔들 관재수(官災數)가 있다. 동성(同性)간의 잡음도 이어진다. 요즈음은 호모도 많으니까는 다 이에 해당한다.

➡ **유년도화**란 세운(世運)을 말하는데, 일간과 합하는 년, 관재, 이성 구설, 애정사로 인한 재물손실의 가능성이 있다. 합(合)이란 독(毒)도 되고, 약(藥)도 된다. 여기서도 신강(身强), 신약(身弱)의 기준(基準)이 나온다.

➡ **도화(桃花)가 생(生), 왕(旺)할 경우** : 남에게 보이지 못하여 환장하는 경우이다. 몸이 근질근질하다. 자신의 외모에 더욱 자신이 붙고, 남들이 자기만 보면 뿅 간다는 일종의 공주병이요, 왕자병이다.

➡ 꿀벅지를 자랑하고 싶어 안달하는 것과 같다. 지나친 노출로 자신의 단점(短點)을 덮으려는 생각이다. 겉으로의 지나친 노출(露出)은 항상 속이 허(虛)하다는 것이다.

➡ **도화(桃花)가 사절(死絶)인 경우** : 겉으론 성인군자이나 속으로 교활(狡猾)하고, 음탕(淫蕩)하며, 이율배반적(二律背反的)이며 배은망덕(背恩忘德) 한다. 야동을 몰래 즐기는 것도 이러한 기운이 작용한다.

➡ **도화(桃花)가 공망(空亡)일 경우.** : 자제력(自制力)과 인내(忍耐)력이 없으며 충(沖)운을 만나면 음란(淫亂)해진다. 신병에 인연이 깊다. 빙의(憑依)가 이에 해당하는 것이다. 처리하고 나면 허탈하고 멍하지만 운이 지나면 덜 하다.

➡ **도화가 양인일 경우** : 호색(好色)하면 명이 짧아진다. 복상사. 이성을 강제로 겁탈하거나, 막다른 길로 몰아 자신만을 선택하도록 하는

십이신살(十二神殺)의 활용(活用)

묘한 술수도 동원한다. 이혼(離婚)한 아내가 다른 남자와 동거(同居)한다면서 찾아가 행패를 부리는 것 또한, 이런 현상이다.

➡ 십이운성의 생왕지에 있으면 용모(容貌)가 뛰어나고 주색(酒色)을 탐해 부끄러움을 모르고 환락에 빠진다. 마약을 장복하는 시도를 하는 것도 이런 연유이다. 그 상태의 지속됨을 원하는 것인데 매우 위험한 발상이다.

➡ 년(年)살은 도화(桃花)요, 욕(浴),패지(敗地)가 되고, 꿈꾸는 소녀기질로 자신을 아름답게 꾸며 항상 보아주기를 바라고 남에게 관심의 대상이 되고픈 욕망이다.

➡ 일부 연예인을 지망하는 청소년들 가운데는 이러한 심적인 갈등으로 인하여 고통 받는 경우도 있다. 거기에 부모 역시 헌신적인 뒷바라지를 하면서 같이 꿈길을 걷는 것이다.

➡ 실제로 이런 경우 상담 한 적이 있는데 군대 갔다 온 후에도 그에 대한 미련에 사로잡혀 불행한 길로 들어선 경우도 있다. 재능(才能)은 있는데 참으로 안타까운 일이었다. 잘 될 경우는 상관이 없는데, 그러하지 않을 경우도 항상 생각을 하여야 한다. 그러나 그 당시에는 아무런 이야기도 귀에 들리지 않는단다. 아 어쩔거나-----

➡ 도화(桃花)란 어느 분야이던 군계일학(群鷄一鶴)으로 만개(滿開)하여 곱고, 아름다움과, 채색과, 향색을 자랑하여 자신만이 백설공주의 여왕인줄 아는 착각에 빠지는 살이다.

➡ 시기(猜忌)하고 질투(嫉妬)하여 결국에는 자신이 승리(勝利)를 쟁취하여야 한다는 살(殺)이다. 타고난 요염한 기(氣)가 있으며, 목적의 달성을 위해서는 육체(肉體)를 내세워 자산(資産)으로도 하고, 괴로움도 참고, 거짓눈물로 과장 할 줄도 알고, 립서비스에 콧소리까지

년살(年殺)

선천적으로 갖춘 살(殺)이다.
➡ 가식(假飾)이란 남발하다 보면 들통도 많이 나지만 때로는 통하기도 하는 것이다. 사업(事業)을 하여도 많은 사람들과 교류(交流)가 요구되는 업종에서는 두각을 나타낸다.
➡ 년살(年殺)이 겹치면 피할 수 없는 상황이 나타난다. 자신이나 배우자가 속을 썩이는 것이다. 자의 던, 타의 던 안 좋은 일이 발생한다.
➡ 머리가 총명하고 다재다능한 팔방미인에 속하는 경우가 많아 연예인이나 스타기질이 있어 흥행 쪽에 줄을 댄다. 그러나 사업적인 수완은 심사숙고 하여야 한다. 나서서 움직이는 것으로 끝을 보아야 하는 것이다. 특별한 경우를 제외하곤 말이다.
➡ 도화(桃花)는 반안(攀鞍)과 합(合)이 들어야 성공(成功)을 한다. 반안이 길(吉)로 작용을 하여야 된다는 전제가 앞선다. 공염불(空念佛)이 되는 경우는 공망(空亡)이 된다거나, 흉(凶)으로 작용을 하는 것이다. 인기(人氣)가 올라가다 갑자기 사라지는 것이다. 모든 것이 고진감래(苦盡甘來)인 것이다.
➡ 도화(桃花)의 특징(特徵)은 자신의 작은 재주를 믿고 뜬구름을 쫓는다는 것이다. 대체적으로 그러게끔 되어 있는 것이 특징이다. 사업(事業)을 벌이다 거의가 망(亡)하는 것도 그러한 연유이다.
➡ 년살(年殺)과 월살(月殺)이 동주(同柱)하는 경우, 운(運)에서 특히 원치 않는 임신(姙娠)을 하거나하여 문제(問題)를 야기하고, 정상적인 관계라 하여도 출산(出産)에 지장(支障)을 주는 경우가 많다. 심하면 산모(産母)와 아기가 다 같이 위험(危險)에 처하는 경우도 발생한다.
➡ 년살(年殺)은 안에 있으면 화들짝 나서 나가고 싶어 안달하는 것이

십이신살(十二神殺)의 활용(活用)

고, 월살(月殺)은 처박혀 꼼짝 안하는 것이 특징(特徵)이라, 서로가 행여 충(沖)이라도 된다면, 같이 작용을 하여 흉(凶)으로 번져 문제는 커진다.

➡ 년살(年殺)과 다른 살(殺)과의 상충이나, 합 기타관계를 기준하여 통변하면 많은 사항이 나온다.

□ **년살방(年殺方)에 대한 생활의 지혜.**

년살방에는 화려한 장롱, 화장대, 장식물로 치장하고 상점에서도 진열시 밝고 화려하고, 향내가 짙은 것을 진열하면 좋다.
손님이 내왕시 년살(年殺)일진(日辰)은 주로 이성간의 애정문제가 많고, 월살(月殺)운은 흉(凶)이고 반안(攀鞍)운은 길(吉)로 판명한다.

● **실전(實戰)으로 살펴보는 년살(年殺).**

✸ 건명(乾命)

庚	辛	庚	戊
子	卯	申	子

신(申)월— 신(辛)금 일간(日干)이다.
자묘(子卯)형(刑)에 도화(桃花)이다.(일지기준)

▶ 처(妻)와의 관계가 매우 불편한 사람이다.
처(妻)의 입장에서 본다면, 주변을 휘 둘러보아도 남편과 같은 사람이 너무 많은 것이다. 착각이 되니 정신이 없다.
남편(男便)과는 충(沖)이 되어도, 밖에만 나가면 합(合)이 든다.
아내와의 사이가 안 좋아 일찍부터 밖으로 나돈 사람이다.
일지(日支)의 을(乙)목과 월지(月支)의 경(庚)금이 합(合)이 든 형국이

년살(年殺)

다. 자연 남편(男便)을 경원(敬遠)시 한다. 금수(金水)냉(冷)에 습(濕)목(木)이라 견딜 재간이 없다.

❋ 곤명(坤命)

己	戊	戊	庚
未	寅	寅	戌

인(寅)월, 무(戊)토 일간(日干)이다.
일지(日支)와, 시지(時支)와의 관계이다.

⬆ 일지(日支)와, 월지(月支)에 편관(偏官)이 둘이 있다.
여성(女性)의 사주인데 비겁(比劫)이 왕(旺)한 사주이다.
이럴 경우 남편(男便)은 외롭다. 남편이 처(妻)를 극(剋)하는 것이 아니라, 오히려 처(妻)에게 역공(逆攻)을 당한다. 편관(偏官)이 정관(正官)이 된다. 정기(正氣)를 사용하는 사주이다.
관(官)이 인성(印星)으로 화하여 자신(自信)을 희생(犧牲)하여 처(妻)에게 도움을 주는 상황으로 변한다. 그것이 어떤 상황으로 나타날까? 자의? 타의?
일지(日支)와 시지(時支)에서 지장간(支藏干)의 기(己)토와 갑(甲)목이 합(合)이 들지만, 북망산(北邙山)으로 가는 것이다.
관이 땅속에 묻혀있는 형상으로 그 땅은 공원묘지이다. 암(暗)으로 관인(官印)상생(相生)이라 보험에 들어 많은 재산을 아내에게 주고 가는 것이다. 이거 혹시 보험금을 노린 사건 아닌가? 경찰에서도 다녀갔단다. 이거 참---

❋ 곤명(坤命)

丙	己	丙	己
寅	巳	寅	未

인(寅)월, 기(己)토 일간(日干)이다.
일지(日支), 시지(時支), 월지(月支)와의 관계.

십이신살(十二神殺)의 활용(活用)

⬆ 천간(天干)이 둘로 나누어진 형국이다. 한 몸에 두 사람이다. 월지(月支)의 정관(正官)인 갑(甲)목과, 시지(時支)의 갑(甲)목이 있다. 나무가 뿌리를 내리려 하여도 물이 부족하다. 자연 멀어지는 것이다. 서로가 각자 다른 이성(異性)을 찾아간다.

✵ 곤명(坤命)

甲	辛	丙	辛
午	卯	申	亥

신(申)월의 신(辛)금 일간(日干)이다.
묘(卯)와, 오(午)가 도화(桃花)는 아니다.

⬆ 해묘미(亥卯未)하여 자(子)가 도화(桃花)가 된다. 도화(桃花)운이 오면 문제가 발생한다. 사주(四柱)에 없어도 이런 것 까지 보아야 한다.
일지 묘(卯)와, 시지 오(午)는 장성(將星)과, 육해(六害)에 해당한다.
년지(年支), 일지(日支) 기준하여 다 같은 결과가 된다.
도화(桃花)가 없는데, 바람기가 없는 것이 아닐까? 그렇지가 않다.
합(合)이 많다보니, 다른 곳에 눈을 돌리고 있다. 남편(男便)자리가 절지(絶地)에 해당한다.
월간(月干)의 병(丙)화가 정관(正官)인데 투합(妬合)으로 이어진다.
남편의 입장에서는 젊은 시절 바람을 피우지만 늙어서 아내에게 버림받는 형상이다.

✵ 곤명(坤命)

丙	庚	辛	乙
戌	午	巳	巳

사(巳)월, 경(庚)금 일간(日干)이다.
오(午)가 도화(桃花)이다.

⬆ 년지(年支) 기준, 일지(日支)가 관(官) 도화(桃花)이다.
남편(男便)이 의처증(疑妻症)이 있는 여성(女性)의 사주(四柱)이다.
불기운이 사방을 에워싸고 일간(日干)을 겁박(劫迫)한다. 겁재(劫財)가 천간(天干)으로 충(沖)을 당하고, 일간(日干)은 병(丙)화에게 극(剋)을

년살(年殺)

당하고 있는 형국이다.

목(木),화(火) 양(陽)이, 경(庚),신(辛) 음(陰)을 가운데로 몰아넣고 있는 형국이다. 완전히 갇혀버린다.

심하면 구타(毆打)를 당하기도 하는 경우 여성이다.

화끈한 사랑을 좋아하다 뼈가 화기(火氣)에 녹아 나긋나긋하여진다.

관성(官星)의 시달림에 자연 남성관계가 복잡하여진다.

본인(本人)의 의사와는 상관이 없는 오해(誤解)도 받는다.

일지(日支)가 관성(官星)으로 도화(桃花)의 작용이 강하다.

47 병술(丙戌) 대운(大運)은 일간(日干)의 존재를 더욱 곤혹스럽게 한다. 관(官)이 도화(桃花)로 작용을 하여도, 일간(日干)이 신약(身弱)하니 당하는 것이다. 좋게 보면 탈출(脫出)을 하는 것이요, 나쁘게 보면 축출(逐出)을 당한다.

인성(印星)이 희신(喜神)으로, 왕(旺)한 관(官)의 기운을 적절히 흡입(吸入)시켜야 한다.

십이신살(十二神殺)의 활용(活用)

● 월살(月殺).---고초살(枯焦殺)

◆ 의미(意味)로 살펴보는 월살(月殺).

일명 고초살(枯焦殺)이라고 한다. 노고(勞苦)가 많다는 의미로 생각을 하면 쉽게 이해할 것이다. 만사(萬事) 해결(解決)이 잘 나지가 않는다는 의미(意味)이다. 미궁(迷宮)에 빠진 수사(搜査)다.
고초(枯焦)란? 몸이 마르고, 야위면서 기력(氣力)이 쇠(衰)하여 지치는 것이다. 병(病)들어 시름시름 앓는 형국이다. 병명(病名)도 제대로 나오지가 않는다.
양간(陽干), 음간(陰干) 모두 관대(冠帶)에 해당된다.

□ 월살(月殺)을 쉽게 찾는 방법.

◉ 삼합(三合)의 끝자와 충(沖)하는 자(字)가 월살(月殺)이다.
◉ 화개(華蓋)와 충(沖)하는 자(字)가 월살(月殺)이다.
◉ 진,술,축,미(辰戌丑未)가 해당이 된다.

☀ 신자진(申子辰) : 진(辰)과 충(沖)하는 술(戌)자가 월살(月殺).
☀ 해묘미(亥卯未) : 미(未)와 충(沖)하는 축(丑)자가 월살(月殺).
☀ 인오술(寅午戌) : 술(戌)과 충(沖)하는 진(辰)자가 월살(月殺).
☀ 사유축(巳酉丑) : 축(丑)과 충(沖)하는 미(未)자가 월살(月殺).

월살(月殺)

◘ 년지(年支), 일지(日支)를 기준으로 하여 보는 월살(月殺).

삼합(三合)	❶ 사유축 (巳酉丑)	❷ 해묘미 (亥卯未)	❸ 신자진 (申子辰)	❹ 인오술 (寅午戌)
월살(月殺)	미(未)	축(丑)	술(戌)	진(辰)

◘ 일간(日干)을 기준으로 하여 볼 경우.

오행(五行)		목(木)		화(火)		토(土)		금(金)		수(水)	
십간(十干)		甲	乙	丙	丁	戊	己	庚	辛	壬	癸
십이운성	관대(冠帶)	축(丑)		진(辰)		진(辰)		미(未)		술(戌)	
	관대(冠帶)		진(辰)		미(未)		미(未)		술(戌)		축(丑)

(월살(月殺)의 경우, 양간(陽干)은 관대(冠帶)요, 음간(陰干)도 관대(冠帶)이다.)
진술축미(辰,戌,丑,未)가 해당 된다.

☀ 갑(甲)과, 계(癸)는, 축(丑)이 월살(月殺).
☀ 임(壬)과, 신(辛)은, 술(戌)이 월살(月殺).
☀ 경(庚),기(己),정(丁)은, 진(辰)이 월살(月殺).
☀ 병(丙),무(戊),을(乙)은, 미(未)가 월살(月殺).

억대 거지 소리가 나오는 경우다. 무리한 주택담보대출로 인한 흉(凶)이다. 풍요 속 빈곤이다. 배추가격이 폭등하더니 어느 날 소리도 없이 갑자기 가격이 하락한다. 당장 먹지도 않을 물건, 어차피 먹기야 하지만 긁어 부스럼이요, 일의 어려움의 신호탄이다. 전부 어려운 것이다.

십이신살(十二神殺)의 활용(活用)

◉. 양간(陽干)으로 보는 진술축미(辰,戌,丑,未).

陽干\地支	갑(甲)	병(丙)	무(戊)	경(庚)	임(壬)
진(辰)	반안(攀鞍)	월살(月殺)	월살(月殺)	천살(天殺)	화개(華蓋)
술(戌)	천살(天殺)	화개(華蓋)	화개(華蓋)	반안(攀鞍)	월살(月殺)
축(丑)	월살(月殺)	천살(天殺)	천살(天殺)	화개(華蓋)	반안(攀鞍)
미(未)	화개(華蓋)	반안(攀鞍)	반안(攀鞍)	월살(月殺)	천살(天殺)

◉. 음간(陰干)으로 보는 진술축미(辰,戌,丑,未).

陰干\地支	을(乙)	정(丁)	기(己)	신(辛)	계(癸)
진(辰)	월살(月殺)	반안(攀鞍)	반안(攀鞍)	화개(華蓋)	천살(天殺)
술(戌)	화개(華蓋)	천살(天殺)	천살(天殺)	월살(月殺)	반안(攀鞍)
축(丑)	반안(攀鞍)	화개(華蓋)	화개(華蓋)	천살(天殺)	월살(月殺)
미(未)	천살(天殺)	월살(月殺)	월살(月殺)	반안(攀鞍)	화개(華蓋)

삼합(三合)의 끝 자는 화개(華蓋)다. 화개란 종교인데, 신앙(信仰)이다.
삶의 정신적(精神的) 종착역(終着驛)이다.
생(生)의 마지막 장식을 거부하면서, 억지를 부린다.
이승에서의 미련이 남아 있다. 음(陰)이 있으면 양(陽)이 있다.
정신적(精神的)인 면을 거부하니 육체적(肉體的)인 면으로 타격(打擊)을
입는다. 연평도에서 천안 함이 두 동강 나듯 육신(肉身)이 갈라진다.
매사 쪼개지고, 커가지 못한다. 중도에서 흐름이 절단 난다.
발전(發展)의 끝이다.

월살(月殺)

⚽ 성정(性情)으로 살펴보는 월살(月殺).

➡ 월살(月殺)은 모든 일의 침체, 답보, 중단, 장벽, 좌절, 두절의 뜻을 갖고 있다. 호사다마(好事多魔)라고 일부분이 된다면 그나마 다행인데, 월살(月殺)은 그 반대로 마(魔)의 지배가 더 크다.

➡ 진술축미(辰戌丑未)에만 있으며, 삼합(三合)기준으로 삼합의 끝 글자인 화개(華蓋)를 충(沖)하고 있는 지지(地支)로, 매사 모든 일이 될 듯 될 듯 안 된다.

➡ 농사를 지을 때는 우선적으로 이 날을 피하였다. 씨앗이 발아(發芽)가 안 되니까. 만물(萬物)이 고갈되어 성장(成長)을 못한다. 과수원의 과일이 익지 않는 형국이다.

➡ 고초살(枯焦殺)이라고도 하며, 겁 없는 무모함이나 지나친 자신감으로 시행착오의 가능성이 많아 시련 또한 많다.

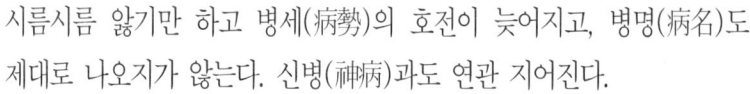

➡ 정신적(精神的)인 혼미(昏迷)함으로 인하여 육신(肉身)이 갈 길을 잃어버린다. 자연 병마(病魔)와 싸우게 되고, 결국 두 손을 들고 만다. 시름시름 앓기만 하고 병세(病勢)의 호전이 늦어지고, 병명(病名)도 제대로 나오지가 않는다. 신병(神病)과도 연관 지어진다.

➡ 결혼식, 약혼식, 개업일, 개막식, 등 시작을 알리는 날에도 이 날을 택하지 않는다. 자식(子息), 사업(事業), 흥행(興行) 등 번창함이 막히는 날이니까. 일을 벌여도 밑 빠진 독에 물 붓기다. 자식을 낳으려 하여도

십이신살(十二神殺)의 활용(活用)

유산(流産)이요, 낙태(落胎)가 이어진다. 불임(不姙)도 나타나고, 유전자 이상으로 이어진다.
- 기억력(記憶力)에 있어서 자꾸 잊어버린다. 정신(精神)이 혼미(昏迷)해진다.
- 월살(月殺)이 기신(忌神)인데, 운(運)에서 또 월살(月殺)이 나타나면 다 된밥에 코 빠트리는 격으로 변한다. 잘 나가다가 넘어지는 것이다. 누군가 태클을 걸어온다. 반대로 기신(忌神)을 월살(月殺)운에서 형,충,파,해(刑沖波害)로 작용하면 오히려 좋은 소식을 안겨준다. 월살(月殺)은 태클의 상징인데, 오히려 장애물을 제거하는 역할을 하니 기쁨이다.
- 일명 침체살(沈滯殺)이라고 하는데, 막히고 가라앉은 것은 건져내고, 뚫어주어야 한다. 겨울 내내 얼었던 수도가 녹는다.

● **육친(六親)별로 살펴보는 월살(月殺)의 작용.**

▶ **인수(印綬).**
- 서류문제, 문서, 보증 등으로 침체를 초래하고, 불성, 보류, 등등에 뒤로 미루기만 하는 형상이 나타난다. 연쇄작용도 발생한다.
- 부부간 인연(因緣)이 자꾸만 멀어진다. 근무(勤務)처가 자주 이동(移動)이 되고, 말직(末職)으로 전보되고, 주말부부로 이어지고, 기러기 아빠가 되고, 심하면 가정불화(家庭不和)다.
- 어머니와의 인연(因緣)이 없다. 일찍 부모가 이혼(離婚)하고, 생모(生母)가 자식을 돌보지 않는다. 정(精)이 없다. 아버지와 같이 생활

월살(月殺)

하여도 불만이 팽배하여 가출(家出)하기도 한다.
- 재혼(再婚) 하여도 계모(繼母)가 없느니만 못한 결과가 나온다. 사사건건 중간에서 훼방 놓는다. 심하면 학업도 중간에서 그만 둔다. 월살(月殺)의 운명에서 벗어나야 철이 들고 정신을 차린다. 철이 늦게 든다.

비겁(比劫).

- 친구, 주변의 가까운 친인척이나, 동료, 심지어는 형제지간에 문제가 발생한다. 무조건 자기 마음처럼 생각하다가 낭패를 본다. 성격상에 문제가 있는 사람일 경우 특히 조심해야 한다. 내성적인 성격이나, 편향적인 성향이 심할 경우 돌다리 두드리는 것을 잊어버리는 경우가 발생한다.
- 믿는 사람이라고 통장을 맡기는 사람이야 없겠지만, 고양이 에게 생선을 맡기는 꼴이 되고 만다. 결재권, 경영권, 권리등기권, 기타 유, 무형의 자산관리에 신경 써야 한다.
- 자식(子息)이 아비를 학대(虐待)하는 상황이 발생한다. 그것도 제 어미와 합세하여 겁박(劫迫)하는 것이다. 심지어는 살인 사건이 발생하여도 어미는 자기 자식을 감싼다. 그나마 그 자식이라도 있어야 자신을 봉양(奉養)한다며 말이다.

식상(食傷).

- 월살(月殺)이 드는 해에 자식(子息)을 출산(出産)하면, 일단 개운(開運)과 발복(發福)의 조짐이다. 곡사(哭事)를 파했기 때문이다.

십이신살(十二神殺)의 활용(活用)

- ➡ 원국(原局)에 월살(月殺)이 있으면, 일의 시작은 빠르나 매사 위태로워 중도포기나, 마무리를 짓지 못하게 된다. 매사 하는 일이 용두사미(龍頭蛇尾)다. 두뇌도 좋고, 머리회전도 빨라 타(他)의 추종을 불허하고, 능력도 출중한데 되는 일이 없다.
- ➡ 벌이는 일마다 참신하고, 아이디어는 좋은데 금전관리나, 제품관리, 인적관리 등 관리에서 항상 구멍이 생겨 죽 쒀서 개주는 상황이 연출된다. 중복이 된 경우 더더욱 그 경우가 심하다. 분명히 장사는 잘되는데 돈이 안 모인다.
- ➡ 평생 제대로 무엇 하나 번듯하게 이루지를 못한다. 자신보다 못난 사람은 초라하게 하여도 무엇인가를 이루는데 손에 남는 것이 없는 것이다.
- ➡ 특히 재다신약(財多身弱)의 경우 월살(月殺)이 작용하여 낭패를 보는 경우가 허다하다.

▶ 재성(財星).
- ➡ 월살운(月殺運)에 사례금을 받거나 위로금을 받는다.
- ➡ 상속의 문제도 월살운(月殺運)에 해당한다.
- ➡ 얼굴에 흉터가 생겨 일찍이 돈을 모아 어찌어찌하여 결혼을 하지만 자식을 낳고도 아내가 돈을 챙겨 다른 놈과 도망간다.
- ➡ 여자에게 당하는 월살(月殺)의 전형적인 예이다. 사주에 재고(財庫)를 놓고 있는 경우 암시가 강(强)하다.

▶ 관성(官星).
- ➡ 자손(子孫)과도 자꾸 멀어진다. 사랑하는 자식(子息)인데도 조금만

월살(月殺)

잘못하여도 이해(理解)를 하는 것이 아니라, 야단부터 친다. 대화(對話)가 단절이 되고, 화합(和合)이 힘들어진다. 마음은 그것이 아닌데 하면서 회한(悔恨)의 시간을 보낸다. 여기에서 잘못 이어지면 알코올 중독이나, 그로인한 몸에 이상이 온다. 간 계통이나, 당뇨로 인한 합병증이 생긴다.

➡ 성사(成事)가 눈앞에 보이다가도 완전 결정된 상황이 없는 형상이 나타난다. 경력(經歷)이 풍부하여 이것이면 될 것이다 하여도 항상 예측이 빗나간다. 1~2%의차이로 항상 고배를 마신다.

➡ 학생은 시험에 낙방, 직장인은 승진이 좌절되고, 번영은 중단되고, 연락과 소식은 두절, 단절되는 형상이 나타난다.

➡ 수술시 사고로 이어지는 것도 이러한 연유다. 일의 성패(成敗)를 가름하기가 어려워진다. 결국은 망(亡)으로 이어진다.

겨울에 내리는 비는 쌓인 눈을 더욱 단단하게 하는 것이다.

십이신살(十二神殺)의 활용(活用)

● 위치(位置)별로 살펴보는 월살(月殺).

◆ 년주(年柱).
 조상이 가난하다. 선망 조상은 굶주린 조상. 걸귀를 배부르게 해야 자손이 잘되는 것이다. 그렇다고 무한정 적선은 아니다. 조상을 잘 아우르는 정성과, 올바른 신명(神命)을 찾아야 한다.

◆ 월주(月柱).
 부모형제 죽은 영혼은 걸인의 영혼. 기능계통에 일하면 좋다. 자수성가. 제사나 음식을 하여도 항상 여분이 있게 한다. 남은 음식(飮食)은 버리는 것이 아니라 한동안 음복(飮福)하는 것이다.

◆ 일주(日柱).
 부부 중 한사람은 신병(身病)으로 고생. 부부이별, 각자가 받는 고통이 크다. 평생원수라는 말이 나온다.

◆ 시주(時柱).
 불효자식. 절 사업이나 남을 도우는 일을 많이 하면 수명도 늘고 말년(末年)이 편해진다. 아무리 잘못을 많이 하여도 반성하고, 회개한다면 그 죄가 감해진다지만 그것은 명목상 립 서비스이고, 실질적으로 그로인하여 피해를 당한 상대는 그 아픔을 잊지 못하고 생(生)을 마감 한다.
 물론 스스로 용서하는 경우도 있지만 그것이 어찌 쉬 잊혀 질 것인가? 서로간의 직접적인 화해(和解)가 있어야 한다. 부지런히 그 업(業)을 씻어야 한다.

월살(月殺)

● <u>흐름으로 읽어보는 월살(月殺).</u>

➡ 관대(冠帶)는 목화(木火) 양간(陽干)의 경우, 칠살(七殺)이 입묘(入墓)되는 곳으로 청소년기의 과격한 행동으로 몸에 흉터나, 상처를 남겨 그것이 평생 가는 경우로 변한다.

➡ 성격이 얌전하고, 유순한 것 같아도 대체적으로 급한 편이다. 자전거를 타고 비탈길을 내려오다 넘어져 앞니를 다치는 경우를 보자. 평생을 가는 것이다. 탕화(湯火)의 작용으로 화상을 입어도 팔뚝에 흉터가 생겨 여름에도 긴소매의 옷을 입어야 한다.

➡ 사주원국(四柱原局)의 월살(月殺)은 일명 배가 고파 가신 한스러운 조상이 있다는 암시도 된다. 위치에 따른 해석(解析)이 필요하며 육친(六親)의 판단도 중요하다.

➡ 무조건 제사(祭祀)를 잘 지내는 것이 중요한 것이 아니라, 대상(對象)의 책정과 선별(選別) 또한 중요하다.

➡ 사주원국(四柱原局)에 월살(月殺)이 있으면 묘지문제, 이장문제로 관재, 소송 등이 일어난다. 선산(先山)이 소송에 휩싸이고, 이권다툼으로 번져 서로 망신당한다.

➡ 여성의 경우 월살(月殺)이 있으면 종교인이거나, 무속인의 팔자로 남편이 필요한 존재인줄 알면서도 자신에게 이용가치가 없으면 남편을 구박하여 떠나보내어 홀로 독수공방하며 눈물짓고, 사람을 상대하여도 목적을 위주로 하여 사귄다. 심하면 자식도 돌보지 않는 경우도 생긴다. 월살(月殺)의 잔인한 단면(斷面)이다.

➡ 사주원국(四柱原局)에 월살(月殺)이 있는 데, 운(運)에서 또 다시 월살(月殺)을 만나면 삶이 파란만장하여 진다. 기복(起伏)이 심하니 심

십이신살(十二神殺)의 활용(活用)

신(心身)이 허물어진다.
- 사주원국(四柱原局)에 화개살(華蓋殺)이 있는데, 월살(月殺)이 충(沖)하면 재물창고, 곡식창고, 지식창고, 명예창고를 파괴하는 것과 같다. 월살(月殺)일은 집수리, 이사도 안 되고 잔치도 안하고 혼인도 가린다. 여하한 길사(吉事)에는 피하는 것이 상책(上策)이다.
- 월살(月殺)은 상문(喪門) 조객(弔客)에 해당되어 화개를 월살(月殺)이 충(沖)하면 신체상 불구를 당한다. 일시적인 마비, 한시적인 장애 상태를 보이고, 심하면 영구적(永久的)인 상태(常態)로 변하는 것이다. 교통사고, 산재사고 등이 이에 해당한다.
- 원국 월살(月殺)은 기본적인 흉(凶)의 암시이고, 대운(大運)의 월살(月殺)은 어둠속에서 희미한 등불을 보는 형상이라 매사가 가물가물 한다. 상황에 따라 변화하지만, 항상 그림자가 보인다.
- 금전(金錢)의 융통이나, 어려움의 해결은 월살(月殺) 육친과의 인연으로 적극적으로 구하면 협조를 아끼지 않으므로 월살(月殺)은 앉아서 보다, 움직이며 행동(行動)하는 실천(實踐)이 필요하다.
- 월살(月殺) 본인보다는 주변 환경의 변화로 부가(附加) 이익 즉 상속(相續)이나 묵은 돈이 들어오고 일종의 횡재수와도 같다. 여기서 잘못 작용 되면 뇌물로 취급받는 것이요, 관재수로 이어진다.
- 길(吉)중의 길(吉)로 예를 든다면, 한 푼 없는 백수가 복권에 당첨이 된다. 아무리 흉(凶)운이라도 연월일시(年,月,日,時)하여 운(運)이 기가 막히게 좋은 순간이 있다. 이것은 누구에게나 다 있다. 다만 순간적(瞬間的)처럼 빨리 지나는 것이라 대부분이 이를 놓치는 것이다.
- 월살(月殺)운이 길(吉)작용을 하면, 다음 운은 하향(下向)세로 접어드는 운(運)이다. 이것을 살피는 것이 운(運)의 흐름을 보는 것이다.

월살(月殺)

흉(凶)다음은 길(吉)이요, 길(吉)다음은 흉(凶)이다. 물론 중간에 변화(變化)라는 것이 생기는 것은 당연한 것이다. 종합적으로 판단해야 한다.

➡ 월살 방향은 행운(幸運)의 방향이나, 오래토록 길운(吉運)이 지속되지는 않으므로 구하고 나면, 자리를 옮기는 게 좋다. 장사도 잘된다고 하여 한없이 잘되는 것이 아니다. 워낙 기반이 튼튼하다면 한동안은 걱정이 없지만 이 역시 마찬가지다.

➡ 월살(月殺)은 삼합(三合)을 와해(瓦解)시키는 글자라, 다된 밥에 초치는 것이며 중단수이며, 옆구리를 가격(加擊)당한다.

➡ 사주원국(四柱原局)에 월살(月殺)이 있는데, 역마(驛馬)운이 오면 나름대로 분위기 역전을 위하여 분발(分撥)하지만 움직일수록 심각한 손실(損失)로 이어져 "구멍이란 깎을수록 커진다."는 말을 실감하게 한다.

➡ 일(日),시(時)에 월살(月殺)은 남녀불문하고 자형살(自形殺)과 같은 의미로 해석하고 자손 중 익사(溺死), 불의의 사고를 당하는 경우가 발생한다.(경진일(庚辰日),경진시(庚辰時))--진진자형(辰辰自形)

❏ **월살(月殺)방(方)에 대한 생활의 지혜.**

✪ 경사(慶事)스런 일에 택일(擇日)을 할 경우 월살(月殺)일은 절대 피하라.
✪ 월살(月殺)띠는 철두철미하게 나에게 정보원 역할을 한다.
✪ 월살(月殺)방(方)에는 생활필수품과 긴급 시 사용할 소품, 가전제품, 구급약, 외출복을 두고 사용하면 좋다.
✪ 병원의 응급실이 위치하는 곳이다. 영안실이 있는 곳도 되고, 길흉이 판가름 나는 곳이다. 벗어나느냐? 마느냐? 이다.

십이신살(十二神殺)의 활용(活用)

● **실전(實戰)으로 살펴보는 월살(月殺).**

✹ 곤명(坤命)

己	壬	壬	庚
酉	戌	午	申

오월의 임(壬)수 일간(日干)이다.
일지(日支) 술(戌)토가 월살(月殺)이다.

⬆ 결혼(結婚)이 늦어져 고민하는 여성(女性)이다.
일지(日支)는 남편(男便)의 자리이다. 고초살(枯焦殺)이라 관(官)에 대한 상심(喪心)이 많다. 관(官)이 재성(財星)으로 변한다. 시지(時支)와는 해살(害殺)이다. 말년(末年)에 식상(食傷)으로 변한다.
남성을 보아도 경제적(經濟的)인 능력을 우선시 한다. 돈으로 보인다. 금전(金錢)에 대한 집착이 앞을 가린다.

✹ 건명(建命)

丙	戊	丙	乙
辰	戌	戌	巳

술(戌)월, 무(戊)토 일간(日干)이다.
(일지, 일간기준) 시(時) 진(辰)토가 월살(月殺)

⬆ 년간(年干)의 을(乙)목이 흔들린다. 근원(根源)이 약(弱)하다.
우울증(憂鬱症)으로 고생하고 계시는 분이다.
천간에 나타난 을(乙), 병(丙), 무(戊)가 공통(共通)으로 월살(月殺)을 갖고 있는 것이다. 그것도 기운(氣運)이 가장 강(强)한 월(月)과, 일(日)에 갖고 있으니 매사 일이 풀리는 것이 없다.
년간(年干) 을목(乙木)의 입장에서는 시지(時支) 진(辰)중 계(癸)수가 용신(用神)이다. 용신이 충(沖)을 당하고 있는데 그것이 오히려 길(吉)로 효과를 나타내고 있다.
술(戌)중 무(戊)토와 암합(暗合)하여 화(火)로 나타나는 것이다. 술(戌)토는 자중지란(自中之亂)이 일어난다.

월살(月殺)

천살(天殺)이 길(吉)로 작용을 한다.

을(乙)목은 신경(神經)이라 정신이다. 우울증(憂鬱症)이다.

여기에서 심하면 돈다. 신(辛)금에 충(沖)을 당하고, 경(庚)금에 강제로 합(合)을 당한다.

❋ 건명(建命)

戊	丙	丁	己
辰	戌	卯	丑

묘(卯)월, 병(丙)화 일간(日干)이다.

시지(時支) 진(辰)토가 월살(月殺)이다.(일지기준)

⬆ 시지(時支)가 고초살(枯焦殺)이라, 아내에 대한 상심(喪心)이 이만저만 아니다. 월지(月支)의 인성(印星)과 합(合)이 되어 비겁(比劫)으로 변하니 맞먹는다. "너나 잘하세요!" 하면서 말이다.

끝장토론 으로 가는 사람들이다. 일지(日支)와 월살(月殺)인 시지(時支)가 충(沖)을 한다. 문제가 복잡하여진다.

합(合)의 기능이 와해(瓦解) 된다고 하지만 결코 쉬운 일이 아니다.

일간(日干) 기준 월살(月殺)이 년지(年支) 기준 화개(華蓋)와 같으니, 정신적으로 의지하는 대상이 혼란하므로, 심신의 상태가 차분함이 없고, 항시 충동적이고 반항적이다.

톱니가 돌아갈 것인가? 멈출 것인가?

십이신살(十二神殺)의 활용(活用)

● 망신살(亡身殺).

망신(亡身)이란? 우선 그 의미(意味)에 대하여 조심스럽게 짚고 나가야 할 점이 있다. 자칫 잘못 해석(解釋)을 하여 낭패를 보는 경우가 많기 때문이다.

◆ 의미(意味)로 살펴보는 망신살(亡身殺).

→ 첫째는, 근본적인 의미인 망신(亡身)이다. 흔히들 하는 표현(表現)가운데서 "그 친구 글쎄 쫄딱 망했다는군!" 남김없이 완전히 빈손이 되었다는 말이다. 겁살(劫煞)과 같은 의미이다.

→ 겁살(劫煞)은 외부의 흡입(吸入)으로 인한 상황(狀況)적인 요소가 강하다. 반면에 망신(亡身)은 일종(一種)의 자중지란(自中之亂)적 요소(要素)가 강하다. 원인(原因) 요소(要素)가 내부(內部)에서 발생한다.

→ 둘째 망신(亡身)이란 의미요, 그대로 직역(直譯)을 한다면 자신의 능력(能力)이나, 성향, 신체적인 여건(健康)을 망각(妄覺)하고 신중(愼重)하지 못하여, 도(度)에 어긋난 처신(處身)으로 건강(健康)을 해치고, 스스로 모멸(侮蔑)감과 수치심(羞恥心)을 느낀다.

→ 여기에서도 사주의 강약(强弱)이 나온다. 강(强)하면 안고 넘어가고, 힘이 되면 망신(亡身)을 주는 것이요, 약(弱)하면 당해도 크게 당하는 것이다. 망신(亡身)이란 당하기도 하고, 주기도 하는 것인데, 여기서는 주로 당하는 경우를 위주로 한다.

→ 셋째는 망신(妄信)이란 의미이다. 진실(眞實)과, 신뢰(信賴)와, 정의(正義)에 대한 배신행위(背信行爲)다. 배반(背叛)의 의미가 강하다.

망신살(亡身殺)

기대(企待)를 저버린다. 헛된 망상(妄想)에 사로잡혀 모든 것을 잃어버린다. 이제 대략적인 의미는 생략하고 망신살(亡身殺)에 있어서 신살(神殺)에 관한 사항이므로, 망신(亡神)의 의미로도 사용을 해보도록 하자.

● **망신살(亡身殺)을 쉽게 찾는 방법.**

◉ 삼합(三合)의 중간 자(字), 앞 자(字)가 망신살(亡身殺)이다.
◉ 삼합(三合)의 중간 자(子)와 같은 오행(五行)이나, 음양(陰陽)이 다르다.(양(陽)의 오행(五行)이다.) 후(後) 일진(一辰)이다.
◉ 양간(陽干)의 경우, 비견(比肩)이 이에 해당한다.
◉ 인, 신, 사, 해(寅申巳亥)가 해당 된다.

✹ 신자진(申子辰) : 중간 자(子)앞 해(亥)가 망신살(亡身殺).
✹ 해묘미(亥卯未) : 중간 묘(卯)앞 인(寅)이 망신살(亡身殺).
✹ 인오술(寅午戌) : 중간 오(午)앞 사(巳)가 망신살(亡身殺).
✹ 사유축(巳酉丑) : 중간 유(酉)앞 신(申)이 망신살(亡身殺).

◧ 년지(年支), 일지(日支)를 기준으로 하여 보는 망신살(亡身殺).

삼합(三合)	❶ 사유축 (巳酉丑)	❷ 해묘미 (亥卯未)	❸ 신자진 (申子辰)	❹ 인오술 (寅午戌)
망신(亡神)	신(申)	인(寅)	해(亥)	사(巳)

⬆ 삼합(三合)화(化)한 오행과, 동일(同一)한 오행(五行)을 찾아본다.

십이신살(十二神殺)의 활용(活用)

◘ 일간(日干)을 기준으로 하여 볼 경우.

오행(五行)	목(木)		화(火)		토(土)		금(金)		수(水)	
십간(十干)	甲	乙	丙	丁	戊	己	庚	辛	壬	癸
십이운성	망신 亡身		인(寅)	사(巳)	사(巳)		신(申)		해(亥)	
	목욕 沐浴		사(巳)		신(申)		신(申)		해(亥)	인(寅)

⬆ 망신살(亡身殺)의 경우, 양간(陽干)은 망신(亡身), 음간(陰干)은 목욕(沐浴). 전체적으로 인신사해(寅申巳亥)가 해당이 된다.

☼ 갑(甲)과, 계(癸)는, 인(寅)이 망신살(亡身殺).
☼ 임(壬)과, 신(辛)은, 해(亥)가 망신살(亡身殺).
☼ 경(庚),기(己),정(丁)은, 신(申)이 망신살(亡身殺).
☼ 병(丙),무(戊),을(乙)은, 사(巳)가 망신살(亡身殺).

◆ 인신사해(寅申巳亥)로 분석하는 망신살(亡身殺).

➡ 인(寅) : 해묘미(亥卯未), 갑(甲)과, 계(癸)에 해당이 된다. 말로써 해결할 일도 몽둥이 들고 해결 하려한다. 교육(敎育)에 있어서도 사랑의 매가 구타(毆打)로 변질되는 것이나 같다. 나무에 올라가다 가지가 부러져서 중상(重傷)을 입는다.
건강(健康)으로 본다면 인(寅)목에 해당하는 사항과 연관이 된다. 좀 더 세분화한다면 중풍(中風), 감기(感氣), 호흡기(呼吸氣)질환, 지각신경(知覺神經)계통의 질환, 사지(四肢), 척추(脊椎),신경통(神經痛), 간(肝), 정신과(精神科)계통도 연관이 된다.

망신살(亡身殺)

➡ 신(申) : 사유축(巳酉丑), 정, 기, 경(丁, 己, 庚)이 해당 된다. 양간(陽干)의 경우, 비견(比肩)과 같은 것이라, 서로가 진짜라며 진실게 임을 하는 것이나 같다. 어느 고전에 나오는 이야기처럼 진짜가, 가짜에게 밀리어 온갖 수모를 당한다.

➡ 음간(陰干)의 경우는 상관(傷官)에 해당한다. 기계, 금속, 제철, 중공업분야, 철물제조 유통, 사채, 금융업도 해당된다. 금속성과 연관이 지어지는데 사고도 교통사고요, 철도사고, 총포류, 도검류 등이 문제가 되기도 하고 흉기(凶器)성 도구등도 연관되어진다.

➡ 건강으로 본다면 치통, 충치, 언어구사와도 연관이 이어지고, 호흡기 질환, 폐, 등이나 대체적으로 쉽사리 완치가 쉬운 종류가 아닌 것들이 많다.

➡ 사(巳) : 인오술(寅午戌), 을, 병, 무(乙, 丙, 戊)가 해당이 된다. 문화사업, 연예, 모델, 광학계통, 천문학, 전기, 전자, 컴퓨터, 조명사업, 열관리계통, 보일러, 화장품계통 사업, 이용, 미용 등이 해당하고, "말이 많으니 말로서 말을 말 을까 하노라!" 하는 식으로 설전(舌戰)에 의한 피해가 많고, 구설(口舌)에 의한 관재수, 또 이로 인하여 생계를 유지하는 경우도 생긴다.

➡ 건강(健康)으로 살펴본다면 정신질환, 뇌(腦)와 연관된 지각신경(知覺神經)계통의 질환, 심장병(心臟病), 안과(眼科)질환, 화상(火傷), 열병(熱病)등이 해당이 되고, 고열(高熱)에 의한 난치병(難治病)도 간혹 나타난다. 특히 정신질환(精神疾患)이 심각한 문제로 대두된다.

➡ 해(亥) : 신, 자, 진(申, 子, 辰), 임, 신(壬, 辛)에 해당되고, 성향이 물이라 두문불출하거나, 주변에 자주 소식을 접하지 못하면 잠수를 탄 줄 알고 각종 구설과, 괴담에 시달린다. 건강(健康) 면으로 살펴

십이신살(十二神殺)의 활용(活用)

본다면 신장(腎臟)연관 기관의병, 혈액투석, 알코올중독, 성병, 스테미너를 나타내고, 비뇨기계통의 문제가 이어진다. 상징적인 의미를 본다면 곤란(困難), 노고(勞苦), 잠복(潛伏), 암흑(暗黑), 한랭(寒冷), 수해(水害). 병기(病氣), 수난(受難)등을 나타낸다.

⚽ **성정(性情)으로 살펴보는 망신살(亡身殺).**

➡ 십이운성(十二運星)으로 건록(建祿)에 해당한다.
➡ 버스가 지나간 뒤 택시가 온다. 사람의 일이란 알 수가 없다. 지금은 당장 편하고, 좋은지 몰라도 지나고 나면 항상 후회하면서 사는 것, 그것이 인생(人生)이다.
➡ 울타리 안에 있을 때는 몰라도, 밖으로 벗어나서 울타리 안을 살펴보면 회한(悔恨)에 젖는 일이 많다.
➡ 망신(亡身)은 자신이 일을 저질러 심적, 내부적으로 크게 잃는다.
➡ 망신살(亡身殺)은 기운(氣運)이 강(强)하고, 의지(意志)가 충만하여 색(色)을 선택하여도 화려한 색과, 원색(原色)에 가까운 색도 잘 선택한다. 사람이란 칼을 들고 있으면 자꾸만 베고, 찔러보고 싶은 것이 심사(心事)이다.

➡ 두뇌는 총명하나 성질이 급한 편이며, 자기주장이 강하고 독선적이고 이기적인 면으로 침착함을 잃어 실패를 자초한다.
➡ 망자(亡者)가 천상(天上)에 올라, 자기가 살던 지상(地上)을 내려다보니 모두가 자기 욕심 차리기에 급급함이라 결국 쥐어보아야 작은

망신살(亡身殺)

두 손안에 잡고 있는 것이라, "손을 펴면 아무것도 남지 않는 것을!" 하면서 탄식한다. 그것이 바로 망신살(亡身殺)이다.

➡ 삼합(三合)자 중 가장 기운이 왕(旺)한 가운데 자(字), 앞에 있는 것이다. 항상 2등에 머문다. 가만히 있어도 2등은 한다. 항상 모든 것을 낮추고, 겸손(謙遜)하여 기다릴 줄 알아야 한다. 앞서거나, 서두르면 낭패(狼狽)를 본다. 건강(健康) 또한 스스로 알면서도 관리(管理)에 허점(虛點)을 보이곤 한다.

⚽ .육친(六親)별로 살펴보는 망신살(亡身殺)의 작용.

➡ 망신살(亡身殺)은 일간(日干)을 기준(基準)으로 하여 비견(比肩), 식상(食傷), 재성(財星)과 연관이 되어 이와 관련된 사항(事項)이 많이 발생한다. 자연 가까운 친인척이나, 친구(親舊), 자손(子孫), 활동(活動)면에서, 또 금전(金錢)과 연관된 문제를 야기한다. 어찌 보면 공망(空亡)과도 흡사한 형상이다.

▶ 인수(印綬).

➡ 육친의 덕이 부족(不足)하므로 스스로 독립심(獨立心)을 앙양하고, 진취적(進取的)인 자세로 자기의 앞날을 개척(開拓)해야 한다.

➡ 계획성(計劃性)과 두뇌(頭腦)의 활용(活用)에 뛰어나고, 남에게 지는 것을 싫어하여 수단(手段)과 방법(方法)을 가리지 않는 단점(斷點)이 나타난다. 자연 자의(自意)반, 타의(他意)반 사기(詐欺)성도 농후하게 나타난다.

➡ 공망(空亡)에 임하면, 한낱 서생에 지나지 않는다. 사람이 많이 모이는 공원 같은 장소에 가면 애국자(愛國者) 아닌 사람이 없고, 다 정

십이신살(十二神殺)의 활용(活用)

치가(政治家)다. 나오나니 욕뿐이다.
- 망신(亡身)은 명랑, 쾌활하여 평상시에는 이성적(理性的)인 태도로 매너가 좋고 섬세하나, 긴급한 상황이나 자신이 코너에 몰리면 본성(本性)이 드러난다. 철이 늦게 들어 주로 장년(長年)이나 되어야 정신(精神)을 차린다.
- 망신살(亡身殺)의 인연(因緣)은 처음에는 좋다가, 나중에 반드시 등을 돌리면서 상대방을 욕(慾)하고, 원망(怨望)하고, 후회(後悔)하도록 만든다. 서로가 망신(亡身) 당한다.

▶ 비겁(比劫).
- 망신살(亡身殺)이 있으면 다양하게 허망하다. 인간관계도 그렇고, 사람관계도 그렇고 무엇 하나 시원스레 해결이 되고, 맺고 끊는 맛이 없다.
- 망신살(亡身殺)운은 잠깐 동안의 누리는 복록(福祿)으로 살짝 건드려 득(得)이면 바로 손을 떼야한다. 땅긴다고 항상 내 것이 아니다. 떴다방이 좋은 예이다.
- 망신살(亡身殺)이 집결된 사주(四柱)는 평생을 통하여 구설(口舌)이 많이 따르고, 하는 일에 魔(마)가 많다. 시작은 그럴듯하여 많은 이의 관심이 쏠리나 곧 흥미를 잃어버리는 것이다.
- 다단(多段)계 같은 일에 빠지면 패가망신(敗家亡身)하는 것이나 같다. 보험 역시 같은 부류에 속한다고 보면 된다. 물론 상황에 따라 다른 경우도 많지만 보편적 경우다.
- 망신살(亡身殺)이 일지(日支)와 합(合)되면, 겉과 속이 다른 형상으로 나타난다. 적(敵)과의 동침(同寢)이다. 야당과 여당의 당리당략에

망신살(亡身殺)

의한 결합과 마찬가지다.

▶ **식상(食傷).**
→ 종교(宗敎)에 대하여 논(論)하자며 가가호호(家家戶戶) 방문하지만 천대(賤待)받는 것이나 같다. 부드럽고, 상냥한 목소리로 갖은 아양을 떨며, 전화로 영업활동을 하지만 지금은 먹히지 않는다. 그로 인하여 얼마나 많은 사람들이 눈에 안 보이는 지출(持出)을 하였던가! 본인은 열심히 한다고 하지만 헛다리짚는 것이요, 실속이 없다. 일종의 기만술이요, 사기이다.
→ 감언이설(甘言利說)로 사람들을 현혹하지만 사이비 종교인이요, 허황된 말을 앞세워 혹세무민(惑世誣民)하는 무책임한 술사(術士)와도 같은 것이요, 세치 혀를 놀리는 간신배와 같다. 어느 정치인처럼 희롱적인 언어, 망언(妄言)을 구사하고, 그것을 감추려 급급하다 일만 더 커진다. 올바른 소리라도 자극적 표현으로 인하여 구설(口舌)에 오르기도 한다.

▶ **재성(財星).**
→ 주색(酒色)으로 인하여 남들의 구설수에 오르거나 망신(亡身)당하는 것을 조심해야한다.
→ 거짓말 잘하고, 처자극별(妻子剋別)한다.(추행(醜行)성이다)
→ 생년(生年)기준 망신살(亡身殺)에 해당되면, 상문(喪門)살도 조심하여야 한다. 음식을 잘못 먹거나, 급하게, 심적인 불안상황에서 섭취하여 곤욕(困辱)을 치른다. 돌아가신 분이 안쓰러워 남은 유족(遺族)들이 안쓰러워 측은지심에 한 잔, 두 잔 하다보면 감정(感情)이 격하여

십이신살(十二神殺)의 활용(活用)

심장(心臟)의 변화가 불규칙(不規則)하여져서 혼미(昏迷)한 상태가 되는 경우가 생긴다. 이때 사고가 발생한다.
➡ 망신(亡身)년에는 뇌물(賂物)성, 대가(代價)성의 부당(不當)이익(利益)을 챙기기 쉬운 환경이 조성된다. 항상 그것이 불행(不幸)의 씨앗으로 번진다. 염문(艷聞)으로 인한 망신(亡身)도 이에 해당된다.

▶ 관살(官殺).

➡ 겁살(劫煞)이 있고 운(運)에서 망신이 침범하는 것 보다, 망신(亡身)이 있으면서 겁살(劫煞)이 침범하는 게 사건 사고가 많다. 순리(順理)대로 일을 처리하지 않으면 당한다.
➡ 망신살(亡身殺)이 형살(刑殺)과 같이 있으면, 살아가면서 관재(官災) 구설수(口舌數)가 반드시 생긴다.
➡ 망신살(亡身殺)은 교통사고에서 접촉사고요, 충돌(衝突)사고다. 대리운전이 마음에 안 든다고 직접운전 하다가 음주운전(飮酒運轉)으로 망신(亡身) 당한다.
➡ 사고 후 도주하여 얼마 후 자수(自首)하면서 자신의 순간적인 판단실수나, 축소(縮小)를 위한 기만적 행동으로 평생 오명(汚名)을 남기는 것도 마찬가지다.
➡ 모처럼 만의 등산으로 기분전환을 꾀하지만, 고혈압으로 쓰러지는 불상사(不祥事)를 겪기도 한다.
➡ 여름에 계곡으로 물놀이 갔다가 갑자기 불어난 물로 인하여 구조를 받는 어이없는 상황도 연출된다.

망신살(亡身殺)

● .위치(位置)별로 살펴보는 망신살(亡身殺).

◆ 년주(年柱).
➡ 형제나, 자식, 부모로 인하여 항시 망신살(亡身殺)을 갖게 됨으로 이러한 기운(氣運)을 가진 사람은 조상의 음덕(蔭德)을 항시 살펴야 한다. 기일(忌日)을 잊지 말고, 제삿날 잊지 말고, 공휴일이라고 퍼지지 말 것이다. 요즈음 풍속도이다.
➡ 선대(先代)는 정치, 바람, 타인의 원한관계로 몰락. 객사. 익사 흉사(凶死)로 얼룩진다. 콧바람이다.

◆ 월주(月柱).
➡ 부모형제가 온전하지 못하고 여러 갈래로 변동수가 많다. 구설시비 조심. 맞으면 맞는 대로 버는 것이다. 영웅심에 옛날 생각으로 행동을 하다가 개망신 당한다.

◆ 일주(日柱).
➡ 일지(日支)에 망신살(亡身殺)이 있으면 앞서 설명하였지만 적(敵)과의 동침(同寢)이다. 겉 다르고 속 다른 부부이다. 몇 년 동안을 서로가 메모지에 적어서 대화를 하다가 급기야는 이혼(離婚)을 한 어느 황혼이혼의 실례에서 우리는 다시 한 번 일지(日支) 망신(亡身)을 생각하여 본다.
➡ 서로가 염불에는 생각이 없고, 잿밥에만 마음이 있다. 서로를 항상 존중(尊重)하고 동등(同等)한 위치(位置)에서 배려하는 마음이 필요하다.

십이신살(十二神殺)의 활용(活用)

➡ 여기서도 일주(日柱)의 강약(强弱)이 나온다. 강(强)하면 버티는 것이요, 약(弱)하면 당한다. 가죽이 두터운 사람은 그만큼 사주가 신강(身强)한 것이요, 상관(傷官)기질이 강하다.
➡ 결혼에 있어서 항상 서두르면 당한다. 외국여성과 무조건식으로 결혼하다 당하기도 하고, 눈에 콩깍지가 씌어 모든 것 다 바치고 결국에는 오리 알이 되는 남성이 요즈음에는 하나, 둘이 아니다.
➡ 반대로 여성(女性)의 경우 외국교포라 하여 그곳까지 선을 보러가서 몸과 마음을 다주고 날까지 잡아 놓고 파혼(破婚)을 당하는 어처구니 없는 경우도 있다. 다 신약(身弱)이 원수이다.
➡ 망신(亡身)생 사람이 바람피우면 언젠가는 그의 배우자에게 발견 된다는 사실을 유의하라. 도둑이 제발이 저리다고 스스로 실토하는 경우도 생긴다. 간이 콩알 만 하다. 다 신약(身弱)이다.

◆ **시주(時柱).**
➡ 자식(子息)의 자리인데 인연(因緣)이 흉(凶)이다. 불리(不利), 가정(家庭)사도 안 좋고 수명(壽命)도 장수(長壽)와는 거리가 먼 것이다.
➡ 시지(時支)에 있으면 자녀(子女)로 인한 구설(口舌)이 따를 수도 있으니, 어려서부터 자녀의 조심스런 교육(敎育)이 필요하다. 인성(印星)교육(敎育)의 중요성(重要性)이 강조된다.
➡ 나이 들어 더욱 언행(言行)에 조심하여야 한다. 글 좀 쓴다고 껄쩍거리다가 국제적인 망신(亡身)이요, 말 좀 한다고 떠벌리다가 입 닥치라는 소리가 문 앞까지 들리는 경우가 발생한다.

망신살(亡身殺)

● 흐름으로 읽어보는 망신살(亡身殺).

➡ 흔히들 쌍둥이와 결혼을 한 사람들이 평상시에는 실수를 잘 안하는데 상황이 급박하거나, 환경적인 요인, 갑작스런 변화, 등으로 본의 아니게 실수한다.

➡ 망신살(亡身殺)은 장성(將星)살과 오행(五行)은 같은데, 음양(陰陽)이 다르니 자주 실수를 한다. 니 것이 내 것이고, 내 것이 내 것이다. 비슷하여 실수(失手)하는 것이요, 내가 정신(精神)이 혼미(昏迷)하여 착각(錯覺)하는 것이요, 이래저래 실수(失手)다.

➡ 망신(亡身), 육해(六害), 천살(天殺)의 삼합(三合)은 평생 골치 아픈 인연(因緣)으로 어쩔 수 없는 희생과 애로와 연관이 깊다. 살자니 고생(苦生)이요, 죽자니 청춘(靑春)이다.

➡ 망신(亡身)이면 내외적으로 걱정과, 고민거리가 생길 수 있다.

➡ 여성은 망신(亡身) 년에 임신이나, 출산하게 되면 몸에 수술을 받게 된다. 길거리 출산도 이에 해당한다.

➡ 망신(亡身) 속에는 다른 부가(附加)이익이 있고, 속내를 보였으니 오히려 일은 급히 성사될 수 있다. 실속이 문제다.

➡ 대운(大運), 세운(歲運) 망신(亡身)이 오면 사주망신과 합(合)이 되어 더 강하다. 망신(亡身)도 때와, 장소에 따라 파급효과(波及效果)가 다르다.

➡ 심중(心中)에 비밀(秘密)이 생긴다. 결코 바람직한 내용(內容)이 아니다. 남에게 알리고 싶지 않은 사연이다.

십이신살(十二神殺)의 활용(活用)

🍎 망신(亡身)도 여러 종류가 있다.

흉(凶)망신 : 흉(凶)을 일으키는 경우이다. 망신은 길보다는 흉(凶)의 의미(意味)가 강하다. 길(吉)의 표출(表出)로 인한 망신이다. 망신에는 내가 부족(不足)하고, 모자람으로 인한 망신이 있고, 충분한 상태에서 신중(愼重)하지 못하고 촐싹거리다 당하는 망신이 있다.

❖성급(性急)함으로 인하여 생기는 망신---뜨거운 음식을 급히 먹다 입천장을 데인다. 나이가 들수록 지나치게 뜨거운 것은 금물.
❖망동(妄動)- --선, 후배도 모르고 까불다, 후배에게 당한다.
❖가식(假飾)----큰소리치면서 먹고 오리발에, 무전취식으로 --
❖음탕(淫蕩)----계집질하다가, 서방질하다가 자식한테 망신을 당하여 무시당하는 경우. 평생 가는 망신이다.
❖주색(酒色)--황제 대접을 받다 결국에는 거지 대접을 받는 경우,
❖시비(是非)----억지 주장을 하다 꼬랑지 내리는 경우,
❖풍류(風流)---웃고 즐기다가 구렁텅이에 빠지는 경우
심신(心身)이 다 망가지니 갈 곳이 없고, 받아주는 곳 없다.
쓸 만한 구석이 없다는 것이다.

❖ 육합(六合)망신(亡身)

육합(六合)이란 지지(地支)의 음(陰),양(陽)합으로 합이 많으면 희로애락(喜怒愛樂)이 많아 삶이 복잡한 실타래와 같다. 지지(地支)상호간, 지지(地支)에 암장(暗葬)된 천간(天干)끼리의 합(合)에는 서로가 상생(相生)하고, 서로가 원(願)하여 하는 합이 있고, 강압(强壓)에 억지로 끌려가며 이루어지는 합이 있고, 상대를 이용(利用)하기

망신살(亡身殺)

위한 합(合)이 있고, 부딪히면서 정(情) 때문에, 미련(未練) 때문에 이루어지는 합이 있고, 그 사연도 가지가지다. 자연 망신당하는 경우도 많아진다.

❖ **원진살(元嗔殺)망신** : 미워하며 한(恨)을 갖는다. 억울함이 한스러워 누명(陋名)살이요. 경우에 어긋나는 것을 못 참는 운동(運動)권 기질이요, 해서는 안 되는 줄 알면서 행하는 동성연애, 근친혼, 근친상간, 치정문제, 불륜관계(不倫關係)등으로 나타난다.

❖ **도화(桃花)살 망신** : 신약(身弱)할 경우 많이 나타난다. 살(殺)과 합(合)을 할 경우, 심심하면 나타나는 연예계비리, 성상납, 로비사건, 치정(癡情)으로 인한 비리, 미인계나 금전의 유혹, 등 많은 사연이 발생한다.

❏ **망신살(亡身殺)방에 대한 생활의 지혜.**

➡ 망신(亡身)은 의미가 망신(亡身), 망신(亡神), 망신(妄信)등 여러 의미가 작용을 한다. 한 가지에 집착하면 안 된다. 특히 금전적(金錢的)인 집착은 많은 피해를 가져온다. 금고는 망신살 방향(方向)에 놓으면 도둑이 침입을 한다. 가까운 사람이다. 아는 놈이다.

➡ 부부생활의 체위도 반안(攀鞍)살 방향이 머리 쪽이고, 하체(下體)는 망신살(亡身殺) 방향이 좋다. 볼 것, 못 볼 것 다보니 그게 망신이다.

➡ 선거(選擧)나 구애(求愛), 설득(說得), 방문(訪問)판매 등 상대방을 나의 의도하는 분위기로 유도하려면 간, 쓸개를 다 내어 놓아야 한다.

십이신살(十二神殺)의 활용(活用)

얼굴에 철판을 깐다. 이러한 것이 남 앞에서 망신(亡身)을 당하는 것이다. 고로 망신살(亡身殺) 방향이 좋다.

➡ 자기의 자존심을 내세우거나, 고집을 지나치게 앞세우거나, 목에 힘주고 체면치레 하는 장성살(將星殺) 방향은 안 좋다.

➡ 부부 중 어느 한 쪽이 외도(外道)할 때, 자주 가는 곳은 망신살(亡身殺)방향이 되는데, 결국은 들통이 나서 개망신을 당하게 되기 때문이다. 혹 절대로 걸리지 않을 것이라 생각하지만, 이 세상에 비밀은 없다. 불륜(不倫)이란 언제인가는 불란(不亂)의 씨가 되어 모든 것을 파(破)하기 때문이다. 그렇게 좋다면 차라리 이혼(離婚)을 하고 정식으로 살림을 차려라, 그것이 아니라면 결코 당신은 편하지가 않은 것이다. 그럴 바에는 정도(正道)를 걸어라.

● **실전(實戰)으로 살펴보는 망신살(亡身殺).**

✸ 건명(建命)

己	庚	癸	丁
卯	寅	卯	未

묘(卯)월, 경(庚)금 일간(日干)이다.
일지(日支) 인(寅)목이 망신살(亡身殺)

⬆ 년지(年支) 기준하여 일지(日支) 인(寅)목이 망신살(亡身殺)이다.
지지(地支)가 재성(財星)으로 기운(氣運)이 강하다. 재다신약(財多身弱)인 것이다. 결혼(結婚)이 늦어진다. 일지(日支)가 망신살(亡身殺)이다.
아내가 지나치게 월권(越權)행사 한다. 재성(財星)이 지나치게 강(强)하다 보니 화장품 냄새만 나도 정신이 없어 돌아버린다.

✸ 작은 못으로 기둥에 망치질을 하여 보았자 표도 안 난다. 평생(平生)

망신살(亡身殺)

에 여성(女性)과는 진정한 정분(情分)이 없는 사람이다. 스치는 바람이요, 흩날리는 꽃가루이다.

☀ 어려서부터 어머니와는 인연(因緣)이 없고, 총각시절에는 이성(異性)과의 인연(因緣)은 있어도 진정한 사랑을 못해보고, 결혼(結婚)을 하고나서도 아내와는 진정한 사랑이 없는 사람이다.

☀ 외관상(外觀上)으로는 많은 여성을 두루 섭렵을 하나, 다 수박 겉핥기이다.

☀ 나름대로 노력은 하지만 제대로 성사를 못 한다. 철도 늦게 드니 그저 마음만 착한 사람이다.

☀ 건명(建命)

壬	癸	丁	庚
戌	卯	亥	申

해(亥)월, 계(癸)수 일간(日干)이다.
월지(月支) 해(亥)수가 망신살(亡身殺).

⬆ 미혼(未婚)인 남성이다. 과연 어떤 여성을 아내로 할 것인가?
부모의 반대를 무릅쓰고 결혼을 하려 하지만 결코 순탄하지 않다.
여성의 마음은 이미 다른 곳에 있다.
월지(月支)의 해(亥)수가 망신살(亡身殺)이다. 해(亥)수 위에는 편재(偏財)가 있는데 여기서는 처(妻)로 본다.
아내와의 불화(不和)가 화근(禍根)이다.
아내의 주변에는 도처에 남성들이 기다리고 있다. 아내 또한 남편(男便)보다는 남이 더 좋다. 돼지고기와 소고기의 차이인데, 다 입맛 나름이다.
우리가 신살(神殺)을 보면, 문제가 대두되는 것이 여러 사항이 나온다.
신살(神殺)의 명칭(名稱)이 과연 어떤가?
합리성을 본다. 망신살(亡身殺)인데 왜 망신살인가? 그리고 그것이 과연

십이신살(十二神殺)의 활용(活用)

흉(凶)인가? 길(吉)인가? 특히 망신살(亡身殺)의 경우 그 단어 자체가 풍기는 뉘앙스가 매우 흥미로운 것이다. 어찌 볼 것인가?

실제로 망신살(亡身殺)은 록(祿)인데, 어찌 그것이 망신스럽다는 것인가? 쑥스럽다는 표현도 어울린다.

남이 자신을 칭찬하는 경우나 마찬가지요, 자화자찬(自畵自讚)도 된다.

장성살(將星殺)

● 장성(將星).

삼합국의 중간에 위치하고 있다. 중심(中心)지요,
기운의 중심(中心)인 핵심적(核心的)인 요소(要素)이다.
기운(氣運)이 제일 왕(旺)하다.
천하장사(天下壯士)인 것이다. 별이요, 무관(武官)이요,
장군(將軍)이다. 그러한 기상(氣象)이 나타난다.
사주에서 각 주(柱)에 해당하는 사항과 연관을 지어 통변(通辯)을 하면 된다.

◆ 의미(意味)로 살펴보는 장성살(將星殺).

장성(將星)이란? 힘을 자랑한다. 자신의 무분별한 행동으로 인하여 상대방에게 치명적 타격을 주기도 하고, 역(逆)으로 그 화살이 나에게 날아오기도 하는 것이 장성살(將星殺)이다.
바람직한 것은 왕성한 힘을 잘 활용하여 올바른 방향으로 적절하게 사용을 하는 것이다. 대체적으로 겸손함을 상실하고, 주변의 부추김에 의하여 실수를 많이 한다. 밥이란 뜸이 제대로 들어야 감칠맛이 나는 것이다.

지나친 방심은 때때로 억울한 결과로 이어진다.

십이신살(十二神殺)의 활용(活用)

● 장성살(將星殺)을 쉽게 찾는 방법.

◉ 삼합(三合)의 가운데 자(字)가 장성살(將星殺)이다. 제왕(帝旺)인 것이다. 삼합(三合)의 기운(氣運)을 대표(代表)한다.
◉ 재살(災殺)과 충(沖)을 한다. 양간(陽干)의 경우는 겁재(劫財)가 된다. 자, 오, 묘, 유(子午卯酉)가 해당 된다.
☀ 신자진(申子辰) : 중간 자(子), 수(水)가 장성(將星)
☀ 해묘미(亥卯未) : 중간 묘(卯), 목(木)이 장성(將星)
☀ 인오술(寅午戌) : 중간 오(午), 화(火)가 장성(將星)
☀ 사유축(巳酉丑) : 중간 유(酉), 금(金)이 장성(將星)

◆ 년지(年支), 일지(日支)를 기준으로 하여 보는 장성살(將星殺).

삼합(三合)	❶ 사유축 (巳酉丑)	❷ 해묘미 (亥卯未)	❸ 신자진 (申子辰)	❹ 인오술 (寅午戌)
장성(將星)	유(酉)	묘(卯)	자(子)	오(午)

◆ 일간(日干)을 기준으로 하여 볼 경우.

오행(五行)	목(木)		화(火)		토(土)		금(金)		수(水)	
십간(十干)	甲	乙	丙	丁	戊	己	庚	辛	壬	癸
십이운성	제왕(帝旺)	묘(卯)		오(午)		오(午)		유(酉)		자(子)	
	장생(長生)		오(午)		유(酉)		유(酉)		자(子)		묘(卯)

◼ (장성살(將星殺)의 경우, 양간(陽干)은 제왕(帝旺), 음간(陰干)은 장생(長生).) 전체적으로 자, 오, 묘, 유(子午卯酉)가 해당 된다.

장성살(將星殺)

- ☀ 갑(甲)과, 계(癸)는, 묘(卯)가 장성살(將星殺)
- ☀ 임(壬)과, 신(辛)은, 자(子)가 장성살(將星殺)
- ☀ 경(庚),기(己),정(丁)은, 유(酉)가 장성살(將星殺)
- ☀ 병(丙),무(戊),을(乙)은, 오(午)가 장성살(將星殺)

⚽ **성정(性情)으로 살펴보는 장성살(將星殺).**

십이운성으로는 제왕(帝旺)에 해당한다.
권위를 상징, 문무를 겸비하고 집념과 인내심이 강하여 군인이나, 경찰, 스포츠계통으로 대성한다. 장성은 인신사해(寅申巳亥)생일 경우 고유(固有)의 능력(能力)을 발산(發散)한다.

◉ **심성(心性)으로 보는 경우.**
→ 강성(强性)으로 흐른다. 일단은 앞장서야하고, 전면에 부각이 되어야 한다. 밀리는 것은 패배로 생각하여 이보(二步)전진을 위한 일보(一步) 후퇴에서 자주 실수한다.
→ 앞만 보고 나가는 경향이 강하다. 남에게 사과를 한다거나, 아쉬운 소리 할 때는, 일진(日辰)이 장성(將星)에 해당하는 날은 피하는 것이 좋다.
→ 고집(固執)이 강(强)하다. 지는 것을 싫어하여 부러지는 줄 알면서도 버틴다. 결국은 동강이 나는 것이다.

◉ **건강(健康) 면으로 보는 경우.**
→ 골격(骨格)이나 신체가 강하여 잔병에 잘 걸리지 않는 스타일이다.

십이신살(十二神殺)의 활용(活用)

원전(源電)이 강하고 좋기는 하나, 한 번 사고 나면 대책이 안 선다.
➡ 아픈 줄 알면서도 병원(病院)에 가지 않는다. 나는 이정도 충분히 견딜 수 있어! 하면서 병(病)을 키우는 경우이다. 후에 병실(病室)에 누워 한숨을 쉬면서 크게 후회(後悔)한다. 아프면 크게, 장시간을 요한다.

◉ 생활(生活) 적인 면으로 보는 경우.
➡ 바쁘기는 우라지게 바쁘다. 잠을 자는 시간이 아깝다고 할 정도로 설칠 때는 답이 안 나온다.
➡ 활동(活動)에 비하여 득(得)은 적은 편이다. 크게 흥(興)할 때는 크나, 지키는 것이 문제로 등장한다.

◉ 성향(性向)으로 보는 경우.
➡ 주체의식(主體意識)이 강(强)하고, 개성(個性) 또한 뚜렷하다. 왕(旺)한 기운(氣運)을 갖고, 대체적으로 사주가 강(强)한 경우가 많다.
➡ 약자(弱者)나, 조용한 스타일과의 조화, 그리고 신구(新舊)간의 부조화(不調和)로 많은 일에 지장(支障)을 초래한다.
➡ 신약(身弱)할 경우는 엉뚱한 곳으로 돌파구를 찾으려 하는 면이 강하여 종사(從事)하는 분야에서 왕따로 돌발(突拔)문제를 일으킨다.

장성살(將星殺)

⚽ **.육친(六親)별로 살펴보는 장성살(將星殺)의 작용.**

자오묘유(子午卯酉)로써, 자기본위의 성향이 강하다. 무한질주를 한다. 브레이크가 고장이 난 형상이다. 절제(節制)가 생명이다.
상대방을 배려하여야 한다. 조화가 이루어져 길로 작용하면 대단한 결과가 나온다.

▶ 인수(印綬).
➡ 어머니의 고집이 대단하시다. 성격이 대단하시다-----조부(祖父)가 완고하신 경우에 해당한다.
➡ 인성(印星)은 식상(食傷)을 극(剋)한다. 싫어하는 것이다. 떠들고 주접떠는 것을 싫어한다. 잔머리 굴리는 것을 용납하지 않는다.
➡ 한 가지 일에 집중하기 좋아한다. 우물을 파더라도 한 우물을 판다. 이것이 단점(短點)으로 작용을 하기도 하나, 장점(長點)이 될 경우, 종사(從事)하는 분야에서 두각(頭角)을 나타낸다.

▶ 비겁(比刦).
➡ 비견(比肩)이 지나치면 비겁(比刦)작용을 한다. 지나치게 권위적이며 자신 위주이다.
➡ 아내는 숨을 쉬기가 힘들어진다. 심하면 각방을 쓰거나, 떨어져 사는 경우가 많고, 접촉, 대화하는 시간이 적어진다.
➡ 재다신약(財多身弱)일 경우도 비슷한 상황이 나타난다. 재성이 강할 경우, 신왕재왕(身旺財旺)의 경우, 남부럽지 않은 삶을 영위한다.
➡ 병(病)이란 제대로 활동을 하지 못하는 부분에서 항상 발생한다. 자기 역할을 충실히 행하지 못하기 때문에 발생하는 것인데, 사주에서

십이신살(十二神殺)의 활용(活用)

왕의 기운이 왕 노릇을 못하면 병이 난다. 자오묘유(子午卯酉)는 왕지(旺地)이다. 왕지(旺地)가 병이 들면 부작용(副作用)이 나타난다. 왕이란 그렇다. 체통이 있으니 아프다는 소리를 못한다. 그러니 병명(病名)이 나타나지 않는다.

➡ 공연한 심통에 짜증만 내고 자신의 심사를 알아서 파악하기 바란다. 몰라주면 바보라 하여 상대(相對)를 무시한다. 특히 잡귀가 들어올 경우, 빙의(憑依)도 마찬가지다.

➡ 너희가 게 맛을 알아! 하면서 비웃는다. 신병(神病)이나, 빙의(憑依)가 오래가는 이유다. 그로인한 가정의 파탄과, 주변의 많은 사람의 걱정이 늘어난다.

➡ 자오묘유(子午卯酉)가 장성이 되어야 하는 이유이다. 굿을 하고 병원을 가더라도 이 시기를 잘 선택하여야 하는 연유이다. 아무리 치료를 오래하고, 좋다는 것을 다 써보아도 효과가 없는 것과, 불과 몇 번을 안가도 효과를 보는 것의 차이가 바로 이러한 이치다.

➡ 장성(將星)과 정(正), 편인(偏印)이 합작(合作)을 하거나, 동주(同柱)할 경우 세상에서 빛을 보는 것은 당연하다. 특히 학문, 예능, 종교부문 등에서 두각을 나타내는데, 그 사주의 성향이 이러하기 때문이다.

▶ 식상(食傷).

➡ 추진력(推進力)이 대단하다. 물불을 안 가리고 들이대는 식이다. 지속적으로 일을 하여야 하는 사람이다. 쉬고 있지를 못하는 사람이다. 조금만 멍하니 있어도 엉덩이가 들썩거리고 발바닥에 곰팡이가 생기는 사람이다. 잔 일이 많은 곳이나 일손이 항시 바쁜 곳에서 항상 환영 받는다.

장성살(將星殺)

➡ 단점(短點)으로는 지나치게 설치다보면 항상 실수(失手)를 밥 먹듯 한다. 열심히 하고도 한 두 번의 실수로 인하여 공든 탑이 무너진다.

▶ 재성(財星).

➡ 재성(財星)에 해당하는 사항을 접목(接木)시키면 된다. 남성(男性)의 경우는 주로 처(妻)이므로, 처(妻)가 고집(固執)이 대단하고, 거칠다고 보면 된다. 매사 모든 것을 자기본위로 처리한다.
➡ 상황(狀況)이 넉넉하면 많은 사람들이 모이나, 부족(不足) 할 경우는 사람들이 모이지 않고 오히려 외면(外面)한다. 다 돈이 있어야 사람이 꼬이는 원리(原理)다.
➡ 고립(孤立)이 잘되고, 교우(交友)관계나, 대인관계(對人關係)에 많은 문제점을 노출한다. 한 번 실패를 하면 재기(再起)가 어려운 경우가 많다.
➡ 처(妻)로 인한 어려움을 겪는다. 조금만 융통하여 주어도 해결 될 일을 지속적인 어려움을 아는데 무엇을 믿고 도와 주냐며 외면(外面)을 한다. 차라리 자기가 나서서 일을 하겠다며 나가는 것이다.
➡ 아버지 또한 마찬가지이다. 자식이 믿음이 없으니, 재산(財産) 말아 먹는다며 얼굴을 돌린다.
➡ 신왕재왕(身旺財旺)의 경우, 모든 것이 넉넉하니 만사가 형통이다. 자연 주변의 신뢰(信賴)가 강하고, 입만 열어도 돈을 들고 오는 상황이 연출된다.

▶ 관살(官殺).

➡ 관성(官星)이 지지(地支)에 장성(將星)을 놓고 있는 형상이다. 다른 경우도 있으니 한 가지에

십이신살(十二神殺)의 활용(活用)

만 집착하여서는 안 된다. 직업 또한 연관된 직종이 어울린다. 보통 들 일컫는 군, 형, 검, 법무, 독립직 등 보안이나 감사 업무 등도 이에 해당한다.

● .위치(位置)별로 살펴보는 장성살(將星殺).
다른 신살(神殺)의 경우도 원리(原理)는 마찬가지다.

◆ 년주(年柱).
➡ 년지(年支)에 있다면 : 선대(先代)에 무관(武官)이었고, 장군(將軍)이나 장수(將帥)였다고 통변(通辯)을 한다. 이것은 보통(普通)하는 통변이다. 다른 식으로 한다면 통솔력이 출중하다고 본다.
➡ 남 밑에 있다가도 치고 올라가는 형상이다. 윗사람도 다루기가 거북하다. 주변의 시기를 당하는 경우가 많다. 참모로 있을 경우는 참모장으로 활약한다.

◆ 월주(月柱).
➡ 부모, 형제의 자리라 혈연(血緣)중 이에 연관된 사람이 많다. 월지(月支)에 장성(將星)이 있으니 근본적으로 강함이 나타나는 사람이다. 자기 앞가림 정도가 아니라, 몇 명 정도라도 충분히 감내할 능력은 축장(蓄藏) 된 사람이다.
➡ 커다란 흠집이 없다면 충분히 자기 권위를 지키고, 문무백관 중 타(他)의 모범(模範)이 될 만하다.
➡ 위치를 살펴본다면 월지(月支)가 우선이요, 그 다음이 일지(日支)다. 일지는 월지(月支)에 비하여 운신(運身)의 폭이 다소 좁은 것이 흠이

장성살(將星殺)

다. 특히 운(運)에서의 변화(變化)에 민감하여 장기적 차이와 단기적 차이가 나타난다.

◆ 일주(日柱).

➡ 일지(日支)에 있다면 : 본인(本人)에 대한 사항이다. 나를 따르라 하고 고집(固執)을 부린다. 자기가 무슨 개선장군이나 되는 것처럼 말이다. 고집(固執)과, 아집(我執)으로 뭉친 사람이다. 운(運)이 좋을 때는 먹히지만, 운이 나쁠 때는 통하지 않는다.

➡ 내가 튼튼하면 주변이 자연 따르기 마련이다. 가정에서 가장(家長)의 능력이 인정되면, 구성원들부터 일심(一心)으로 동참을 한다. 자손이 부모를 어려워하며 예의, 사회성 모든 것이 잘 교육이 되어 국가에서, 사회에서 필요로 하는 인재가 될 가능성이 많다. 다만 강함이 지나치면 오히려 그것이 독선(獨善)이 되어 생각지 않은 결과를 초래하기도 한다.

◆ 시주(時柱).

시지(時支)에 있다면 자손(子孫)이요, 말년(末年)이다. 자손의 힘이 지나치니 위, 아래를 모른다. 공경심이 사라지고 망나니가 된다. 신약일 경우로 전환이 되면 게임이나, 도박, 정신적인 갈등을 겪는 질환을 맛보게 된다. 재산이 남아나지 않는다. 이전에 사회적 물의를 빚은 보험금 사고가 이런 실증(實證)이다.

십이신살(十二神殺)의 활용(活用)

● **흐름으로 읽어보는 장성살(將星殺).**

→ 장성살(將星殺)은 여성보다 남성이 있는 경우 훨씬 편하다. 여성이 장성살(將星殺)을 놓고 있으면 그것도 2개 이상일 경우, 남편이 버는 것으로는 만족을 하지 못한다. 자기가 직접 뛰어야 직성이 풀리는 사람이다. 일에서도 마찬가지다. 남이 하는 것은 무엇인가가 신통치가 않다. 남에게 부탁을 하여도 꺼리는 이유다.

→ 일을 처리함에 있어 우물쭈물이 아니다. 못하면 못 하는 대로 속전속결(速戰速決)을 추구하는 사람이다. 질(質)보다, 양(量)적인 면을 추구한다. 일을 시켜도 이런 사람에게는 규모가 큰 것을 시켜라. 간섭하는 것을 싫어한다. 일단 맡기면 잊어버려라, 자기가 알아서 다 한다.

● 강함을 갖추고 있는지라 기웃거리지 않는다. 옳고 그름을 판단함에 있어 망설임이 없다. 타협을 원치 않는다. 지도자의 자질(資質)을 갖추고 있는 사람이다. 독선(獨善)으로 지휘봉을 잡으면 목적을 위하여 수단과, 방법을 가리지 않는 경우도 있어 한 번 잘못 흐르면 감당하기 어려워진다. 왕조(王朝)가 바뀌면 줄을 잘 서야한다. 잘되면 충신(忠信)이요, 못되면 역적(逆賊)이 된다.

● **장성살(將星殺)의 여러 상황(狀況).**
전력(戰力)적인 면에서 스포츠를 비교하여보자. 강하다 함은 보통 2개 이상을 말한다. 다른 경우의 신살(神殺)도 마찬가지 기준(基準)이다.

→ 장성살(將星殺)이 많은 감독의 경우는, 하위 팀을 맡아도 강등(降等)

장성살(將星殺)

을 걱정하지 않을 정도로 팀을 체질 개선한다. 선수들도 일심동체(一心同體)가 되어 일사분란하게 움직인다. 상대팀이 팀워크에 밀려서 진다.

➡ 장성살(將星殺)이 많은 경우의 선수는 후보로 뛰다가도 정규선수의 부상(負傷)으로 인한 공백을 메우고, 그 역할을 충분히 하여 눈도장을 받고 정식후보로 뛴다. 부상(負傷)을 당하여도 휴식기(休息期)를 앞두고 당한다.

➡ 축구에서 골을 넣었는데 오프사이드라 인정을 못 받는 것인데 주심이 판정을 번복하여 정식 골로 인정을 한다.

➡ 신약(身弱)일 경우는 장성(將星)의 날에 게임을 하면 유리한 판정(判定)을 많이 받는 다. 송사(訟事)에서 장성(將星)운 일 경우, 승소(勝訴)하는 사례가 나타난다.

➡ 장성살(將星殺)이 많은 사람은 현실(現實)위주 성향이 매우강하다. 그것은 지금 현재 상태가 왕성하므로, 그것을 발산(發散)하지 못하여 안달이니 사고방식도 항상 현실적이고, 과거(過去)에 대한 향수와 미래(未來)에 대한 집착(執着)은 그리 강(强)하지가 않다.

➡ 당장의 현실을 최우선으로 하는 것이다. 물건을 구입하여도 당장의 상황만을 생각한다. 계절이 지난다거나, 용도(用度)가 당장 쓰임세가 없으면 천덕꾸러기 취급을 하여 효용(效用)성에서 항상 문제점을 드러낸다. 냉장고가 넘쳐난다. 재활용 물건이 넘쳐난다. 인테리어에 감각적으로 예리하지 못하다.

● 자오묘유(子,午,卯,酉)는 도화(桃花)와도 연관(聯關)이 되지만, 편향되게 같은 것이 중복 되면 애교(愛嬌)가 없고 무뚝뚝하다.

➡ 고집세고, 일수불퇴인 사람은, 장성(將星)쪽으로 보아도 무관할 정도

십이신살(十二神殺)의 활용(活用)

로 장성살(將星殺)이 강하여 금방 티가 난다. 고집과 밀어붙임은 차이가 있다. 그러다 무너지면 순식간이다. 고집이 셀수록 생각이 깊지 않기 때문이다.

➡ 장성살(將星殺)이 같은 것이 겹치거나, 운(運)에서 반복(反復)이 된다면, 강함의 반복이라 서로 물러서지 않는 형국으로 나타난다. 둘로 나뉘어서 어느 쪽을 선택하여야 할 것인가? 시어머니가 둘이라 어느 분의 말을 들어야 할지? 고민인 것이다.

➡ 기로(岐路)에 서는 문제가 발생한다. 혼란(混亂)의 가중(加重)이다. 아! 어디로 갈 것인가?

● 진술축미(辰,戌,丑,未)생의 장성(將星)은 자오묘유(子,午,卯,酉)가 되어 초년(初年)에는 왕(旺)하니 일단 처음에는 길(吉)한 것이라, 음양(陰陽)의 이치에 따라 중도(中途)에 항상 흉(凶)이 기다리고 있는 것이다.

● 후(後)에 흉(凶)을 항상 대비(對備)하여야 하는 것이다. 선길후흉(先吉後凶)이라 한다.

➡ 장수가 칼을 뽑으면 썩은 무라도 잘라야 한다고 하였다. 사람의 의상(衣裳)을 생각하여보자. 멀쩡한 사람도 누더기 옷을 걸치면 절로 게을러지고, 자포자기(自暴自棄)하여 매사에 의욕이 없어지고, 추(醜)한 행동을 하여도 부끄러움을 잊어버린다.

➡ 굿당에서 신복을 갈아입을 때마다 행동이 달라진다. 신명(神命)을 부르는 것도 의상에 맞게 부르는 것이다. 장군 복을 입으면 장군님을 부르듯---- 장성살(將星殺)이 강한데 거기에 역마(驛馬)살이 가하여진다면 왕한 기운을 주체하지 못하고 자꾸만 쓸데없이 여기저기 충동적(衝動的)으로 다니기 마련이다.

장성살(將星殺)

→ 운전면허를 처음 따보라, 차가 준비되어 있다면 누구든 핸들을 잡고 아무 곳이나 달려보고 싶은 것이 인지상정(人之常情)이다. 그러면 어떤 상황이 벌어지겠는가? 움직일 때마다 나가는 것이 기름 값이요, 교통비요, 식비요, 숙박비요, 활동비다. 이것을 아끼다보면 물론 예전 이야기이지만 돈 안들이고, 먹고, 자고 하는 것이 바로 상가(喪家)이다.

→ 거지도 열흘을 굶고 간다고 하지를 않던가? 모든 것이 일시적으로 해결이 된다. 그래서 고서에 이르기를 장성(將星)은 역마(驛馬)를 가장 싫어하는 존재(存在)라고 하였는데 다 이유가 있다.

→ 요즈음은 경비를 줄이려면 찜질방이요, 노숙행위요, 배낭여행이다. 이것도 날이 따뜻할 때 이야기지 추운 겨울이면 그것도 문제이다. 그러다 보면 살기위한 방편으로 엉뚱한 짓을 하여 불상사(不祥事)를 일으킨다. 물론 준비가 넉넉히 된 경우는 다르겠지만, 그것도 다 떨어진다면? 하는 말이 "죄는 미워도 사람이 무슨 죄가 있겠냐?"며 선처(善處)를 호소(呼訴)하기도 한다. 술이 죄라는 말도 역시 같다.

→ 없는 사람은 여름이 살기 좋다고 하지만, 이것 역시 단편적(斷片的)인 설명이다. 오죽하면 일부러 교통사고를 야기하는 사람도 생기겠는가? 나이롱환자 역시 다 이러한 살(殺), 특히 격각살(擊脚殺)의 작용인데, 다 흉(凶)으로 작용을 하여 나타나는 것이다. 일시적인 호구지책(糊口之策)은 될지 언정 결코 바람직한 행위는 아니다.

→ 사주에 장성(將星)과 합(合)을 이루려면 지살(地殺)과, 화개(華蓋)인데 다 뜻이 있는 합(合)이다. 그래서 이러한 상황을 예견하기 위하여 반안(攀鞍)과, 역마(驛馬)를 항상 살피는 것이다.

→ 장성(將星)은 반안(攀鞍)과 합(合)을 해야 엉뚱한 방향으로 가지 않

십이신살(十二神殺)의 활용(活用)

- 고 제 길로 매진(邁進)하여, 작은 일이라도 그 뜻을 이룬다.
→ 삼합국(三合局)은 강물이 모여 바다를 이루듯 흐름이 원만하다. 결국은 짜여 진 각본이요, 짜고 치는 고스톱이다. 커다란 장애는 없는 상황으로 이어진다.
→ 장성(將星)과 지살(地殺)의 합(合)은 왕한 기운을 바탕으로 하여 계획된 작전을 수행한다. 그것도 밖으로 말이다. 기름을 가득 채운 채 고속도로에 진입을 한다. 이미 요금소를 지나 목적지를 향하여 나간다. 진행(進行)형이다.
→ 장성(將星)과 화개(華蓋)의 합(合)은 무르익은 기운을 바탕으로 하여 결실의 탑을 쌓는 형상이다. 기본기와 경륜이 탁월하여 화개(華蓋)에 연관된 부문에서 빛을 발한다. 여기에서 주의 할 점은 힘으로 밀어붙이는 우(愚)를 범하여서는 안 된다.
→ 일시적으로 통할지 모르나 장기(長期)성은 사라지는 것이다. 남은 불씨의 따뜻함이라 생각을 해야 한다. 숯불의 위력이다. 화끈한 장작불이 아니다.
→ 장성(將星)을 충(沖)하는 것은 재살(災殺)이다. 보수(保守)와, 진보(進步)의 대립(對立)과 같다.
→ 장성(將星)이 공망(空亡)이 된다면 어떨까? 뻘 속에 파묻힌 진주(眞珠)가 된다. 자신의 참신한 능력(能力)을 알아주지 못하기 때문에, 취업(就業)이나 승진(昇進)이 뜻대로 성취가 안 되면 세상을 경멸하고 도외시 하는 성향이 나타난다.
→ 인재(人才)도 그를 알아주는 사람이 있어야 빛을 본다. 장성(將星)이 관(官)에 해당할 경우 공망(空亡)운이 오면 나타나는 현상이다.
→ 장성(將星)이 재성(財星)과 동거동락(同居同樂) 한다면 항상 금전(金

장성살(將星殺)

錢)이 떨어지지 않는 사람이다. 비워 질만 하면 어디선지 또 채워진다.

➡ 양인(羊刃)과 동주(同柱)하면 정예부대가 최첨단 무기를 갖추는 형상이다. 백전백승의 필살부대이다. 천하무적의 용맹을 갖춘다. 장수가 칼을 휘두르는 형상이라, 일을 처리하여도 거칠게 밀어 붙이고, 여성(女性)에게 프로포오즈 하여도 맹렬, 과감하게 한다. 잘못 연결이 되면 머슴으로 추락하거나, 마당쇠 운명으로 떨어진다.

➡ 관성(官星)과 동주(同柱)한다면 큰소리치면서 정책(定策)의 계획안을 수립(樹立)한다. 실행(實行) 또한 망설이지 않고, 거침없이 행한다. 간혹 지나침으로 인하여 극렬한 반대에 부딪히는 폐해(弊害)가 나타난다.

➡ 일지(日支) 장성(將星)은 소신(所信)이 뚜렷하여 눈치를 보지를 않는다. 옳다고 생각을 하면 진언(眞言)을 망설이지 않으며 앞뒤를 가리지 않는 것이 흠이다.

➡ 밤중에 공동묘지에 있어도 두려움과 공포를 덜 느끼는 사람이다. 더불어 지지(地支)에 록(祿)을 갖추고 있으면 무엇을 하여도 한몫을 단단히 할 사람이다.

➡ 남명(男命)에 장성(將星)이 있으면 집안의 중추적인 역할을 한다. 가정(家庭)뿐만이 아니라 직장(職場), 사회(社會)에서도 어느 분야이던 앞장을 서서 솔선수범(率先垂範)하는 자세로 임하여 주변의 신뢰를 얻는다.

➡ 여명(女命)에 장성(將星)이 있으면 얼굴선이 굵으며 목소리 역시 여성답지가 않고, 마치 남성(男性)처럼 굵으며, 골격(骨格) 또한 실(實)하다. 부족한 면이 있다면 여성다움이나 애교가 부족하다.

십이신살(十二神殺)의 활용(活用)

➡ 부부간의 성관계에는 탐탁지 않게 생각을 하며, 다만 의무적 사항으로 여긴다. 자녀를 돌봄에 있어서도 애틋한 사랑이 보이지 않는 것이 흠이다. 속으로 어느 정도 생각을 하나, 겉으로 표현함에 있어서 인색(吝嗇)하다. 전업(專業)주부(主婦)로 어울리지 않는다.
➡ 여기에 반안(攀鞍)이 첨가되면 손에 물을 묻히지 않으려고 한다.
➡ 부드러움과 약간의 신약(身弱)을 요하는 여성에게는 장성살(將星殺)이 어울리지 않는다. 유흥업소의 업주나, 가정보다 약간 거친 밖의 일에 어울리는 여성이다.
➡ 남편(男便)을 공경으로 대하는 마음의 여유가 부족하여 가정불화가 잦고, 약자(弱者)에게 강(强)하고, 강자(强者)에게 약(弱)한 것이 당연한 일이지만 약간 부도덕(不道德)한 면도 나타난다.
➡ 건강(健康)면으로 본다면 평상시 잔병에는 강하나, 한 번 아프면 크게 고생(苦生)하는 형상이다. 겉으로는 대범하여 보이나, 대단히 소심한 성격의 소유자가 많다.
➡ 장성살(將星殺) 일진(日辰)에 오는 손님은 대체적으로 자기의 웅지(雄志)를 펼치고자 하는 기운(氣運)이 강(强)하므로 사업(事業), 가정(家庭), 인사(人事), 계획(計劃)등 대체적으로 긍정적(肯定的)이며 폭넓은 쪽으로 생각한다. 재산(財産)의 축적(蓄積)도 평소에 열을 보았다면 오십이나, 백으로 보라.

장성살(將星殺)

❏ 장성방(將星方)에 대한 생활의 지혜.

일지(日支), 년지(年支) 기준하여 장성살을 찾는다. 해당되는 지지(地支)의 방위를 살펴 장성살방으로 한다.

➡ 장성살(將星殺)의 방향은 기운이 강한 방향이다. 감내하기가 만만치 않다. 나의 기운(氣運)이 강하더라도 가능한 한 장성살의 방향은 피하는 것이 좋다. 서로가 대치하는 국면이 자주 발생한다.

➡ 새로이 사업을 시작하던가, 새로운 구성원이 되는 것도 다 어느 쪽으로 가는 것이 좋은가? 또 문의 방향 즉 출입구는 어느 쪽이 좋은가 선택하여 결정한다.

➡ 부득이 장성살 방향에 이미 문이나 출입구가 개설되어 있으면, 장성(將星)을 충(沖)하는 방향(方向)보다 기운(氣運)을 설기(泄氣)하는 방향으로 출구(出口)를 만드는 것이 좋다.

➡ 반항(反抗)하는 강한 기운을 다스려서 내보내거나, 토닥거리어 달래는 것이 된다. 충(沖)하는 방향은, 서로가 상극(相剋)되어 충돌(衝突)이 잦아지니 좋을 것 없다.

➡ 장성방향은 강한 외부(外部)의 기운이 항상 엄습하는 곳이라, 내부 분열이나 압박이 자주 발생한다. 시험을 보는 수험생이 있다면 그 학생을 기준하여 시험기간이 끝날 때 까지 장성살(將星殺) 방향에 따로 정하여 주어야 한다.

➡ 모든 신살(神殺)방위가 다 중요하지만, 특히 장성살(將星殺) 방향은 일의 진퇴나, 사업의 전환기, 시험기간 등 특히 신경을 많이 써야 하는 방위(方位)다.

십이신살(十二神殺)의 활용(活用)

→ 장성방향은 둑과 같이 항상 막혀있어야 하는데, 개방(開放)되어 있으면 항상 누수(漏水)현상이 심하다. 눈에 보이지 않는 방해(妨害)와, 장애(障碍)가 항상 가로막아 안개 낀 고속도로를 달리는 것 같다. 흑자(黑字)속의 도산(倒産)도 이러한 연유다.

● 실전(實戰)으로 살펴보는 장성살(將星殺).

※ 곤명(坤命)

丙	乙	乙	己
戌	卯	亥	酉

해(亥)월 을(乙)목 일간(日干)이다.
년지(年支) 유(酉)금이 장성(將星)살.

🔼 아직 미혼(未婚)인 여성이다. 직장생활 하고 있다.
년지(年支)의 장성(將星)이 일지(日支)를 충(沖)하고 있다.
일지(日支)는 재살(災殺)이라 어려움이 많다.
시지(時支)가 반안(攀鞍)이라 일지(日支)와 합을 이룬다.
합(合)을 이루기는 하지만, 충(沖)도 있어 크게 실질적인 도움이 되지 못한다. 지장간(支藏干)에서 실질적인 천간(天干)의 충(沖)이 이루어져 항시 고통이 따른다.
일지(日支) 기준으로 하여, 일지(日支) 역시 장성(將星)살이다.
호환(互換) 된다. 시간(時干)에 병(丙)화가 있어 관성(官星)이 자리하기가 힘들어진다. 월지(月支)의 인성(印星)이 비겁(比劫)으로 화(化)한다. 그러나 여기에서도 변화는 나타난다.
운(運)의 변화가 어려움을 해소해준다. 양(陽)의 기운이 음(陰)의 기운을 압도하여 결혼(結婚)이 늦어지지만, 후반에 들어서는 음(陰)의 기운이 기력을 찾으니 조화가 이루어지기 시작한다.

장성살(將星殺)

❋ 건명(建命)

丙	甲	丙	壬
寅	子	午	戌

오(午)월, 갑(甲)목 일간(日干)이다.
월지(月支) 오(午)화가 장성살(將星殺).

⬆ 월지(月支)의 오(午)화가 장성(將星)이다.

어머니 자리이다. 집안 가권(家權)을 어머니가 갖고 있는 가정의 아들이다. 인성(印星)인 어머니가 처(妻)의 자리에 위치하고 있다.

식상(食傷)의 기운이 왕(旺)하다. 이것저것 너무 재다보니 어느 분야를 선택하여야 할 것인지 항상 고민하는 사람이다.

재성을 희신(喜神)으로 하고 싶은데 식상(食傷)으로 화(化)하니 여의치가 않다. 왕(旺)한 식상(食傷)의 기운(氣運)을 인수(印綬)로써 제어하기 어렵다. 재성(財星) 또한 합(合) 하느라 정신이 없다.

인수(印綬)가 희신(喜神)의 역할을 하나, 천간(天干)과 지지(地支)에서 모두 상처(傷處)를 입고 있는 형상이다.

합(合)이 있어 상쇄는 되나, 후유증(後遺症)은 항상 있는 것이다. 그러나 발전(發展)을 기한다면 재성(財星)이 필요하다. 결혼(結婚)을 서둘러야 하는 사주다.

벌어봐야 집에 주기 바쁜 사람이다. 아들 결혼(結婚)보다 든든한 직장(職場)을 원하는 어머니다.

인성(印星)과 재성(財星)이 필요는 한데, 서로가 쌍립(雙立)을 한다.
그러니 인생의 좌표가 항시 혼란스러운 것이다.

십이신살(十二神殺)의 활용(活用)

● 반안(攀鞍).

반룡부봉(攀龍附鳳)이라, 훌륭한 인물을 의지하여 붙좇음을 말한다. 안(鞍)이란? 안장(鞍裝)과 같은 것이라, 말 같은 동물의 등위나, 윗부분에 편하게 있기 위하여 올라앉을 때 거하기 편안한 장식(裝飾)이나, 거처(居處)를 말한다.

지위(地位)가 상승(上昇)하고, 안락(安樂)하여지고, 편안함을 누리고, 마음의 짐을 덜고, 아래의 위치에서 높은 자리로 올라가는 형상이다.
재물이 없던 사람이 있다 보면 항상 풍요와, 배부름에 더욱 더 갖고 싶어진다. 힘없는 사람도, 권력(權力)의 맛을 보면 놓기 싫어진다.
그것이 바로 완장(腕章)이다.

◆ 의미(意味)로 살펴보는 반안(攀鞍).

반안(攀鞍)에는 눈에 보이지 않던, 보이던 많은 노력과, 활동력이 필요하다. 아무 노력(努力)도 안하고 좋은 결과(結果)를 얻는다는 것은 생각할 수 없는 일이다.

 반안(攀鞍)을 잘 활용하지 않고, 쓰임새에 있어서 용도(用度)가 적은 것은 그에 수반(隨伴)되는 사항이 필요하기 때문이다. 그 사항(事項)이란 무엇일까?
장성(將星)과, 역마(驛馬)가 같이 있어야 한다.
노력(努力)과, 정성(精誠)과, 활동(活動)이 뒤따라야 이루어진다.

반안살(攀鞍殺)

하늘은 스스로 돕는 자를 돕는 것이나 같다.

반안(攀鞍)은 경사(慶事)다. 즉 인수(印綬)라는 말이다.

고진감래(苦盡甘來)인 것이다. 금의환향(錦衣還鄕)이다.

인수(印綬)가 길(吉)로 작용(作用)을 할 때 이루어진다. 팍팍 밀어줄 때, 반안(攀鞍)이 제대로 이루어진다. 귀인(貴人)이요, 천운(天運)이다.

복권에 당첨이 되는 것도 일종의 반안(攀鞍)이다. 그러나 그것은 일시적인 것이요, 잘못 작용을 한다면 많은 부작용(副作用)만 산출하고 더욱 허망한 결과를 양산한다.

허망(虛妄)한 것이다. 반안(攀鞍)도 잘못 되면 이와 같다.

반안(攀鞍)은 장성(將星)의 기운이 쇠(衰)하는 것이다.

한창 젊고 활기찬 시기에 열심히 자기의 분야에서 두각을 나타낸 사람은 어느 정도 궤도에 오르면 명예를 추구한다.

옥상옥의 자리를 원하는 것이다.

육체적으로는 이미 쇠퇴기에 접어들었으나 정신적(精神的)인 기운(氣運)은 경륜(經綸)으로 인하여 건강을 유지하고 있다면 충분히 활용할 수 있는 시기(時期)이다.

비록 힘이나, 체력적인 안배에는 문제가 있으나, 연륜(年輪)으로 이루어진 정신적인 체력, 안목, 비전에는 일가견(一家見)이 있다.

일반적인 경우 반안(攀鞍)은 무관(武官)보다 문관(文官)에 가깝다.

총명함과, 지혜와, 안목이 출중하여 각종 자격증, 고시 등에서 두각을 나타낸다. 그 분야로는 주로 외교나, 행정, 업무분야에서 두각을 나타낸다. 온화(溫和)함과 안정적(安定的)인 상황을 위주로 하는 것이 특이한 성향이다. 특히 강압이나, 무력적인 해결보다는 원만과, 타협을 위주로 한다.

십이신살(十二神殺)의 활용(活用)

● **반안살(攀鞍殺)을 쉽게 찾는 방법.**

◉ 삼합(三合)의 가운데 자(字) 즉 장성(將星), 다음 자(字)가 반안살(攀鞍殺)이다. 반안(攀鞍)을 충(沖)하는 것은 천살(天殺)이다.
◉ 양간(陽干)은 삼합오행(三合五行)의 오행 방합(方合) 끝 자(字)이다. 진, 술, 축, 미(辰戌丑未)가 해당 된다. 음간(陰干)은 생(生)해주는 오행의 끝 자가 된다.
☀ 신자진(申子辰) : 중간 자(子) 다음 축(丑)이 반안살(攀鞍殺).
☀ 해묘미(亥卯未) : 중간 묘(卯) 다음 진(辰)이 반안살(攀鞍殺).
☀ 인오술(寅午戌) : 중간 오(午) 다음 미(未)가 반안살(攀鞍殺).
☀ 사유축(巳酉丑) : 중간 유(酉) 다음 술(戌)이 반안살(攀鞍殺).

◆ 년지(年支), 일지(日支)를 기준으로 하여 보는 반안살(攀鞍殺).

삼합(三合)	❶ 사유축 (巳酉丑)	❷ 해묘미 (亥卯未)	❸ 신자진 (申子辰)	❹ 인오술 (寅午戌)
반안	술(戌)	진(辰)	축(丑)	미(未)

◆ 일간(日干)을 기준으로 하여 볼 경우의 반안살(攀鞍殺).

오행(五行)	목(木)		화(火)		토(土)		금(金)		(水)	
십간(十干)	甲	乙	丙	丁	戊	己	庚	辛	壬	癸
십이운성	쇠궁(衰宮)	진辰		미未		미未		술戌		축丑	
	양궁(養宮)		미未		술戌		술戌		축丑		진辰

⬆ (반안살(攀鞍殺)의 경우, 양간(陽干)은 쇠궁(衰宮), 음간(陰干)은 양궁(養宮).) 전체적으로 진, 술, 축, 미 (辰戌丑未)가 해당이 된다.

반안살(攀鞍殺)

- ☀ 갑(甲)과, 계(癸)는, 진(辰)이 반안살(攀鞍殺).
- ☀ 임(壬)과, 신(辛)은, 축(丑)이 반안살(攀鞍殺).
- ☀ 경(庚),기(己),정(丁)은, 술(戌)이 반안살(攀鞍殺).
- ☀ 병(丙),무(戊),을(乙)은, 미(未)가 반안살(攀鞍殺).

⚽ 성정(性情)으로 살펴보는 반안(攀鞍).

➡ 쇠(衰)지의 대표적 의미는, 여유(餘裕)를 가지고 조용히 물러서서 노련하게 실속을 차린다는 뜻이다. 연금수령하며 생활한다.

➡ 삼합(三合)에서 기운이 왕(旺)한 것이 가운데자인 장성(將星)이다. 장성(將星) 다음에 오는 기운(氣運)이다. 별을 달았으니 이제는 높은 자리에 오르는 것이다. 그것이 반안(攀鞍)이다. 형충파해(刑,沖,破,害)로 흉(凶)을 당하면 강제전역이요, 불명예퇴진이다.

➡ 높은 자리에 오르기 위해서는 장성(將星)과, 역마(驛馬)가 필요하다. 이리저리 열심히 뛰어야 좋은 자리를 차지하는 것이다. 장성과, 역마가 뒷받침이 안 되는 반안(攀鞍)은 불로소득(不勞所得)이라 정상(頂上)에 오른 것 같아도 이미 불 꺼진 항구인 것이다. 좌표(座標)를 잃어버린 것이다.

➡ 반안(攀鞍)은 금의환향(錦衣還鄕)이다. 노력(努力)과 정성(精誠)과 운(運)과 땀의 결실(結實)이다.

➡ 반안(攀鞍)살을 일명 금여록이라고 한다.

십이신살(十二神殺)의 활용(活用)

⚽ .육친(六親)별로 살펴보는 반안살(攀鞍殺)의 작용.

지지(地支)별로 살펴보고 천간(天干)을 기준하여 살펴보기도 하는 것이다. 서로간의 상응(相應)하는 대응관계와 연관(聯關)관계를 살펴본다.

▶ 인성(印星).

- ◆ 경(庚)금을 살펴보자. 정(丁), 기(己), 경(庚)을 같이 보는데 경(庚)금 일간은 술(戌)토가 반안(攀鞍)살에 해당 된다.
- ☀ 술(戌)토는 지장간(支藏干)에 신(辛), 정(丁), 무(戊)라는 천간(天干)을 갖고 있다. 술(戌)토는 조토(燥土)라, 지장간(支藏干)의 무(戊)토 역시 양(陽)의 인성(印星)으로 경(庚)금에게 크게 도움이 될 것 같으나, 생(生)하는 데 인색(吝嗇)하다. 또한 정(丁)화가 있어 오히려 금(金)의 찬 기운만을 식히고 무(戊)토를 충동질하여 편인(偏印)으로써 도식(倒食)의 작용을 조장하는 경향이 나온다.
- ☀ 경(庚)금의 답답함을 해소(解消)는 안하고, 오히려 더 악화(惡化)를 시키는 역할을 한다. 어머니가 자식의 자립정신을 "아직은 아니다!"며 자꾸 늦춘다.

▶ 비겁(比劫).

비겁(比劫)의 경우를 본다. 반안(攀鞍)이 비겁(比劫)이 되는 경우 무(戊)토가 되는데, 무(戊)토는 미(未)토가 반안(攀鞍)이 되는데 미(未)토는 정

반안살(攀鞍殺)

(丁), 을(乙), 기(己)인데 그 면면을 살펴보도록 하자.
* 정(丁)화는 정인(正印)이 되어 힘이 되어주고, 을(乙)목은 정관이 되어 무(戊)토를 억압하려하고, 기(己)토는 겁재(劫財)가 되어 팽배한 무(戊)토의 비겁(比劫)이 되어 힘이 되면서 균형(均衡)을 유지하도록 도와준다.
* 인성(印星)과, 관성(官星)이 있고 비겁(比劫)이 있으니, 매사를 순리적으로 해결을 하려고 하나, 결국 약간의 분쟁은 발생한다. 얻는 것이 많으므로 대체적으로 손해(損害)되는 일은 없다.

▶ 식상(食傷).
* 병(丙)화 일간은 미(未)토가 반안(攀鞍)에 해당된다. 미(未)토는 병(丙)화에 대하여 식상(食傷)에 해당한다. 정(丁)을(乙)기(己)하여 목(木)화(火)토(土)인데, 인성(印星)과 비겁(比劫)과 식상(食傷)으로 이어져 기운을 충분히 축장(蓄藏)하여 뜻한바 열심히 매진(邁進)하는 전기(轉機)가 된다.
* 간혹 뒤서거니 앞서거니 순서가 뒤 바뀌는 경우도 있으나, 앞으로의 매진은 매진이다. 영웅심이 앞서, 간혹 무리수가 생겨 주춤 한다.

▶ 재성(財星).
재성(財星)의 경우를 본다면 을(乙)목에 미(未)토가 해당 된다.
* 을(乙)의 경우, 미(未)토는 정(丁),을(乙),기(己)하여 비견(比肩)이요, 식상(食傷)이요, 을(乙)목 에서는 미토(未土)가 재성(財星)으로써 왕한 기운에 재성(財星)을 충분히 다스려 길(吉)로 작용(作用)한다.

십이신살(十二神殺)의 활용(活用)

- ➡ 반안(攀鞍)은 사업적인 측면으로 볼 경우, 쇠(衰)하는 기운이라 크게 길(吉)하다 볼 수는 없다. 자고(自庫)를 놓고 있기 때문이다.
- ☀ 갑(甲)의 경우 살펴보도록 하자. 갑(甲)의 경우 진(辰)이 반안(攀鞍)이다. 지장간(支藏干)을 살펴보면 을(乙), 계(癸), 무(戊)인 것이다. 을(乙)은 겁재(劫財)요, 계(癸)수는 정인(正印)이요, 무(戊)토는 편재(偏財)다.
- ☀ 무(戊)토는 정인(正印)인 계(癸)수와 합(合)을 추구하여 갑(甲)목의 기운을 필요로 하고, 을(乙)목인 겁재(劫財)는 갑(甲)목의 힘이 되어 도움이 되는 것 같으나, 계(癸)수인 정인(正印)을 설(泄)하도록 하여 운신(運身)의 폭을 최대한 억제(抑制)하려 한다. 대체적으로 쇠(衰)하는 기력(氣力)이 보인다.
- ☀ 내 밥을 친구가 먼저 다 먹어버리는 격이다. 친구 따라 강남 가다가 낭패(狼狽) 보는 수 생긴다. 큰 기대는 금물이다.

▶ 관살(官殺).
- ☀ 계수(癸水)일주는 진(辰)토가 관(官)이 되는데, 새롭게 일을 시작하는 과정이 되고, 반안(攀鞍)이 관(官)이 되는지라 승승장구(乘勝長驅)하는 기운으로 번진다.
- ☀ 임(壬)수의 경우, 축(丑)토가 관(官)이며 반안(攀鞍)으로 기대이상의 결실(結實)은 기대하기 어렵다. 축(丑)토는 계(癸)신(辛)기(己)로 관인상생(官印相生)으로 이어지는 것 같으나, 정인(正印)이 되어 정관(正官)의 입장에서는 오히려 편인(偏印)을 선호(選好)하는 것이라고 지식한 면으로 가끔씩 제동(制動)이 걸리는 역효과가 나타난다.

반안살(攀鞍殺)

→ 반안(攀鞍)이 정관(正官)과 동주(同柱)를 하면 남명(男命)은 자식(子息)이, 여명(女命)은 남편(男便)에 해당 되는데 올곧아 타(他)의 모범이 되고, 사회적으로 탄탄한 기반을 닦아 소위 출세(出世)하는 대열(隊列)에 합류한다.

십이신살(十二神殺)의 활용(活用)

● .위치(位置)별로 살펴보는 반안(攀鞍).

◆ 년주(年柱).
조상(祖上)의 음덕(蔭德)이 있다. 높은 자리에 있는 것이므로 선조(先祖)가 편안하니 자손(子孫)들이 그 덕(德)을 입는다.

◆ 월주(月柱).
부모, 형제의 덕(德)이 있다. 매사 신중하고, 근엄함이 나타난다. 특히 반안(攀鞍)은 음덕이라 현재 혜택을 보는 음덕이니 피부에 와 닿는 음덕(蔭德)이다.

◆ 일주(日柱).
배우자와의 금슬(琴瑟)이 좋다. 생활정도도 안정권(安定圈)에 있어 크게 불편함을 느끼지 않는다. 욕심을 내지 않는 것이 정도이다.

◆ 시주(時柱).
자식(子息)이 편안(便安)하니 자연 부모에게 존경과 정성을 다하게 된다. 노년(老年)에 효도(孝道)를 받는다. 큰 걱정이 없는 생활을 한다.

● 흐름으로 읽어보는 반안(攀鞍).
반안(攀鞍)의 활용(活用)에 관한 사항이다. 반안(攀鞍)이라고 찾기는 찾았는데 과연 어떤 경우, 어떻게 판단할 것이며, 어떻게 통변(通辯)을 할 것인가? 어떤 경우 반안(攀鞍)의 의미(意味)를 적용하는 가를 살펴본다.

반안살(攀鞍殺)

○ 길(吉)로 작용을 할 경우.
➡ 새로운 전기(轉機)를 마련, 근면(勤勉)과 성실(誠實)함이 돋보인다.
➡ 장성(將星)의 다음 오는 것이 반안(攀鞍)이라, 항상 여유 있고, 포근함을 간직한다. 서두르지 않고 조급함이 없다. 매사에 진취적인 성향이 그대로 남아 있으나, 간혹 욕심(慾心)을 내는 경우가 흠으로 나타난다. 일시적인 욕심은 괜찮으나 장기적이고 지속적인 바람은 아니다.
➡ 말의 안장(鞍裝)과 같은 것이라 필수요건이요, 구비사항이다. 품위를 나타내는 것이요, 자신의 치적과 같다. 반안(攀鞍)은 궁즉통(窮則通)이라 새로운 돌파구를 찾는 것이다. 빈곤속의 풍요를 구가하는 시기(時期)이다.

○ 반안(攀鞍)과 다른 살(殺)과의 관계.
☀ 반안(攀鞍)은 장성(將星)의 영화로움이 지속되기를 바라나, 다가오는 새로운 환경의 변화(變化)에 대비(對備)도 한다. 역마(驛馬)살이 발동하면 양간(陽干)은 자연 기운이 소진(消盡)된다.
☀ 반안(攀鞍)에서는 양(陽)과 음(陰)의 작용이 상대적이다. 음간(陰干)의 경우 오히려 즐거움이 발생한다.
☀ 정년퇴직을 한지 얼마 안 되는 경우에 해당한다. 놀면 무엇 하나 하고 주변에서 많은 유혹이 다가온다. 그나마 간직하고 있던 노후 대책자금, 비상금을 출자(出資)하여야 한다. 회수(回收)에 대한 근본적인 대책이 확고하지 않은 상태이다. 불확실한 사업은 절대 금물이다. 반안 다음은 어차피 계속 하강(下降)기이다.
☀ 음간(陰干)일 경우, 반안(攀鞍)의 경우가 다르다. 남들은 투자를 안

십이신살(十二神殺)의 활용(活用)

해도 나는 투자를 한다. 근무하던 곳에서 대리점 영업권을 갖고 나온다. 본사에서 보장하는 조건이다. 반안(攀鞍) 다음에는 역마(驛馬)요, 육해(六害)요, 화개(華蓋)이다.

※ 반안(攀鞍)은 항상 혼자서는 안 된다. 뒷받침이 없기 때문이다. 이빨 빠진 호랑이다. 옛날 생각만 하면 안 된다. 성장(成長)한 자식이 있나 보아야 한다. 내가 힘에 부칠 경우 자식들이 할 정도가 되어야 한다. 농사다 생각을 하여야 한다. 장성이 있는 가? 확인을 하여라. 망신(亡神)이 있으면 기운이 강(强)하여도 실수(失手)하기가 쉽다.

※ 반안(攀鞍)은 귀인(貴人)이나 길성(吉星) 등과 같이 하면 퇴직(退職)하여도 좋은 자리를 보장받는다. 노조위원장을 하다 어떤 이는 국회로 입성을 한다.

※ 반안(攀鞍) 운에는 굿을 하여도 승진(昇進), 진급(進級), 영전(榮轉), 등의 굿을 한다.

※ 반안(攀鞍)은 장성(將星)이나, 역마(驛馬)의 배경(背景)이 없다면 일단 자리에는 오르나, 잔여 임기가 얼마 남지 않은 새로운 후임자다. 주변의 신뢰나 다음을 기약한다는 보장도 갖기가 어렵다. 자칫 왕따 당하기도 하고 어차피 라는 필연(必然)아닌 필연으로 모든 것이 귀결된다.

➡ 여성의 경우 장성에서 재살의 충을 받고 반안(攀鞍)운을 지나면 자녀에 대한 미련은 많이 생기나 종족번식에 대한 기력이 상실되어 자식을 두기 쉽지 않다.

➡ 반안(攀鞍)은 겁살(劫煞)과 년살(年殺)과 합하여 삼합(三合)의 작용을 하는데 노력하여 땀 흘리고, 보람을 느끼는 과정으로 이어진다. 신강(身强), 신약(身弱)의 차이가 나타나나 긍정적(肯定的) 효과로

반안살(攀鞍殺)

이어진다.

* 년살(年殺)과 반안(攀鞍)의 합은 강한 힘으로 누르는 합(合)이라, 넉넉한 자본(資本)을 갖고 공격적 마케팅을 한다. 지나친 강성(强性)이 문제가 된다. 독과점이나, 매점매석도 부작용으로 종종 나타난다. 통 큰 세일도 이에 해당한다.

* 삼합도 이어지는 순서에 따라 의미가 달라진다. 반안(攀鞍)이 포함되는 삼합(三合)은 항상 반안(攀鞍)이 뒤에 이루어져야 알맞은 합이다. 년살(年殺)이 주도하는 합(合)이라 지나침이 항상 걱정이 되는 합이다.

* 겁살은 좌충우돌이라 주고받음이 심하여 승패와 당락이 바로 나타나고 년살(年殺)인 도화(桃花)는 천방지축(天方地軸)이라 연륜(年輪)이 풍부한 반안(攀鞍)이 항상 부족(不足)함을 다스려야 한다.

* 겁(劫),년(年),반(攀)의 삼합(三合)에서 겁살(劫煞)이 나중에 오는 경우 단칼로 이어진다. 그동안 타이르고, 비위를 맞추어가며 기다려 주었는데 참을성, 즉 인내성(忍耐性)이 한계에 다다른 것으로 나타나 심각한 결과를 나타낸다.

* 반안(攀鞍)은 천살(天殺)과 충(沖)이 이루어지는데, 아무리 지진(地震)이나, 천재(天災)에 대비를 잘한 일본이라 하여도 천재(天災)에는 어쩔 수 없다.

* 반안(攀鞍)은 진행상의 쇠락(衰落)이라, 금전(金錢)에 관하여서는 약간의 여유가 있어도 불어나기에는 힘든 상황이라 생각을 하는 면이 강하다. 타인(他人)에게 빌려주거나, 희사하는 경우가 극히 적다. 있어도 없다고 하여야 내가 산다는 강박관념에 사로잡혀 구두쇠요, 식당에 같이 가면 항상 신발 끈을 매는 사람이다.

십이신살(十二神殺)의 활용(活用)

- 특히 시(時)에 반안(攀鞍)이 있으면, 젊은 시절의 습관과 달리 근검, 절약하고 철이 늦게 드는 사람이다.
- 반안(攀鞍)은 윗사람을 크게 배반하지 않는다. 스스로 자신의 위치를 아는 사람이라, 지나친 월권행위라든가 남에게 지적받는 행위는 스스로가 자제하는 능력이 탁월한 사람이다. 주어진 임무에 대하여 최대한 열(熱)과 성의(誠意)를 다하는 사람이다.
- 상하관계(上下關係)가 확실하고 의견대립(意見對立)에 있어서도 상대를 존중(尊重)하고, 양보(讓步)하면서 자기의 뜻을 관철(貫徹)하는 재주가 있다.
- 반안(攀鞍)과 년살(年殺)의 합(合)은 핵심이 포함된 합이라 결코 뒤지지 않는 결합이다. 부(富)하고, 귀격(貴格)이라하나 지나온 과거를 생각하기 싫어하는 성공한 사람과 같다. 과거(過去)의 아픔을 꺼내지 않는 것이 특징(特徵)이다. 최상의 결과를 최대의 목표로 하고, 희생(犧牲)을 감수하고라도 목적(目的)을 달성(達成)하려 하는 사람이다.
- 반안(攀鞍)은 지푸라기라도 있으면 잡고 버티는 능력이 있는 사람이다. 빈손으로 나가도 굶어죽지 않는다. 처자식을 굶기지 않는다. 자기가 하는 일이 천직(天職)이라 생각하고 전념(專念)하는 사람이다.
- 기술직, 전문직 등이 어울리는데 저돌적이고, 미래지향적인 독창성이 약간 모자라는 것이 흠이다.
- 반안(攀鞍)은 물품(物品)으로 본다면 장기적(長期的)인 사용을 하는 종류에 해당한다. 운(運)에 따른 구입도 이에 해당하는데 대략 10년 정도 기준하여 사용가능한 물품이라고 보면 된다. 물론 쓰는 이의 성향, 습관 등의 차이도 있지만 일반적 기준이다.

반안살(攀鞍殺)

❏ 반안방(攀鞍方)에 대한 생활의 지혜.

반안(攀鞍)에 해당하는 지지(地支)를 살펴 방위(方位)를 본다.
일간(日干)이 갑(甲)목일 경우 반안(攀鞍)은 진(辰)토가 된다.
진(辰)은 동남(東南)간이라 동남의 방위(方位)를 보면 된다.

➡ 잠을 잘 때 머리 두는 곳의 위치도 중요하다. 머리는 인체의 모든 것을 통제(統制)하고 관리(管理)하는 중추적(中樞的) 역할을 하는 곳이다.
➡ 수험생, 취업준비생, 운동선수 기타 경쟁적인 상황에 있는 모든 사람은 반안(攀鞍) 방향으로 머리 두고 잠자는 것이 기력(氣力)의 쇠(衰)함을 방지(防止)하고, 컨디션을 유지하는 안식처(安息處)의 역할을 한다.
➡ 망자(亡者)를 추모(追慕)하고, 영혼(靈魂)을 달래거나, 기리는 제사를 할 경우는 가능한 반안(攀鞍)의 방향은 피하는 것이 좋다. 달래어 보내는 것인데 오히려 더 머물려고 안달을 하게 된다.
➡ 반안(攀鞍)을 충(沖)하는 것은 천살(天殺)이다. 천살 방향은 역(逆)작용을 한다.
➡ 예전의 방공호나, 피신처, 응급대피소의 경우는 반안(攀鞍)살 방향이 좋다. 은행의 사금고, 금고(金庫)도 반안(攀鞍)살 방향이 좋다.
➡ 영업부서나, 외부수주관련 부서는 반안(攀鞍)방향으로 위치하면 안 좋다. 안주(安住)하려는 생각이 앞서기 때문이다. 이때는 천살(天殺) 방향을 택하여 일을 도모하는 것이 상례(常例)다.
➡ 집안에 우환(憂患)이 자주 생기거나 발생하는 경우, 또는 환자(患者)

십이신살(十二神殺)의 활용(活用)

가 있을 경우, 장기간 요양(療養)을 요하는 경우, 삼살방(三煞方)으로 머리가 향하고 있지 않나 확인하고, 그렇다면 반안(攀鞍)살의 방향을 찾아 침실의 구조를 개선하는 것이 좋다.

● **실전(實戰)으로 살펴보는 반안.**

❋ 곤명(坤命)

壬	甲	丙	戊
申	寅	辰	辰

진(辰)월의 갑(甲)목 일간이다.
인신(寅申)충(沖)과 자형(自形)이 보인다.

◆ 갑(甲)목에 있어 년지(年支), 월지(月支)가 반안(攀鞍)살이다.
거기에 자형살(自刑殺)이다. 일지(日支)에는 망신살(亡身殺)을 놓고 있다.
여기서 무엇을 볼 것인가?
본인의 궁금 사(事)는 이성(異性)관계로 인한 고민을 한다. 현재 사귀는 남성과 계속 하여야 할 것인가? 말 것인가? 결혼 적령기에 도달하면 누구나 한 두 번은 고민을 하는 사안(事案)이다.
여기에서 답변(答辯)은 어떻게 할 것인가?
기미(己未) 대운에, 신묘(辛卯)세운이다. 일지에 방합(方合)이 형성된다.
역행(逆行)의 운(運)이다. 세운(歲運)에서 합(合)의 변화이다.
망신(亡身)에, 장성살(將星殺)에, 반안(攀鞍)이다. 망,장,반의 방합(方合)으로 일간(日干)의 기운이 더욱 왕성하여 진다.
인신(寅申)충(沖)이지만, 신(申)금이 감내하지를 못한다.
갑(甲)목 일간(日干)에게는 꼭 필요한 귀물(貴物)이다.
다행히 대운(大運)이 좋아 크게 염려하지 않아도 적령기를 크게 넘기지 않고 좋은 소식이 올 것이다. 요즈음은 결혼을 늦게들 하니까----

반안살(攀鞍殺)

❋ 곤명(坤命)

甲	庚	癸	戊
申	子	丑	申

축(丑)월의 경(庚)금 일간(日干)이다.
월지(月支)가 반안(攀鞍)에 해당한다.

⬆ 금수쌍청(金水雙淸)이 빛나는 사주이다. 그러나 그것이 지나치다 보니 결혼이 늦어진 사람이다. 미국 영주권을 갖고, 뉴욕에서 교수생활을 하고 있는 분이다. 식상(食傷)의 기운이 강하나 헛똑똑이다. 사람이 너무 자기 분야에만 몰두하다보면 타 분야나, 세상살이, 인간의 속성에 대하여 나와 같겠지 하는 착각(錯覺)을 많이 하는 경향이 나타난다. 그러다 보면 자칫 실수(失手)로 이어진다. 배우자의 선택(選擇)에 있어 좀 더 신중함이 필요하다.

인사(人事)는 중요(重要)한 것이다. 비록 조직(組織)에 국한(局限)된 사항(事項)이 아니다.
인사(人事)가, 천사(天事)인 것이다.

십이신살(十二神殺)의 활용(活用)

역마살(驛馬殺).

예전에는 말이 최대의 이동수단 이었다. 현재처럼 다양한 방법이 나타나지 않고, 주로 말과 연관된 사항으로 이어진다. 이동(移動)을 하기 위하여 말과 연관된 사항이 필요한 것이다.

역(驛)이란? 마(馬)와 역(睪)의 합성자(合成字)이다. 역(睪)은 눈목(目)자와 행(幸)자의 합성자이다.

행(幸)자는 다행(多幸)이라는 의미로, 수갑이라는 의미로 죄수(罪囚)와도 연관(聯關)이 되는 글이다. 팔찌를 차고 있는 형상이다.

◆ 의미(意味)로 살펴보는 역마살(驛馬殺).

잘되면 충신(忠臣)이요, 못되면 역적(逆賊)인 것이 세상사의 이치(理致)이다. 황혼이혼(黃昏離婚)의 주된 사유가 무엇일까?

물론 여러 가지가 있을 것이다. 퇴직(退職)하기를 기다렸다가 이혼(離婚)을 한다는 외국의 어느 사례처럼 쌓인 한(恨)을 푸는 것인지? 아니면 실로 이혼(離婚)을 하여야 할 만한 사연이 있는 것인지는 당사자들이 아니면 정확하게 알기 힘들다. 그러나 많은 사람들과 상담을 하다보면 어느 정도는 알 수가 있는 것이다.

역마(驛馬)도 길(吉)로 작용을 하면 역마(驛馬)라 하고, 흉(凶)으로 작용을 하면 살(殺)자를 붙여 역마살(驛馬殺)이라 한다.

역(驛)이란? 지금의 철도역이란 의미인데, 터미널과 같은 역할을 하는 곳

역마살(驛馬殺)

이다. 예전에는 이동(移動)수단이 말이었기에 말의 중요성이 강조되었다. 부(富)의 상징(象徵)으로도 판단의 기준이 되기도 하였다.

역마(驛馬)란 역(驛)에 대기하고 준비된 말이라, 항상 움직일 태세(態勢)를 갖추고 있는 것이다.

일단 유사시(有事時)를 대비(對備)한 오 분 대기(待期)조나 같은 것이다. 일시적으로 형성이 되는 역(驛)도 있다. 갑작스런 환경(環境)의 변화(變化)로 인하여 이루어진다. 운전 중 장마철 갑작스런 폭우(暴雨)로 인하여, 태풍(颱風)으로 인하여, 짙은 안개로 인한 시야(視野) 확보 부족으로, 안전(安全)을 이유로, 임시 안전지대로 대피하여 기상의 안전을 바라는 것이나 같다.

● **역마살(驛馬殺)을 쉽게 찾는 방법.**

◉ 삼합(三合)의 첫 자와 충(沖)하는 자(字)가 역마살(驛馬殺)이다.
◉ 역마(驛馬)와 충(沖)하는 자(字)는 지살(地殺)이다.
◉ 인, 신, 사, 해(寅申巳亥)가 해당 된다.
◉ 양간(陽干)의 경우 식신(食神)이다.

☀ 신자진(申子辰): 신(申)과 충(沖)하는 인(寅)이 역마살(驛馬殺)
☀ 해묘미(亥卯未): 해(亥)와 충(沖)하는 사(巳)가 역마살(驛馬殺)
☀ 인오술(寅午戌): 인(寅)과 충(沖)하는 신(申)이 역마살(驛馬殺)
☀ 사유축(巳酉丑): 사(巳)와 충(沖)하는 해(亥)가 역마살(驛馬殺)

십이신살(十二神殺)의 활용(活用)

◘ 년지(年支), 일지(日支)를 기준으로 하여 보는 역마살(驛馬殺).

삼합(三合)	❶ 사유축 (巳酉丑)	❷ 해묘미 (亥卯未)	❸ 신자진 (申子辰)	❹ 인오술 (寅午戌)
역마(驛馬)	해(亥)	사(巳)	인(寅)	신(申)

◆ 삼합(三合)의 경우를 이용하여 역마(驛馬)를 찾는 방법.
역마(驛馬)는 인신사해(寅申巳亥)가 해당된다.

❶ 은 합화(合化)하여 금(金)이다. 금(金)이 생(生)해주는 오행은 수(水)이다. 수(水)에 해당하는 첫 글자는 해(亥)가 된다.

❷ 는 합화(合化)하여 목(木)이다. 목(木)이 생(生)해주는 오행은 화(火)이다. 화(火)에 해당하는 첫 글자는 사(巳)가 된다.

❸ 은 합화(合化)하여 수(水)이다. 수(水)가 생(生)해주는 오행은 목(木)이다. 목(木)에 해당하는 첫 글자는 인(寅)목이다.

❹ 는 합화(合化)하여 화(火)이다. 화(火)가 생(生)해주는 오행은 토(土)이나 화토(火土)는 동격(同格)이라 신(申)금이다.

◘ 일간(日干)을 기준으로 하여 볼 경우의 역마살(驛馬殺).

오행(五行)	목(木)		화(火)		토(土)		금(金)		수(水)	
십간(十干)	甲	乙	丙	丁	戊	己	庚	辛	壬	癸
십이운성	병궁(病宮)	사巳		신申		신申		해亥		인寅	
	태궁(胎宮)		신申		해亥		해亥		인寅		사巳

⬆ (역마살(驛馬殺)의 경우, 양간(陽干)은 병궁(病宮), 음간(陰干)은 태궁(胎宮).)
전체적으로 인신사해(寅申巳亥)가 해당 된다.

역마살(驛馬殺)

- ☀ 갑(甲)과, 계(癸)는, 사(巳)가 역마살(驛馬殺).
- ☀ 임(壬)과, 신(辛)은, 인(寅)이 역마살(驛馬殺).
- ☀ 경(庚),기(己),정(丁)은, 해(亥)가 역마살(驛馬殺).
- ☀ 병(丙),무(戊),을(乙)은, 신(申)이 역마살(驛馬殺).

⚽ 성정(性情)으로 살펴보는 역마살(驛馬殺).

역(驛)이란 잠시 잠간 머물러 쉬는 곳인데. 그곳에 있는 말은 항상 떠날 채비를 하고 오래지 않아 사람들이 원하는 곳으로 이동(移動) 한다. 한 곳에 결코 오래 머물지를 못한다. 사람도 이와 같이 일정한 곳에 거(居)하지를 못하고, 자주 자리를 이동(移動)하고, 변화(變化)가 심한 흐름의 연속과, 반복으로 인한 움직임을 역마(驛馬)와 같다하여 역마살(驛馬殺)이라 한다.

이동(移動)을 하려면 짐을 정리하고 갈 길을 생각하여 자연 필요(必要)없고 부담이 될 사안(事案)은 해결하여야 한다. 이동할 곳에 대한 사전지식도 필요하고 자금도 준비되어야 한다. 그곳에서 적응(適應)을 하려면 여러 가지 필요한 것이 많이 발생하기 때문이다.
현대는 이동(移動)수단이 다양화하여 그 구분도 복잡하다. 역마(驛馬)에 대한 구분을 하여보자.

☑ 인(寅) : 나무와, 불과, 흙의 조합(組合)이다.
지장간(支藏干)이 무(戊),병(丙),갑(甲)이므로 나무, 고무, 플라스틱 등이 주재료이다. 시대적인 상황과 발전으로 인하여 여기에 철(鐵)도 가미가 된다. 마차, 인력거, 리어카, 자전거, 오토바이, 자동차, 등의 지상(地上)의 이동수단이 해당된다.

십이신살(十二神殺)의 활용(活用)

- ☑ 신(申) : 금(金)이다. 쇠, 즉 철물(鐵物)이다. 주된 것은 철도, 지하철 등 주로 무쇠, 기계, 철 등을 의미한다. 지상(地上) 및 지하(地下)의 이동(移動)수단이다. 광물질을 이용한 수단이다.
- ☑ 사(巳) : 화(火)인데, 금(金)도 병행(竝行)한다. 화력(火力), 추진력(推進力)을 겸비한 철(鐵)의 이동수단. 주로 비철금속(金屬)이다. 비행기, 우주선, 로켓트, 인공위성 등이다. 허공(虛空)을 이동하는 수단.
- ☑ 해(亥) : 물을 이용한 이동수단. 주로 해상(海上)에서 움직이는 종류가 해당이 된다. 보트부터 시작하여 군함, 유조선, 여객선, 잠수정, 요트 등 선박종류가 해당.

⬆ 직종(職種)을 연관하여 추명(推命)할 경우, 인연(因緣)을 연관 지을 경우, 이동시 해당지역, 등 위의 사항을 참고하면 좋다.

☀ 년지(年支), 일지(日支), 삼합(三合)기준 첫 글자를 충(沖)하는 글자. 인신사해(寅申巳亥)를 충(沖)하는 글자가 역마(驛馬)다.

☀ 인오술(寅午戌)--첫 글자 인(寅)을 충(沖)하는 자(字)가 신(申)이다. 첫 글자인 지살(地殺)을 충(沖)하는 인(寅)이 역마(驛馬)다. 지살(地殺), 장성(將星), 화개(華蓋)가 삼합(三合)을 이룬다.

☀ 이것은 어느 삼합(三合)이나 첫 자(字)를 지살(地殺)로 볼 경우 공통적(共通的)으로 해당한다. 호환(互換)의 관계가 이루어진다. 현재의 지살(地殺)이 다른 환경에서는 역마(驛馬)가 된다.

☀ 역마(驛馬)가 환경(環境)에 따라서 변화(變化)가 이루어지는데 환경이란? 처한 처지를 보는 것이다. 생왕지(生旺地)인가? 사절지(死絶地)인가? 또는 공망(空亡)인가? 기타 여러 환경에 따라 그 역할과 역량 등이 바뀐다. 사람도 직장(職場)이 뚜렷한가? 백수인가? 재물(財物)이 많은가? 노숙자인가? 철밥통인가? 목민관인가? 등으로 구별을

역마살(驛馬殺)

하듯 평가(評價)가 내려진다.

☀ 역마(驛馬)는 말이다. 말이란 튼튼하여 잘 달려 자기의 소임을 다하여야 명마(名馬)요, 건실한 말이다. 십이운성으로는 병지(病地)에 해당한다. 근본적으로 튼튼할 수가 없다.

☀ 양간은 새로운 길을 개척하는 것이요, 음간(陰干)은 왔던 길을 다시 가는 것이라, 오히려 음(陰)은 익숙한 길이라 편하다. 다만 발전성(發展性)에서 처지나 안전성(安全性)에서 양간(陽干)을 앞지른다.

➡ 자오묘유(子午卯酉)생(生)에게는 역마(驛馬)가 직접적으로 어떠한 작용을 할까? 상문(喪門)으로 작용하니 하는 일에 걸림돌로 작용한다.

➡ 왕지(旺地)에 역마(驛馬)이니 길(吉),흉(凶)의 변화가 다양하다. 볼 것, 못 볼 것, 온갖 일을 다 겪어본다.

⚽ .육친(六親)별로 살펴보는 역마살(驛馬殺)의 작용.

▶ 인수(印綬).

➡ 흉(凶)이란 역마(驛馬)가 기력(氣力)이 쇠(衰)하여 사, 절(死絶)에 해당하는 경우다. 역마(驛馬)란 항상 이동(移動)하는 것이라 사람이 움직인다는 것은 생활(生活)의 기반(基盤)이나, 거주지(居住地)가 자주 옮겨지는 것이다. 직종(職種)의 변경이 잦거나, 근무지의 잦은 이동(移動)이다. 살(殺)로 작용을 한다. 자연 안정(安定)이 더디고, 한 우물을 파기가 힘들어진다. 사람들도 사귀어 정(情)들만 하면 떠난다. 장사도 마찬가지다. 권리금에 터 닦느라고 고생, 고생을 하였는데 재

십이신살(十二神殺)의 활용(活用)

　　개발로 졸지에 터전을 잃어버린다.
- 심신(心身)의 안정(安定)됨을 보이는 특징을 가지고 있으며, 대인관계, 외교적인 문제, 기업 간의 합병 등 수완(手腕)이 좋고, 상상을 초월하는 승진(昇進)이나, 진급(進級)이 이루어지고 신개발, 획기적인 아이디어 등 저력이 갖추어진 사람들은 오히려 큰 행운을 잡게 된다.
- 역마(驛馬)가 중복(重複)이 되거나, 지살(地殺)등과 같이 존재할 경우 특히 형충파해(刑,沖,破,害)등이 운(運)에서 작용할 경우, 장거리 여행이나, 교통사고 등에 주의하여야 하고, 누구나 다 마찬가지지만 항상 보험에 가입하여 작은 일에도 항상 대비하는 것이 최고다.
- 역마(驛馬)는 쓰나미, 자연재해(自然災害)로 인한 주거(住居)불안(不安)을 초래하는 원인(原因)이 있게 된다. 심하면 일신상의 문제뿐만이 아니라, 생존 자체에도 커다란 위협의 존재가 되기도 한다. 일본의 쓰나미나, 원전피해만 하여도 삼살(三殺)로 인한 천재(天災)요, 인재(人災)로 인한 역마(驛馬)가 원인(原因)이다.
- 역마(驛馬)는 자기 권역(圈域)을 벗어나서는 안 된다. 최대한 자제(自制)를 하거나, 환경을 흡수하여 자기영역(自己領域)화 하는 것이다. 적국의 영토를 합병하려면 우선 나의 영토와 가까운 곳부터 정복(征服)하여야 하는 원리와 같다.
- 역마(驛馬)는 식상(食傷)다. 이것저것 모든 것을 노출하기 바쁘다. 말이 많고 기밀(機密)의 유지가 어려워진다. 남의 집 수저 수는 알아도, 내 집에는 관심이 없다. 허탈한 것이다. 옷이 흘러내리는 줄도 모른다.
- 역마(驛馬)가 인수(印綬)에 해당할 경우는 가만히 터를 잡고 일을 할 수 없다. 가능한 먼 거리가 좋다. 해외파견업무나, 출장, 정착(定着)

역마살(驛馬殺)

하여 하는 업무가 아니다. 바람 따라 구름 따라 흘러가며 하는 업무(業務)다.

➡ 역마(驛馬)가 편인(偏印)에 해당할 경우, 편인(偏印)은 식신(食神)을 극(剋)한다. 도식(倒食)이 작용하는 것이다. 관(官)의 기운을 떠난 것이다. 도도한 기운이라 힘도 없으면서 자존심만 내세우는 것이요, 남을 비하(卑下)하기를 잘한다.

➡ 변칙적(變則的)인 역마(驛馬)다. 열심히 노력하여 뜻을 이루는 것이 아니라 요령과, 변칙, 잡기, 편법을 동원하고 남에게 인정을 받지 못하는 행위를 한다. 세치 혀와, 눈치로 상대의 순박함을 가리고 현혹한다. 사이비 상술이요, 국내산과 수입산을 속여 파는 상행위나 같다. 흉(凶)으로 작용하여 형충파해(刑沖破害)가 되면 들통이 나서 벌금, 영업정지이다.

▶ **비겁(比劫).**

절이 싫으면 중이 떠나는 것이다. 불평, 불만에 가득 찬 기운들이 사라진다. 자기 몫이 작다면서 지분을 요구하고 떠난다. 신강(身强)이면 앓던 이가 빠지는 것이다. 충분히 감내하고 그 자리를 채운다. 오히려 나의 몫이 더 실(實)하여진다. 조금 부족(不足)한 것은 스스로 채울 능력이 이제는 충분하다.

▶ **식상(食傷).**

➡ 식상(食傷)이면 자기활동의 범위, 욕구돌출, 잠재력 발휘, 여명일 경우는 자녀(子女)의 변동상황(變動狀況)이 발생하고, 건강과, 금전(金錢)에 대한 변동이 이루어진다.

십이신살(十二神殺)의 활용(活用)

➡ 식신(食神)일 경우 움직이는 만큼 효과가 나온다. 계획(計劃)과 판단력(判斷力)이 뛰어나 주변의 시선을 모으고 결과에 대한 칭찬의 보상을 받는다.
➡ 상관(傷官)으로 작용하면 생각지도 않은 과분한 응답에 몸 둘 바를 모른다. 반대로 흉(凶)으로 작용(作用) 하면 공든 탑이 무너지는 것이다. 일은 일대로 험하게 하고, 오히려 핀잔을 듣는다.
➡ 역마(驛馬)운에는 동전 굴러나가는 소리가 귓전을 맴도는 것이다. 식당을 가서 밥을 먹어도 항상 내가 계산을 하여야 한다. 사주는 사람도 없고, 같이 먹어도 독박을 쓴다. 쓰리 고에 피 박을 쓰는 형상이다.
➡ 식상(食傷)에 역마(驛馬)가 있으면 보고 듣는 게 많아 박식(博識)하지만 전문성에서는 취약(脆弱)할 때가 많다.

▶ 재성(財星).

➡ 돈이란 움직이면 굴러가는 소리가 나는 것이요, 그릇이란 나돌면 상처가 나는 것이다. 탈재(奪財)가 심하고, 사고가 항상 빈번하다. 과일을 깎다가도 칼에 베이는 것이요, 타박상이 심한 것이요, 분실수가 잦은 것이요, 행선지(行先地)를 깜빡하여 실수를 하는 것이요, 약속시간등 사소한 일에도 엇갈리는 일이 많이 발생을 하는 것이다.
➡ 돈이란 냄새가 나는 재화(財貨)이다. 역마가 발동을 하면 귀신같이 냄새를 잘 맡는다. 단 상한 것과, 싱싱한 것을 구별하여야 한다. 자칫 선악(善惡)을 구별치 못하는 실수(失手)를 한다. 운(運)에서 오는 경우는 지나간다. 고도(高度)의 판단력(判斷力)이 요구된다.

역마살(驛馬殺)

● .남성(男性)의 입장에서 재성(財星)에 해당하는 사항을 보자.

➡ 인(寅)목이 재성(財星)일 경우.

나무이다. 어디가 좋을 까? 숲이 우거진 곳이 좋은 곳이다. 삼림욕(森林浴)을 하는 곳이 좋다. 수목원을 찾는다. 그곳에서 인연(因緣)을 만드는 것이다. 여성(女性)도 그런 곳을 좋아 한다. 장소(場所)를 선택(選擇)하여도 마찬가지다.
목(木)공예품(工藝品)을 선물하면 좋아하는 것이다.
주말농장을 찾는 것이요, 등산(登山)도 좋다. 억새풀 축제에도 가본다.
꽃박람회도 괜찮다.
군인(軍人)으로 친다면 보병(步兵)이요, 육군(陸軍)이다.

➡ 신(申)금이 재성(財星)일 경우.

철도여행을 하는 것이다. 코엑스를 이용하여 이동을 구사한다.
지하철도 좋은 호재(好材)다. 만날 장소도 좋다.
기갑병(機甲兵)이다. 탱크나 장갑차다. 기계화 부대이다.

➡ 사(巳)화가 재성(財星)일 경우.

제주도 항공권(航空券)을 예약하는 것이다. 스튜어디스가 좋다. 항공(航空)을 이용한다. 또는 공항대합실도 좋다. 우연한 인연(因緣)이 이어지는 것이다. 연관(聯關)된 직종에 종사(從事)한다.
공군이다. 미사일 요격부대원이다. 항공회사에 근무한다. 기내식납품도 가능하다. 기타 부품 등등

십이신살(十二神殺)의 활용(活用)

➡ 해(亥)수가 재성(財星)일 경우.

바다로 가는 것이다. 여름철엔 해수욕장(海水浴場)이다. 정동진에 해 뜨는 것을 보러 가는 것이다. 수산물(水産物)을 좋아한다.

해군이다, 잠수정에 승선한다. 선원도 좋다. 수산물제조업이다. 양식업이다. 식당도 횟집이다. 활어차를 운전한다.

요즈음 많은 비중을 차지하고 있는 외국인, 해외동포와의 혼인(婚姻)도 다 역마(驛馬)에 해당한다. 다문화가족도 이에 해당한다.

➡ 관살(官殺).

역마(驛馬)가 관성(官星)과 연관(聯關)이 지어진다. 직업성으로 보면 편하다.------교통, 통신, 외유성 직업, 업무, 정보, 감사, 파견근무, 레져산업, 관광산업, 홍보관련 업무, 가이드계통 등 많다.

✸ 살(殺)로 작용을 할 경우

것 멋만 들었지 실속(實速)이 없고, 뜬구름을 쫓는 인생이라 허탈, 허무 속에 등을 돌리고 거주지(居住地)를 벗어나 먼 곳으로 간 후, 다음을 기약하는 운명으로 전락한다.

✸ 편관(偏官)으로 작용(作用)을 할 경우.

자기의 뜻을 이루기가 어렵다. 나라 임금도 없을 때는 욕을 한다지만 기대가 크면 실망이 큰 법이다. 기대치를 줄여야 한다. 속빈강정인 줄 모르고 천방지축으로 날뛰다 "음매, 기죽어!" 하면서 꼬리를 내린다. 과시욕과 헛된 야망(野望)이 빚어내는 괴리이다.

땀 많이 흘리고, 열심히 일 하여도 좋은 소리 못 듣는다. 부지런히 움직

역마살(驛馬殺)

이기는 하는데 쥐여지는 돈은 한 푼, 두 푼이다.

● .위치(位置)별로 살펴보는 역마살(驛馬殺).

◆ 년주(年柱)
거처를 자주 옮긴다. 고향을 떠나 객지(客地)에서 생활한다.
산소도 이장(移葬)하고, 합장(合葬), 개발(開發)로 자주 옮긴다.

◆ 월주(月柱).
세운(歲運) 역마(驛馬)살이 월지(月支)를 충(沖)하면?
❋ 환경의 변화가 발생하고, 월지(月支)가 관(官)이면 자식, 직업의 변화요. 인성(印星)이면 이사, 경사, 문서 서류, 부모의 문제로 인한 변동이요, 재성(財星)이면 처궁(妻宮) 또는 금전(金錢)문제, 시아버지, 시가 등의 문제가 발생한다. (음양(陰陽)의 관계를 판단해야 한다.)
❋ 남성(男性)의 경우 특히 부모형제(父母兄弟)의 불상사(不祥事), 객사(客死) 가능성도 있고, 동가식서가숙(東家食西家宿)하는 일도 발생한다.

◆ 일주(日柱).
일주에 역마가 있으면 부부간에 서로가 헤어져 있는 시간이 많다.
설사 같이 있다 하여도 동상이몽(同床異夢)이다.
기러기 아빠요, 주말부부요, 주야간 근무시간이 서로가 엇갈리는 것이요, 대화창구가 좁아지고, 서로가 견원지간(犬猿之間)이 되어버리는 형국으로 변질(變質)한다.

- 254 -

십이신살(十二神殺)의 활용(活用)

기러기 부부도 원래는 잉꼬부부였다. 그러나 시간이 그들을 갈라놓은 것이요, 그리움이 아쉬움으로, 아쉬움이 미움으로 변한다.

✪ 각각의 역마(驛馬)를 살펴보자.

✦ **갑(甲)목**에는 사(巳)화가 역마(驛馬)다.
무(戊),경(庚),병(丙)이라 토(土), 금(金), 화(火)이다. 이어서 연결한다면 화(火)토(土)금(金)이다. 뺏고, 때리고 혹사시키는 것이다.

✦ **병(丙)화**의 경우를 보자.
신(申)금이다. 무(戊)임(壬)경(庚)인데, 토(土), 수(水), 금(金)이다. 이 역시 갑(甲)목과 비슷한 형상(形象)이다. 부부간의 이별이요, 한 지붕 두 가족이다. 서로가 못할 짓이다.

✦ **경(庚)금**의 경우를 보자.
경(庚)금에는 해(亥)수가 역마(驛馬)가된다.
무(戊)갑(甲)임(壬)이다. 밥 먹여 열심히 일을 시켜 놓더니 결국에는 손 하나 안 대고 닭 잡아먹는 격이다.
송두리째 빼앗기는 형국이다. 재물(財物)을 파(破)한다.
남녀 공히 재물이 파(破)한다면 가정(家庭)은 어려운 것이다. 영위(營爲)하기가 힘들어진다.

◆ 시주(時柱).
노년(老年)에 타향(他鄕)살이 하고, 몸에 질병(疾病)이 발생하기 쉬우니

역마살(驛馬殺)

항상 건강에 유의하여야 한다. 자손(子孫)이 부지런하다.

● <u>흐름으로 읽어보는 역마살(驛馬殺).</u>

역마(驛馬)의 변화(變化)란? 역마의 활동(活動)으로 인한 결과를 보는 것이다. 인신사해(寅申巳亥)의 월(月)이나, 일(日)에는 움직이는 기운(氣運)이 강한 것이다. 사람이 많이 붐비는 곳이나, 차량의 흐름이 복잡한 곳에서는 항상 조심에 조심을 거듭하여야 한다.

➡ 2010년은 경인(庚寅)년이라 인(寅)의 작용이 많다. 교통사고, 천안함 사고, 선거, 부동산 문제 등 이동, 변동의 문제이다. 항상 침착하여야 한다. 똑같은 피서 철이라 하여도 이동인구가 더 많아진다.
➡ 길(吉)로 작용을 할 경우는 문제가 덜하나, 흉(凶)으로 작용할 경우는 심사숙고(深思熟考) 하여야 한다. 집을 이사한다거나, 사무실, 공장, 사업체 등을 옮길 경우도 역마 자체만을 볼 것이 아니라 그 다음으로 이어지는 과정도 예견하여야 한다.
➡ 역마(驛馬)란 병지(病地)에 놓여 있는 것이라, 겉으로는 멀쩡해도 문제가 있는 병(病)적인 성향(性向)을 나타낸다. 재선충 병을 앓고 있는 나무와 같다.
➡ 역마(驛馬)가 있으면 뜨거워지는 물과 같은 심성(心性)으로 화(化)한다. 침착하지 못하고 덤벙거리기가 일쑤이다. 희로애락(喜怒愛樂)의 감정(感情)기복이 뚜렷하여 감추지 못하고 표현을 한다. 자연 오해를 받기도 하고 실수를 한다. 갖고 있으면 병이 되는 양 밖으로 다 표출(表出)을 하니 사려 깊은 처신(處身)이 필요(必要)하다.

십이신살(十二神殺)의 활용(活用)

➡ 인기를 먹고 사는 연예인은 사주에 역마(驛馬), 도화(桃花)가 함께 있는 경우가 많다. 사업(事業)을 하면 망하기가 일쑤요, 남의 말에 솔깃하여 이용당하는 경우가 많다. 몇 번의 시행착오를 거친 다음에는 정신을 차리나, 지나온 과정이 너무나 아쉬운 경우가 많다.

➡ 역마(驛馬)운은 새로운 환경에 들뜨기 쉬운 기간(期間)이라 자칫 자신을 돌보지 않고 환경(環境)에 휩쓸려 무리하면, 그것이 화근(禍根)으로 작용을 하는데 역마(驛馬) 다음은 육해(六害)라 계속 이어진다면 장시간(長時間) 심신(心身)으로 고통(苦痛)을 겪는다. 주식이나 펀드 기타 투자행위 등 욕심(慾心)을 버리는 것이 좋다.

➡ 역마(驛馬)가 사,절(死,絶)에 해당하면, 평생(平生)분주하고 실속이 없다. 성격(性格)이 산만하여 한 우물을 파기가 힘들어진다. 자천타천으로 이동(移動)이 많아 힘들어진다.

➡ 역마(驛馬)란 지살(地殺)과 충(沖)이 되는 경우인데, 삼재(三災)는 방합(方合)으로 3년이 이어진다. 세운(歲運)에서 역마(驛馬)운이 온다면 삼재(三災)가 시작이 된다. 내방객이 온다면 이것을 추리하여 설명하면 쉬울 것이다.

➡ 삼재라고 무조건 흉한 것이 아니다. 복(福) 삼재(三災)도 있으니 말이다. 신강(身强)하여 역마(驛馬)가 필요한 경우도 있는 것이다. 용신(用神)이 지나치게 왕(旺)하면 억부(抑扶)하는 기신(忌神)이 희신(喜神)의 역할(役割)을 하는 것이나 같다.

➡ 역마(驛馬)가 공망(空亡)에 임할 경우 어떤 일이 벌어질까? 자빠져도 코가 깨지는 것이다. 억수로 운(運)이 안 좋다. 자빠진다는 것은 움직임인 역마로 인한 결과이다. 거기에 공망(空亡)이 가해지니 더욱 덧없는 일이 생긴다. 일이 있어 다녀도 실속이 없고, 마냥 분주하기

역마살(驛馬殺)

만 하다.
- 역마(驛馬)란 실없이 나가고 싶은 마음이 발동(發動)하고, 집에 있어도 불안하고 괜스레 답답하고 초조하다. 바람이라도 쏘일 양 다니다 보면 험한 일도 겪게 되는 것이 망신이다.
- 망신은 아이들이 쏘다니다 넘어지기도 하고, 다치는 것이나 같은 형상이다. 이것이 지나치면 툭하고 나가는 것이다. 마치 헛것이라도 보여 찾으러 가는 양 말이다. 극심하면 성격파탄자, 스트레스에 우울증까지 겹친다.
- 빙의(憑依)나, 허주의 대표적인 증상을 보면, 안에 쳐 박혀 있는 스타일과, 밖으로 개처럼 돌아다니는 스타일로 크게 나누어진다. 삼살(三殺)이 그대로 작용하는 형상이다.
- 자식들을 키우다 보면 유난히 설치고, 분주하고, 덤벙거리는 자녀들이 있다. 다 역마에 해당하는 해에 태어난 것이다. 내가 신강(身强)하면 다스려 엄하게 키우지만, 신약(身弱)하면 자녀(子女)가 억세어 키우기가 힘들다.
- 부모가 신약하다는 것은 자녀의 기운이 신강(身强)하다. 일단 신강(身强)하면 삶에 있어서 길(吉)로 작용(作用)을 하므로 남에게 뒤지지 않는 자손(子孫)이 된다.

● .역마(驛馬)와 타살(他殺)과의 관계.
역마(驛馬)가 섞인 합(合)을 위주로 하여 살펴보는 것이다. 역마가 차지하는 비중과 작용, 반작용을 비교하여 본다.

- 역마(驛馬)와 이루어지는 삼합(三合)을 보면 역마(驛馬), 재살(災殺),

십이신살(十二神殺)의 활용(活用)

월살(月殺)의 삼합이다. 결과가 좋지 않은 살(殺)들의 합(合)이다. 기동성(機動性)에 의한 합(合)인데, 흉(凶)으로 귀결되는 합이다. 홧김에 집안의 기물을 부수는 것이요, 홧김에 서방질하는 것이요, 길가다가 돌부리를 걷어차는 형국이다. 다 부질없는 행동이요, 참지 못하여 일어나는 행동이요, 불필요한 처신(處身)인 데 짧은 시간에 일어난다

➡ 재살(災殺)은 일명 수옥(囚獄)살이라 한다. 역마(驛馬)와 동행을 한다면 어떤 상황이 발생을 할까? 외출복을 세탁기에 넣었는데 갑자기 나갈 일이 생긴다. 새신을 신고 뛰어보자 팔짝하는데 구두의 뒷 굽이 떨어져 나간다.

➡ 월살(月殺)과 역마가 어울리면 어떨까? 월살(月殺)은 고초살(枯焦殺)이라, 집 나가면 고생이라 누가 그랬던가? 하는 일마다 되는 것이 없는 지라 차라리 노는 것이 버는 것이라고 주변에서 긁는다.

➡ 역마(驛馬)운에는 다른 환경으로의 변신(變身)이다. 잘나가던 사람이 갑자기 우선멈춤 하여 큰 집에서 보리밥을 먹는 것이요, 감형(減刑)으로 인하여, 만기출감으로 풀려난다.

➡ 내성적인 사람이 성격을 고치려면 역마(驛馬)운에 활동적(活動的)인 성향의 취미를 갖거나, 도취하면 고쳐진다. 대외적(對外的)인 활동을 많이 하면 고쳐진다.

❏ **역마(驛馬)의 길흉(吉凶)의 변화(變化).**

➡ 일을 하여도 노력한 만큼 때로는 그 이상으로 보답이 돌아온다. 일을 하면서도 힘든 줄 모르고, 보람을 느낀다.

역마살(驛馬殺)

➡ 역마(驛馬)가 길신(吉神)에 해당할 경우, 그에 해당하는 작용도 빠르고, 기회(幾回)가 온다면 신속한 대처를 하여 다 받아먹는다.

➡ 지살(地殺)도 마찬가지다. 눈치가 빠르고, 순발력이 있어야 하고, 상황판단에 있어서 머뭇거림이 없어야 한다.

➡ 운동선수의 경우를 예로 들어보자. 직접 경기에 참여하지를 못하고 항상 대기자 명단에 이름이 올라 기다리고만 있다. 후보 선수인 것이요, 대체요원이다. 역마(驛馬)가 병(病)들은 것이다. 공망(空亡)에 해당한다.

➡ 실생활에 있어서 참여는 하고 있어도 실질적인 역할을 못한다. 경기에 직접 참여는 못하고 구경만 한다. 지나친 과격함으로 인하여 시합 도중 퇴장(退場) 당한다.

➡ 정신적(精神的)인 안정(安定)이 없다보니 일의 진척(進陟)에 있어서 발전(發展)을 기대하기 어렵다. 열심히 한다고 하여도 땀만 나고, 힘들고 결과가 보이지 않는다. 자주 허탈감을 느낀다.

➡ 등산(登山)을 하면서 산의 정상(頂上)에 오르지 못하고, 중간에서 하산(下山)을 한다.

➡ 자녀교육(子女敎育)에 있어서도 규제를 벗어나는 탈선행위, 일시적인 이탈행위 등으로 인하여 문제가 발생한다. 공부한다고 도서관에 간다고 하면서 pc방이나 가고, 밖으로 나도는 것이다.

✺ **역마(驛馬)가 형충파해(刑,沖,波,害)를 당하면?**

☀ 정상적(正常的)인 행마(行馬)를 할 수가 없다. 경부선행 차량인데 호남선으로 가는 것이요, 가다가 중간에 영동선으로 빠지는 것이요, 기

십이신살(十二神殺)의 활용(活用)

름이 떨어져 가다가 멈춘다.
* 지쳐서 쓰러지기도 한다. 배가 항해를 하다가 난파(難破)를 당하는 것이나 같다. 해적선(海賊船)을 만나는 것이요, 충돌로 인하여 난파 된다.
* 운(運)에서의 흐름이 원활한 상황이 아닌데 거기에 형충파해(刑沖破害)를 당하면 비전이 없어진다.
* 신강(身强)이라도 조직적인 와해(瓦解)작용에 휘둘리는데 신약(身弱)이라면 오죽 할 것인가?
* 문밖을 나서지 말아야 한다. 방사능의 낙진이 위험하니 외출(外出)은 가급적 삼가는 것이 좋다.

⊛ 역마(驛馬)가 정상적(正常的)으로 진행이 된다면?

* 길(吉)로 작용을 한다. 능력(能力)과 수완을 인정(認定)받는 것이요, 명성(名聲)을 떨친다. 신강(身强)의 경우로 보는 것이다.
* 힘이 넘쳐나는데 움직임이야 당연히 활기찬 것이다. 병든 말이 아니라 준마요, 젊은 말이다. 굶어도 삼일은 간다.

● 실전(實戰)으로 살펴보는 역마살(驛馬殺).
※ 곤명(坤命)

丙	乙	乙	己
戌	卯	亥	酉

해(亥)월, 을(乙)목 일간(日干)이다.
월지(月支)의 해(亥)수가 역마살(驛馬殺).

⬆ 월지(月支)의 해(亥)수가 역마(驛馬)인데, 정인(正印)이다.

역마살(驛馬殺)

역마(驛馬)가 인성(印星)이니 배움에 있어서, 한 지역에서 공부를 계속하는 것이 아니다. 또한 어머니가 활동적인 분이다. 집안일 보다는 밖에 치중을 하는 면이 나타난다.

사주가 신왕하고, 식상이 왕하고, 재관(財官)이 문제점을 나타내는 사주이다. 식상(食傷)이 기운이 강하니 생재(生財)에는 큰 문제가 없다.

운(運)에서도 식상(食傷)으로, 남방(南方) 화운(火運)으로 흐른다. 신살(神殺)로 살펴보자. 역마(驛馬)가 재살(災殺)과 합(合)이 되는 형국인데, 자체로는 비겁(比劫)이 왕(旺)하여 지는 형국이다. 일지(日支)와 월지(月支)가 합하여 비겁(比劫)이 더욱 기승을 부리니 문제가 발생하는 것이다. 지나치게 신왕(身旺)하여 진다.

정적(靜的)인 활동보다는, 유동적(流動的)인 처신(處身)이 좋다.

하나의 기쁨을 열로 알아야 하는 사람이다. 항상 작은 일에도 열과 성을 다하여야 한다. 점차적으로 흐름이 좋게 이어진다.

적극적인 움직임이 필요하다는 것이다. 윗분에게 인사도 잘하고, 쫓아가서 문안도 자주 드려야 한다. 자손은 기쁨이다.

✸ 곤명(坤命)

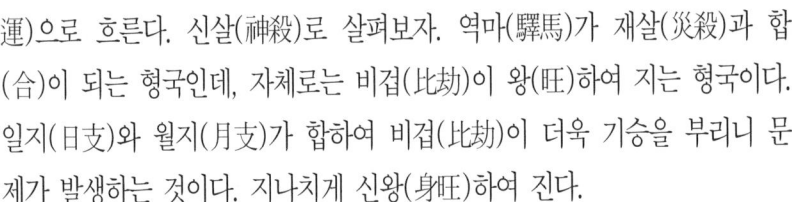

술(戌)월, 갑(甲)목 일간(日干)이다.
일지(日支) 인(寅)목이 역마(驛馬).

⬆ 일지(日支)인 뿌리가 역마(驛馬)다. 일간(日干)인 자신의 근본(根本) 힘이 강함에도 불구하고, 항상 진중(鎭重)하지를 못하고 될 만하면 떠나고, 가만히 있으면 될 것인데, 비견(比肩)이라 자꾸만 욕심(慾心)을 낸다. 일간(日干) 기준으로, 일지(日支) 망신(亡身)이다.

십이신살(十二神殺)의 활용(活用)

현재 대입시 준비를 위하여 수년간 보낸 사람이다. 인성(印星)인 임(壬)수가 형(刑),충(沖)으로 뿌리가 흔들린다.
뿌리가 강한 것 같아도 항시 변화(變化)하기 위하여 준비를 한다.
신중(愼重)하고, 인내(忍耐)하고, 집중(執中)하는 것이 부족(不足)한 것이다. 신약(身弱)이다.
지장간(支藏干)을 보면 관성(官星)이 미약하고, 병(病)든 상태이다.

※ 곤명(坤命)

乙	壬	辛	丁
巳	辰	亥	巳

해(亥)월, 임(壬)수 일간(日干)이다.
월지(月支)의 해(亥)수가 역마(驛馬).

⬆ 월지(月支) 해(亥)수가 비견(比肩), 록(祿)인데 역마(驛馬)에 충(沖)이다. 일지(日支)는 천살(天殺)이고, 천간(天干)으로는 을신(乙辛) 충(沖)이요, 정임(丁壬) 합이다. 합(合)충(沖)이 얼룩진 사주(四柱)이다.
신약(身弱)은 아니지만 풍파가 많다. 자신을 돌보는 것도 급선무이다.
근본이 흔들리니 한 곳에 모든 것이 정착(定着)을 하지를 못한다.
결혼(結婚)을 하지 못한 것도 풍파(風波)가 심한 것이다. 괴강(魁罡)격에 건록격(建祿格)이다.

❑ **역마살(驛馬殺)방(方)에 대한 생활의 지혜.**

◆ 역마살 방향에는 이동(移動)이라 모든 것이 활동적이고, 움직이는 것이요, 파노라마가 적당하다. 노래방을 한다면 역마 방위를 택하는 것이 좋다.

◆ 전파를 타는 것 역시이동에 속한다. 가전제품 역시 이에 속한다. 이통이나, 하이마트, 자동차 영업소등 모두 관련된다.

역마살(驛馬殺)

◆ 보험관련 업소, 유동인구가 필요한 곳에 적당한 업종 역시 역마(驛馬)방(方)을 택하는 것이다. 그중 특히 택배라든가 운송업, 유통관련 업종도 마찬가지다.

◆ 가정에서 물품을 비치할 경우 이에 관련된 제품은 다 역마(驛馬)방으로 하는 것이 좋다.

◆ 방울소리 울리며 썰매는 달린다.

◆ 출입문(出入門)과 가까운 쪽은 역마(驛馬)방이다. 들락날락 하여야 하고 혹시나 손님이 오나, 좋은 소식을 누가 전하여주지 않을까? 자주 시선(視線)이 가고 항상 마음이 들뜨게 되고, 움직이려면 항상 거쳐야 하는 곳이다.

◆ 문을 내는 곳은 항상 역마방과 연관이 있다.

십이신살(十二神殺)의 활용(活用)

육해살(六害殺)

육해(六害)는 상천살(相穿殺)이라고도 하는데 천(穿)이란? 아(牙)와 혈(穴)의 합한 자(字)이고, 아(牙)는 이빨인데 특히 어금니를 나타낸다. 혈(穴)이란 구멍이라, 상(相)자가 앞에 붙으니 서로가 구멍을 뚫는 형상이라 이가 썩어 결국 빼내어야 하는 결론이다.

미리 발견하여 때우면 될 것을 방치(放置)하여, 험한 꼴을 당한다. 치아(齒牙)의 중요한 한 부분이 사라지는 것이다. 육해(六害)의 작용이다.

신체(身體)의 일부분이 사라진다. 요즈음은 의술(醫術)의 발달로 얼마든지 대용(代用)을 할 수 있는 방법이 강구되지만, 자체가 문제가 아니라, 치아를 빼내야 하는 불운(不運)한 결과 그 자체를 논하는 것이다.

◆ 의미(意味)로 살펴보는 육해살(六害殺).

● 해(害)란 무엇인가?

훼방을 놓는 것이다. 남이 잘되거나, 희희낙락(喜喜樂樂)하는 꼴을 못 본다. 화합(和合)을 방해(妨害)한다.

● 합(合)이란 무엇인가?

육합(六合)을 이야기하는 것이다. 해(害)는 선남선녀(善男善女)의 만남인 합을 방해(妨害)한다.

참으로 고약한 형상인 것이요, 놀부이다.

육합(六合)의 결합을 방해(妨害)하고, 이간(離間)시키고, 분열을 조장한

육해살(六害殺)

다. 가정의 화합(和合)과, 단합(團合)을 방해하고 헤어짐과 불신(不信)을 조장한다. 화합(和合)이란 이루기는 힘들어도 깨지기는 쉬운 것이다.
동냥은 주지는 못할망정, 쪽박은 깨지를 말라고 하였다. 해(害)는 깨는 역할을 한다.
합(合)과, 육해(六害)와의 상관관계(相關關係)를 살펴보자.

● 지지(地支) 육합(六合), 육해(六害) 연결도(連結圖).

신(申)	미(未)	오(午)	사(巳)
❸사(巳)◉⑤	❷오(午)◉⑥	⑥◉미(未)❶	⑤◉신(申)❺
유(酉)			진(辰)
❹진(辰)◉④			④◉유(酉)❻
술(戌)			묘(卯)
❹묘(卯)◉③			③◉술(戌)❻
❸인(寅)◉②	❷축(丑)◉①	①◉자(子)❶	②◉해(亥)❺
해(亥)	자(子)	축(丑)	인(寅)

육합(六合)은 천지인(天地人) 합이요, 계절(季節)의 합(合)이다, 내합(內合)이요, 외합(外合)이다.
각 숫자대로 연결하면 내항(內項), 외항(外項)의 연결임을 알 것이다. 육해(六害)의 경우는 상하(上下)로 하여 숫자를 연결한다.
더 자세한 사항은 다음에 상세하게 서술하기로 하고 우선 신살(神殺)에 대한 부분을 집중하여보자.

십이신살(十二神殺)의 활용(活用)

✿ <u>육합(六合)과, 육해(六害)와의 상관관계(相關關係).</u>

육해(六害)는 육합(六合)을 충(沖)하는 역할을 한다.
앞의 도표를 보고 살펴보자. 육합(六合)은 좌우(左右)의 연결이요, 육해(六害)는 상하(上下)의 연결인 것이다. 이 역시 내합(內合), 외합(外合)으로 연결하면 답이 나온다.
내항(內項)의 연결이요, 외항(外項)의 연결이다.
육합(六合)은 서로가 수평(水平)으로 하여 이루어지는 연결이요, 육해살(六害殺)인 상천살(相穿殺)은 상,하(上下)로 연결이 된다. 왜 상천살(相穿殺)이라고 하는가? 하는 것을 알게끔 상, 하(上下)로 연결하여 관통(貫通)을 유도한다.
육해(六害)의 분석(分析)을 하여보자.
❶과 ❶의 연결인 자미(子未)이다.
자(子)수와, 미(未)토의 연결이다. 토극수(土克水)의 연결이다.
①과 ①인 자축(子丑) 합(合)을 방해(妨害)한다.
❷와❷인 오축(午丑)의 연결이다. 오(午)화와 축(丑)토의 연결이다. ①과 ①인 자축(子丑) 합(合)을 방해(妨害)한다.
❸,❹,❺,❻을 각각 연결하여보라.

● <u>육해살(六害殺)을 쉽게 찾는 방법.</u>
◉ 삼합(三合)의 끝자, 앞 자(字)가 육해살(六害殺)이다. 화개(華蓋)의 앞인 것이다.
◉ 년살(年殺)과 충(沖)하는 지지(地支)가 육해(六害)이다.
◉ 자,오,묘,유(子午卯酉)가 해당 된다.

 육해살(六害殺)

- 신자진(申子辰) : 진(辰) 앞 묘(卯)가 육해살(六害殺).
- 해묘미(亥卯未) : 미(未) 앞 오(午)가 육해살(六害殺).
- 인오술(寅午戌) : 술(戌) 앞 유(酉)가 육해살(六害殺).
- 사유축(巳酉丑) : 축(丑) 앞 자(子)가 육해살(六害殺).
- 끝자와 방합(方合)을 이룬다. 왕지(旺地)가 되어 합을 유도한다.

◆ 년지(年支), 일지(日支)를 기준으로 하여 보는 육해살(六害殺).

삼합(三合)	❶ 사유축 (巳酉丑)	❷ 해묘미 (亥卯未)	❸ 신자진 (申子辰)	❹ 인오술 (寅午戌)
육해(六害)	자(子)	오(午)	묘(卯)	유(酉)

◆ 일간(日干)을 기준으로 하여 볼 경우의 육해살(六害殺).

오행(五行)	목(木)		화(火)		토(土)		금(金)		수(水)	
십간(十干)	甲	乙	丙	丁	戊	己	庚	辛	壬	癸
십이운성	사궁 死宮	오 午		유 酉		유 酉		자 子		묘 卯	
	절궁 絶宮		유 酉		자 子		자 子		묘 卯		오 午

🔺 (육해살(六害殺)의 경우, 양간(陽干)은 사궁(死宮), 음간(陰干)은 절궁(絶宮).) 전체적으로 자오묘유(子午卯酉)가 해당 된다.

- 갑(甲)과, 계(癸)는, 오(午)가 육해살(六害殺).
- 병(丙),무(戊),을(乙)은, 유(酉)가 육해살(六害殺).
- 경(庚),기(己),정(丁)은, 자(子)가 육해살(六害殺).
- 임(壬)과, 신(辛)은, 묘(卯)가 육해살(六害殺).

십이신살(十二神殺)의 활용(活用)

⚽ 성정(性情)으로 살펴보는 육해살(六害殺).

➡ 십이운성(十二運星)으로는 양간(陽干)은 사지(死地)에 해당하고, 음간(陰干)은 절지(絶地)에 해당한다.

➡ 시름시름 앓아도 병명이 잘 나타나지를 않아 신병살(神病殺)이라고도 한다. 이 육해살(六害殺)이 많은 사주(四柱)는 神病(신병)과 같은 증세로써, 현대의학상 감지하기 어려운 병으로써 일명 귀신병(鬼神病)이라 한다.

➡ 역마(驛馬) 다음 순서라 말이 역마(驛馬)운에 달리고 나면, 그나마 갖고 있는 기운을 다 소진한다. 반안(攀鞍)의 충고(忠告)를 듣지 않고 스스로 고통(苦痛)을 자처한다.

➡ 육해(六害)는 년살(年殺)인 도화(桃花)와 충(沖)을 한다. 충을 한다는 것은 그만큼 상대적(相對的)이고, 극(極)과 극(極)을 달리는 형상을 말한다. 방긋방긋 웃는 얼굴이 아니고 찡그린 얼굴이요, 화사하지도 않고 핏기 없는 얼굴이요, 보기만 하여도 어깨가 축 늘어지는 형상인 것이다. 제일 추(醜)한 형상이다.

➡ 육해살(六害殺)중 자미(子未)와 축오(丑午)가 작용력이 제일 강하고, 사용빈도가 높다. 여타 다른 육해살(六害殺)은 중복(重複)이 되어 이 부분에서는 잘 채택하지를 않는다.

➡ 다른 신살(神殺)의 경우도 이런 경우가 나타나는데 그 역시 마찬가지이다. 지지(地支)의 경우, 해당 사항이다.

➡ 육해살(六害殺)은 삶의 진행에 있어 걸림돌의 작용을 하는 것이요, 자세가 흐트러지는 것이요, 정상적인 것이 아니요, 기쁨과 행복이 아

육해살(六害殺)

닌 슬픔과, 불행과, 모자람이요, 부족함이요, 조화의 방해요, 부조리요, 심적인 흔들림이요, 고통이다.

→ 반대와 중상, 모략에 의한 좌절이요, 단절이다. 육친간의, 혈육의 정이 말라감이 안타까운 것이다. 이별과 단절이요, 허무와 무상함을 느낀다.

⚽ .육친(六親)별로 살펴보는 육해살(六害殺)의 작용.

▶ 인수(印綬).

계약(契約)이 파기된다. 부동산을 구입하였는데 속아서 산 것이다. 눈이 튀어나오는 일이다. 계획한 일이 수포로 돌아간다. 수출물량을 확보하여 좋아하였는데, 샴페인을 너무 일찍 터트린 것이요, 천재지변으로 모든 것이 물거품으로 변한다.

▶ 비겁(比劫).

형제, 지인간의 덕이 박한 것이다. 믿었던 친구에게 배신을 당하는 것이요, 동업자(同業者)에게 사기를 당하는 것이요, 유산문제로 인하여 친척 간에 의를 상하는 것이다. 씨 다른 형제요, 배다른 형제이다. 부모님이 돌아가시고, 형제도 능력이 부족하여 모든 것을 본인이 짊어지고 가야 할 운명이다.

▶ 식상(食傷).

모든 상황이 움직이기 어렵게 돌아간다. 차가 막혀 나가지 못하는 형상이

십이신살(十二神殺)의 활용(活用)

다. 도로 상황이 개선이 되지만 이미 시간이 늦어버린 것이다. 월급이 갑자기 줄어 아내의 눈치 보기가 바쁘다.
직장이 마음에 안 들어도 목구멍이 포도청이라 어쩔 수가 없는 일이다. 더러워도 참고 나아가야 한다.
쓸데없이 입 한 번 잘못 놀려 개망신을 당한다.
정수기에서 불순물이 나와 마시지도 못한다.

◘ 재성(財星).

식당에서 식사를 하다 이를 상(傷)한다. 음식을 똑같이 먹어도 혼자 체하고, 탈난다. 돈을 써도 좋은 소리는 못 듣는다. 수고비로 받은 돈이 뇌물이 되어 옷을 벗는 경우가 발생한다. 식사대접 잘 받고 정직이요, 감봉(減俸)된다.

◘ 관살(官殺).

업무를 맡아도 별 볼일이 없는 일이요, 부서이동이 있어도 한직(閑職)으로 발령(發令)이 난다.
취업을 하여도 알바나, 비정규직 밖에는 안 된다.

육해살(六害殺)

● .위치(位置)별로 살펴보는 육해살(六害殺).

◆ 년주(年柱).

윗대에서 많은 문제가 발생한다. 편하게 가신 조상(祖上)이 아니다. 자손의 앞길을 막지야 않지만, 걸림돌의 역할을 하는 조상(祖上)이다. 꿈에 나타나 천도(天道)를 하여달라고 영감을 준다. 할아버지 할머니가 보일 경우. 정상적(正常的)인 가정생활에 익숙하지 않은 조상(祖上)이다.

◆ 월주(月柱).

➡ 부모와 형제에 대한 근심이 떠나지 않는다. 가정사에 변화가 자주 발생한다. 가족 중 구성원의 장기적(長期的)인 우환(憂患)으로 집안 전체의 분위기를 상승시키지 못한다.

➡ 청소년(靑少年)기나, 청년기(靑年期)에 기본적으로 갖추어야 할 교양이나 매너에서 낙제점을 기록한다. 가출(家出)을 한다거나, 잘못된 행동으로 많은 시간을 허비(虛費)하고 뒤늦게 후회(後悔)한다.

◆ 일주(日柱).

➡ 특히 일지(日支)에 상천살(相穿殺)을 갖고 있으면 부부(夫婦)가 해로하기 어렵다. 사주가 신약(身弱)한 사람이 일(日)과, 시(時)에 상천살(相穿殺)이 작용하면, 자손과 부부간에 많은 어려움이 발생하여 남들은 생의 여유를 즐기는 동안, 고통(苦痛)과 번민(煩悶)으로 시간을 보낸다.

➡ 해살(害殺)의 작용은 상대(相對)가 있어야 한다. 문제가 되는 것은

십이신살(十二神殺)의 활용(活用)

일(日)과, 시(時)에 있는 것이 제일 안 좋다. 물론 월(月)과, 일(日)에 있는 것은 당연히 안 좋은 것이지만 미래지향적으로 사주를 보자. 원국에 하나가 있어 운(運)에서 마주치는 경우는 덜한데, 원국 자체에 둘 이상이 있을 경우는 반드시 그 이름값을 한다.

➡ 일지(日支)에 있으면 부부간 불협화음으로 인하여 얼마 전 까지도 금슬(琴瑟)이 그리 좋았다 하더라도 어느 날 갑자기라는 이야기가 나온다.

➡ 장년(壯年)이라 인생의 결실을 보는 시기인데, 자녀(子女)의 문제도 나오기 때문에 심각하다.

도저히 건널 수 없는 강이 가로막혀 서로가 뻔히 알면서도, 이별의 손수건을 흔든다.

◆ 시주(時柱).

➡ 순리적인 판단을 못한다. 자기의 주장만 옳은 것이다. 상대방의 입장에서 생각을 할 겨를이 없다. 나의 말이 법이요, 정답이다. 시지(時支)는 말년(末年)이요, 자손(子孫)의 자리다. 이제 벌만큼 벌어서 살만하겠지 하고 생각을 하고 있는데, 자꾸 우환(憂患)이 발생하는 것이다. 심하면 열심히 벌어놓고 병사(病死)하거나, 급작사 한다.

➡ 자손이 벌어 논 재산(財産) 다 말아먹고, 찬밥 신세로 전락을 하기도 하는 것이요, 쓸쓸하게 말년(末年)을 보낸다.

➡ 자손이 불치(不治)의 병(病)으로 고생을 하는 것이다. 뒷수발로 말년을 회한(悔恨)의 시간으로 보낸다.

➡ 육해살이란? 원망하고 미워하고, 놀부는 저리가라는 식으로 막가파의

육해살(六害殺)

증세가 나오는 것이다. 업(業)을 쌓지 말아야 한다.

● 흐름으로 읽어보는 육해살(六害殺)

➡ 육해(六害)년은 삼재(三災)가 중간(中間)에서 기운이 왕(旺) 할 때인 것이다. 방합(方合)으로 보는 경우이다. 이미 엎질러진 물일 경우는 주어 담는 시간도 계산을 하여야 한다. 더 나아간다면 쓰지 못하는 물이니 버리고, 새 물을 받는 시간까지 계산하여야 한다.

➡ 복삼재(福三災)일 경우는 복(福)중의 복(福)이지만 악삼재(惡三災)로 악명(惡名)을 떨칠 때는 묘수(妙手)가 흔치가 않다. 더구나 원국(原局)에서 거들어주면 참으로 어려운 시기(時期)가 된다.

➡ 과연 누구에게 빌어야 할 것인가? 육해(六害)를 충(沖)하는 것이 년살(年殺)이요, 도화(桃花)이다. 도화에게 부탁을 하는 것이다.

➡ 도화란? 대감이요, 대신인 것이다. 장군이 아니다. 힘으로 밀어붙여 될 일이 아니다. 타이르고, 달래고, 꾸짖고, 얼러서 속내를 알아야 하는 것이다. 대화(對話)를 하자는 것이다. 그리고는 한바탕 노래방에서 분위기를 살리면서 심중을 파악하고 처방을 내리는 것이다. 도화(桃花)란 돌부처도 노래하고, 춤을 추고, 흥얼거리게 만드는 재주가 있다.

➡ 육해(六害)는 왕(旺)한 기운이다. 그것도 죽음을 알리는 저승사자와도 같다. 도 아니면 모 이다. 남의 눈치를 보지 않는다. 내가 왜 이럴까가 아니다. 길흉(吉凶)구분이 없다. 일단 본인이 행(行)하는 것은

십이신살(十二神殺)의 활용(活用)

무조건적이다. 자동차 사고가 나면 타박상(打撲傷)이라도 금방 상처(傷處) 부위가 잘 나타나지 않는다. 시간이 약간 흘러야 붓고, 쓰리고, 통증을 더 느낀다. 육해(六害)의 작용이 그러하다.

➡ 욱하고 일어나는 것이 육해(六害)다. 그만큼 자신에 대한 신념(信念)이 강하다. 누가 나를 건드려 하는 사고방식이다. 힘에 부치고, 기력이 빠져 거동이 힘들 때 "아! 내가 다쳤구나!" 하고 인정(認定)하는 것, 그것이 육해(六害)의 기본생리이다. 그리고 난 후 내가 어디를 다쳤나? 하고 되묻는다.

➡ 신병(身病)이다. 증세는 있는데 어디서 무엇을 하다가, 어떤 원인으로 인하여 문제가 생겼는지 판단을 못한다. 병원에 가서 진료를 하여도 증세가 나타나지를 않는다. 많은 시간이 흐른 후 말기에 임박하여 나타나는 것이, 육해(六害)로 인한 병의 증세(症勢)이다.

➡ 신병(身病)은 무조건 귀신(鬼神)병(病)이 아니다. 신병(神病)과, 신병(身病)을 구별하여야 한다. 신병(神病)일 수도 있는 것이지만, 신병(身病)일 수 있다. 중요한 것은 감추어져 있다가 속 썩이고 나중에 나타난다. 확실한 근접이 필요하다.

➡ 육해(六害)란 만병을 끼고 사는 팔자다. 나을 만하면 다른 곳에서 또 발병을 한다. 병(病)이 중첩(重疊)하여 발생한다. 긴 병에 효자(孝子) 없다고 주변사람들이 하나, 둘 씩 떨어져 나간다. 항상 몸 건강관리를 일과(日課)로 하여야 한다. 전부가 왕(旺)한 기운이라 병(病)의 뿌리가 뽑히지 않는다.

➡ 사주에 육해살이 많은 사람은 밀접(密接)한 관계(關係)를 유지하기가 어려운 사람이다. 남이 땅을 사면 배 아파하는 사람이다. 화통한 맛이 없고 뒤돌아서 남의 흉(凶)이나 보고, 딴지걸기를 좋아하는 사람

육해살(六害殺)

이다. 속을 알 수가 없고, 떠벌리기 선수이다. 소문난 잔치 먹을 것이 없는 경우이다. 건강(健康)도 시원치가 않다. 야동을 좋아하고 자위 행위를 즐기는 사람이다.

➡ 육해는 방합(方合)으로는 삼살(三殺)이요, 삼합(三合)으로는 망, 육, 천(亡六天)이라 천살(天殺)과, 망신(亡神)과 같이 뜻을 펼치려고 한다. 결과는 어떤가? 합(合)도 아닌 합(合)이다.

➡ 하는 일마다 망하는 것이 순리(順理)이다. 마(魔)가 끼고 되는 일이 없다. 재수가 없고, 한심하고, 바라만 보고, 냄새만 맡고, 뒤돌아서는 패장(敗將)의 대명사이다. 차라리 백수가 더 나을 수도 있다 할 정도이다.

➡ 사업(事業)한다고 여기저기 주변(周邊)의 사람들만 피곤하게 하고, 민폐(民弊)만 끼치고, 내 배 째라는 식으로 나간다.

➡ 육해(六害)가 화개(華蓋)에 의하여 충(沖)을 받으면 악마(惡魔)의 사슬에서 벗어나는 형국이다. 현재의 상황에서 벗어나기 위한 몸부림을 친다. 훌훌 털어버리고 홀가분한 상태를 유지하기 위함이다. 일단 육해는 충(沖)을 받아야 좋다. 압박과 설움에서 벗어난다.

➡ 긴 병을 앓던 사람도 도화(桃花)운에는 병세(病勢)가 호전(好轉)되고 병의 정확한 처방(處方)이 나온다. 빌빌하던 사람도 얼굴에 화색(和色)이 돌고, 무엇인가 자꾸 해 보려는 시도(試圖)를 하는 것이다. 하는 일도 마찬가지이다. 무엇인가 하는 나지막한 실마리가 풀리는 기운이 나타난다.

➡ 화개(華蓋)가 육해(六害)의 충(沖)을 받으면 노래도 못하는 것이, 춤도 못 추고, 그야말로 분위기 깨는 형국으로 변한다. 벌인 판이 깨지는 것이다. 미꾸라지 한 마리가 온 도랑의 물을 흐리는 것이다.

십이신살(十二神殺)의 활용(活用)

→ 육해(六害)와 역마(驛馬)가 같이 있는 형상은 초목이 말라 비틀어져 가는 형상이다. 여기에 운(運)에서 화개(華蓋)가 온다면 삼재(三災)가 종지부(終止符)를 찍는 형상이니 조금만 참으면 좋은 시절이 오는 것이고, 또 다시 역마(驛馬)가 온다면 활동을 잠시 보류하는 것이 좋다. 뛰고 뛰어도 힘만 들 뿐이다.

→ 아직 고난(苦難)의 시간이 많이 남았다는 것을 암시한다. 원국자체가 육해(六害)와 역마(驛馬)로 연결이 되어있는 경우, 고난의 시절이라 생각하라. 신강(身强)이라 하여도 일단 힘든 것이다.

육해(六害)와 지살(地殺)의 상관관계.

☀ 지살(地殺)은 혈기왕성하여 세상에 출사표(出師表)를 던지고 밖으로 나가는 형상이다. 여기에 육해살(六害殺)이 다가와 속삭인다. 아직 멀었구먼, 뭐 벌써 나와서 설치고 그래! 우선 내가 손 좀 봐줄게 쓸 만한 가 보고--- 이야기 하자며 브레이크를 건다. 퇴직금을 받으면 주변의 유혹이 심한 것이다.

☀ 육해(六害)는 양(陽)으로 상관이다. 정인(正印)과 상관(傷官)의 대결인 것이다. 정인(正印)이 맥을 못 춘다. 상관(傷官)은 기가 살아서 시범(示範)을 보인다며 정관(正官)을 사정없이 극(剋)극한다.

☀ 정관(正官)은 인수(印綬)에게 필요한 존재인데, 마구 난자를 당하는 것이다. 관재수(官災數)에 사고(事故)수요, 송사(訟事)요, 탈법(脫法)이 난무하는 꼴을 가만히 보기만 하여야 한다.

→ 육해는 허주의 대명사이다. 일하기 싫어하고, 움직이기 싫어하고, 깨끗한 것 싫어하고, 그저 먹고 자고 개기는 스타일이다. 사주에 육해

육해살(六害殺)

가 있는 사람은 게으른 편이다. 좋게 작용을 하여도 선택에 있어서 신중을 요한다. 자기의 적성을 알아야 한다. 손에 물 닿는 것을 싫어하는 여성이나 같다. 챙겨주는 것을 가만히 앉아서 받아먹을 생각만 하는 사람이다. 돈도, 명예도 다 마찬가지이다.

➡ 학력위조 사건도 육해(六害)의 작용이다. 허위공문서 작성 죄로 수갑 차는 사람도 마찬가지고, 육체적인 면 보다는 정신적인 두뇌 활용을 하여 일확천금(一攫千金)을 바라는 사람들이다.

◆ **오행별로 살펴보는 육해살**

육해살(六害殺)은 자오묘유(子午卯酉)이다. 각 오행(五行)으로 분류하여 살펴보자.

➡ **수(水)인, 자(子)에 해당할 경우.**
수(水)는 밤이다 한 밤의 정적을 깬다. 불면증(不眠症)으로 잠을 못 이룬다. 심신(心身)이 극도로 쇠약(衰弱)하여지고 헛것이 보이는 것처럼 둥둥 떠다니는 매우 유동적이면서, 이리저리 흔들리는 정신적인 상태를 이루는 것이고, 노이로제 증상을 보인다.
술을 마시면 마치 뽕을 접한 듯 몽롱하고 술인지, 물인지 그냥 쏟는다. 양(量)의 과다(過多) 차이는 있지만, 테이프가 끊기는 것이 보통이다.
평상시에는 합격점인데 술만 마시면 낙제점이다. 습관성이고 중독성이다. 중년이후 술로 인한 당뇨(糖尿)로 이어진다.

➡ **목(木)인, 묘(卯)에 해당할 경우.**
습목(濕木)이라 몸이 습하다. 뻐근하다. 마른 상태인양 개운한 맛이 없다.

십이신살(十二神殺)의 활용(活用)

항시 불편하다. 이것이 신경통으로 연결이 된다. 온 몸이 마비된 듯 힘을 못 쓴다. 자연 무기력하여지고, 짜증과 울화가 치민다. 공연한 트집이요, 신경질이니 식구들이 다 피한다.

나이가 들면 바람이 몸으로 살살 불어온다. 풍질이 발생한다. 심근경색이요, 발작으로 연결이 된다. 온 몸이 종합병원이다. 어디를 먼저 손을 보아야 할지 모른다.

➡ 화(火)인, 오(午)에 해당할 경우.

열만 받으면 맛이 간다. 평상시에도 조금만 흥분하면 무슨 소리를 하는지 알아듣지 못한다.

화기(火氣)가 넘치는 형상이라 금이 녹아난다, 폐와 기관지가 이상이 온다. 화(火)는 정신(精神)이라 정신병자 소리를 듣는다.

열이 많으니 항상 몸이 뜨겁다. 겨울에도 땀을 자주 흘린다.

마치 허약체질인 것처럼 말이다. 혈압이 올라가니 머리 쪽에 문제가 생긴다. 편두통이 오는 것이다. 나이가 들면 골다공증(骨多孔症)도 걱정이 된다. 지나치게 화기(火氣)가 왕(旺)할 경우 열기(熱氣)가 머리로만 뻗치다 터진다.

➡ 금(金)인, 유(酉)에 해당이 된다면?

금(金)은 관절(關節)이라 뼈마디가 쑤시고, 온 몸이 녹녹하여진다.

관절염, 골수염, 골다공증, 치주염, 등 치아와 뼈 혈액관련 어린이의 경우는 백혈병 등 전부가 이상증세를 보인다.

지나치게 신강(身强) 할 경우 화(火)의 영역(領域)을 침범하여 눈의 이상을 초래하는데 녹내장(綠內障)으로 발전, 실명(失明)의 경우로 발전한다. 백내장은 그래도 나은 편이다.

육해살(六害殺)

□ 육해방(六害方)에 대한 생활의 지혜.

➡ 육해살(六害殺) 방향은 아직도 어려움이 많이 남아 있는 방향이다. 시기(時機)가 필요하고, 정성(精誠)이 필요하다. 산이나 용궁으로 기도를 간다면 육해방향을 택하라, 애동이나 긴급을 요하는 기도는 이 방향을 피한다.

➡ 경우에 따라서는 선택의 여지가 있으나 요즈음의 사람들은 빨리 빨리다. 혼자나 특별한 목적을 가진 기도는 좋다. 일이 안되거나, 신명(神明)이 막혀있을 때 무조건 빌지만 말고 방향(方向)의 선택(選擇)을 잘하라.

➡ 제사지낼 때도 택하는 때도 육해(六害)요, 방향도 육해살 방향이다. 모든 악운(惡運)과, 업(業)을 소멸(消滅)하자는 의미(意味)요, 음덕(蔭德)을 기리는 의미이다.

➡ 구더기 있는 곳에 파리가 낀다고 육해살의 방향은 한(恨)이 많은 곳이라 업(業)도 자연 많은 곳이다. 소멸(消滅)하는 기도를 하는 방향이다. 누구나 다 업(業)은 있게 마련이다. 작은 일이던 큰일이던 정성(精誠)이 필요하지만, 일단 되는 곳을 알고 택하여야 한다.

➡ 잡귀나, 허주, 기타 일이 잘 안 풀릴 때는 청소를 깨끗이 하여 주변을 정화하는 것이 첫째다. 특히 육해살(六害殺)방향은 선착순이다. 몸도 청결히 하는 이유이다. 그래야 건강(健康)하니  까. 운동을 하여 땀을 많이 흘리는 것도 몸의 순환을 돕는 방법이라 이 역시 주변을 정화하는 아주 간단하면서도, 필요한 방법이다.

십이신살(十二神殺)의 활용(活用)

→ 집안의 정화조, 쓰레기 놓아두는 곳, 하수구, 등은 육해살(六害殺) 방향이 좋다. 일반적으로 건물을 짓고 나서 남는 공터 부분에 수도 계량기, 정화조, 창고, 잡물 등을 놓는 장소로 많이 사용을 하는데, 이에 대한 약간의 관심이 필요하다.
→ 특히 수도계량기처럼 깨끗한 물이 들어오는 방향과, 하수구 같이 지저분한 물이 나가는 곳의 방향은 각각 달라야 한다. 육해살(六害殺) 방향을 생각 안 한 처사(處事)이다.
→ 집안에 유난히 내과계통의 질환이 많이 발생하는 것은 육해의 작용도 무시하지 못한다. 구토, 설사, 이질, 위장병, 토사광란, 속 쓰림 등등 특히 소화기질환이 많이 나타나고, 심하면 위암, 대장암등 등 사소한 것 같아도 다 이유가 있다.
→ 육해살(六害殺) 방향에는 온갖 잡동사니가 있어야 좋다. 정상적인 물건보다는 용도가 다한 물건이나 제품이 있어야 제격이다.
→ 특히 주차장은 육해살(六害殺) 방향에 하는 것이 아니다. 사고가날 확률이 많다. 생각지도 않은 의외의 일이 생겨난다. 누구도 장담은 못하는 것이다. 항상 훼방꾼이 도사리고 있으니 말이다.
→ 망가진 것, 못쓰는 것, 버릴 것, 지저분한 것 등 육해살(六害殺) 방향에 어울리는 것이 살(殺)을 피하는 방법이다. 새것을, 정상적인 것을 보면 망가트리는 것이 육해(六害)이기 때문이다.

육해살(六害殺)

◈ 실전(實戰)으로 살펴보는 육해살(六害殺)

❋ 건명(乾命)

癸 辛 庚 辛
巳 卯 子 丑

자(子)월, 신(辛)금 일간이다.
월지(月支), 자(子)가 육해(六害)다.

⬆ 육해(六害)와 화개(華蓋)가 합을 형성하고, 육해(六害)와 재살(災殺)이 형(刑)을 이룬다. 금수(金水)냉한(冷寒)이요, 처(妻)인 묘(卯)중 을(乙)목의 입장에서 본다면 도처에 남정네가 널려있다.

그러나 진정 마음에 드는 사람은 시지(時支) 사화(巳火)의 경(庚)금이다. 따뜻하게 감싸주니 말이다. 앞날을 맡기고 싶은 것이다. 왜 일까? 너무 춥단다. 그동안 남편은 본인 위주로 너무나 멋대로 살아온 것이다.

항상 지지고 볶아도 아내 덕분에 살아왔는데, 아내가 자꾸 이혼(離婚)을 하잔다. 미치고 팔짝 뛸 일이다. 지나온 일을 생각하면 후회가 막급이다. 아내가 화개(華蓋)살이요, 육해(六害)를 형(刑)하니 자신의 감성(感性)을 일깨워준다.

❋ 곤명(坤命)

丙 壬 丁 丙
午 戌 酉 寅

유(酉)월, 임(壬)수 일간(日干)이다.
월지(月支), 유(酉)가 육해(六害)다.

⬆ 년지(年支), 월지(月支)인 인(寅), 유(酉)가 귀문작용을 한다.

지살(地殺)과, 육해(六害)로 작용하고, 월지(月支)와 일지(日支)에서 육해(六害)가 화개(華蓋)와 서로가 해살(害殺)이다. 지지(地支) 삼합 기운이 강(强)하다.

일지(日支)와, 시지(時支)가 장성(將星), 화개(華蓋)로 또한 합(合)을 형성하고--- 참으로 복잡(複雜)다난(多難)하다.

십이신살(十二神殺)의 활용(活用)

천간(天干)도 합(合), 충(沖)으로 얼룩진다. 여기에서 볼 것은 육해(六害) 작용이다.

지지(地支)에서 지(地),장(將),화(華)의 삼합(三合)이 이루어진다.

판도가 완전히 엎어진다. 화기(火氣)가 대세(大勢)를 형성한다. 그런데 육해살(六害殺)이 왕(旺)한 화(火)의 합(合)을 파(破)하니 효자(孝子)노릇을 한다. 역마(驛馬)가 오기를 기다린다.

용신(用神)이 육해살(六害殺)인 것이다. 이처럼 사주(四柱)에서 육해(六害)가 길(吉)작용을 하는 경우다.

※ 곤명(坤命)

己	丙	己	壬
丑	寅	酉	寅

유(酉)월, 병(丙)화 일간(日干)이다.
월지(月支)의 유(酉)가 육해(六害)이다.

◘ 여기서의 육해(六害)의 작용(作用)을 보자, 육해(六害)는 사(死)요, 인(寅)은 지살(地殺)이고, 생(生)이다. 육해(六害)는 생(生)과 만나면 저승사자라고 하였다.

병(丙)화와 임(壬)수의 지지(地支)는 각각 생(生)이다. 그런데 중간에서 유(酉)금 육해(六害)가 작용을 하는 것이다. 각각의 뿌리를 뒤흔든다.

일간(日干)을 기준으로 하여 본다. 년지(年支)와 일지(日支)를 기준으로 하여 본다면, 이 역시 년살(年殺)이 묘(卯)가 되어 충(沖)하는 유(酉)가 육해살(六害殺)이 된다.

아내와 남편을 갈라놓는다. 병(丙)화 일간(日干)의 여성에게 남편은 임(壬)수다. 현재 이들 부부는 여성의 간통(姦通)으로 인하여 헤어져 있고, 여성은 생활비를 보조받고 있다. 그런대 또 정부(情夫)가 있다. 법적(法的)으로는 아직 혼인(婚姻)관계가 유지되고 있는 상황이다. 어째서 일까? 생(生)의 기운이라, 일간(日干)이 도움을 받고, 육해(六害)의 기운을 다

- 283 -

육해살(六害殺)

소 완화시키는 작용을 하는 것이다. 생(生)의 완강한 저항(抵抗)에 부딪힌 것이다. 수(數)적인 인해전술이다.
지장간(支藏干)에서의 변화(變化)도 작용(作用)을 하고 있다.

❋ 곤명(坤命)

丙 甲 乙 庚　　유(酉)월의 갑(甲)목 일간(日干)이다.
子 寅 酉 戌　　월지(月支)인 유(酉)가 육해살(六害殺)이다.

⬆ 곤명(坤命)이라 정, 편관(正偏官)이 나타난다. 여기서 이 손님은 무엇을? 왜 찾아온 것일까? 일단 문제는 남편(男便)으로 인하여 온 것이다. 결론을 이야기 한다면 어머니와의 관계이다. 여성(女性)은 시집을 온 후 남편(男便)이 장모(丈母)인 본인의 어머니에게 잘 보였으면 하는 것이 정상이고, 남편이 처가(妻家)에 잘하면 힘든 일도 다 감내하는 것이다.
요사이는 처가(妻家)에 다 잘하는데-----
년간(年干)의 편관(偏官)은 이미 남의 남자가 된 것이고, 월지(月支)의 유(酉)금에서 찾아야 하는데 이 또한 속을 썩인다.
유(酉)금은 정관(正官)으로 해살(害殺)이다. 시지(時支)의 자(子)수와는 귀문을 형성한다. 정인(正印)과 사이가 안 좋다. 육해(六害)와 재살(災殺)의 관계이다. 월지(月支)와 일지(日支)를 살펴보자.
지살(地殺)과 육해(六害)와의 관계는? 지살(地殺)은 생(生)이요, 육해(六害)는 사(死)이다. 일지(日支)는 일간의 뿌리요, 안방인데 사사건건 마음에 안 든다. 정관(正官)이 육해(六害)작용을 한다.

십이신살(十二神殺)의 활용(活用)

● 화개살(華蓋殺).

◆ 의미(意味)로 살펴보는 화개(華蓋).

화개(華蓋)란? 단순한 해석(解析)으로 한다면 꽃을 덮는 것이요, 덮개요, 꽃이 피어나는 형상이요, 향기요, 색채(色彩)이다. 그럼 도대체 무얼 어떻게 해석(解析)하자는 말인가? 식물원(植物園)을 연상하면 될 것이다.

☀ 덮개로 잘 보존을 하여 온실 속에서 잘 키워야 하는 화초나 나무이다. 야생(野生)의 화초와, 나무와는 다르다.

화개(華蓋)는 종교(宗敎)요, 독신(獨身)이요, 예술(藝術)이요, 기술(技術)이요, 한 분야(分野)에 몰입하여 타(他)의 시선(視線)이나, 관심(觀心)에 개의치 않는 것이 특징(特徵)이다.

잘못 적용이 되면 앞뒤가 막힌 사람이요, 융통성(融通性)이 없고, 사회에 적응(適應)하기가 부적합한 고독(孤獨)의 상징이요, 문제점이 많은 사람으로 인식(認識)이 된다. 자신의 속내를 잘 표현을 하지 않고, 말 수가 적음으로 인하여 공연한 오해(誤解)를 받기도 하고, 망설임으로 인하여 많은 피해(被害)를 보기도 한다.

☀ 예술(藝術)이나 종교(宗敎), 기타 구도(求道)의 길을 택(擇)하기도 한다.

☀ 잠재(潛在)된 자아(自我)와의 대화(對話)를 추구하면서 자신의 뜻이나, 이상(理想)을 표현(表現)한다.

화개살(華蓋殺)

● **화개살(華蓋殺)을 쉽게 찾는 방법.**

◉ 삼합(三合)의 끝자 가 화개살(華蓋殺)이다.
◉ 화개(華蓋)는 월살(月殺)과 충(沖) 한다.
◉ 진, 술, 축, 미(辰戌丑未)가 해당 된다.

☀ 신자진(申子辰) : 끝 자(字)인 진(辰)이 화개살(華蓋殺).
☀ 해묘미(亥卯未) : 끝 자(字)인 미(未)가 화개살(華蓋殺).
☀ 인오술(寅午戌) : 끝 자(字)인 술(戌)이 화개살(華蓋殺).
☀ 사유축(巳酉丑) : 끝 자(字)인 축(丑)이 화개살(華蓋殺).

◆ 년지(年支), 일지(日支)를 기준으로 하여 보는 화개살(華蓋殺).

삼합(三合)	❶ 사유축 (巳酉丑)	❷ 해묘미 (亥卯未)	❸ 신자진 (申子辰)	❹ 인오술 (寅午戌)
화개(華蓋)	축(丑)	미(未)	진(辰)	술(戌)

◆ 일간(日干)을 기준으로 하여 볼 경우의 화개살(華蓋殺).

오행(五行)		목(木)		화(火)		토(土)		금(金)		수(水)	
십간(十干)		甲	乙	丙	丁	戊	己	庚	辛	壬	癸
십이운성	묘궁(墓宮)	미未		술戌		술戌		축丑		진辰	
	묘궁(墓宮)		술戌		축丑		축丑		진辰		미未

⬆ (화개살(華蓋殺)의 경우, 양간(陽干), 음간(陰干) 모두 묘궁(墓宮)에 해당한다.) 전체적으로 진술축미(辰,戌,丑,未)가 해당 된다.

십이신살(十二神殺)의 활용(活用)

☀ 갑(甲)과, 계(癸)는, 미(未)가 화개살(華蓋殺).
☀ 임(壬)과, 신(辛)은, 진(辰)이 화개살(華蓋殺).
☀ 경(庚),기(己),정(丁)은, 축(丑)이 화개살(華蓋殺).
☀ 병(丙),무(戊),을(乙)은, 술(戌)이 화개살(華蓋殺).

⚽ <u>성정(性情)으로 살펴보는 화개살(華蓋殺).</u>

➡ 화개(華蓋)는 진,술,축,미(辰戌丑未)인데 모두가 창고(倉庫)요, 또한 묘(墓)이다. 창고라는 것의 의미를 풀어보자. 창고란 물건을 보관하기도 하고 필요할 때는 적절하게 비우기도 하여야 한다.

➡ 창고의 문을 아무나 열어줄 수는 없다. 잘못하여 도둑이라도 든다면 그야말로 큰 일이 생기는 것이다. 그동안 간직하였던 모든 것을 잃어버리는 일도 생긴다. 좋은 것은 아니지만 매점매석(買占賣惜)도 창고(倉庫)가 있어야 한다.

➡ 창고(倉庫)의 문(門)은 아무 때나 여는 것이 아니다. 또한 열쇠도 아무에게나 맡기는 것이 아니다. 창고(倉庫)의 활용(活用)에 따라 길흉(吉凶)이 나타난다.

➡ 묘(墓)의 경우를 보자. 묘(墓)란 무덤을 의미한다. 요즈음에 가묘도 있지만 일단 길흉(吉凶)은 나중에 논하자. 시신(屍身)을 묻기 위하여 땅을 파야하는데 과연 그 자리에는 누가 있을 것인가? 잘못하면 내가 들어갈 수도 있다. 설사 내가 안 들어간다 하여도 제대로 들어갈 사람이 들어가는 가 확인을 하여야 하기도 하는 것이다.

➡ 무덤도 종류가 많다. 또한 화장으로 인하여 필요 없는 경우도 생기는

화개살(華蓋殺)

것이다. 묘(墓)도 납골묘도 있고, 공원묘도 있고--------환경(環境) 이라던 가 시대(時代)를 논하기에 앞서 크기, 즉 그릇의 크기를 보기도 하여야 한다. 사후(死後)는 자손(子孫)들의 길흉화복(吉凶禍福)과도 연결이 되듯 묘(墓)란 전후(前後)의 길흉(吉凶)관계도 살펴야 한다.

➡ 년지(年支), 일지(日支) 기준하여 삼합기준 끝 글자를 본다.

➡ 십이운성(十二運星)으로는 묘(墓)에 해당한다. 고(庫)와는 차이가 있으므로 구별을 하여야 한다.

➡ 이 살(殺)은 일간(日干)의 묘지(墓地)요, 삼합(三合)의 끝에 위치하는 지지(地支)다. 삼합국(三合局)의 첫 글자는 발동이 걸려 움직이기 시작하는 것이요, 지살(地殺)인 것이요, 생(生)이다. 다음은 제일 왕(旺)한 기운이요, 장성살(將星殺)이다. 합(合)을 대표하는 자(者)요, 그 다음이 화개(華蓋)이니, 길(吉)이던 흉(凶)이던 결과(結果)를 보아야 한다. 뒷짐을 지고 구경만 하는 것이 아니다.

➡ 일반적으로 화개(華蓋)하면 느슨하고, 방관자적인 면을 많이 생각을 하는데 실질적(實質的)인 업무의 주관자라고도 볼 수가 있다. 궂은일도 마다않고 하는 것이 화개(華蓋)다.

➡ 화개(華蓋)는 알뜰살뜰 가정을 이끌어가는 내조자(內助者)와도 같다. 안의 일을 도맡아 화개(華蓋)는 화려(華麗)하고, 분주(奔走)하고, 낭비(浪費). 허영(虛榮) 등을 싫어하고 깨끗하고 정갈한 것을 좋아한다. 간혹 이러한 면이 지나쳐 적응(適應)이 안 되는 경우에 흠으로 나타난다. 금수(金水)쌍청도 지나치면 안 좋듯이 말이다. 이런 사주의 주인공을 찾아보자.

➡ 화개(華蓋)는 일단 벽을 쌓으면 허물기가 쉽지 않다. 흙이 돌로 변화

십이신살(十二神殺)의 활용(活用)

하는 형상이라, 고독의 대명사와 같아 어느 한 분야에 몰두하면 일가견(一家見)을 득(得)하는 고귀한 면도 있고, 흉(凶)으로 작용을 하면 폐쇄(閉鎖)성으로 주변을 안타깝게 하는 면도 있다. 일전의 어느 연예인의 산중 칩거생활 역시 화개(華蓋)의 작용이 강(强)하게 나타난 것이다.

➡ 화개(華蓋)는 친목(親睦)을 도모하거나, 화합(化合)을 이루는 장(場)에서 자신과 뜻이 다르거나, 자신을 공격적(攻擊的)으로 대하면 쉽게 자멸(自滅)하여 허탈(虛脫)함에 대사(大事)를 그르치는 경우가 종종 나타난다.

➡ 기본적인 성향이 거칠지가 못한 이유인데, 화개(華蓋)와 충(沖)하는 신살(神殺)은 월살(月殺)인데, 성향의 차이를 본다면 준비를 완료하여 출장을 하는데 옆에서 자꾸 잔소리를 한다.

➡ 자식이 환갑을 지나도 부모의 눈에는 항상 어린자식으로 보이는 것이나 같다. 나이도 들만큼 들고 결혼도 하였는데 볼 때 마다 걱정에 잔소리를 하는 부모가 화개(華蓋)라면 이에 반(反)하는 것이 월살(月殺)이다. 월살(月殺)인 자식이 하는 말 "알았다니까요, 참-----"다 늙으면 그리 되는 것이다. 대화가 일방적인 면으로 흘러 안 되듯, 모든 일 자체가 진행과정에서 부작용으로 마무리가 안 되는 것이다.

➡ 화개살(華蓋殺)이 많으면 대화의 상대(相對)가 필요하다. 그만큼 고독(孤獨)하고 자기의 속내를 이해(理解)하여줄 상대가 필요한 것인데 편향(偏向)으로 인하여 많은 사람이 듣는 척 하고 끝나는 것이다. 자기합리화를 부르짖으며 상대방의 수준(水準)을 논하는 억측(臆測)을 부린다.

화개살(華蓋殺)

◆ 진술축미(辰,戌,丑,未)로 살펴보는 성향(性向)과 특징(特徵).

☀ 진(辰)토의 경우.

진(辰)은 방합(方合)으로 인묘진(寅卯辰)이요, 삼합(三合)으로는 신자진(申子辰)이다. 수기(水氣)의 종말(終末)을 고(告)하는 시기(時期)요, 수기(水氣)의 기운이 쇠(衰)하는 시기(時期)다.
물이란 항상 흐르는 것이 생명이다. 흐름의 나락으로 기우는 것이요, 갇힌 물의 형상이 되고 만다. 이제는 밖으로의 표출(表出)이 어려운 것이다. 진흙이라 물이 흥건하나 물이 밖으로 나오지는 않는다.
겉으로 보기에는 외로워 보이지 않으나, 실상(實狀)은 외롭다. 크게 발전하는 성향을 갖고 있는데, 서두르지를 않고 차근차근 앞날을 개척하는 진정성이 나타난다. 언더그라운드 형이다. 어느 날 갑자기 뜨는 경우도 있지만 생리(生理)에 맞지 않다.

☀ 술(戌)토일 경우.

방합(方合)으로는 신유술(申酉戌)이요, 삼합(三合)으로는 인오술(寅午戌)이다. 화(火)의 기운이 묘(墓)가 되는 자리요, 왕(旺)한 화(火)의 기운이 가라앉는 자리이다. 화기(火氣)란 뜨거운 열정(熱情)이요, 무한한 열기(熱氣)를 세상에 펼치는 기운(氣運)이다.
허공(虛空)을 향하는 기운이 웅지(雄志)를 펼치지 못한다. 자기 자리를 찾지 못하여 움츠리고 있는 형상이다. 속에 간직한 사연이 많다. 그러다 보니 뜨거운 기운을 스스로 삭혀야 한다. 그것을 삭히지 못하면 정신적인 방황을 한다.
겉으로 보기에는 화려한 것 같아도 의외로 조용하고 차분함을 즐긴다.

십이신살(十二神殺)의 활용(活用)

젊은 시절 나대기도 하지만, 결국에는 말과 행동이 가라앉는다.
연예인들 대다수가 평상시에는 대체로 차분함을 즐기는 이유가 이런 것이다. 화개(華蓋)도 종류에 따라 사람의 성향(性向)이 나타난다. 이것을 잘 구분하여야 한다.

☀ 축(丑)토일 경우.

방합(方合)으로는 해자축(亥子丑)이요, 삼합(三合)으로는 사유축(巳酉丑)이다. 금(金)의 기운(氣運)이 묘(卯)에 들어가고, 쇠(衰)기에 해당하는 것이다. 옆에서 아무리 말려도 듣지 않는다. 고래힘줄보다 더 강(强)하고 단단하여 대화(對話)자체가 성립(成立)이 어렵다.
정신력은 강인하니 한 번 믿으면 천 년을 간다.
녹여서 응어리를 풀어야 하는 것이다. 스스로를 채찍질 한다.
온화함을 배우고 따뜻함으로 감싼다.
생활(生活)에 있어서 음(陰)의 성향이 매우 강함으로 인하여, 조용히 처리하며 삶을 유지하기 원하므로 잔잔한 업종(業種)을 택하는 것이 좋다.
지나치게 냉정하고, 침착함이 단점(短點)으로 나타난다.

☀ 미(未)토일 경우.

방합(方合)으로 사오미(巳午未)요, 삼합(三合)으로 해묘미(亥卯未)다.
목(木)의 기운이 묘(墓)에 들어가는 것이다. 목(木)의 기운이 쇠(衰)하여 뜨거운 불기운으로 바뀔 준비를 한다.
정신과 신경이 날카롭기도 하고 반면으로 굳어지기도 한다.
앞으로 다가올 화기(火氣)에 대비(對備)하다 보니 절로 뜨거워지는 것이다. 가만히 있어도 밖으로 나가는 형상으로 나타난다. 자기 재능(才能)을

화개살(華蓋殺)

표출(表出)하는 것이다.
길(吉)로 표현하면 예능, 기능 계통에서 두각(頭角)을 나타내는 것이요, 흉(凶)으로 나타나면 배고픈 예술인이요, 인정받지 못하는 재주꾼이다. 잘못 풀리면 유혹(誘惑)의 손길에 넘어가는 불상사(不祥事)가 일어난다. 깊은 생각을 하기 싫어하는 사람이다. 눈에 보이는 대로 들리는 대로 자유분방함이 장, 단점으로 나타난다. 원효대사의 기질이다.

➡ 화개살(華蓋殺)은 음(陰) 성향적인 면이 강한 살이다. 양간(陽干)의 경우는 화개(華蓋)살을 만나면 여러 부작용(副作用)이 발생을 한다. 그러나 음간(陰干)의 경우는 본성(本性)의 기운과 일맥상통(一脈相通)하는 것이라 크게 개의치를 않는다. 십이운성(十二運星)이나, 신살(神殺)의 분류(分類)를 자세히 살펴보면 알 것이다.

◆ 오행 일간(日干)으로 살펴보는 화개살(華蓋殺).

➡ 목(木)일간일 경우---갑(甲), 을(乙)
화개살(華蓋殺)의 경우 양간(陽干)이던, 음간(陰干)이던 십이운성(十二運星)으로 다 같이 묘궁(墓宮)에 해당 된다.
같은 묘궁(墓宮)이라도, 양간(陽干)인 갑(甲)은 미토(未土)가 묘궁(墓宮)이요, 음간(陰干)인 을목(乙木)은 술토(戌土)가 묘궁(墓宮)이 된다. 그렇다면 여기에서 차이점은 무엇일까?
삼합(三合)으로 목(木)은 해묘미(亥卯未)이다. 양간(陽干)인 갑(甲)목과, 음간(陰干)인 을(乙)목이 각각 재성(財星)을 화개(華蓋)로 본다.
갑(甲)목은 을(乙)목인 겁재(劫財)를 보는 것이고, 음목(陰木)인 을(乙)목은 식신(食神)인 정(丁)화를 본다.

십이신살(十二神殺)의 활용(活用)

- 갑(甲)목은 재성(財星)위에 겁재(劫財)가 앉아 있는 것이라, 도둑에게 재물을 맡긴 형상이다. 깨진 항아리에 물 붓기와 같으니 처(妻)와 재물(財物)과는 인연(因緣)이 없는 삶이다. 다른 면으로 본다면 신강(身强)하여 처(妻)를 윽박지르는 형상이라, 처(妻)가 견디지를 못하고 튕겨나가는 것이다. 결국은 혼자가 된다.
- 적당히 신강(身强)하면 재물(財物)을 편안히 사용하는 형국이요, 처(妻)와도 행복한 삶을 누린다.
- 신강(身强)이라면 열심히 한만큼의 대가(代價)가 돌아오니 일하는 즐거움에 시간이 가는 줄 모르는 사람이다. 화개(華蓋)라는 개념에 대하여 신경(神經)을 쓰지 않는다.
- 신약(身弱)이면, 자기 딴에는 열심히 한다고 하는데도 빈손에 땀만 나고, 금전(金錢)에 항상 휘둘린다. 처(妻)를 만나도 악처(惡妻)요, 돈 돈 하는 여자다.
- 화개살(華蓋殺)은 안살림을 하는 것이요, 마무리이다. 축(縮)내는 존재와, 활용(活用)하는 존재의 차이이다. 물론 순행(順行)인가, 역행(逆行)인가의 차이에 따라 변화(變化)는 생기지만 자체적으로 판단(判斷)을 한다.

➡ 화(火)일간일 경우.---병(丙),정(丁)의 경우.

- 화(火)일간의 경우를 보면 병(丙)화와, 정(丁)화인데, 병화는 술토(戌土)요, 정(丁)화는 축토(丑土)이다. 병(丙)화는 식상에 겁재(劫財)가 있다. 정(丁)화는 식상에 편재(偏財)가 있다. 이 역시 위와 같은 방법으로 해석을 한다. 다른 오행(五行)의 경우도 다 마찬가지다.

➡ 화개살(華蓋殺)을 길(吉)로 사용하려면, 일단은 신강(身强)하여야 한다. 물론 사주 자체가 신강 하여야 모든 여건이 우호적(友好的)이지

화개살(華蓋殺)

만, 화개(華蓋)의 경우 마무리라는 특수한 상황이므로 신강(身强)이 더욱 필요하다. 화개란 회계(會計)와도 같은 것이라, 지능적인 면에 있어서 한층 능력을 발휘한다.

→ 신강(身强)하면 내가 부리는 것이요, 신약(身弱)하면 내가 당하니 마무리도 못하고 용두사미(龍頭蛇尾)격으로 전락(轉落)하는 것이다. 특히나 공망(空亡)에 임하면 인생무상(人生無常)이라 세상(世上)을 등지고 사는 경우로 변한다.

◆ 음간(陰干)의 화개(華蓋)를 살펴보도록 하자.

☀ 을(乙)목 일간의 화개(華蓋)는 술토(戌土)라 재성(財星)위에 식신(食神)을 놓고 있는 형국이라, 오히려 역(逆)으로 순환하는 기운이다. 식도락(食道樂)에는 일가견(一家見)이 있을지라도 자신(自信)의 능력 개발, 자녀(子女)에만 치중을 하니 남편에 대한 존경심(尊敬心)이 부족하여 부부(夫婦)간에 다툼이 자주 발생한다.

☀ 자식(子息)과 아내가 한 편이 되어 남편(男便)을 왕따 시키는 형국이다. 다른 면으로 살펴본다면, 열심히 일한 만큼의 대가(代價)가 나에게로 오니 오히려 더 즐겁다. 다만 신강(身强)인지, 신약(身弱)인가에 따라 차이가 생기니 유의 하여야 한다.

☀ 정(丁)과 기(己)의 화개는 축토(丑土)인데, 각기 비겁(比劫)위에 재성(財星)을 놓고 있는지라, 재(財)의 입장에서는 관(官)이 된다. 관(官)의 기운(氣運)이 강(强)하여 관리(管理)가 잘되고, 밀고 당기며 상생(相生)하는 기운이 나온다.

☀ 신(辛)금 일간은 진토(辰土)가 화개(華蓋)인데, 인성(印星)위에 식신(食神)이 있는 형상이라, 받은 만큼 베풀 줄 아는 배우자인데, 축적

십이신살(十二神殺)의 활용(活用)

(蓄積)력이 다소 아쉬운 것이 단점(斷點)으로 작용을 한다.
* 계(癸)수 일간(日干)의 화개(華蓋)는 미토(未土)라, 식상을 놓고 있는 것이니 밖으로의 활동이 활발하다. 아내가 외조를 잘한다. 남편은 외조(外助)요, 아내는 내조(內助)인데, 오히려 적극적으로 외조(外助)에 탁월한 능력(能力)을 발휘한다.
* 주된 성향을 본다면 내적(內的)인 성향(性向)이 매우 강하다. 잠재의식(潛在意識)이 강하여 내면의 세계를 표출하는 작품 활동, 예술이나, 문학, 등 방면에 두각(頭角)을 나타낸다. 기인성의 작가들이나, 기인성 유명인들 역시 이 화개살(華蓋殺)을 갖고 있다. 소위 칩거나, 은둔생활 등을 보면 알 것이다. 일반적인 표현기법과는 달리, 색다른 방법으로 자신의 예술성을 나타낸다.
* 성격적(性格的)인 면을 본다면, 약간의 기인(奇人)적인 기질이 강하여 기복(起伏)이 심하고, 감정(感情)의 변화(變化)가 다양하여 적응에 간혹 문제점이 드러난다. 낭만적인 기질도 강하여 금전적인 면에 집착하지를 않고, 풍류(風流)를 즐기는 기질도 강하여 금전적인 어려움을 겪는 경우도 간혹 발생한다. 비디오 예술의 거장도 평생을 금전(金錢)으로 말 못할 스트레스를 많이 받았다 한다.
* 고독(孤獨)을 즐기고, 사색(思索)과, 명상(瞑想), 구도(求道) 등에 해당한다. 한 편으로는 색(色)에 탐닉하는 경향도 있어 간혹 파문을 일으키기도 한다. 화개(華蓋)가 충(沖)을 맞거나, 심한 변화(變化)가 올 경우는 종교적으로 개종(改宗)을 한다거나, 파계(破戒)하는 경우로 연결이 지어진다. 예술적인 면으로 본다면, 클래식에서 실용음악으로 전향한다.
* 가정(家庭)으로 친다면 파탄(破綻)에 이른다. 종교적(宗敎的)인 갈등

화개살(華蓋殺)

(葛藤)으로 인한 문제이다. 구도(求道)의 경우는 지속적인 반복이라, 수행(修行)을 의미한다. 대체적으로 이러한 경우, 그래도 길(吉)로 보는 경향이 강하다. 그러나 화개(華蓋)가 충(沖)을 당하면 파계(破戒)하거나, 개종(改宗)을 하는 것으로 해석을 한다. 이것은 지나치게 종교 쪽으로의 편향(偏向)된 해석(解析)이다.

☀ 올바른 판단은 성격(性格)의 변화(變化)가 온다고 해석(解析) 하면 될 것이다.

☀ 내성적(內性的)인 성격에서 보다 적극적(積極的)이고 진취적(進取的)인 사고(思考)로의 전향이다. 보수(保守)에서 진보(進步)로 전향(轉向)한다.

◆ **흉(凶)으로 작용(作用)을 하는 경우.**

➡ 사주(四柱)가 신약(身弱)하고, 화개(華蓋)가 공망(空亡)에 해당하거나, 기능을 상실할 경우 무용지물(無用之物)이 된다.

➡ 화개가 형충파해(刑沖破害)를 당하면 귀문(鬼門)이나, 기타 흉살(凶殺)과 연결이 되는데, 이것이 잘못되면 연쇄충동 사건으로 이어져 사회적(社會的)인 문제로 번지는 경우다.

➡ 월살(月殺)은 화개(華蓋)를 충(沖)하는데 이때 화개(華蓋)가 충(沖)을 당하면 동분서주하여 마지막에 애로(隘路)가 나타나기 쉽다. 폼만 잡고 헛고생에 결실(結實)도 없다.

십이신살(十二神殺)의 활용(活用)

⚽ .육친(六親)별로 살펴보는 화개(華蓋)의 작용.

▶ 인수(印綬).

인수(印綬)가 화개(華蓋)일 경우, 학업 및 연구에 적합하니 두각을 나타낸다. 화개(華蓋)는 인성(印星)이 있어야 빛을 발한다.

인성이 없으면 사람이 경망스럽고, 식상 또한 갖추지 못하면 언어구사에 많은 문제점을 노출(露出)한다.

열심히 봉사하고 말 한 마디에 고맙다는 소리도 못 듣는다. 자기의 이익(利益)만을 추구하는 수전노와도 같다.

얼마 전에 상담을 한 미국인의 사주이다.

✱ 건명(乾命)

癸	庚	己	辛
未	申	丑	丑

축(丑)월, 경(庚)금 일간(日干)이다.
년(年), 월(月)에 화개(華蓋)를 놓고 있다.

⬆ 화개(華蓋)가 강(强)한 것도 인성(印星)에 해당하니 나름대로 인정(認定)을 받고 있는 교수(敎授)다. 문제점은 인성(印星)이 지나치니 걱정이다. 아직 미혼(未婚)이다.

결혼(結婚) 문제로 상담을 한 경우인데, 많은 여성을 사귀는데 자신의 지나친 이기심과 독단적인 성격으로 인하여 성사가 잘 안 된다.

중요한 것은 자란 환경(環境)이 문제이다. 그로 인한 영향이다.

현재는 나름대로 인정을 받는지 몰라도 가정적인 면에는 낙제다.

서구식의 사고방식과 동양식의 차이일까? 절대 그렇지 않다.

가정교육(家庭敎育)은 다 같다. 일지(日支)에 망신살(亡身殺)이라 항상 여성(女性) 문제로 인하여 곤혹스러운 일이 많다.

화개살(華蓋殺)

▶ 비겁(比劫).

대체적으로 자신을 스스로 더욱 옥좨는 형상으로 나타난다. 내면적(內面的)인 고독(孤獨)을 즐기는 형상인 것이다. 과연 나는 어디로 가는 것인가?
스스로 물으면서 즐기는 사람이다. 자기도취에 강하며 운(運)에서 개운(開運)을 한다면 빛을 크게 보나, 그렇지 못하면 평생 일개 서생(書生)에 지나지 않는다.

▶ 식상(食傷).

→ 화개(華蓋)는 총명(聰明)함을 간직한 것이다. 비상한 두뇌와 기이한 발상(發想)으로 주변을 놀라게도 하는 경우가 있는데, 이것이 엉뚱한 곳으로 흘러서 색(色)을 논하는 경우에 포함되는 경우도 있다. 황진이의 경우가 바로 그러한 것이다.

▶ 재성(財星).

화개(華蓋)는 탐욕(貪慾)을 버려야 천우신조(天佑神助)가 이루어진다.
화개(華蓋)는 욕심(慾心)을 부리는 사람에겐 고통을 주는 신이다.
마음을 비우고 사는 사람에게만 복(福)이 자연히 온다.

▶ 관살(官殺).

화개(華蓋)가 중(重)하면, 머리가 비상해도 현실(現實)에서는 무능(無能)하고 나태(懶怠)하기 쉽다.
화개(華蓋)는 장성(將星)과, 망신(亡神)을 보아야 귀인,의 보배가 되고 뭇사람의 시선을 모은다. 꽃이 개화(開花)하여도 향기(香氣)가 없으면 소

십이신살(十二神殺)의 활용(活用)

용이 없는 것이나 진배가 없다.

화개(華蓋)란, 일종의 보호막의 역할도 한다. 화개(華蓋)운이 되어 보호막이 펼쳐지면 안에 있던 귀물(貴物)이 빛을 발한다. 지지부진 하던 사업(事業)이 때를 만나 흥(興)하는 것이요, 헤어졌던 멤버들이 다시 뭉쳐 그룹을 형성하는 것이요, 7080의 세시봉이 되는 것이다.

● .위치(位置)별로 살펴보는 화개살(華蓋殺).

◆ 년주(年柱)
→ 선산이 그리워진다. 뚜렷한 조상의 업적이 나타나지 않는다.
종교적인 믿음이 강한 가문이다. 유교적인 성향이 강(强)하기도 하다. 재물(財物)에 대한 집착(執着)이 강하지 못하여 조상(祖上)의 재산(財産)을 관리하기 어려워진다.

◆ 월주(月柱).
→ 근본적인 성향(性向)과 취향(趣向)이 이상적이고, 고상하여 쉽게 상대와 뜻을 합하기 어렵다. 이성(異性)과의 결합에 있어 지나치게 편협(偏狹)하여, 서로가 처음에는 천생연분(天生緣分)으로 착각을 하나 쉽게 식상(食傷)하여 이별의 노란 손수건을 흔든다.
→ 많은 이성과의 접촉은 이루어지나 오래가지 못하는 경향이 있다.

◆ 일주(日柱).
본처(本妻)와는 이별(離別)의 가능성이 많다. 일지(日支)에 묘(墓)를 놓고 있으니 배우자의 자리에, 즉 상대의 가슴에 나의 흔적(痕迹)을 남겨

- 299 -

화개살(華蓋殺)

놓는다. 아픈 추억(追憶)으로 자리한다.

◆ **시주(時柱).**
➡ 자손들이 경쟁력이 약하거나 욕심이 부족하여 일의 진척이 늦어진다. 만만디다.
➡ 사주에 월살(月殺)과 화개(華蓋)가 있으면 충(沖)하여 안정적인 사고가 사라진다. 불안하고 위축되어 변화가 많이 생긴다. 결단력(決斷力)의 부재(不在)로 인하여 많은 기회를 놓친다.

● **흐름으로 읽어보는 화개살(華蓋殺).**

❋ **화개살(華蓋殺)**
➡ 화개(華蓋)는 지살(地殺), 장성(將星)과 함께 삼합(三合)을 형성한다. 완전한 삼합(三合)을 이룬다면 금상첨화(錦上添花)이나, 둘로 이루어지는 경우도 많다. 그 각각을 살펴보도록 하자.
➡ 화개(華蓋)가 장성(將星)과 짝을 이룰 경우는 그에 해당하는 재능(才能)이 빛을 보는 경우가 많다. 지살(地殺)과 장성(將星)의 합은 밖으로의 돌출(突出)이나, 자신을 알리는 계기(契機)를 만드는 것이고, 장성(將星)은 일종의 득세(得勢)나 마찬가지다. 상급 직위(職位)에 오르거나, 우월(優越)한 위치(位置)에 등극(登極)하는 것이다.
➡ 화개(華蓋)는 묘(墓)라, 도화(桃花)와는 너무나 판이하다. 가리고, 덮고, 오히려 자신을 지나치게 튀지 않게 하려는 면이 단점(短點)으로 작용 할 수가 있다. 화개(華蓋)의 업무(業務)직종은 박물관이나, 금

십이신살(十二神殺)의 활용(活用)

고 대행업 등 주로 보관하는 업무, 창고업 등이 어울린다.
➡ 화개(華蓋)가 공망(空亡)이면 내면적(內面的)인 화려(華麗)함도 이루기가 어려워 내면적 참을 찾는 수행(修行)이나, 참선(參禪), 종교 활동, 역술가가 어울린다.
➡ 화개(華蓋)의 운(運)은 항상 근신(謹身)하며, 자숙(自肅)하고, 겸양(謙讓)으로 매사 처리하려는 의지가 강하다. 하나를 하여도 크건 작건 혼신(渾身)의 노력으로 조용히 추진한다.
➡ 화개(華蓋)의 근본(根本)은 금전(金錢)에 대한 관리나, 융통의 묘(妙)가 약하다. 재무(財務)업무는 체질적(體質的)으로 맞지 않다. 금전(金錢)거래도 맺고 끊음이 희박하다. 사업(事業)은 절대금물이다. 자식에게 유산을 물려주어도 화개 띠는 피하는 것이 좋다. 특히 월이나 일에 있을 경우는 더더욱 신경을 써야한다.
➡ 요즈음은 이혼(離婚)도 숙려기간을 준다. 화개(華蓋)의 부부는 이 기간 동안 다시 재결합(再結合) 할 가능성이 많다. 이혼(離婚)을 할 것인가 말 것인가? 하여 내방(來訪)하는 손님들의 경우 잘 살펴 재결합 가능성을 살핀다.
➡ 화개(華蓋)가 많으면 예능(藝能), 기능(機能), 문학, 미디어 쪽의 진출(進出)도 좋다. 학창시절에 화개(華蓋)운이 온다면 더더욱 재능(才能)을 살리는 것도 좋다.

□ **화개방(華蓋方)에 대한 생활의 지혜.**
화개(華蓋)에 대한 지지를 확인하고, 방위를 찾아 처신(處身)하는 것이다.
➡ 주택(住宅)을 구함에 있어 화개살(華蓋殺) 방향은 화려(華麗)하지도 않고 차분한 집을 구하고, 가격도 부담이 가지 않으며 조용한 환경에

화개살(華蓋殺)

매료된다.
➡ 화개(華蓋)일진(日辰)은 새로운 만남이 아니라 재회(再會)요, 이산가족(離散家族) 상봉(相逢)과도 같다.
➡ 치안유지나, 활동적인 상황을 위한 장소, 대중연설, 콘서트 등은 화개살 방향으로 정하면 안 된다.
➡ 건강회복을 위한 경우 병원이나, 요양소 같은 경우는 화개살(華蓋殺) 방향으로 정하는 것이 좋다. 조용한 환경이 적합할 경우이다.

● **실전(實戰)으로 살펴보는 화개살(華蓋殺).**

❋ 건명(乾命)

| 辛 | 戊 | 庚 | 丁 |
| 巳 | 寅 | 戌 | 丑 |

술(戌)월, 무(戊)토 일간이다.
지지(地支)가 형(刑)으로 얼룩진다.

⬆ 화개(華蓋)가 형(刑)을 형성(形成)한다. 비겁(比劫)의 형(刑)이다.
화개(華蓋)를 형(刑)하는 것은 반안(攀鞍)이다. 거기에 역마(驛馬)와 지살(地殺)이 공존(共存)하니 밖으로만 나돌려고 한다.
공부 역시 크게 관심이 없다. 인성(印星)이 관성(官星)과 상생이 이루어지지가 않고 형(刑)을 갖춘다. 역마(驛馬)와 지살(地殺)이다. 형(刑)이 또한 합(合)을 형성한다. 스스로 자신을 가두지를 못하는 것이다. 절제(節制)가 안 된다. 좌충우돌(左衝右突)하는 형상이다.

❋ 건명(乾命)

| 壬 | 甲 | 丙 | 戊 |
| 申 | 寅 | 辰 | 辰 |

진(辰)월, 갑(甲)목 일간(日干)이다.
화개(華蓋)가 중중(衆中)하다.

⬆ 년(年), 월(月)이 화개(華蓋)다. 중첩(重疊)이 된 경우다.

십이신살(十二神殺)의 활용(活用)

화개(華蓋)가 자형살(自刑殺)을 이루고 있다. 일지(日支)와, 시지(時支)가 충(沖)을 형성하는데, 지살(地殺)과, 역마(驛馬)의 충이다.
편관(偏官)과 비견(比肩)이다. 일지(日支)에 록(祿)을 놓고 있는 것이다.
편재(偏財)격의 사주인데 재성(財星)이 강하다.
년(年)과, 월(月)에 화개(華蓋)이며 재성(財星)이니, 일찍 이성(異性)에 눈을 뜨나 주변의 평가(評價)는 냉정하다.
화개(華蓋)가 중(重)하다는 것은 어찌 보면 잘 활용 하여 전문적인 분야에 일찍 발을 들여, 좋은 결과를 얻을 수도 있다.
흠이라면 일찍 자형살(自刑殺)이라, 그 어려움을 감내하기가 어려울 것이라 안타까운 것이다.

흉살(凶殺)

제3장
흉살(凶殺)

길(吉)과 흉(凶)은 선택에 의하여 좌우되는 것이다.
주어진 환경을 어떻게 활용하느냐에 달린 것이다.

흉살(凶殺)

흉살(凶殺)

❋ 흉신(凶神)의 분석.

흉신(凶神)은 약(藥)의 오, 남용과 같다.
달고, 쓴 것의 기준(基準)은 인간이 정한 것이다.
입에 달면 삼키고, 입에 쓰면 뱉는 것이 인간의
심사이다.

나에게 작은 이익(利益)이라도 돌아오면 기쁜 마
음에 입이 벌어지고, 흥겨움에 젖어 콧노래라도
부르는 것이다.
손실(損失)을 당하는 상대가 전면에 있다면 표정
관리 하기가 문제이다.
반면에 조금이라도 불편하고, 손해(損害)가 된다면 얼굴을 찡그리고, 볼
멘소리를 하기 마련이다. 물론 그 영향이 작을 경우에도 이럴 진 데, 삶
에 있어서 심각한 영향을 주고, 생사(生死)를 논하여야 하는 절박한 상황
까지 이른다면 실로 다급한 문제로 대두된다.
흉신(凶神)이라고 하여 영원한 흉신(凶神)도 있지만, 중간에 합(合), 충
(沖)등 변수가 생기면서 변화하여 그 작용을 멈추기도 하고, 길(吉)로도
작용하는 경우다.
역지사지(易地思之)라는 것을 새삼 생각하게 한다.
대체적으로 민사소송에서는 막판에 가면 대게 인신공격성의 말이 나온다.
핵심과는 약간 동떨어지지만 어떻게든 연관을 지어 늘어진다.
흉신(凶神), 즉 흉살(凶殺)이 작용하는 것이다. 인간내적으로 깊이 숨어
있던 못된 습성이 나온다. 이때는 신분의 고위여하를 막론하고 본성을 드
러낸다. 개싸움이 되는 것이다.

흉살(凶殺)

◆ 양택(陽宅)으로 살펴보는 흉살(凶殺).

지나치게 가파른 골목길이다. 내림길에서 정면으로 마주 보이는 집이다.
기운이 타고 내려와 정면으로 부딪힌다. 가장(家長)에게 흉이 나타난다. 항상 집 대문앞쪽에는 차량이 주차를 하고 있는데 그곳에 세우는 차량 역시 안 좋다.

⬇ 2장의 사진을 연결한 것이다.

우측의 원으로 표시한 2집은 빈 집이다. 동네에서 흉가처럼 서 있다. 좌, 우 양쪽으로 하여 비탈길이 형성되어 있고, 경사도가 가파르다.
앞의 사진과 같이 보면 된다.(좌측)
그래도 우측보다는 낫지만 이 역시 마찬가지이다. 단지 층수가 높아 옆집에다 흉살의 기운을 전가하는 것일 뿐 좋지는 않다.
옆의 2집에는 격각살이 작용 하고 있다.
격각살이란 간단히 코너에 몰려 이단옆차기를 당하는 형상이라 보면 될 것이다.

흉살(凶殺)

추길피흉(諏吉避凶)이라 했다. '생기(生氣)는 취하고 흉기(凶氣)는 막아라'는 것이다. 흉기(凶氣)를 막는 것을 비보(裨補)라 하며 '풍수처방'이라 하기도 한다. 흉기를 막는 방법에는 회피(回避), 불견(不見), 응시(凝視), 반사(反射), 분산(分散), 대응(對應) 등이 있는데 다 흉살(凶殺)로 작용을 하기 때문이다.

공망살(空亡殺)

● 공망살(空亡殺).

흑(黑)과 백(白)의 조화(調和)이다.
검으니 보이지가 않고, 희니 잡히지가 않는다.
공망(空亡)이란? 공허(空虛)하고, 허전하고, 비어있고, 머무를
곳이 없어 손에 잡히지도, 보이지도 않는 것이다.
형이상학적(形而上學的)인 것 같으면서도, 형이하학적(形而下學的)인 사항이다.

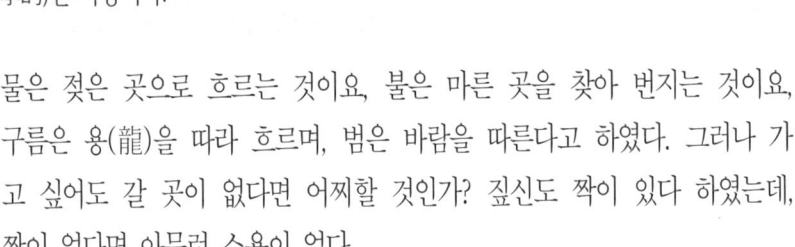

물은 젖은 곳으로 흐르는 것이요, 불은 마른 곳을 찾아 번지는 것이요, 구름은 용(龍)을 따라 흐르며, 범은 바람을 따른다고 하였다. 그러나 가고 싶어도 갈 곳이 없다면 어찌할 것인가? 짚신도 짝이 있다 하였는데, 짝이 없다면 아무런 소용이 없다.
무소용(无所用)이라, 물용(勿用)이 된다.

◇ 공(空)이란?

원래 근본적(根本的)으로 없다. 비어 있는 것이니 무엇이 있었는지 알 수가 없는 것이요, 채워야 할 것인지 말아야 할 것인지 모르는 상태이다. 이에 따르는 용어가 허(虛)다. 모자라는 것이요, 속이 꽉 차지가 않아 부분별로 부족한 것이요, 아쉬움이 남는 것이요, 쓸쓸한 것이요, 헛된 사상누각(砂上樓閣)이나 같은 것이라, 주로 내적(內的)인 면이 많이 강조된다.
내리막길이 있으면, 반드시 오르막길도 있다.

흉살(凶殺)

◇ 망(亡)이란?

망(亡)하고, 달아나고, 죽는 것을 말하는 것이니 이는 존재(存在)하지를 않는다는 의미를 내포한다.
외적(外的)인 면을 강조한다.
공(空)이란 안으로 실(實)하지 못하고, 부실한 것이요,
망(亡)이란? 외부(外部)에서 판단하는 밖으로의 외형적(外形的)인 유무(有無)를 논하는 것인데, 있어도 없는 것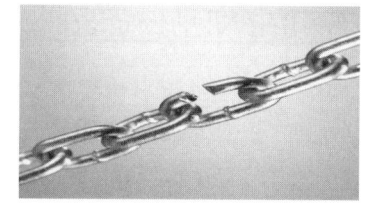
같고, 없어도 없는 것 같다. 합하여 논한다면 속이 부실하고, 외형도 존재하지 않는 것이나 마찬가지인 존재이다. 있어도 없는 것이나 진배가 없다는 설명이다.

✪ 공망(空亡)이란?

빈 그릇과도 같다.
빈 그릇에는 누구든지 손이 닿으면 아무것이나 담을 수 있다.
그것이 길(吉)이던, 흉(凶)이던 무조건 포용(包容)을 하고, 자기의 것으로 하려 한다. 그러나 길(吉)이 들어있는 그릇에 흉(凶)이 들어가면, 겉에서 보아서는 흉(凶)인지, 길(吉)인지 어떻게 변하였는지 알 수가 없다.
흉(凶)이 들어 있는 그릇 역시 마찬가지다. 흉(凶)이 있는 곳에 길(吉)이 들어가도 길(吉)인지, 흉(凶)인지 알 수 없는 것이다.
이처럼 공망(空亡)은 무주공산(無主空山)이라 미래(未來)를, 변화(變化)를 알 수가 없다. 있어도 없는 것이요, 없어도 있는 것이나 마찬가지이다.

공망살(空亡殺)

공망(空亡)이라 하여 천대(賤待)시 할 것이 아니라, 공망(空亡)의 처한 환경을 살피고, 변화(變化)의 작용을 보아 판단한다.

돈이 없어 식당이 있어도, 음식을 사먹지 못하여 굶는 것이 공(空)이요, 돈이 있어도, 식당이 없어 밥을 굶는 것이 망(亡)인 것이나 진배없다.

□ 육십갑자(六十甲子) 공망(空亡)

어두운 터널로 들어가는 것이다.
소리만 들리지 보이지가 않는다.
끝만 보이더니 결국은, 사라지고
마는 것인가? 결코 그것은 아니다.

천간은 10이요, 지지는 12이다. 천간(天干)과 지지(地支)를 각각 하나씩 조합(組合)을 하면 둘이 남게 되는데 짝이 없다.

 존재(存在)는 하여도 조합(組合)이 이루어지지 않으므로 없는 것이나 마찬가지이다.

차체(車體)는 없고, 바퀴만 있는 것이나 같다. 효용(效用)성이 없다.

대타(代打)가 필요 없다. 스스로 변화(變化) 작용(作用)을 하여야, 그나마 남은 바퀴라도 갈아 끼운다던가 하여 사용이 가능하다. 안 보인다고 하여 없는 것이 아니다.

흉살(凶殺)

☐ 4대공망(四大空亡)

육십갑자(六十甲子)중 오행(五行)이 구비되지 않은 순(旬)이 있다.
갑자순(甲子旬), 갑오순(甲午旬)에는 수(水)가 없고, 갑인(甲寅)순(旬)과, 갑신(甲申)순(旬)에는 금(金)이 없어 오행이 구비되지 못하여 불완전하므로 4대공망이라고 한다. 술 안 마시는 집안에 주정뱅이 사위가 들어오면 집안이 망하는 형상이다.

☐. 절로공망(截路空亡).

절로(截路)란? 절로(絶路)란
의미와도 일맥은 통한다.
사람이 길을 가다가 길이 끊어지는 형국을
당하는 것인데, 진퇴양란(進退兩亂)의 형국을 말하는 것이다. 매사가 불발이다.

길이란 뭍의 길을 말하는 것이다. 곤(坤)이란 수(水)와 뭍의 결정체이다. 뭍의 길은 넘어가고, 건너가면 되지만 물의 길은 사람이 기구를 이용하지 않으면 건너기가 불가능한 것이다.
물길이 앞을 가로막는 형상을 말한다. 길을 가다가 큰 강과 바다를 만나는 것이다. 날아가지 않는 이상 단신의 몸을 사용할 도리가 없다.
굳이 찾는다면 헤엄을 쳐서, 즉 수영을 하여 건너는 방법뿐이요, 뾰족한 수가 없다. 그러니 그 노고와 수고는 어떻겠는가? 생명을 담보로 하는 위

공망살(空亡殺)

험한 행위와도 같다.
흰머리가 비녀에 가득 찰만큼, 늙어서까지도 고생이 그칠 줄 모른다는 표현이 참으로 어울린다.

□.절로공망(截路空亡)의 구성

일간(日干)	갑기(甲己)	을경(乙庚)	병신(丙辛)	정임(丁壬)	무계(戊癸)
시지(時支)	신유(申酉)	오미(午未)	진사(辰巳)	인묘(寅卯)	자축(子丑)

❶ 갑기(甲己)일은 갑자(甲子)시로부터 시작 한다.
  천간에 임계(壬癸)가 오는 지지는 신유(申酉)이다.
❷ 을경(乙庚)일은 병자(丙子)시로부터 시작 한다.
  천간에 임계(壬癸)가 오는 지지(地支)는 오미(午未)이다.
❸ 병신(丙辛)일은 무자(戊子)시부터 시작 한다.
  천간에 임계(壬癸)가 오는 지지(地支)는 진사(辰巳)이다.
❹ 정임(丁壬)일은 경자(庚子)시부터 시작 한다.
  천간에 임계(壬癸)가 오는 지지(地支)는 인묘(寅卯)이다.
❺ 무계(戊癸)일은 임자(壬子)시부터 시작 한다.
  천간에 임계(壬癸)가 오는 지지(地支)는 자축(子丑)이다.

▶ 절로공망(截路空亡)이란 시(時)의 천간(天干)에 임계(壬癸)수(水)가 위치하는 경우이다. 시(時)란? 말년(末年)이요, 앞으로의 미래(未來)요, 자녀(子女)궁의 자리이다.
희망(希望)의 구심점(求心點)이 불투명하다면 참으로 난감하다.
지금이야 힘들어도 언제인가는 역경(逆境)을 이겨낼 것이다! 하고 위안을

흉살(凶殺)

삼을, 기댈 언덕이 없다.

결과(結果)가 불투명(不透明)하다. 자연 추진하는 일이 난관에 봉착을 하고, 허망하고, 공든 탑이 무너지는 허탈함이다.

여기에서도 희망의 끈을 찾는다면 수(水)가 희신(喜神)일 경우는 반가울 것이다. 기신(忌神)이라면 만사(萬事)가 끝난다. 기력(氣力)도 쇠약한 시기(時期)가 아닌가 말이다.

만년설(萬年雪)이 덥히더라도 독야청청(獨也靑靑)하리라!
그것이 공망(空亡)이다.

공망살(空亡殺)

◆ 육십갑자(六十甲子) 공망표(空亡表)

갑인 (甲寅)	갑진 (甲辰)	갑오 (甲午)	갑신 (甲申)	갑술 (甲戌)	갑자 (甲子)	육 십 갑 자 六 十 甲 子
을묘 (乙卯)	을사 (乙巳)	을미 (乙未)	을유 (乙酉)	을해 (乙亥)	을축 (乙丑)	
병진 (丙辰)	병오 (丙午)	병신 (丙申)	병술 (丙戌)	병자 (丙子)	병인 (丙寅)	
정사 (丁巳)	정미 (丁未)	정유 (丁酉)	정해 (丁亥)	정축 (丁丑)	정묘 (丁卯)	
무오 (戊午)	무신 (戊申)	무술 (戊戌)	무자 (戊子)	무인 (戊寅)	무진 (戊辰)	
기미 (己未)	기유 (己酉)	기해 (己亥)	기축 (己丑)	기묘 (己卯)	기사 (己巳)	
경신 (庚申)	경술 (庚戌)	경자 (庚子)	경인 (庚寅)	경진 (庚辰)	경오 (庚午)	
신유 (辛酉)	신해 (辛亥)	신축 (辛丑)	신묘 (辛卯)	신사 (辛巳)	신미 (辛未)	
임술 (壬戌)	임자 (壬子)	임인 (壬寅)	임진 (壬辰)	임오 (壬午)	임신 (壬申)	
계해 (癸亥)	계축 (癸丑)	계묘 (癸卯)	계사 (癸巳)	계미 (癸未)	계유 (癸酉)	
자축 (子丑)	**인묘** (寅卯)	**진사** (辰巳)	**오미** (午未)	**신유** (辛酉)	**술해** (戌亥)	공망 (空亡)

갑자(甲子)순(旬)--술해(戌亥), 갑술(甲戌)순(旬)--신유(辛酉),
갑신(甲申)순(旬)--오미(午未), 갑오(甲午)순(旬)--진사(辰巳),
갑진(甲辰)순(旬)--인묘(寅卯), 갑인(甲寅)순(旬)--자축(子丑)
이 각각 공망(空亡)에 해당이 된다.

흉살(凶殺)

⚽ 성정(性情)으로 살펴보는 공망살(空亡殺).

잃어버린 짝을 찾는 것이다.
없는 것 같아도 있는 것이, 공망(空亡)의 묘(妙)한 이치(理致)이다.

왜 공망(空亡)을 흉(凶)하다고 할까?
지극히 인간적인 면으로 본다면, 다 욕심(慾心)에서 우러나오는 것이다. 갖고 싶은 것이다. 없고 부족하여도 "그런대로 지내면 될 것을 그것이 편한 것이다." 하고 역(逆)으로 생각하면 될 것을, 그러나 이것은 이상적(理想的)인 발상(發想)이다. 없고, 부족하고, 갖추어지지 않음으로 인하여 모든 면에 불편하여 심신(心身)이 지치고, 피곤하다.
정(精)과, 신(神)이 정상적인 활동을 못한다. 그래서 흉(凶)하다 하는 것이다.

➡ 공망살(空亡殺)은 일명 천중살(天中殺)이라고도 하며, 육신(六神)과의 조화를 살펴 운(運)을 예측한다. 공망(空亡)도 지나치게 많으면 오히려 그것이 역(逆)으로, 길(吉)로 작용하는 수가 있다. 지나치게 없다는 것은 모든 것을 비웠다는 설명이니, 대인(大人)의 삶을 걷는 것이다.

➡ 오행(五行)에 대해서 공망(空亡)을 논하지 않고, 단지 육친(십성)으로만 논한다. 공망(空亡)이 든 육친(六親)에 대해서는 남보다 더 큰 애착을 갖는다. 자식도 잃어버린 자식은 항상 가슴속에 안고 사는 것이 부모의 마음이다.

➡ 안 팔려서 속을 끓이던 부동산(不動産)의 경우, 오히려 공망(空亡)

공망살(空亡殺)

든 해에 잘 나가기도 한다. 있어서 골치 아픈 것이니 사라지고 없어지는 운이 좋다. 모든 것이 줄어들고 골병 치르는 것이니 값은 제대로 못 받는다.

➡ 이 살(殺)의 특징은 무엇이든 최선을 다해도 돌아오는 것은 반 정도밖에는 안 된다. 노력한 만큼 대가(代價)가 돌아와야 인생이 편한데, 항상 노력보다 결과가 불만이어서 인생무상(人生無常)이나, 허탈감에 빠지기 쉬운 살(殺)이다.

➡ 사주(四柱)에 이 살(殺)이 있으면 밑 빠진 독에 물 붓는 인생이며, 이 살이 월지(月支)나, 일지(日支)에 있으면 배우자와의 인연이 박(剝)하여 자주 헤어짐을 당하고, 나중에는 독신(獨身)으로 남는 사람들도 있다.

● .위치(位置)별로 살펴보는 공망살(空亡殺).

처녀가 시집도 못가고 죽으니 한(恨)이 서린다.
총각 또한 마찬가지이다.
해야 할 것을 무슨 사연이 있어 못하는 것이다.
모자라는 2%인 것이다.

◆ 공망살(空亡殺)의 작용을 받고 있는 집터이다

코너에 있고, 터도 비좁다. 잘리고 잘리다 보니 좁아진 것이다.
아무런 쓸모가 없다. 지기(地氣)가 도래(到來)하면 사용이 되겠지만 벌써 년(年)으로 몇 번을 지났으니 한참이다. 투기(投機)를 목적으로 사놓을 수도 있지만 그것이

흉살(凶殺)

아니다.
이곳은 주변이 빈 집이요,
흉사(凶死)가 자주 발생을 하였다.
현재 있는 집들도 화기(和氣)가 사라진지 오래이다.

◆ **년주(年柱)**
→ 년지(年支)에 공망(空亡)이 있으면 조상(祖上)의 덕이 없고, 타향에서 자수성가(自手成家)할 운이고, 유산(遺産)을 받더라도 지키기 어렵다. 차남이나, 막내로 제사를 모시지도 않게 된다. 선산(先山)이 남의 손에 넘어가거나, 종중(宗中)의 분란으로 인하여, 자연재해로 인하여, 수몰지역등으로 인하여 조상(祖上)과의 연(緣)이 멀어진다.

◆ **월주(月柱).**
→ 월지(月支)에 이 살(殺)이 있으면 형제, 친척의 덕이 없고, 여명(女命)이면 남편(男便) 덕이 없다. 이럴 경우 자신이 생활전선에 나서거나 가정(家庭)을 책임지고, 서로가 각자의 시간을 충실히 하는 가장으로 변모되고, 한 지붕 두 가족이 되는 경우도 발생한다. 자식 때문에, 부모 때문에, 환경 때문에 등등으로 이혼(離婚)을 못하다가 중년(中年)이 지나 황혼이혼(黃昏離婚)도 이루어진다.

공망살(空亡殺)

◆ **일주(日柱).**
➡ 일지(日支)에 공망(空亡)이 있으면 뿌리가 제 역할을 못하니 성공하기 어렵고, 남명(男命)이면 처덕(妻德)을 보지 못한다고 보나, 충(沖)이 되어 이혼(離婚)을 하면, 오히려 전화위복(轉禍爲福)이 된다. 중년이 지나야 인생(人生)의 참맛을 알고, 이성(異性)에 대하여 눈을 뜨게 되고, 진실한 사랑을 찾는다.

◆ **시주(時柱).**
➡ 시지(時支)에 공망(空亡)이 있으면 자식 덕(德)이 없고, 자라면서 속을 많이 상하게 한다고 본다. 노후(老後)에 삶이 편치가 않다. 재산 분쟁, 생활고로 많은 문제점이 발생한다. 시지(時支)는 자손(子孫)궁(宮)이라, 자손이 외면을 하는 것이 더 괴로운 것이다.

⚽ 육친(六親)으로 보는 공망(空亡).

◆ **비겁(比劫)공망**
☀ 경진(庚辰), 신사(辛巳)의 경우 신유(申酉)가 공망(空亡)인데 비겁(比劫)에 해당이 된다.

형제간에 덕이 없고, 있어도 있으나 마나요, 이복형제요, 결국은 근본(根本)을 논하면서 성공해야 대접을 받는다. 그러나 대체적으로 성공하는 사람이 드물다.
경쟁에 의해 심한 갈등의 국면까지 갔다가도 결정적인 순간에 자신의 유리한 면을 부각시키지도 못하고 제풀에 지치듯, 지키지 못하고 타협한다. 스스로 무너지는 것이나 같다.

흉살(凶殺)

- 직업(職業)을 자주 바꾸게 되고 융통성(融通性)이 없고, 독선적(獨善的)이며, 형제, 자매의 덕(德)이 없어 급할 경우 금전(金錢)의 융통도 어렵고, 어려울 경우 사정을 토로할 사람조차 없다.
- 지나친 자신보호로 인하여 냉정하고, 변덕스러우며 형제 친구 간에 의리가 이익(利益)을 우선으로, 일순간 위기(危機)를 모면하는 처신(處身)으로 인하여 뜻이 통하는 친구가 없다.

◆ <u>식상(食傷)공망</u>

임자(壬子), 계축(癸丑)일주(日柱)일 경우-----인(寅), 묘(卯)가 공망(空亡)이다. 식상(食傷)에 해당한다.

- 수명(壽命)이 자연 짧아진다. 수복지신(壽福之神)이 허공(虛空)에 달린 달과 같다.
- 생산, 제조, 축산 등은 잘 안 된다. 꼭 이런 일을 하고 싶다면 남의 땅을 임대한다든가, 특용 작물 등 공망(空亡)의 성격(性格)을 띤 쪽으로 가야 한다.
- 여명(女命)은 자식의 인연(因緣)이 박하다. 차라리 잊고 사는 것이 오히려 편하다. 애써 키워도 부모의 은공을 모른다. 자손(子孫)이 귀한 경우다.
- 성격(性格)이 소극적(消極的)이고, 문서 운이 없으며, 신액(身厄)이 따르고 천재지변(天災地變)을 당하는 경우가 있다.
- 성격이 극단적으로 흐르기 쉬우며, 구설(口舌)이 많고 조실부모(早失父母)하거나, 배우자와 사별(死別)하는 경우가 많다.

공망살(空亡殺)

◆ 재성(財星)공망

병자(丙子), 정축(丁丑)일주일 경우---------신유(申酉)가 공망(空亡)인데 재성(財星)에 해당한다.

➡ 재물(財物)이나, 처(妻)와의 인연(因緣)이 있다가도 멀어지곤 한다.
➡ 학문(學文)이나 명예(名譽) 중심으로 간다. 외골수로 흐를 확률이 많다. 재성(財星)의 기운이 약하여 인성(印星)을 극(剋)하지 못한다.
➡ 부모(父母)나 배우자(配偶者)와 인연이 박하고, 완고하며 매사에 열의가 부족하다. 자식이 젊은 시절 불효를 일삼다 나이가 들어 정신을 차려 그간의 못한 효도를 하려고 하나, 얼마 가지 못하여 부모가 돌아가시는 경우나 같다.
➡ 처덕(妻德)이 없고 재산(財産)을 잃을 경우가 있으며, 양(陽)일간은 아내와 사별하고, 음(陰)일간은 아내가 정숙하지 못하다. 여기서 나오는 말이 "있어도 걱정이요, 없어도 걱정"이다.

◆ 관성(官星)공망

➡ 사물(事物)을 다루거나, 실질적인 집행(執行)이나 구속력이 강한 명예를 쓰는 것은 어렵다. 조직 사회보다는 자기 일 쪽이 가하고 조직으로 간다 하더라도 조직(組織)에서의 역할이 정신적인 쪽으로 간다.
➡ 재관(財官) 공망(空亡)은 수명(壽命)이 길다. 재물(財物)운이나, 관운(官運)은 없어도 그저 마음하나 편안히 사는 사람이다. 부모(父母), 처(妻), 자식(子息) 신경 안 쓰고 자기 하고 싶은 데로 세상을 편안히 산다. 거지팔자가 제일 행복한 팔자라고 했던가? 평생을 혼자 사는 사람도 가정이라는 울타리에서는 벗어나 살지는 몰라도 그 자체가

흉살(凶殺)

불행이요, 안타까움이다. 종교(宗敎)에 귀의하거나, 구도(求道)의 길을 가는 사람도 이에 해당하는 경우다. 이에 해당하지 않더라도 동떨어진 또는 격리된 듯 생활을 하는 사람도 마찬가지다.

➡ 부부관계가 좋지 못하고, 여명이면 남편이 무능하고, 남자관계가 복잡하다. 강가에 매어 둔 배이다.

➡ 외골수라 남과의 의견충돌이 잦고 신액(身厄)이 따르며 여명(女命)이면 별거수가 있다. 아쉬우면 애인(愛人)이라도 하면 될 것을 굳이 꼭 혼인(婚姻)신고를 해야 한다고 주장하는 경우다.

◆ **인성(印星)공망**

☀ 임오(壬午),계미(癸未)일주일 경우---신유(申酉)가 공망(空亡)인데 인성(印星)에 해당한다.

➡ 자신의 목적(目的) 달성을 위해서는 양심(良心)도 파는 사람이다. 양심이 얼마나 갈까? 가격은 정하여진 것이 아니지만 조금도 뉘우치지를 않는 사람이다. 가까이 하기 힘든 사람이다. 조심하여야 한다.

➡ 이혼(離婚)을 밥 먹듯 하고, 개종(改宗)을 손쉽게 하고, 신의(信義)와 약속(約束)은 헌 신짝이다.

➡ 공망(空亡)은 항상 지지(地支)가 둘이 된다. 육친(六親)별로 성향이 같을 수가 있고, 또 다를 수도 있다. 문제는 정(正),편(偏)으로 하여 성향이 같을 경우, 그에 해당하는 육친(六親)에 대한 성향이 더욱 강하게 나타난다.

➡ 고독(孤獨)을 즐기고, 부모와 연(緣)이 박(薄)하여 이별(離別)하는 운(運)이며 사람됨이 신중(愼重)하지 못하다.

➡ 객지(客地)생활을 할 운(運)이며, 대인관계가 원만하지 못하고 중도

공망살(空亡殺)

에 학업을 포기하는 경우가 많으며, 화개살(華蓋殺)과 동주(同柱)하면 은둔생활을 하는 기도자요, 수도자 될 운인데 대운이나 세운에서 여의치 않으면 운명이 그리된다.

● 신살(神殺)로 보는 공망(空亡).

✹ 역마(驛馬)공망
역마(驛馬)성향의 일을 하게 되면, 어긋나거나 잘 채워지지 않는다. 환경이나 본인의 적성 또한 맞지 않는다. 움직이면 깨지는 형상이다. 차라리 그냥 가만히 있는 것이 돕는 것이요, 발전(發展)에 장애(障碍)가 되지 않는 형상이다.

✹ 장성(將星)공망
핵심 요소가 빠져 있는 모양이 되므로 사회적인 활동이 제한됨. 무엇인가 이루어진 것 같아도 항상 문제점이나 분란(紛亂)이 발생한다.
장성(將星)은 사회적(社會的)으로 무리지어 밖으로 의견(意見)을 도출(導出)하려고 하나 항상 결론을 내지를 못한다.
집단지도체제에서 단점(短點)이 바로 이런 경우이다,

✹ 화개(華蓋)공망
재주가 있어도 그것을 다 써먹기 어렵다. 마음은 물속에 있어도 수영을 못하니 할 수가 없다. 죽도 밥도 아닌 개밥이다. 쓸모 없는 것이다. 보호(保護)가 이루어지지 않는다. 관리와, 마무리 부족이다.

흉살(凶殺)

✹ 귀인(貴人)공망

해당 육친(六親)이 귀인(貴人)이라도 제대로 베풀어주지 못한다.
가령 부친이 국가유공자이면, 그로 인한 혜택을 받는 여러 사항이 있어도 본인(本人)이 모자람이 많아 부족하니 다 챙겨먹지 못하기도 하고, 설사 혜택을 받는다 하여도 극히 일부분에 지나지 않고, 기대치(期待値)에 미치지 못한다. 제 밥도 못 찾아 먹는다.

● 흐름으로 읽어보는 공망살(空亡殺).

공망(空亡)에서 살펴볼 때 잊지 말고 신경을 써야할 부분이 있다.
그것은 공망(空亡)이 생, 왕(生, 旺)한가? 사, 절(死, 絶)에 해당하는가를 확인하여야 하는 것이다. 모든 경우가 다 마찬가지이지만 특히 공망(空亡)에 있어서도, 그 차이가 현저하므로 잊지를 말아야 한다.

◆ 공망(空亡)이 생(生), 왕(旺)할 경우.

➡ 공망(空亡)의 그늘은 결코 벗어날 수는 없는 것이지만, 그릇이란 항상 차이가 난다. 사람이 경제적으로 쪼들리다 보면 마음자체도 여유가 없고, 매사 조급하여진다. 행동도 속 좁은 사람처럼 옹졸하고, 너그럽지가 못하여진다. 넉넉하지 못한 살림살이지만 쪼들리지 않는다면 심성(心性)이 올바르고, 뜻이 확실한 사람은 대인(大人) 못지않은 처세를 하게 된다. 비록 대업(大業)은 이루지 못하지만 그에 버금가는 처신(處身)과 행세(行勢)를 한다.

➡ "틀은 범 틀 인데, 하는 행사는 족제비와 같다."는 말을 간혹 하는데

공망살(空亡殺)

이 역시 이 범주에 속하는 것이다.

● **공망(空亡)이 사(死), 절(絶)에 해당할 경우.**
➡ "불난 집에 부채질을 하는 경우"나 같다.
➡ 썩은 동아줄에 매달려 자신의 목숨을 의지하는 것이나 같다. 요사이는 등산용품도 새로 나오면 전문적으로 그것을 시험하여 보는 직업도 있다.
➡ 새 술은 새 부대에 부어야 한다고 하지만, 부대 자체가 새것이 없다. 욕심(慾心)을 버리고 순리(順理)에 따라 자신의 그릇대로 사는 것이 현명하다.

● **실전(實戰)으로 살펴보는 공망살(空亡殺).**

✹ 건명(建命)

辛	己	丁	己
未	丑	丑	未

축(丑)월, 기(己)토 일간(日干)이다.
해묘미(亥卯未), 미(未)가 화개(華蓋).

⬆ 오미(午未)가 공망(空亡)이다. 미(未)는 화개살(華蓋殺)인데, 공망(空亡)이 형(刑)이요, 지지충(地支沖)이다.
공망(空亡)이 해소(解消)가 되는 것이다. 화개(華蓋)를 충(沖)하는 것이 월살(月殺)인데, 원국을 본다면 화개(華蓋)와, 월살(月殺) 뿐이다.
그러면 여기서는 무엇을 보아야 할 것인가?
축(丑)과, 미(未)는 서로가 대응(對應)하는 관계이다. 기(己)토 일간(日干)이 종왕격(從旺格)으로 과연 가색(稼穡)의 공(功)을 이룰 것인가? 시작하고, 끝나고, 끝나고 시작하는 제자리걸음이요, 항상 원위치이다. 삶이 그러한 것이다.

흉살(凶殺)

※ 곤명(坤命)

壬	壬	壬	庚
寅	申	午	戌

오(午)월, 임(壬)수 일간(日干)이다.
인오술(寅午戌), 술(戌)토가 화개(華蓋).

⬆ 술해(戌亥)가 공망(空亡)인 사주이다. 편관(偏官)인 술(戌)토가 공망(空亡)인 것이다. 공망(空亡)이 합(合)이 되니 바라던 바이다.
화개(華蓋)와, 장성(將星), 지살(地殺)이 합을 이루는 것이다.
신왕재왕(身旺財旺)한 사주이다. 관(官)이 재성(財星)으로 화(化)하니 일간(日干)을 관리하지 못하고 일간(日干)의 다스림을 받는다.
2010년은 경인(庚寅)년 사업(事業)운(運)은 어떨까?
천간(天干)으로는 편인(偏印)이요, 지지(地支)로는 식신(食神)이요, 지살(地殺)운이다. 인성(印星)이 이동(移動)을 하는 것이다.
편인(偏印)인 경(庚)금이 지지(地支)에 겁살(劫煞)을 놓고 있다.
학원(學院)을 새로이 인수(印綬)하였는데, 자신이 명의(名義)로는 못한다. 이유는 세금관계인 것이다. 겁살(劫煞)이 작용 한 것이다.
소유주(所有主)를 본인의 명의로 못하고 동생이름으로 한 것이다.

양인살(羊刃殺)

● 양인살(羊刃殺).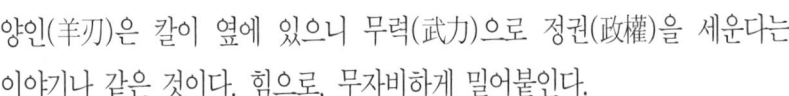

조선개국의 이야기 가운데
이성계가 꿈을 꾸는데 양(羊)의 머리와,
꼬리가 없어지는 꿈을 꾸었다는
이야기가 나온다. 글자를 보면 양(羊)자가 왕(王)자로 변하는 것이다.
군왕(群王)이 된다는 이야기다.

양인(羊刃)은 칼이 옆에 있으니 무력(武力)으로 정권(政權)을 세운다는 이야기나 같은 것이다. 힘으로, 무자비하게 밀어붙인다.
잔인하고, 완력(腕力)을 앞세우고, 횡폭(橫幅)하여, 칼을 뽑으면 썩은 무라도 베어야 한다는 논리(論理)이다. 지나친 왕성함을 자랑하는 것이다.

□. 천간(天干)과 지지(地支)의 양인(羊刃)관계.

천간	갑(甲)	을(乙)	병(丙)	정(丁)	무(戊)	기(己)	경(庚)	신(辛)	임(壬)	계(癸)
양인	묘(卯)	진(辰)	오(午)	미(未)	오(午)	미(未)	유(酉)	술(戌)	자(子)	축(丑)

❋ 화(火),토(土)는 동격(同格)으로 한다.

양진(陽進)음퇴(陰退)의 이법(理法)을 사용한다.
12운성으로 본다면 양간(陽干)은 제왕(帝旺)이요, 음간(陰干)은 관대(冠帶)에 해당한다.
육친(六親)으로 본다면 겁재(劫財)에 해당하는데, 각각의 지장간(支藏干)을 살펴보면 답이 나온다.

⚽ **성정(性情)으로 살펴보는 양인살(羊刃殺).**

양인(羊刃)은 은근과 끈기를 겸비하고 있는 것이다. 과감성과 모험심도 나타난다. 자신력이 지나쳐 가끔은 무모한 행동도 서슴지 않는 것이 특징이다.

양인(羊刃)의 판단은 양간(陽干)의 경우는 겁재(劫財)요, 음(陰)일간일 경우는 오행 방합(方合)의 끝 자(字)에 해당한다. 결국은 토(土)가 된다.

지장간(支藏干)을 보면 여기(餘氣)에 해당한다.

❋ 진(辰)의 경우는 지장간(支藏干)이 을(乙), 계(癸), 무(戊)인데 을목(乙木)이 여기(餘氣)다. 을목(乙木)의 양인(羊刃)이다. 다른 경우도 각각 확인하여보라.

지나치면 항상 화(禍)를 부른다. 차에는 항상 적재중량이라는 것이 있다. 지나치게 과적(過積)을 하면 사고가 나는 것이요, 적정 속도를 넘어가면 위험이 따른다. 나의 입장에서 보면 약간 과한 것 같아도 상대방이 느낄 때는 위험하고, 잔인하고, 끔찍하다.

연못가의 개구리에게 아이들이 장난삼아 돌멩이를 던지는 것과 같다.

너무 기운이 왕성하여 발생(發生)하는 살로서 형벌(刑罰)을 연관시킨다. 다른 면으로 본다면 칼날이 무디면 제 역할을 못한다.

❋ 양인(羊刃)은 상대적인 것이다. 자기의 동지(同志)가 항상 버티고, 능력(能力)이나 수완(手腕)을 발휘한다 하여도 힘이 왕성하니 매사에 진취적이요, 활발한 것이다.

자질(資質) 또한 충분하다고 인정받는다. 칼도 잘 사용하면 이기(利器)가

양인살(羊刃殺)

되지만, 잘못 사용하면 흉기(凶器)로 바뀌는 것이다.
칼이 용도를 발휘하지 못하면, 한낱 쇠붙이에 불과하다.
영웅(英雄)도 시기를 잘못만나면 빛을 못 보는 것이다.
형충파해(刑沖破害)로 연결이 되고, 사(死),절(絶)에 임하면 만사가 어려워진다.

❂ 모름지기 기운(氣運)이 강하여지면 한 번 쯤은 자기의 능력을 시험하여 보고 싶은 충동(衝動)이 생긴다. 온화하던 성품이 자만(自慢)하여 거칠고, 난폭하여지며 경쟁과, 시비, 구설에서 벗어나지 못한다.

⚽ 오행으로 살펴보는 양인(羊刃)의 성정.

양인(羊刃)은 평상시에는 그 성향(性向)을 평상시에 겉으로 잘 드러내지 않는 경우가 많으나, 일단 급박한 상황이나, 심적으로 변화가 심하게 생길 경우 그 성향이 스스로 통제가 되지 않아 저절로 나타나는 경우가 많다. 외유내강(外柔內剛)형이다.

❂ 목(木)의 양인

목(木)은 인정(仁情)이라, 평소 온화하고 인자(仁慈)하나 건드리면 나무의 줄기가 쭉쭉 뻗어나듯 치고 올라가는 성향을 나타내며 마른 장작에 불길을 당기는 것이다.
나무란 단단하여 질수록 금(金)과 같은 성향으로 변(變)하는 것이다.
나무망치, 도끼로 화(化)하는 것이다. 목(木)은 바람이라 밀어서 넘어트린다. 박치기를 잘한다. 치고 박고이다.

❂ 화(火)의 양인

명랑하며 발랄하고 총명하여 학문, 기타에 대한, 자신에 연관된 사항에

흉살(凶殺)

대하여 매우 민감하고, 자신만만하여 남에게 지기를 싫어하기 때문에 선생에게도 따지는 사람이다.

평상시에는 상대방에 대한 배려가 많아 보이나 일단 기질이 나타나면 물불을 가리지를 않는다.

끓는 물과 같아 속된 표현으로 뚜껑이 열린 상태라 그릇속의 내용물이 밖으로 튀어나오듯 용솟음치는 기질을 보인다.

화마(火魔)에는 견디는 장사가 없다. 결국은 잿더미로 화(化)하는 것이요, 남는 것이 없다. 집어던져서 날아가고, 태우는 것이다.

빈대 잡으려고 초가삼간을 태우는 격이다. 그 후유증(後遺症)은 오랜 시간을 요한다.

✪ 토(土)의 양인

평소에는 무덤덤한 스타일에 관심이 없는 것 같아도 속으로 계산은 다 하고 있는 사람이다.

땅이 갈라지고, 지진으로 사태가 급변하듯 순식간에 변한다. 예고도 없는 것이다. 상대방에 대한 파급효과가 상상외로 크게 나타난다.

또 다른 면으로는 소리 소문 없이 사람을 잡는 식이다. 잘근잘근 씹고, 밟아 죽인다. 확인사살을 하는 것이나 마찬가지다.

흔적도 없이 일을 처리하려는 경향이 강하다.

✪ 금(金)의 양인

항상 치밀하고, 깔끔한 면이 있듯 변명은 통하지가 않는다.

용서란 것이 없다. 차분히 생각을 하고 침착하게 처리하지를 못하므로 죽는 줄 알아도 고를 한다. 죽어도 쓰리고를 하는 식(式)이다.

지나친 과단성(果斷性)으로 동반피해를 보는 경우가 종종 나타난다.

너 죽고, 나 죽자는 식이다. 범죄의 유형으로 본다면 무전취식이요, 내 배

양인살(羊刃殺)

째라는 식이다.

✪ 수(水)의 양인

흐르는 물처럼 잔잔하나 일단 화가 나면 성난 파도와도 같다. 집어삼키는 형국이다. 득실(得失)이 문제가 아니다.

일단은 판을 엎어야 직성이 풀리는 것이다. 남아나는 것이 없다.

음흉(陰凶)한 면이 있어 스토커의 기질이 나타난다. 주로 공갈(恐喝), 협박(脅迫)하는 식이다.

● .위치(位置)별로 살펴보는 양인살(羊刃殺).

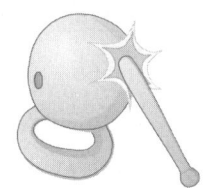

◆ 년주(年柱)

유산(遺産)을 탕진(蕩盡)하고, 성정이 괴팍,
교만(驕慢)하여 선대의 유지를 받들기 어렵다.
친족화목을 이루기가 어렵다.

◆ 월주(月柱).

부모와 형제의 인연(因緣)이 미약하다. 자칫 잘못하면 주색(酒色)과 색란(色亂)에 휩쓸리기가 쉽다. 부모와 유산문제로 인하여 다툰다. 형충(刑沖)이면 부모에 불효(不孝)한다.

양인이 년(年)을 형(刑)하면 부선망(父先亡)하거나, 흉사(凶死)하고, 남의 물건이 내 물건이라 생각한다.

◆ 일주(日柱).

동주(同柱)하는 경우이다. 부부(夫婦)의 인연(因緣)이 순탄하지 않고, 손

흉살(凶殺)

재(損財)하거나, 아내를 상(傷)하게 한다. 성품(性品)이 고르지 못하고 스스로를 자제(自制)하는 역량이 부족하다. 물이 그릇에 차면 넘치는 이치(理致)와 같다.

● 시주(時柱).

말년(末年)이 고독하고 자식 연(緣)이 박하다. 요즈음은 요양소로 보내는 자식들이 수두룩하다. 의식(衣食)이 풍족하지 못하는 경우다.
말년(末年)에 마비성 질병, 수술, 혈압 중풍, 급성의 세균성 질환에 의해 꼼짝을 못하는 상황이 올 수 있다.
아비가 장애자인 아들인데, 아버지가 그만 넘어져서 거동하기가 불편할 정도로 몸의 상태가 안 좋았다. 아들은 직장관계로 인하여 아버지를 요양원으로 보내고 말았다. 같이 모시고 사는 처지가 아니라 어쩔 수가 없는 상황이었다. 가끔씩 들리는 아버지를 돌보던 간병인도 할 일이 없어진 것이다.
얼마나 지났을까? 그 아들이 세입자를 찾아왔다. 아버지가 돌아가셨어요, 계약서를 자기이름으로 하고 다시 쓰자는 것이었다. 아니! 돌아가신 지가 얼마나 됐다고? 세상이 이렇다는 것이다.

● 흐름으로 읽어보는 양인(羊刃).

→ 양인(羊刃)은 일단 굳게 마음을 먹으면 온 정성(精誠)을 다하고, "이것이 아니면 죽는다!" 식으로 전력투구(全力投球)를 한다.
→ 간혹 무모함이 보이기도 하나 본인은 그것을 모른다. 기력(氣力)이 쇠진하여 질 무렵이면 그때서야 아! 하는 것이다.

양인살(羊刃殺)

- 양인(羊刃)은 평소 내기나 싸움을 좋아하여 쓸데없는 힘자랑, 먹기자랑, 공명심(功名心)을 논하다 임자를 만나면 개망신을 당하기도 한다. 첫인상에 있어 항상 좋은 이미지 부각에 신경을 써야한다.
- 양인(羊刃)은 생사(生死)를 가린다. 도 아니면 모이다. 양인 때문에 출세(出世)할 수도 있고, 패가망신(敗家亡身)을 할 수도 있다.
- 황소고집 같은 기질이 있거나 야망(野望) 및, 욕망(慾望)이 크며 기복(起伏)이 심하여 좋은 일이 있으면, 뒤를 이어 안 좋은 일이 자주 생긴다.
- 카리스마와 영웅호걸의 풍모(風貌)를 암시하나, 외형(外形)이 지나치게 강하면, 순간적 절제함이 없이 경거망동(輕擧妄動)하여 그 흉(凶)을 막을 수 없다.
- 특정 분야에서의 프로로 성장할 수 있는 중요한 역량을 가진 사람이다. 자기분야에서 성공 할 가능성이 있는 사람이다. 장인(丈人)의 기질이 있으나 잘 개발 하여야 한다.
- 칠살(七殺)은 양인의 횡포를 능히 제도한다. 칠살(七殺)은 지도자이며 양인(羊刃)은 숙살(肅殺)의 칼바람이다. 적절한 조합은 능히 천하에 공명을 떨친다. 일간(日干)이 비겁(比劫)으로 인하여 강(强)한데 여기에 양인(羊刃)이 가세하면 더더욱 통제가 어려워진다. 이때는 관살(官殺)의 규제가 필요하다. 이의 통제가 이루어지지 않으면 흉사(凶事)가 자꾸 생긴다..
- 양인(羊刃)은 거친 기운이다. 이를 타이르고, 달래고, 순화(純化)시키면서 논리적(論理的) 다스림이 필요하다. 세상사 모든 일이 목소리만 크다고 되는 것이 아니다. 또한 비만(肥滿)화 되는 경향이 강하다. 적절한 체중조절이 필요하다. 운동을 하면서 활발한 움직임 즉, 일을

더 많이 하고 밖으로 견문(見聞)을 넓히는 것도 필요하다. 세상은 넓은 것이다. 틀에 박힌 사고방식을 가끔은 깨는 것이 필요하다. 필요 이상의 금전(金錢)을 갖고 있으면 낭비(浪費)가 심하여진다. 자연 구설(口舌)로 이어지고 없는 살림이면 거덜이 나는 것이요, 있는 집안이라도 자식의 인성교육에 지대한 영향을 초래한다.

➡ 양(陽)일간의 양인(羊刃)은 양인 자체가 음(陰)이라도 기운은 양(陽)으로 표출(表出)이 되는데, 방법(方法)은 음(陰)의 성향을 나타낸다. 양인(羊刃)은 겁재(劫財)라 재성(財星)을 극(剋)하는 데 선수이니 처(妻)를 극(剋)하는 우(愚)를 범하고, 가볍게 처신하다 금전(金錢)과 여성(女性)으로 인하여 망신을 당하는 것이고, 기운(氣運)이 팽배하여 급속도로 팽창하니 순식간에 폭발하여 제어(制御)가 안 된다. 자손(子孫)을 야단치다 폭력적 방법이 나와 불상사(不祥事)가 발생하여 스스로 뉘우치며 후회(後悔)한다.

➡ 음(陰)일간 양인(羊刃)은 쇠(衰)하는 기운이라, 음(陰)의 특성을 나타내니, 안으로 잠복(潛伏)하며 기울어져 간다. 불화(不和)로 인하여 손재(損財)가 발생하고, 정신적인 스트레스와 겉으로 드러나지 않는 많은 일로 고민하고, 스스로 걱정을 사서 한다. 음(陰)일간이 지나치게 신강(身强) 할 경우 양인(羊刃)은 반가운 존재(存在)로 활용된다.

➡ 양인(羊刃)의 상(相)은 길(吉)로 작용하면 위맹지상(威猛之相)이라 하고. 흉(凶)으로 작용하면 고괴지상(古怪之相)이라 하는데 눈이 튀어나오며, 눈 꼬리가 올라가고 성격도 급하다.

➡ 벼도 오래되면 썩어 들어가는 법이다. 지나치게 기다리는 것도 안 좋지만, 벼가 익기도 전에 추수할 생각을 하고, 행동(行動)으로 옮기는 사람이다.

양인살(羊刃殺)

◆ 위맹지상(威猛之相)이란?

심기와 안색 모든 것이 추상과 같고, 엄하고 단호하여 보는 이로 하여금 스스로 가까이 근접함을 두려워하는 기운인 것이다.

◆ 고괴지상(古怪之相)이란?

기이함을 우선으로 한다. 암석을 연상하는 것이다. 기질이 그러하다는 것이다. 맑고 청아(淸雅)하지 않음이 흠이다. 원래 청수(淸水)란 바위틈 사이로 나오는 물을 말하는데, 그러하지 않으니 천박함의 상이다. 흉(凶)으로 작용하는 양인(羊刃)의 상(相)이다.

● 실전(實戰)으로 살펴보는 양인살(羊刃殺)

※ 건명(乾命)

| 辛 | 丁 | 丁 | 壬 |
| 丑 | 未 | 未 | 子 |

미(未)월, 정(丁)화 일간(日干)이다.
일(日), 월(月)이 같다.

⬆ 일(日)과 월(月)이 같아 좋으면 아주 좋고, 나쁘면 더 흉하다.
그러나 경우에 따라서는 묘(妙)한 결과가 나오기도 한다.
여기서는 양인(羊刃)을 살핀다. 정미(丁未)가 양인(羊刃)인데 겹쳐있다.
간합(干合), 지충(支沖)이요, 형(刑)과 해(害)가 어우러져 있다.
일(日), 월(月)에서의 역할을 심도(深度) 있게 살펴야 한다.
대운(大運)에서의 변화(變化)가 흥미롭다. 모든 어려움을 일시(一時)에 삭감(削減)하여 주는 역할을 하고 있다.
 오히려 변화(變化)가 클 때가 더 신중(愼重)하여야 한다.
어렵다, 무엇인가 돌파구가 생길 때 더 조심에 조심을 해야 한다. 고생을 많이 하였으니 얼마나 심적인 고통이 컸겠는가? 잘 나갈 때 더욱 조심을

흉살(凶殺)

하여야 하는 것이다.

❋ 곤명(坤命)

辛	丙	戊	戊
卯	子	午	戌

오(午)월, 병(丙)화 일간(日干)이다.

월지(月支) 오(午)화가 양인(羊刃)이다.

⬆ 병(丙)화 일간(日干)에 지지(地支)오(午)화는 양인(羊刃)이기도 하다. 일지(日支)에 자(子)수가 양인(羊刃)인 오(午)화를 충(沖)하니 비인(飛刃)이다.

일(日),시(時)에서 천간(天干)으로는 합(合)이요, 지지(地支)는 형(刑)이다. 월(月)에는 양인(羊刃)이고----

한 평생을 꽃처럼 살다가는 인생이다. 자칭 꽃 미녀인데 사고방식이 무어라 할까?----. 나이가 많은데도 그저 즐기며 사는 인생이다.

반음(返吟), 복음(伏吟)

● 返吟[반음] 및 伏吟煞[복음살].

운(運)의 흐름을 살피다 보면, 세운(歲運)에서 일지(日支)를 충(沖)하거나, 다른 지지(地支)를 충(沖)하는 경우를 볼 것이다. 과연 이것이 길(吉)로 작용하는 것인가? 흉(凶)으로 작용 할 것인가? 궁금한 것이다. 경우에 따라서는 길(吉)도 되고, 흉(凶)으로 나타날 수도 있다. 이에 대한 근본적(根本的)인 사항을 살피는 것이다. 여기서는 년지(年支)를 같이 보는 경우도 있으나, 대체적으로 일지(日支)를 위주로 하여 판단한다.

◆ 반음(返吟) : 세운(歲運)의 지지(地支)가 일지(日支)를 충(沖)할 경우,
◆ 복음(伏吟) : 세운(歲運)의 지지(地支)가 일지(日支)와 같을 경우,

이것은 꼭 살(殺)이라는 의미(意味)보다 육친(六親), 육신(六神)으로 보아도 기억이 편할 것이다. 일지(日支)와 연관이 깊은 사항이라 부부(夫婦)간의 문제요, 개인사(個人事)에 관한 심도(深度) 깊은 사항이라고 할 수가 있는 것이니 간과할 수 없는 사항이다.
직접적(直接的)인 사항이라, 이로 인한 여파(餘波)는 가히 짐작이 갈 것이다. 우리가 통변(通辯)을 하면서 매우 중요하게 보면서도 이에 대한 판단(判斷)이 자칫 실수(失手)로 넘어가는 것도 이러한 사항을 잘 살피지 않기 때문이다. 살(殺)의 입장에서 본다면 일단은 흉(凶)으로 보는 경우가 대부분이다. 그러나 오히려 길(吉)로 작용을 하는 경우도 많다는 것을 참작하여야 한다는 것도 잊지 말아야 할 것이다.

흉살(凶殺)

일반적(一般的)으로 이 경우 반음(返吟)과, 복음(伏吟)이 발생하면 길사(吉事)는 적고, 흉사(凶死)는 많아지는 것이다.

음(吟)이란? 끙끙 앓는 소리요, 심(甚)하면 곡(哭)하는 소리인 것이다. 아무런 이유 없이 ①끙끙 앓고, ②신음(呻吟)하고, ③곡(哭)소리를 낼까? 그것도 많은 사람이 있는 곳에서 말이다.

① 끙끙 앓는다는 것은 말 못할 사정(事情)이 많다는 것이다.

② 신음(呻吟)을 한다는 것은 아픈 것이요, 일의 진행상황이 매우 심각(深刻)하다는 것이다.

③ 곡(哭)소리를 한다는 것은 곡상사(哭喪事)다.

모든 것은 내가 잘못할 경우도 있지만, 타(他)에 의하여 발생(發生)하는 경우도 있다. 이로 인한 결과는 보통으로 취급하기에는 너무 가깝다.

먼 당신이 아니라 바로 나, 바로 너 때문인 것이다. 영향을 받는 경우는 자칫 심각하다.

☀ 각 지지(地支)별로 해당 사항을 통변(通辯)하면 되는 것이다. 간단히 예를 들어보자. 년지(年支)에 작용(作用) 할 경우. 선조(先祖) 자리다. 조상(祖上)궁에 문제가 생겨 불편하다. 할아버지 할머니다. 그리하여 많은 문제가 발생하여 생기는 사안(事案)이다.

☀ 월지(月支)에 작용(作用)할 경우, 부모(父母), 형제(兄弟)로 인한 문제다.

☀ 일지(日支)에서 작용(作用)할 경우. 부부(夫婦)간 생기는 사안(事案)이다. 시지(時支)에 작용할 경우. 자손(子孫)에 관한 사항이다. 기타 자세한 사항은 각자가 첨가하면 될 것이다.

반음(返吟), 복음(伏吟)

● 실전으로 살펴보는 반음(返吟), 복음(伏吟).

반음(返吟)과, 복음(伏吟)은 일지(日支) 위주로 하여 판단하는 하는 경우인데 왜 굳이 일지(日支)만 언급하는 것일까? 그것도 세운(歲運)의 지지(地支)와 말이다.
세운(歲運)은 보통 천간(天干)을 위주로 하여 판단한다. 지지(地支)의 작용을 무시하는 것은 아니지만, 일단 지지는 2차적으로 살피는 것이다.
대체적으로 결과물이요, 후반부를 보기도 한다.
겉으로 드러나지는 않지만 그 변화는 결코 무시할 수는 없다.
일지(日支)의 경우 차지하는 비중(比重)이 매우 큰 것이다. 보이지 않는 나의 모든 것이기 때문이다. 겉모습만 보고, 그 사람의 모든 것을 판단할 수 없다. 실로 상대를 알려면 어려운 경우를 닥쳐 보아야 안다. 반음(返吟)과 복음(伏吟)을 살피는 것은 일간(日干)의 내적(內的)인 변화(變化)를 가까이에서 살피는 것이다.

❋ 건명(乾命)

辛	癸	戊	己
酉	卯	辰	未

진(辰)월, 계(癸)수 일간(日干)이다.
합(合), 충(沖)이 얼룩진 사주(四柱)이다.

⬆ 2011년은 신묘(辛卯)년이다. 세운(歲運)의 지지(地支)와 일지(日支)가 같다. 일지(日支)는 배우자 궁(宮)인데, 운(運)에서 똑같은 기운이 들어온다. 보는 각도에 따라 다방면으로 분석을 할 수가 있는데 여기서는 배우자의 자리로 살펴보자.
남성이므로 아내 자리이다. 처(妻) 자리에 식신(食神)이 있다.
인성(印星)과는 충(沖)의 관계라 바람직한 사이는 아니다.
관성(官星)이 왕(旺)하다 보니, 계(癸)수 일간은 인성의 힘을 빌려야 하

흉살(凶殺)

는 것이다. 관인상생(官印相生)이 이루어진다하여도, 일간 자체가 홀로 이므로 외세(外勢)에 의존하는 국가(國家)나 다름이 없다.
자체적 생산물이 적어 수출(輸出)에만 의존하는 국가, 수입에만 의존하는 국가나 마찬가지다. 수출을 하려고 하여도 지적재산권에 압박을 받는 경우이다.
계(癸)수 일간의 비견(比肩)과, 겁재(劫財)가 부족한 것이다. 동조(同調)하는 세력(勢力)이 없다.
2011년 신묘(辛卯)년인데, 복음(伏吟)에 해당한다. 복음(伏吟)이란 간단히 풀어본다면 개처럼 엎드려 끙끙 앓듯 엎드려 고민하는 것이다. 물론 길(吉)로 작용 한다면, 혼자 엎드려 좋아서 낄낄거리며 행복한 기쁨의 곡(哭)소리를 낼 것이다.
이 경우는 관(官)이 식상(食傷)으로 변하는데 커다란 역할을 하고 있는 일지(日支)의 묘(卯)와 같은 기운이 중첩(重疊)이 되는 것이다.
시간(時干)의 신(辛)금이 유(酉)금으로 뿌리가 튼튼한데, 충(沖)을 하여 흔들어 놓는다. 용신(用神)이 휘청거린다.
희망(希望)과, 기쁨이 사라진다. 관(官)이 식상(食傷)으로 변하면서 용신(用神)을 힘들게 한다. 그야말로 복음(伏吟)이다.
세운(歲運) 년간(年干)의 신(辛)금이 묘(卯)인 절지(絶地)에 임하니, 기대(企待)에 부응(副應)하지를 못한다.
월주(月柱)자체가 백호(白虎)로 자기 이름값을 하려고 항상 호시탐탐 기를 쓴다. 미혼인 남성이다.
하늘이 무너져도 솟아날 구멍이 있다고 다행히 대운(大運)에서 받쳐주니 다행(多幸)이다.

비인살(飛刃殺)

비인살(飛刃殺).

비인(飛刃)은 양인(羊刃)을 충(沖)하는 것이다. 양인(羊刃)을 마당을 쓰는 빗자루로 본다면, 비인(飛刃)은 방안을 쓰는 빗자루다. 대범하지도 못하고, 스케일 면에서는 극히 여성적(女性的)인 면을 나타낸다. 양인(羊刃)과는 항상 대립적(對立的)이고 서로의 권위(權威)의식을 앞세운다. 양인은 표면적(表面的)이지만, 비인은 내면적(內面的)이다.

✪ 양인살(羊刃殺)과 비인살(飛刃殺)의 비교.

천간	갑(甲)	을(乙)	병(丙)	정(丁)	무(戊)	기(己)	경(庚)	신(辛)	임(壬)	계(癸)
양인	묘(卯)	진(辰)	오(午)	미(未)	오(午)	미(未)	유(酉)	술(戌)	자(子)	축(丑)
비인	유(酉)	술(戌)	자(子)	축(丑)	자(子)	축(丑)	묘(卯)	진(辰)	오(午)	미(未)

⚽ 성정(性情)으로 살펴보는 비인(飛刃).

- 덩치는 작아도 깡다구가 있는 사람이다. 나폴레옹 스타일이다. 의외로 영웅호걸 가운데 이런 사람들이 많다.
- "너 어디 두고 보자!"고 잘 하는 사람이다. 양인(羊刃)이 많으면 닥치는 대로, 성질(性質)대로 한 번 할 것인데, 여러 여건상 행동(行動)으로 표출(表出)을 못하고 속으로 다짐하며 칼을 간다.
- 12운성(運星)으로 본다면, 양간(陽干)은 태궁(胎宮)에 해당이 된다.

흉살(凶殺)

실질적(實質的)으로 본다면, 오히려 양인(羊刃) 보다 내실(內實)적인 면에서는 알찬 면도 나타난다. 계획적이고, 실리적(實利的) 기운이 강하다. 항상 앞서는 것 보다는, 침착하면서 냉정함을 잃지 않는다. 발전의 속도 면으로 본다면 비인(飛刃)이 더딘 것 같아도 은근과, 끈기로 양인(羊刃)을 앞선다.

◆ 순간적인 반작용이 약하다. 일단은 물러서면서 앞으로 나갈 것을 생각한다. 음성적 면이 강하다. 미성년자 성폭행, 퍽치기, 뒤통수치기 등 전면 보다 후면에서 작용이 앞선다. 양인(羊刃)과의 차이이다. 사업(事業)에서도 전술적(戰術的)인 면을 보면 전면에 직접 나서지 않고 항상 대리인(代理人)을 앞세운다.

◆ 한 번 마음을 먹으면 실행 하고자 하는 각오가 대단한 사람이다. 생긴 것은 거시기 한데, 성공한 사람들을 보면 이런 유형이 매우 많다. 항상 억압된 상황에서 반발(反撥)감으로, 오기(傲氣)로 성공(成功)하는 케이스이다. 학창시절 덩치도 작고, 공부도 못하던, 못생긴, 재미도 없던 친구가 성년이 되어 성공(成功)한 예가 바로 이런 비인(飛刃)의 기질(氣質)이 있는 경우이다.

◆ 지적(知的)인 면을 강조(強調)한다. 남다른 탁월한 재질과 능력을 갖고 있다. 처음에는 인정(認定)을 못 받아도, 치고 올라가는 대단한 파워를 품고 실행하는 사람이다. 중국의 등소평을 생각하면 될 것이다.

◆ 비인(飛刃)도 시련(試鍊)을 당하면 독기(毒氣)를 품지만 자신의 기력이 쇠하면 자포자기(自暴自棄) 하는 경향이 있다. 양인(羊刃)은 기력(氣力)이 쇠(衰)하면 오히려 자신(自信)을 되돌아보고 정리하는 장점(長點)이 있다. 성격상 능동적이고, 수동적인 면의 차이다.

비인살(飛刃殺)

● **실전(實戰)으로 살펴보는 비인(飛刃)살.**

※ 건명(乾命)

| 戊 | 丙 | 丁 | 壬 |
| 戌 | 午 | 未 | 子 |

미(未)월의 병(丙)화 일간(日干)이다.
양인(羊刃)과 비인(飛刃)을 다 갖추고 있다.

⬆ 화기(火氣)가 왕한 사주이다. 초년(初年)을 지나고 나면 화토(火土)중탁(重濁)으로 흐른다. 역학(易學)에 관심이 무척 많은 사람이다.
자-오(子午)충(沖)하여 양인(羊刃)과 비인(飛刃)이 작용을 하고 있다.
대운(大運)이 북방(北方)으로 흐른다. 화토(火土)상관(傷官)격에는 관(官)인 수(水)가 어떤 작용을 하는가? 하는 것을 살피면 된다. 그리고 비인(飛刃)의 역할이 일간(日干)에게 얼마나 도움이 되는지? 아니면 해(害)로운 작용을 하는지 확인하여야 한다. 단순한 충으로만 볼 것이 아니라 양인(羊刃)과, 비인(飛刃)의 작용에 대한 기능적(機能的) 면을 살펴보아야 한다.

※ 곤명(坤命)

| 壬 | 壬 | 乙 | 癸 |
| 寅 | 子 | 丑 | 亥 |

축(丑)월의 임(壬)수 일간(日干)이다.
수(水)와, 목(木)이 전횡을 한다.

⬆ 지나치게 신강(身强)하다. 목(木)의 기운이 제 역할을 어느 정도 할 것인가? 운(運)에서 흐름은 어떠한가? 수목(水木) 상관(傷官)격도 성립이 된다. 임(壬)수 일간(日干)이 강(强)하니, 가상관격이 된다.
사주에 비인(飛刃)이 보이지 않는다. 양인(羊刃)이 비인(飛刃)과 충(沖)을 한다면 어떤 결과가 나올 것인가? 비인(飛刃)은 오(午)화가 되는데 자-오(子午)충(沖)을 한다. 수기(水氣)가 지나치게 강(强)한데 목화(木火)로 이어지는 흐름을 형성한다. 오히려 좋은 결과를 만든다.

흉살(凶殺)

● 괴강살(魁罡殺).

괴강살(魁罡殺)이란?
주로 일주(日柱)를 기준(基準)하여 많이 판단한다. 육십갑자(六十甲子)중 경진(庚辰), 경술(庚戌), 임진(壬辰), 임술(壬戌), 무진(戊辰), 무술(戊戌) 일주를 보는데, 지지(地支)에 진(辰)과 술(戌)을 중심으로 하여 천간(天干)의 음(陰)의 기운, 즉 금수(金水)에서도 양간(陽干)의 기운(氣運) 경(庚)금과 임(壬)수를 말하는 것인데, 무(戊)토 일간(日干)을 놓고 무진(戊辰), 무술(戊戌)을 같이 본다.

● 성정(性情)으로 살펴보는 괴강살(魁罡殺).

◆ 괴강이란? 북두칠성에 있는 4개의 머리 부분의 별을 말하는데 괴(魁)란 으뜸이요, 우두머리, 수괴 등의 의미이고, 강(罡)이란? 북두성 즉 북두칠성을 말하는 의미로 해석한다. 또 다른 의미로는 뭇 별을 말하기도 하는데 여기에서 강이란 의미를 더 살펴보아야 할 것 같다. 강(綱)이란? 의미(意味)이다. 그물이란 의미도 되지만, 통괄(統括)한다는 의미를 첨가하여야 할 것 같다.

◆ 원래 신살(神殺)의 명칭이 일일이 정확하게 나온 것도 있지만, 부정확하여 각자 나름대로 해석하는 부분이 더 많다.

◆ 괴강(魁罡)이란 것도, 괴강(魁綱)이란 의미가 추가되어 고기를 그물로 잡듯이 천지(天地)를 그물로 쳐서 빠져나가지 못하는 뭇 삼라만상을 그 안에 가두어서 불편하게 하는 흉(凶)의 작용이라, 살(殺)로 보는 것이 아닌가 생각을 한다. 그 이유로 진(辰)과, 술(戌)을 지지(地

 괴강살(魁罡殺)

支)로 사용하기 때문이다.
- 진(辰)이란 수(水)의 묘(墓)이고, 수(水)란 음(陰)의 상징이고, 땅에 그물을 친 형상이라 지망살(地網殺)이라하고, 술(戌)이란 화(火)의 묘(墓) 즉, 하늘에 그물을 쳐서 가두어놓은 형상이니 이름 하여 천라살(天羅殺)이라 하고, 양(陽)의 상징(象徵)이기에 우주(宇宙)의 탄생(誕生)과, 생성(生成)을 저해(沮害)하는 작용이라 곧, 음(陰)과, 양(陽)의 모든 활동을 방해(妨害)하는 작용(作用)을 하기 때문에 흉(凶)의 대명사(代名詞)로 본다.
- 일반적으로 괴강(魁罡)하면 무조건, 이것은 흉(凶)이다. 라고 생각을 한다면 대단히 위험한 발상(發想)이다. 음(陰)이 있으면 양(陽)이 있는 것이요, 양(陽)이 있으면 음(陰)이 있듯 이것으로 인하여 오히려 득(得)이 되는 운명(運命)도 분명히 있다. 살(殺)이라는 자체가 그러하다.
- 흉(凶)함이 극(極)에 도달(到達)하면 양(陽)으로 다스리려 하여도 힘들다. 오히려 흉(凶)을 더 극(剋)으로 치닫게 하여 길(吉)로 변화가 되도록 하는 것이 궁즉변(窮則變)이요, 변즉통(變則通)의 원리(原理)이다. 흉(凶)의 작용이 나타나는 것은 당연하지만 그것을 무조건 흉(凶)이라고 매도(賣渡)하기에는 부족(不足)함이 있다.
- 곡(哭)도 지나치면 사람이 허탈하여, 허하여, 정신(精神)이 없어 웃음이 나오는 것과 같다.

흉살(凶殺)

● **통변(通辯)으로 살펴보는 괴강살(魁罡殺).**

사주(四柱)에 괴강살(魁罡殺)이 있는 경우의 통변(通辯)이다. 길흉(吉凶)을 떠나 괴강살에 대한 진정한 의미(意味)와 그 변화(變化)에 대한 적절한 설명(說明)이다.

◆ 괴강살(魁罡殺)은 일단 사주(四柱)가 신강(身强)하여야 한다. 무릇 모든 살(殺)이나, 격국(格局)에서도 마찬가지지만, 일단 신강(身强)하여야 길흉(吉凶)에서도 우위(優位)를 선점(先占)한다.
◆ 부귀공명(富貴功名)에서 항상 자기 몫을 찾고, 흉(凶)이라 하여도 영향권(影響圈)에서 벗어난다.
◆ 괴강(魁罡)은 여명(女命), 남명(男命)중 어느 쪽이 더 나은가? 어디든 일단 신경이 쓰이는 것은 자명하다. 굳이 남녀를 따진다면 여명(女命)에 있으면 더 불편(不便)하다. 팔자가 세다는 것은 당연하지만, 이로 인하여 운명(運命)에 있어 흉사(凶事)에 대한 반응이 미온적(微溫的)이라 더 흉(凶)으로 본다.
◆ 여명(女命)도 남명(男命)이상으로 대응(對應)하는 경우도 있는 것이 사실이지만 평균적 보편성을 논하는 것이다.
◆ 여명(女命)에 괴강(魁罡)이 확실하여 소임(所任)을 다한다면, 그 여명(女命)은 가장(家長)을 대신(代身)하여 가정(家庭)을 이끌어가는 운명(運命)이다. 남자가 나서서 해결을 하여야 할 일을 여성이 대신하여 괴강(魁罡) 기질(氣質)을 발휘하여 해결(解決)한다. 이러다보니 본인도 남편을 무시하고, 주변에서도 일이 있으면 남편보다, 괴강의 아내를 먼저 찾는다. 자녀들도 아빠보다는 엄마의 말을 우선시하는 부작용(副作用)이 나온다.

 괴강살(魁罡殺)

◆ 공방(空房)의 시간(時間)도 늘어난다. 재다신약(財多身弱) 남편(男便)은 이런 여성을 많이 만난다. 괴강살(魁罡殺)의 부부(夫婦)는 잘 성사(成事)가 안 된다. 고집(固執)으로 망(亡)한다.

◆ 괴강(魁罡)의 특징은 과단성이요, 척결이다. 카리스마와 권세(權勢)에 해당한다. 어느 집단이건 우유부단(優柔不斷)한 리더는 자격이 없다. 말이 많이 바뀌는 리더는 추종(追從)하는 세력(勢力)이 불안(不安)을 느낀다. 괴강(魁罡)은 이러한 불안감을 일시에 척결(剔抉)한다. 냉철한 판단력, 용기가 필요하므로 총명하다.

◆ 단점(短點)은 이러한 위치에 오르면 그것을 지속적으로 유지하기 위하여 또 다른 괴강(魁罡)기질(氣質)을 발한다. 결국 괴강(魁罡)이 지나쳐, 괴강(魁罡)에 의하여 침몰(沈沒)한다. 예술적(藝術的)인 방향으로 나간다 해도 화필(畵筆)의 힘이 강(强)하여 항상 필화(筆禍)에 의한 사건에 연루되기 십상이다.

◆ 독선(獨善)이 지나치며, 승부(勝負)욕이 강하여 융화(融和)가 힘들고 압박하는 기운이 강하여 토론의 경우 지기를 싫어하고 적이 생기더라도 남이 자신을 따르기 바란다. 특히 일주(日柱)에 있으면 더더욱 그 기세(氣勢)가 강하다. 자연 협력적인 업무나 하부조직에서의 활동이 힘들고 나이가 들수록 더욱 그렇다. 독립적(獨立的)인 업무가 어울리며 파격(破格)으로 흐를 경우 천업(賤業)에 종사(從事)하는 경우가 많다.

◆ 길(吉)로 작용 할 경우는 남명(男命)의 경우는 자기 분야에서 대업(大業)을 이루고, 여명(女命)은 여걸(女傑) 반열(班列)에 오른다. 흉(凶)으로 작용하면 적을 많이 만들고, 부조화로 인한 번민과, 생활상의 난맥으로 인하여 강도(强度)가 더 강(强)하여 진다.

흉살(凶殺)

● 실전(實戰)으로 살펴보는 괴강살(魁罡殺).

※ 곤명(坤命)

時	日	月	年
丁	甲	庚	丁
卯	寅	戌	巳

술(戌)월, 갑(甲)목 일간(日干)이다.
월주(月柱) 경술(庚戌)이 괴강(魁罡)이다.

⬆ 꽃피는 시절의 괴강(魁罡)이다. 꽃이 지나치게 만개한 것이다.
불속의 불난리다. 불난 집에 부채질을 한다. 성정(性情)이 교묘(巧妙)하여 수시변통에 능하니 임기응변(臨機應變)에 타의 추종(追從)을 불허한다. 젖은 나무도 말리어 태우듯 능력이 탁월하다.
항시 땔감이 준비되어 있으니 불을 지피려면 마음만 먹으면 그만이다.
불을 안고 사는 인생이다. 자신을 불사르는 인생이다. 전환기의 조토(燥土)인 술(戌)토라 뜨거운 흙이라 열기(熱氣)가 식지 않는다.
편관(偏官)인 상처투성이로 경(庚)금이 외로운 고투(苦鬪)를 하고 있다.

백호살(白虎殺)

백호대살(白虎大殺)

백호대살(白虎大殺)은 육십갑자(六十甲子)를 구궁(九宮)으로 돌려 오황성(五黃星)에 해당하는 중궁(中宮)에 닿는 곳이 바로 백호살이다. 시작은 감궁(坎宮)에 갑자(甲子)를 붙여 시작하면 된다. 순서는 육십갑자를 순서대로 행하면서 5황극에 해당되는 것만을 차례대로 선택한다.

❹ 손(巽)	❾ 이(离)	❷ 곤(坤)
❸ 진(震)	❺ 중(中)	❼ 태(兌)
❽ 간(艮)	❶ 감(坎)	❻ 건(乾)

오황(五黃)궁(宮)에 해당하는 것이 무진(戊辰), 정축(丁丑), 병술(丙戌), 을미(乙未), 갑진(甲辰), 계축(癸丑), 임술(壬戌)이다.
오황(五黃)중궁(中宮)의 특성을 보면 태극(太極)이라 천지창조(天地創造)의 혼돈지상(混沌之象)이다.
모든 것을 갖추고 있으니 그 잠재력(潛在力)은 무한한 것이다. 감히 대적할 상대가 없다. 내적(內的), 외적(外的)으로 가공할만한 기세가 드러나는 시점이다.

흉살(凶殺)

⚽ 성정(性情)으로 살펴보는 백호살(白虎殺).

신체적인 부위를 본다하여도 분출하는 기관 즉 대장(大腸), 직장(直腸), 맹장(盲腸) 등--- 아기의 유산, 낙태, 식중독, 토설분야, 돌출, 외과(外科)계통의 타박상(打撲傷), 및 화상(火傷), 통증(痛症)이 심한 증상으로 나타나고, 상처(傷處)가 남아도, 후유증(後遺症)이 생겨도 그것이 장기간, 평생토록 남는 경우로 이어진다.
백호대살은 이와 같은 성향을 그대로 나타내는 흉살(凶殺)이다. 좋은 쪽으로 하여 감하여진다 하여도, 결국 그 근본(根本) 성향(性向)은 어쩔 수가 없다. 터프한 것이다.

⚽ .육친(六親)별로 살펴보는 백호살(白虎殺)의 작용(作用).

▶ 인수(印綬).
인수(印綬)가 백호(白虎)에 형살(刑殺)이면 모친(母親)이 산후풍으로 인한 고통에 시달리고, 기타 산후조리 부실(不實)로 인한 질병에 시달린다. 심하면 산망(産亡), 또는 출혈(出血)로 인한 사망.
이모(姨母)나 그의 자매(姉妹)중 난산으로 인한 사망, 장애가 있고, 사고(事故)로 후유증(後遺症)에 시달린다. 조상으로 본다면 할아버지나 그 형제 중 병사(病死), 흉사(凶死), 산망(産亡)이나, 유아 시 병사, 흉사로 그 업(業)이 나타난다.

▶ 비겁(比劫).
비겁(比劫)이 백호(白虎)에 형충(刑沖)이 되면, 형제, 자매 중 병사(病死), 흉사(凶死)한다.

백호살(白虎殺)

▶ 식상(食傷).

상관(傷官)이 백호살이면 조모(祖母)가 산망(産亡)하고, 여자는 자녀(子女)가 크게 다치거나 흉사(凶事)한다.

▶ 재성(財星).

재성(財星)이 백호살(白虎殺)이면 처, 처의 형제 및 처가(妻家)가 비명이고, 편재 백호면 부친이 흉사(凶事)한다.
정재(正財)가 백호(白虎)살이면 고모, 숙부가 혈광사 한다.
재성(財星)이 백호살이고 일주(日柱)가 태약(太弱)하면 처첩 중 산고(産苦)가 있으며 사망, 자살도 한다.

▶ 관살(官殺).

관성(官星)이 백호살인데, 원국(原局)에 식상(食傷)이 태왕(太旺)하면 자식(子息) 중 횡사(橫死)하고 매부가 혈광사 한다.

● 위치(位置)별로 살펴보는 백호살(白虎殺).

살(殺) 중의 악살(惡殺)이라 하며, 있어서는 안 될 횡액(橫厄)을 대낮에 당할 수 있다는 흉살. 즉 횡액(橫厄), 급사(急死), 비명횡사, 사고사, 예측 불가능 흉사, 요절, 자살 등을 의미하며, 일주(日柱)에 붙은 백호살(白虎殺)이 가장 흉(凶)하다고 함.

◆ 년주(年柱)

초년(初年)에 연결이 되는데, 조상(祖上) 중 객사, 요절, 조상 중 종교인, 역술, 침술사, 무당에 인연이 있다. 그저 년주(年柱)하면 통상적으로 나오

흉살(凶殺)

는 해석이다. 상대적으로 그에 해당하는 의미에 맞추어 말이다.---
삶에 한(恨)이 많은 분들, 이승에 아쉬움이 많이 쌓여 그것을 제대로 해원하지 못한 한스러운 조상이 많다는 설명이다.
사람이란 누구나 다 마찬가지이지만 깨달음이 부족하여 항상 미련을 갖고 아쉬움을 남기는 것이다. 헛된 조상들의 소원에, 아쉬움에 귀 기울이지 말고 내 할 일이 무엇이고, 정도(正道)란 무엇인가를 알아 잘 판단하여야 한다. 조상(祖上)이라고 하여 무조건 다 그들이 옳은 것은 절대 아니다. 다만 윗분이라 그에 대한 예를 갖추는 것 뿐 이다.
일반적으로 보면 무슨 장군이니, 대신이니, 대감이니-----------
전부다 그들이 옳은 것일까? 물론 개중에는 여러 면에서 흠잡을 데 없이 훌륭하신 분들도 많다. 그러나 양(陽)이 있으면 항상 음(陰)이 있듯 그들도 다른 면으로 본다면, 일개 필부(匹夫)만도 못한 면이 너무나 많은 것이다. 그런 면에 대하여서 무엇이라 설명을 할 것인가? 대(大)를 위한 소(小)의 희생(犧牲)이라면 그 소(小)에 해당하는 사람들의 한(恨)은 어찌할 것인가?
맹목적(盲目的)인 추종(追從)보다는, 반대적인 사항(事項)도 견주어가면서 판단(判斷)하여야 한다.

◆ **월주(月柱).**

중년(中年)의 운이 불길(不吉)하니 달리는 자동차가 연료(燃料)를 걱정하는 형국이다. 부모(父母)와 형제(兄弟)간 사이가 이별(離別)로 이어지니 육친(六親)의 덕(德)이 없다.
남과 같이 지내도 항상 반목(反目)하는 기운(氣運)이 자라난다.

백호살(白虎殺)

◆ **일주(日柱).**

백호살 일주(日柱)는 오히려 겉모양이 평범할 수도 있다.

깨우치기 이전에는 경박함을 면하기 어렵다. 철이 늦게 드는 사람이 많다. 무진(戊辰), 정축(丁丑), 병술(丙戌), 을미(乙未), 갑진(甲辰), 계축(癸丑), 임술(壬戌)이며, 자신 뿐 아니라 육신(六神), 육친(六親)관계와 연관 지어 동서(東西)에 분주(奔走)하면 횡재(橫材)를 하여야 할 것인데, 남 좋은 일만 시키는 형국이다.

◆ **시주(時柱).**

평생의 운 중에 피해가지 못하고 결국에는 당하는 팔자라 말년(末年)에 객사(客死), 자식불효, 사고(事故)로 수술(手術)이나 사망(死亡)하고 질병(疾病)이 생긴다.

● **갑진(甲辰), 을미(乙未) 일주-----재성(財星)**

☀ 지지(地支)에 재성(財星)이 백호살(白虎殺)이어서 비겁(比劫)이 많으면 재성인 처(妻)가 백호살의 기운을 감당하지 못한다. 길을 가다가 자빠지는 것이요, 남들은 경상(輕傷)인데 본인은 중상(重傷)이다.

☀ 교통사고나, 불의의 사고로 인하여 처(妻)가 비명횡사, 또는 생활고, 환경에 의한 압박감을 견디지 못하여 자살(自殺)할 가능성이 있고, 재성(財星)은 부친(父親)이라, 상갓집 음식을 잘못 드시고 부친(父親)에게 불상사가 발생하고, 상부살(喪父殺))등이 겹쳐 작용한다.

☀ 특히 중, 말년에는 기러기가 갈 길을 잃어버리는 형상(形象)이라, 본인이나 배우자에게 불의사고로 인한 수술, 상처 등이 얼룩지고, 심하면 붕괴사고로 명을 다하는 흉사발생, 억울한 누명과, 실수로 인한

상해의 피의자로 변하여, 사고 시 피해를 당하고도 가해자(加害者)로 바뀌는 일도 발생한다.

● 임술(壬戌), 계축(癸丑)일주---관성(官星)
☀ 남편(男便)자리가 백호살(白虎殺)이므로 관성(官星)이 약(弱)하거나, 식상(食傷)이 과다하면 남편(男便)의 비명횡사(非命橫死)나 이별(離別), 이혼(離婚), 관재수로 인한 누명, 패소, 부실, 등을 당하기 쉽다.
☀ 역(逆)으로 관(官)이 왕(旺)할 경우는 동반자살을 예로 든다면 상대방은 목숨을 건지고 나만 홀로 북망산(北邙山)으로 간다.

● 병술(丙戌), 정축(丁丑)일주----식상(食傷)
☀ 특히 병술(丙戌)의 경우는 관(官)과 합(合)이 드나 신약(身弱)한 여자는 산액(産厄)이나, 자궁외 임신, 강압에 의한 임신(姙娠) 등의 문제가 발생하고, 관재가 발동하니 자손을 극하여 삼신(三神)과 칠성(七星)에 정성을 드린 보람이 없다.
☀ 남자(男子)는 식상(食傷)에 문제가 있는 것이니, 활동의 위세가 군중을 누르는 형상이라, 장모(丈母), 조모(祖母)등이 냉담(冷痰)의 병(病)으로 인하여 자손(子孫)의 앞길을 가로 막고 서는 형국이 된다.

● 무진(戊辰) 일주-----비겁(比劫)
☀ 남녀 모두 이별(離別)을 의미(형제나 부친), 질병(疾病)을 암시하는데 병(病)이 창궐(猖獗)하고, 주변을 상쇄시키는 작용이 강하여 오랜 병마(病魔)에 효자(孝子)가 없다는 말을 실감하게 한다.

백호살(白虎殺)

☀ 가산(家産)을 탕진하고, 사람도 잃고, 외로움에 밤하늘을 쳐다보며 탄식(歎息)하는 형국이다.

● 흐름으로 읽어보는 백호살(白虎殺).

➡ 성품(性品)이 불같이 급하고 바쁘니 죽음을 당하여도 혈광사(血洸死)요, 육신(六身)의 상(傷)함을 당하니 보는 이로 하여금 애처로움을 더하게 한다.

➡ 삼풍 빌딩의 붕괴요, 성수대교의 무너짐이다. 요행(僥倖)으로 피하였다 하여도 말년(末年)이라 잊지 않고 찾아와 언제인가 참혹한 기운이 덮여서 편안한 죽음을 맞지못한다. 심지어는 동물(動物)에 의하여 목숨을 도난(盜難)당하는 경우다.

➡ 바위위에 올라선 말과 같은 운명(運命)이다. 언제인가는 내려가야 할 것인데 불편하여 내려가지 못한다. 모진 비바람을 견디지 못하여 내려오다 다치는 형상이니, 수술(手術) 받다가 죽음을 당할 수 있고 산액사(産厄死)도 해당된다. 흉(凶)으로 작용하면 벼랑에서 떨어지는 형상이라, 아래의 지형이 나무가 많거나 풀밭이면 다행이나 돌밭이요, 물길이요, 비탈길이라 더더욱 흉(凶)하고, 상처(傷處)도 심하여 앞날을 기약하기 어려워진다.

➡ 신약(身弱)일 경우 조실부모(早失父母)하거나, 타향(他鄕)살이 생활(生活)이니 사는 것이 고통스러운 경우가 많다. 조그만 바람에도 흙먼지가 일고, 가랑비에도 속옷이 장마 비가 온 듯 빗물이 흘러내리는 형국이다. 사랑과 정(情)에 굶주리고, 간혹 호운(好運)이 온다하여도 쏜살같이 지나간다. 삶의 우여곡절이 많은 운명(運命)이다.

흉살(凶殺)

→ 백호(白虎)는 동물(動物)의 두령(頭領)이라 자신의 권역(圈域)에 있는 모든 것을 자기의 운명과 같이 하도록 한다. 백호살(白虎殺)에 암장(暗藏)된 육친(六親), 육신(六神)도 백호살(白虎殺) 작용에 의거한다. 주인(主人)이 죽으면 하인(下人)도 같이 죽음을 맞이하여 저승에서도 수발을 들도록 한 옛날풍습도 백호살(白虎殺)의 한 면이다.

◆ **실전(實戰)으로 살펴보는 백호살(白虎殺).**
※ 건명(乾命)

丙	戊	壬	戊
辰	辰	戌	戌

술(戌)월, 무(戊)토 일간(日干)이다.
여러 가지가 복합된 상황이다.

⬆ 백호(白虎), 괴강(魁罡), 천라(天羅)지망(地網), 충(沖) 등으로 연결된다. 살(殺)이 많다보니 일일이 지목하기 어렵다. 결론(結論)을 말하자면 양팔을 잃은 사람이다.

군복무 중에 사고로 인하여 양팔을 절단한 것이다. 다행인 것은 다른 곳은 다 회복(回復)되어 정상적인 생활을 하고 있다.

종왕격(從旺格)의 사주이다. 신약(身弱)의 사주였다면 이승과의 인연(因緣)도 없었을 것이다.

※ 곤명(坤命)

辛	甲	壬	戊
未	寅	戌	辰

술(戌)월의 갑(甲)목 일간이다.
년(年)과 월(月)이 백호살(白虎殺) 중복이다.

⬆ 현재 이성으로 고심이 많은 여성이다. 백호(白虎), 괴강(魁罡)이 중복이다. 월주(月柱)와 년주(年柱)가 지지(地支)에서 충(沖)으로 작용하니 한창 때에 더욱 힘이 드는 것이다.

천라지망살(天羅地網殺)

● 천라지망살(天羅地網殺).

◆ 천라지망(天羅地網)의 의미(意味).

천라지망살(天羅地網殺) : 하늘과 땅에 걸쳐 그물이 쳐 있다는 의미로 매사 장애가 많다. 그물이란 원래 거미줄을 보고 만들어진 것이라고 하는데, 그로 인하여 사람들이 들짐승을 잡아 가두어 기르면서 생활에 많은 변화가 생겼다고 하는데 일시, 일월, 년 월 순으로 강하다.
사주(四柱)의 격(格)이 무난하고, 기운이 그리 약하지 않으면 경찰, 군인, 세무, 안기부, 언론계, 전기, 전자, 통신, 독립직 등에 근무를 하게 된다.

◆ 천라지망살(天羅地網殺)의 구성(構成)

일지(日支)를 기준하여 진(辰),술(戌),사(巳),해(亥)를 본다.
진(辰)은 수(水)의 묘(墓)요, 술(戌)은 화(火)의 묘(墓)이다. 묘(墓)란 아직 그 흔적이 남아있는 시기(時期)이다. 여기에 절(絶)이 되어야 완전히 그 흔적이 사라지는 것이다. 술(戌) 다음 해(亥)는, 화(火)의 절(絶)이고, 진(辰) 다음 사(巳)는, 수(水)의 절(絶)이다.
※ 진사(辰巳)는 지(地)인 실(實)의 묘(墓)와, 절(絶)이 되는 것이라 지망(地網)이요,
※ 술해(戌亥)는 천(天)인 기(氣)의, 묘(墓)와, 절(絶)이라 천라(天羅)라 한다.
※ 결국 하늘과 땅의 기운(氣運)과 결실(結實)이 제 역할을 못하고 사라지는 형국이라 흉(凶)으로 이어진다.

흉살(凶殺)

◆ **천라살(天羅殺)** : 술해(戌亥)는 천라(天羅)라 하여 서북(西北)에 위치하고 육음(六陰)이 된다. 정신적(精神的)측면이 탁월하고 영감, 예감, 직감이 예민하여 최면, 활공, 기공, 접신, 빙의 등 정신세계에 빠져들기도 한다. 통상 천라지망을 갖춘 이들은 활인(活人) 계통에 많이 진출하는데, 검, 경계나 법조계, 의약계, 역학계, 종교인 등과 연관이 깊다. 관직이나, 공직으로 진출이 안 되면 독립직, 별정직으로 전환(轉換)이 필요하다. 경제, 회계 등 치밀함을 요하는 분야는 어울리지 않는다.

◆ **지망살(地網殺)** : 진사(辰巳)는 지망(地網)이라 하여 지망살(地網殺)이라고 한다. 하늘인 천(天)은 기(氣)요, 땅인 지(地)는 실(實)이 원칙이다. 지(地)는 방위(方位)로 동남(東南)이요, 육양(六陽)이고, 진은 수(水)의 묘(墓)라 갇힌 형국이니, 지(地)의 실(實)이 언제 빛을 볼 것인가 기약이 없다.

◆ **천라(天羅), 지망(地網)의 작용(作用)과 응용(應用).**

◇ 일지(日支)는 하나만 자리를 차지한다. 그물도 던지면 넓게 펼쳐져야 한다. 한쪽만 있어서는 그 역할을 못한다. 짝이 있어야 한다. 상, 하로 또는 좌, 우로 연결이 되어야 한다. 진술사해(辰戌巳亥)중 다른 한 쪽이 있어야 이루어진다.

◇ 천라(天羅),지망(地網)을 분석하면 진술충(辰戌沖)이요, 사해충(巳亥沖)이다. 하늘과 땅의 기운이 서로 부딪힌다. 묘(墓)와 묘(墓), 절(絶)과 절(絶)의 충돌(衝突)이다. 진(辰)과 해(亥), 사(巳)와 술(戌)역시 파(破)로 이어진다. 이리, 저리 보아도 어울리는 조합(組合)이 결코 못된다.

천라지망살(天羅地網殺)

◇ 진사(辰巳), 술해(戌亥)로 묘(墓)와, 절(絶)로 이어진다.

☀ 진술사해(辰戌巳亥)가 사주(四柱)에 있는데 운(運)에서 또 다시 반복(反復)이 이루어진다면, 흉(凶)중의 흉(凶)이라 매사에 막힘이 많고, 액사(厄事)가 또한 가중(加重)된다. 형량이 늘어나는 것이요, 심하면 목숨을 거두는 경우까지 생긴다. 지금은 사형(死刑)이라는 제도가 없어졌으니 무기수로 이어진다.

☀ 오행(五行)으로 본다면 화(火), 토(土), 수(水)일(日)생이 직접적 영향권에 해당한다. 금(金)과 목(木)은 묘(墓), 절(絶)에 해당이 안 되므로 그물이 약하여 집행유예 정도로 풀려나온다. 해당되는 사람은 기소중지로 다니다 잘 잡힌다.

☀ 술해(戌亥)는 천라(天羅)라 천(天)이니 양(陽)이요, 남자(男子)에 해당하고, 하늘을 날 수가 없으니 뜻을 펼칠 수가 없는 것이라, 고난과 장애가 연속이다. 승진 누락이요, 전세 값의 상승으로 이사 가야 할 정도이다.

☀ 진사(辰巳)는 음(陰)이라, 여자(女子)에 해당하고, 멀리 이동하기가 어렵다. 한 자리에 있어야 하니 바라보며 그것으로 만족하는 것이다. 기능(機能)과, 기예(技藝)에 탁월한 재능을 발휘한다.

➡ 진(辰)과, 술(戌)은 기술의 성분을 지녀 첨단산업이나 공업 계통으로 진출하기도 하며, 술(戌)과, 해(亥)는 천문성으로 지혜 총명하고, 주로 인생 상담 및 종교에 치중하여 활동하는 경우가 많다.

➡ 구도(求道)의 길을 가는 경우도 많은데, 혜안(慧眼)을 갖고 있는 것이 돋보인다.

흉살(凶殺)

◆ 실전(實戰)으로 살펴보는 천라지망살(天羅地網殺).
❋ 곤명(坤命)

| 丙 | 甲 | 甲 | 癸 |
| 子 | 辰 | 子 | 巳 |

자(子)월의 갑(甲)목 일간이다.
지살(地殺)과 천살(天殺)의 조합이다.

🔼 진사(辰巳)가 지망살(地網殺)이다. 재혼(再婚)을 한 여성이다.
친어머니가 아님에도 자녀들이 끔찍이 위한다. 자(子)월의 갑(甲)목이라 동짓달 나무다. 온기(溫氣)를 주는 것이 자손(子孫)이다.
자손의 덕(德)은 있다. 남편(男便)궁(宮)이 물속에 잠긴다.
진사(辰巳)가 지망살(地網殺)이라 풍파(風波)가 항상 존재하고, 조상(祖上)과 자손(子孫)이 돌보는 것이다.

❋ 건명(乾命)

| 丙 | 戊 | 丙 | 乙 |
| 辰 | 戌 | 戌 | 巳 |

술(戌)월의 무(戊)토 일간(日干)이다.
진사(辰巳)는 지망(地網)이요, 술해(戌亥)는 천
🔼 라(天羅)인데 ---, 지지(地支)에 고루 갖추고 있다.
현재 기술직으로 공직(公職)에 근무하고 계시는 분의 사주. 우울증(憂鬱症)으로 고생을 하신다. 화토중탁(火土重濁)의 성향이 강하다.
진술(辰戌)충(沖)이다. 비겁(比劫)의 자중지란(自中之亂)이다.
스스로 자신을 얽매는 것이다. 천라(天羅),지망(地網)의 영향이 가중되니 더더욱 심하다.
스스로를 다스리고 있지만, 워낙 기운이 강(强)하게 작용을 한다. 신살(神殺)의 작용이다.

현침살(懸針殺)

현침살(懸針殺).

현침(懸針)이란? 현(懸)은 실에 바늘이 걸린 형상이라 매달린 모습이요, 중간에 걸쳐진 형상이다. 바늘이 실을 걸은 것인지 실이 바늘에 걸린 것인지?

침(針)이란 바늘이요, 꽃이나 나무의 가시와 같다. 이쑤시개나, 뾰족한 쇠 꼬챙이와 같이 생긴 것으로 그리 큰 것에 대한 설명은 아니다.
이것이 동사(動詞)로 작용을 한다.

◆ 현침살(懸針殺)의 구성(構成)과 작용(作用).

* 구성은 **갑(甲), 신(辛), 묘(卯), 오(午), 신(申)** 으로 이루어진다. 천간(天干)과 지지(地支)에 다 작용한다.
* 육십갑자(六十甲子)에서 이의 구성(構成)을 살펴보면 갑신(甲申), 갑오(甲午), 갑자(甲子), 갑술(甲戌), 갑진(甲辰), 갑인(甲寅) 신미(辛未), 신묘(辛卯), 신사(辛巳), 신축(辛丑), 신해(辛亥), 신유(辛酉), 을묘(乙卯), 정묘(丁卯), 기묘(己卯), 병신(丙申), 경신(庚申),   임신(壬申), 무오(戊午), 계묘(癸卯)
* 현침살(懸針殺)은 년(年)과, 월(月)은 비교적 그 영향(影響)이 적고 일(日)과, 시(時)가 직접적인 작용력이 강하게 나타난다. 일(日)과 월(月)이 연좌(連坐)하여 있을 경우 작용력이 강하다.
* 현침살(懸針殺)이란 "참아야 한다. 참아야 한다." 하면서 넓적다리를 바늘로 찌르던 과부(寡婦)의 심정이다. 자신의 처지를 탈피(脫皮)하

흉살(凶殺)

는 것이 아니라, 소극적(消極的)으로 대처하면서 자신을 학대(虐待)하는 것을 말한다. 직업을 선택한다면 의류계통, 가내수공업, 의약업, 의술분야에서는 간호사, 물리치료사, 제조업에 종사하는 것도 괜찮다. 조리사 분야도 무난하다. 이, 미용 업에 적합하고, 군인 역시 좋고, 스포츠 분야에서는 펜싱, 스케이트, 하키, 등도 적합하다.

✺ 흉(凶)으로 작용할 경우 유달리 잘 다치고 상처가 많이 남는다. 심하면 흉사(凶死)로 이어지기도 한다. 다쳐도 주로 흉기(凶器), 기물(器物)에 손상(損傷)을 당한다.

✺ "참아야 한다. 참아야 한다."는 가슴에 응어리로 남아 한(恨)이 쌓인다. 마음의 병(病)이 심하여 정신적(精神的) 질환(疾患)으로 이어진다. 빙의(憑依)나, 신병(神病)도 마찬가지다. 풀어야 병이 생기지 않는다. 도축업, 폐차업, 고물상, 철거 업무 등도 좋다.

✺ 현침(懸針)이 중중(重重)하면 큰 침으로 변하여 작용하니 그 흉(凶)은 가히 짐작하기 어렵다. 특히 현침(懸針)에 흉살(凶殺)이 같이하여 작용하면 흉폭(胸幅)한 사고를 당하거나, 본인이 그 당사자가 될 수 있다.

✺ 현침살(懸針殺)은 소곤소곤 속삭이는 형태(形態)로도 많이 나타난다. 이야기를 듣고, 말하기 좋아한다. 어느 정도 친숙하면 간도 빼어주는 성격이 나타나기도 한다. 한 번 틀어지면 근처도 안 온다.

몸이 편하고 마음이 편하여야 백년이 편한 것이다.

형살(刑殺)

● 형살(刑殺).

가장 보편적인 것이 12신살(神殺)인데 이에는 겁살(劫殺), 재살(災殺), 천살(天殺), 지살(地殺), 년살(年殺)=도화살, 월살(月殺) 망신살(亡身殺), 장성살(將星殺) 반안살(攀鞍殺), 역마살(驛馬殺), 육해살(六害殺), 화개살(華蓋殺)이다.
이에 대한 것은 전편에서 서술하였으므로 생략하고 나머지 중요한 부분에 대하여 논하기로 하여보자.

1. 형살(刑殺).

□ 형살(刑殺)이란?

※ 직역(直譯)을 하면 사형(死刑)을 집행한다는 말이다. 죄를 저지른 것에 대한 단죄의 형벌(刑罰)을 가하여 이승에서의 인연을 단절시키고, 목숨을 거두어가는 것을 말한다. 참으로 끔찍하고, 허망한 것이다. 실제로 그런 일이야 생기겠는가만, 그만큼 흉악(凶惡)한 살(殺)이라는 의미(意味)이다.

※ 살상(殺傷)이란 항상 상대적(相對的)인 것이다. 나 홀로는 이루어지기가 어려운 것이다. 한 쪽에서 아예 두 손을 들던가, 죽기 살기로 서로 간에 다투는 것이다. 쌍방 간에 물의를 빚는 행동이요, 그로 인한 결과는 처참한 것이다. 서로가 다투어 이기는 쪽도 지치기 마련이요, 지는 쪽도 상처(傷處)와 후유증(後遺症)에 시달리는 것이다. 쌍방 간에 좋던, 나쁘던 흔적(痕迹)은 필히 남기 마련이다.

※ 천지만물간의 순리(順理)와, 법도(法道)를 문란하게 하는 해(害)로운 행위(行爲)나, 그로 인하여 발생된 모든 사안에 대하여 응당(應當)의

흉살(凶殺)

대가(代價)를 치르도록 하는 반응(反應) 현상이다.

* 주머니 털어서 먼지 안 나는 사람 없다고, 태어나는 자체가 업보(業報)를 안고 나오는 것이다. 일반적(一般的)으로 형살(刑殺)에 대한 의식이 폄하(貶下)를 하면서도 한 편으로는 글쎄? 하는 면도 있고, 반드시 짚고 넘어가야 한다는 면도 있고, 각양각색이다. 이에 대한 답은 각자가 선별하여 나름대로의 역량(力量)을 발휘하여야 할 것이다. 있다는 정도로만 취급(取扱)하기에는 다소 문제점도 있는 것도 사실이다.

◆ 형살(刑殺)의 구성(構成)과, 종류(種類).

● . 형살(刑殺)의 구성(構成)

□. 삼형살(三刑殺)

인사신(寅巳申) 삼형살(三刑殺)은 지세지형(持勢之刑)이라 한다.
축술미(丑戌未) 삼형살(三刑殺)은 무은지형(無恩之刑)이라 한다.
셋이 만나서 서로 형살(刑殺)의 작용을 하는 것이다.
사주(四柱) 중에서 두자만 만나도 작용한다.

* 보는 관점에 따라 무은지형(無恩之刑)이요, 지세지형(持勢之刑)이 호환(互換), 혼합(混合)으로 평가되기도 하나 혼란(混亂)을 피하기 위하여 일반적인 평가(評價)를 따르기로 한다. 이에 대한 사항은 각각의 지장간(支藏干)을 대조하면서 상호 호환(互換)관계를 살피어 보도록 한다.

형살(刑殺)

❶ 인사신(寅巳申) 삼형살(三刑殺).

살(殺)은 종류(種類)가 다양(多樣)하고, 그 작용 또한 천차만별(千差萬別)이다. 그러한 살(殺) 중에서 제일 많은 양의 살이 인신사해(寅申巳亥)에 포진(布陣)하여 있는 것이다. 복잡(複雜)함과 흉(凶)함이 가히 짐작이 되는 것이다.

☀ 생지(生地)의 기운(氣運)이라 지세지형(持勢之刑)이라 한다. 자신의 부족(不足)함을 알아야 할 것인데, 기운이 왕성(旺盛)하다 보니 어려운 것이 없다. 무엇이든 척척 해결이 될 것 같은 착각(錯覺) 속에 주장(主張)을 내세움이 지나친다.

☀ 과욕(過慾)과, 망은(忘恩)으로 법도와, 의리(義理)를 외면함으로 주변(周邊)에 적(敵)을 만드는 것이다.

☀ 독선(獨善)으로 흐르고, 상대방을 무시하고 무한(無限)질주(疾走)를 원한다. 간혹 목적을 위하여 언행(言行)의 일치(一致)를 중요시하지 않는 경우도 나타난다. 자기 자신을 합리화(合理化) 시키기 위하여 수단(手段)과 방법(方法)을 가리지 않는다.

☀ 길(吉)로 작용하면 문무(文武)가 출중하여 귀인(貴人)의 자리에 오르나, 흉(凶)으로 작용을 하면 일찍부터 풍파(風波)를 겪으면서 팔도를 유람하고, 혈육(血肉)의 정이 가슴에 사무친다.

☀ 남녀가 자기 사주에 이것을 놓으면 부끄러움을 모르는 몰염치한 인간으로 전락한다. 아내가 있는데도 불륜(不倫)을 저지르고, 여자의 경우는 씨 다른 자식을 낳고도 자신의 행복만을 부르짖는 인간이다. 요즈음은 성(姓)이 다른 자녀들도 많다. 그것이 나쁘다는 것이 아니다. 다 팔자이니 그러나 문제는 그 자손들을 제대로 돌보지 않는 것이 문제다. 자신의 안위만을 생각하고 주변을 생각하지 않는다는 것이 나

흉살(凶殺)

쁘다는 것이다.
* 불상사로 이어질 경우 예측불허의 상태로 나타난다. 신체의 일부분이 장애(障碍)를 당한다. 일종의 한시적(限時的)인 장애(障碍)가 아니라 영구적(永久的)인 장애(障碍)가 된다. 약물(藥物)이나 알코올중독도 회복불능 상태로 이어지고, 심하면 마약(痲藥)에 손을 대는 경우가 많다. 일부 사람들이 환락(歡樂), 무고(無告)에 도취되어 순간적인 판단 오류로 인한 사고들 모두 이 형살(刑殺)들의 작용에 의한다.
* 길(吉)로 작용을 할 경우 논란(論難)을 일으킬 정도로 각 분야(分野)에서 파장(波長)을 몰고 다니는 과강(過强)함을 나타내고, 파격적(破格的)인 행동(行動)으로 시선(視線)을 집중시킨다.

❷ 축술미(丑戌未) 삼형살(三刑殺).

대체적으로 성격이 이기적(利己的)이라 절대 손해(損害)를 안 보려하고, 쌀쌀하고 냉정하여 정(情)에 연연하지 않는다.
배은망덕(背恩忘德)의 행동을 간혹 하며, 자기 자신을 항상 합리화(合理化)하는 경우가 많아, 스스로 자기 무덤을 파는 경우도 나타나 절로 무너진다.
알게 모르게 남을 속이는 경우가 있어도, 명확한 해명을 하지 않는다.

* 축술미(丑戌未) 삼형살(三刑殺)이 있으면 부부(夫婦)간의 연(緣)이 박(薄)하다. 자식(子息)과도 인연이 멀어지는 것이다. 원인(原因)은 자기 자신만 생각하기 때문이다.
* 잘살던 부부(夫婦)도 예를 들어 남편이 심한 당뇨(糖尿)로 인하여, 아내가 중병(重病)등 건강상의 이유로 인하여, 경제적(經濟的)인 어려움으로 인하여, 기타 생활환경에 의하여, 어쩔 수 없이 이른 나이에 밤일에 충실하지 않는다며 아내와 남편은 각자가 자기 욕구(欲求)

형살(刑殺)

의 충족(充足)을 위하여 불나비가 되는 것을 마다하지 않는다. 그간 부부의 정(情)은 일순간에 무너지진다. 후일 이혼(離婚)도 불사하고 자기의 삶을 찾아 나선다.

✳ 곤명(坤命)

戊	癸	庚	丁
午	未	戌	亥

술(戌)월의 계(癸)수 일간이다.
형(刑)과, 합(合)이 어울려있다.

⬆ 관(官)이 형(刑)이다. 오(午)화가 양다리로 합(合)이 되어 형(刑)이 깨지는 것 같아도 형(刑) 작용은 나타난다. 일지(日支)와 월지(月支)의 형(刑)이다. 미(未)-술(戌)형(刑)인데, 계축(癸丑) 대운에 축술미(丑戌未) 삼형살(三刑殺)로 이혼(離婚)을 하는 것이다.
시간(時干)과, 일간(日干)의 합(合)이 여실히 증명한다.

☀ 의리(義理)와 정(情)도 은혜(恩惠)도 없이 배은망덕(背恩忘德)의 길을 찾아 나선다. 결과는 항상 피 보는 쪽으로 나온다. 형살(刑殺)이니까. 붉은 피가 아니라, 망조(亡兆)가 든다.

☀ 사주(四柱)에 형살(刑殺)이 있어도 오히려 길(吉)로 작용하는 경우가 많다. 우리는 일반적으로 형살(刑殺) 하면 "무조건 파란곡절이----하면서 일단 부정적(否定的) 시각으로 판단한다. 아주 위험하고 초보적인 발상(發想)이다. 오히려 요즈음 같은 시대에 어쩌면 형살(刑殺)이 있는 사주가 더 좋은 것인지 모른다. 어느 경우나 다 마찬가지이지만 사주(四柱)란 조화(調和)가 중요하다. 형살(刑殺)이 있어도 오히려 그로 인하여 빛을 본다면 길(吉)로 작용하는 것이다. 형살(刑殺)은 분명 흉살(凶殺)이지만 나름대로 갖고 있는 특이한 점들이 일반인들 보다 더 많다고 볼 수 있다. 다만 그 표출되는 형상이 거칠고, 기이하고, 독특함이 기발한 것이다. 강온의 변화가 다양하여 감정의

흉살(凶殺)

형성에 기복이 심하다. 격변(激變)기의 영웅호걸과 같은 삶이라, 일찍 깨우치면 깨우칠수록 세상에 두각을 드러낸다. 스스로 자아(自我) 성찰(省察)이 중요시 되는 경우다.

☀ 생긴 것은 무엇 같아도 사람 좋고, 인간성 좋아 모두의 사랑과 귀여움을 받고, 신뢰를 얻는다. 반면에 조화(調和)를 이루지 못한다면 그야말로 생긴 데로 놀고 자빠졌다고 욕(辱)이나 듣는다. 반지르르 하게 생겨가지고 인물값 한다는 소리를 듣는 것이요, 하는 처세(處世) 역시 남의 등이나 치고, 배반(背叛)과, 배은(背恩)으로 얼룩지는 인생(人生)사를 걸어가게 된다.

ㅁ. 상형살(相刑殺)

둘이 서로 형(刑)하여 살(殺)의 작용(作用)을 하는 것이다.
자묘(子卯) 상형살(相刑殺)은 무례지형(無禮之刑)이라 한다.

❶ 자묘(子卯) 형살(刑殺)

자(子)수는 왕(旺)한 수(水)의 기운이요, 묘(卯)는 왕(旺)한 목(木)의 기운(氣運)이다. 왕(旺)한 기운이라도 록의 자리를 차지하지 못하는 것은 왜 일까? 음(陰)의 기운(氣運)이라 밖으로의 돌출(突出)을 싫어한다. 정당함을 외면한다.
뒤에서 조종(操縱)하는 역할을 한다. 뒤 배경(背景)이 든든하니 걱정 말고 일을 저지르라는 암시(暗示)이다. 하는 행동이 무례(無禮)하고, 오만(傲慢)방자(放恣)한 것이다.
실질적인 권력자의 구실을 하려는 것이다. 어느 단체이던 이러한 세력은 항상 있게 마련이다. 옥상옥의 구심점(求心點) 역할을 하다 보니 부작용(副作用)이 발생하고 많은 이의 지탄을 받는다.

형살(刑殺)

* 자묘(子卯)는 왕(旺)한 기운이라 두려움이 없다. 감히 형(刑)하는 기운이 없는 왕(旺)한 기운이라, 만나면 서로가 다툼을 벌인다. 수(水)와, 목(木)의 왕(旺)한 기운이라, 음(陰)에서 양(陽)으로 전환하는 시기이다. 주도권 다툼이다. 결국은 다 드러나지 않는 암투(暗鬪)이다.

* 병(病)이 들거나 아파도 겉으로 잘 드러내기가 거북하고, 잘 드러나지가 않은 종류다. 주로 성병, 에이즈처럼 은밀한 전염성(傳染性)의 종류다.

* 권모술수(權謀術數)가 횡행하고, 상하(上下)의 위계질서(位階秩序)가 파괴(破壞)되는 것이다. 수단(手段)과 방법(方法)을 가리지 않는 무질서(無秩序)가 존재(存在)한다.

* 보수(保守)와, 진보(進步)의 구태의연(舊態依然)한 다툼이다. 둘이 화합(和合)을 하여 길(吉)로 작용하거나, 서로간의 상처(傷處)로 인하여 그 기운을 완화(緩和)하면 오히려 길(吉)로 작용 할 것 같으나, 이 경우 일단 짚고 넘어가야 하는 어려움이 많이 나온다.

* 사주가 전체적으로 조화(調和)를 이루며 어루만져 줄 정도가 되면 오히려 이러한 면을 부각하여 새로운 장르를 개척하듯, 자기 분야에서 독점 품목처럼 독야청청(獨也靑靑)하는 경우가 된다. 주로 예능(藝能)이나, 기술(技術)직, 창조적(創造的)인 분야에 두각(頭角)을 나타낸다.

* 흉(凶)으로 작용하면, 주로 신체(身體)의 일부분을 손상(損傷)하고, 회복이 불가능(不可能) 하도록 만드는 경우도 나오는데, 이 역시 형살(刑殺)의 특징이다. 변태적(變態的) 성문화요, 도(度)를 넘는 행위 예술이요, 기피성 약물이나 중독성(中毒性)의 마약(痲藥)류를 가까이

하는 것이니, 그로 인한 신체적 손상(損傷)은 실로 안타까운 것이다.

※ 건명(乾命)

```
丁 癸 辛 乙
巳 巳 巳 未
```

사(巳)월의 계(癸)수 일간(日干)이다.
외부(外部)에서 작용하는 기운(氣運)을 살펴보자.

⬆ (2011.04.18.양력)면 수술을 할 사람이다. 여러 합병증(合倂症)이다.
현재의 대운은 병자(丙子)대운(大運)이다. 세운(歲運)은 신묘(辛卯)년 (2011년)이다. 자묘(子卯)형이다. 외부 영향이 크다.
병명(病名)은 당뇨(糖尿)에, 고혈압(高血壓)에, 간(肝)도 나쁘고 어느 정도 예상한 일이지만 자묘(子卯) 형으로 살펴보는 것이다.

ㅁ. **자형살(自刑殺)**

진, 오, 유, 해(辰, 午, 酉, 亥)를 보는데 스스로 형(刑)한다 하여 붙여진 형살(刑殺)이다. 같은 것이 둘이 되어 나타나는 형살(刑殺)이다.

아무도 형(刑)하는 존재(存在)가 없는데, 감히 어디서 누가 나를 건드려 하는 식이다. 그런데 나와 같은 존재가 나타났으니 하나는 없어져야 당연하다는 결론이 나온다. 무법자는 한명이면 족하다.
한없는 투쟁으로 이어진다. 사주 원국에 나타나면 평생 가는 것이요, 운(運)에서 나타나면 지나가고 나면 그만이다.
이 자형살(自刑殺)의 경우는 적중률이 매우 높다. 특히 일(日)과, 시(時)에 있는 경우 어려서부터 평생(平生)가는 경우가 많다.
인성교육이 중요하다. 환경도 희한하게 이런 작용을 하게끔 조성이 되니 그것참 알 수 없는 조화(造化)이다.

형살(刑殺)

※ 우리가 사용하는 언어가운데 결점(缺點)이나, 하자(瑕疵)가 없을 경우 별무리가 없다는 말을 한다. 여기에서 "별무리"라는 것은 무리(無理)즉 논리(論理)가 없다. 말 할 건더기가 없다. 라는 뜻이 포함이 되는 것이다.

※ 여기서 우리는 자형살(自刑殺)에 대한 의미로 한 번 살펴보자. 별무리가 아니라 별물(別物)이 없다. 즉 "특별한 물건이 없다." "염두에 둘 물상(物象)이 없다. 라는 의미로 보자는 것이다.

※ 충(沖)은 되어도 형(刑)은 성립이 안 된다. 혼자서 발광(發狂)을 하는 것이다. 나타나는 작용도 이에 준(準)한다. 주전자의 물이 끓어오르면 뚜껑을 밀어젖히는 것과 같다.

※ 누가, 즉 건드리는 물상(物象)이 없으니 아이들처럼 심심하여 견디지 못하여 짜증스러워 스스로 한심스러운 행동을 한다는 것이다.

◆ 辰辰,
부모(父母),형제(兄弟)의 연(緣)이 박(薄)하여 고독(孤獨)을 친구로 삼는다.
인정(仁情)이 없고, 상대방의 마음을 헤아리지를 못한다. 오직 자신의 명리와 영달만을 위하는 것이다.

✸ 곤명(坤命)

丙	戊	癸	丙
辰	辰	巳	寅

사(巳)월의 무(戊)토 일간(日干)이다.
일(日)과 시(時)에 진(辰)진(辰) 자형살이다.

🔼 대학을 졸업 하였는데도, 아직 자신과 싸움하는 사람이다.
무용을 전공하여 학원의 강사도 하였는데, 자신의 성정을 다스리지 못하여 여러모로 어려움을 겪고 있는 사람이다. 진진(辰辰) 자형살 작용이다.

➡ 진(辰)은 수의 묘(墓)인데 중복이 되니 늪지대라고 한다. 아무것도 양육(養育)을 할 수가 없다.

흉살(凶殺)

➡ 설사 나무가 그 가운데서 자라 꽃을 피운다 하여도 외롭고, 쓸모없는 나무이다. 주왕지의 고독한 나무와 같다.

◆ 午午,

오(午)화는 불길이다. 흙이 있다 하여도 사막의 뜨거운 모래이다. 오로지 불같은 성격에 또다시 불을 만나니 위로 치솟아 하늘에 걸린 해와 같다. 스스로 자신을 불태우는 것이다. 감정의 조절이 이루어지지 않아 융화가 어려운 것이다. 모든 것을 불태운다.

➡ 가족(家族)이라는 개념(槪念)이 사라진다. 각자의 운(運)이 갈라지며 불길하여진다. 흉(凶)으로 작용한다.

✸ 건명(乾命)

戊	己	庚	甲
辰	酉	午	午

오(午)월, 기(己)토 일간(日干)이다.
자형살(自刑殺)의 요소는 다 갖추고 있다.

⬆ 이 사주에서는 무엇이 문제가 되는 것일까?

오(午)-오(午) 자형살(自刑殺)을 살펴보자. 자형살의 특징(特徵)이 시기(時期)와 맞물려 정확하게 나타난다.

기(己)토 일간(日干)에게 오(午)는 인성(印星)이다. 년(年)과, 월(月)에 있으므로 청소년기이다. 학업을 중도에서 포기한 것이다. 상관(傷官)기질이 강(強)하다. 잘생긴 외모(外貌)에 비하여, 학업을 중도 포기한 것이 평생 그를 남모르게 괴롭히고 있다.

◆ 酉酉,

유(酉)는 날카로운 칼날과 같다. 예리(銳利)함이 극(極)에 달하는 것이다. 서로가 휘두르니 스치기만 하여도 칼바람이 일고, 닿기만 하여도 자국을 남기고 피를 보는 것은 자명하다.

➡ 사소한 일이라도 정성(精誠)을 다 하여야 한다. 경거망동(輕擧妄動)

형살(刑殺)

하면 크게 다친다.
◆ 亥亥.
해(亥)는 넘실거리는 물살이요, 격랑(激浪)이다. 격랑(激浪)이 심하니 쓰나미가 된다. 상상하기 힘든 현실(現實)로 닥쳐온다. 일본의 지진 피해와 같이 겹쳐서 일어나니 감당이 어려운 것이요 극성지패(極盛之敗)이다.
➡ 거품현상이 많이 나타난다. 거두고 나면 알맹이는 얼마 없다. 기대(期待)를 많이 할수록 실망(失望)도 커진다. 회의(懷疑)를 느낀다.

🍎 . 형살(刑殺)의 작용(作用)과 특징(特徵).

형(刑)이라 함은 글자 그대로 형벌(刑罰)을 뜻하니 운명(運命)에 나쁘게 작용하는 해신(害神)이요, 흉살(凶殺)이다. 그 구성 원리는 사혹십악(四惑十惡)으로써 순행사위(順行四位)가 사혹(四惑)이고, 역행십위(逆行十位)가 십악(十惡)이다.
형살(刑殺)이란 안 좋은 일은 다 도맡아 벌이는 것이 주특기다. 길(吉)을 보면 참지 못하여 흉(凶)으로 연결하고, 작은 흉(凶)이면 더 크게 만들고, 사방(四方)으로 출입하면서 온갖 액운(厄運)을 퍼트린다.
작용 살펴보면 서로가 형(刑)하여 충돌(衝突)로 인한 피해(被害)를 당하는 경우도 있고, 마치 자해(自害)하듯 스스로가 자제(自制)를 못하여 생기는 경우도 있다.

☀ 폭행, 누명, 횡령, 도박, 사기 등 불법행위로 인한 형액(刑厄)과 연관이 되어 편안한 집 놔두고 쓸쓸히 옥살이 한다. 한동안 한창 화재가 되었던 마늘밭의 돈뭉치 사건을 보면 가슴이 쓰려온다.
☀ 불의의 사고로 인하여 상신(傷身)의 고통(苦痛)을 당하는 것이다. 수술(手術)이나, 예기치 않은 질병(疾病)으로 주변(周邊)을 슬프게 하고 자신의 존재(存在)를 다시금 뒤돌아보는 사연(事緣)도 이어진다.

- ☀ 공연한 시비(是非)로 인한 관재(官災)다. 불화(不和)로 인한 사건, 생각지도 않다 졸지에 당하는 일이다. 조금만 양보하면 될 일도 고집(固執)과 아집(我執)으로 구설과 반목(反目), 질시(嫉視)등으로 대사(大事)를 그르친다.
- ☀ 삼형살(三刑殺)이라 하여도 장생(長生), 관대(冠帶), 건록(建祿), 제왕(帝旺)과 동주(同柱)하면 길(吉)로 작용, 형살(刑殺)과 연관된 분야에 종사(從事)하거나, 두각을 나타내며 쇠(衰), 병(病), 사(死), 묘(墓), 절(絶)과 동주하면 흉(凶)에 흉(凶)을 더하는 격(格)이라 피하기 어렵다.
- ☀ 직업을 연관된 분야로 하면 횡액(橫厄)을 면한다고는 하나, 그 근본 성향이 나타나는 것은 어쩔 수 없다. 간혹 사회적으로 물의를 일으키는 면이 나타나는 것이다. 중요한 것은 인성(人性)교육이다. 가정(家庭)의 안정(安定)됨이 우선이다.
- ➡ 여명(女命)에 이 살(殺)이 있으면 남편(男便)을 무시하며 남편은 일이 신통치 않고 주변(周邊)에서 왕따 당하여 무언가 모를 고독(孤獨)에 싸인다.

조화(調和)가 생명(生命)이다.

형살(刑殺)

❋. 형살(刑殺)의 통변(通辯)

☀ 육친(六親)과의 관계.

형살(刑殺)의 작용은 육친(六親)과 밀접한 관계로 나타난다. 직접적인 연관이 있기 때문이다. 여파(餘波)가 나에게도 오기 때문이다. 일지(日支)는 나의 자리이므로 바로 나와 연관된 일이고, 천간(天干)과 지지(地支)를 살펴 어느 육친(六親)에 해당하는 가 살펴 판단한다. 길(吉)로 작용하면 활인(活人)이라 하여 오히려 구제(救濟)의 역할을 하는데, 흉(凶)으로 작용을 하면 횡액(橫厄)으로 이어진다.

◆ 예를 들어 인수(印綬)가 형살(刑殺)인 사람은 어떨까? 인성(印星)은 원래가 점잖은 것이다. 베풀기를 좋아하고, 평소에 조용하고 얌전한 사람인데 갑자기 돌변하는 것이다. 그것이 무엇일까? 사람이 궁핍하거나 갑작스런 환경의 변화로 바뀌는 것이다.

◆ 특히 술 같은 경우 술만 취하면 주사(酒邪)가 있어 개가 된다는 말이 있듯이 바뀌어도 확 변하는 것이다. 내성적(內性的) 성격의 사람이 어느 정도 시간이 흐른 후 갑자기 외형적(外形的) 사람으로 변하여 나타나듯 정 반대의 성향을 나타낸다. 언어(言語)의 경우도 생전 욕(辱)이라고는 모르던 사람이 욕쟁이로 변하는 것과 같다. 입이 거칠어진다.

◆ 견겁(肩劫)이 형살(刑殺)이면 육친(六親)에 해당하는 사항과 변화(變化)와 작용을 읽으면 된다. 다른 육친(六親)의 경우도 마찬가지다. 길(吉)로 작용 하는가? 흉(凶)으로 작용 하는가?

☀ 인(寅)일생이 인사신(寅巳申) 삼형살(三刑殺)을 당하면, 인(寅)은 위로 뻗은 나뭇가지라 잘리는 흉(凶)을 당한다. 신체의 일부분에 손상

흉살(凶殺)

(損傷)이 심하게 온다. 신경(神經)손상도 이어진다.
- ☀ 사(巳)일생이 인사신(寅巳申) 삼형살(三刑殺)을 당하면 심장(心臟)기능 이상이 온다.
- ☀ 신(申)일생이 인사신(寅巳申) 삼형살(三刑殺)을 당하면 도끼가 자루가 없어지고 이가 빠지는 형상이라 폐 계통, 대장계통, 호흡기 계통에 이상이 온다.
- ☀ 보통 인(寅)일생인 사람이 형살(刑殺)이 있을 경우는 배우자로는 격(格)에 맞지 않아 항상 유의하여야 한다. 직원(職員) 채용(採用)시 많은 주의(注意)를 요하는 경우다.

※ 곤명(坤命)

戊	乙	庚	丙
寅	卯	寅	午

인(寅)월의 을(乙)목 일간이다.
월(月), 시(時)에 인(寅)목이 있다.

⬆ 을(乙)목 일간에 인(寅)목은 겁재(劫財)다. 이 경우 일지(日支)에 인(寅)목이 없어도 시(時), 월(月)에 있어, 일간(日干)에 동조(同調)할 경우 일지(日支)에 있는 것이나 같다.

시간(時干)에 정재(正財)가 있는데 목(木)으로 둘러싸여 있다.

재성(財星)이 힘을 못 쓴다. 사주가 신왕(身旺)하니 재관(財官)이 필요한 사주(四柱)다. 그런데 각각 코너에 몰아넣고 그 기능을 마비시킨다.

이 사주의 주인공은 시집와 살다가 남편(男便)이 집을 자주 비우는 사이 시부모(父母) 몰래 수억의 재산을 챙겨 "나 잡아봐라~" 하고 날아간 며느리다.

경(庚)금은 남편(男便)이다. 합(合)이 드니 연애결혼인 것이고, 을(乙)목 일간인 여성(女性)은 양쪽에 재관(財官)을 갖고 노는 것이다. 처음에는 관(官)인 남편(男便)을, 그 다

형살(刑殺)

음은 재(財)를 갖고 주무르는 것이다. 관(官)도 겉으로는 합(合)이지만, 실질적(實質的)으로 사방에서 압박을 가한다.

목화(木火)가 금(金)을 녹인다. 경(庚)금은 꼼짝을 못한다. 남편 알기를 우습게 안다. 하극상(下剋上)이요, 병(病)들게 한다. 위에 있는 남편을 아래에서 똥 침을 가하는 것이다. 목(木)으로, 화(火)로 말이다.

재물(財物)은 흙이라 상자에 담아버려 보이지도 않게 하는 재주도 있다. 결국은 갖고 줄행랑을 친다. 상자 속에 있으니 보이지 않는 것이다. 내가 상자이니 꿀꺽한 것이다.

그리고 재성(財星)은 시댁(媤宅)이요, 시어머니인데 봉양(奉養)이나 제대로 할 것인가? 천만에다 발바닥으로 여긴다.

나막신을 신고 흙을 밟는 것이다. 산보하듯 말이다. 불량 며느리이다.

재관(財官) 알기를 우습게 아는 사람은 세상알기도 우습게 아는 사람이다. 기운(氣運)이 강(強)하니 더더욱 심하다. 2004년 갑신(甲申)년, 기사(己巳)월에 일어난 일이다. 외부의 기운이 맞아떨어진 일이다. 원국에 없다고 하여, 없는 것이 아니라는 것을 설명하는 실례(實例)이다.

☀ 축술미(丑戌未)는 삼형살(三刑殺)인데, 토(土)라 내분비기관 즉 내과 계통이다. 위와 연관된 병이 많다. 위궤양, 위경련, 등등으로 이어진다. 연관된 부분도 이어진다.

☀ 형살(刑殺)은 횡액을 암시하는 살(殺)로 이권다툼, 흉해(凶害), 도난(盜難), 사고(事故), 절취(截取), 배은(背恩), 위계질서(位階秩序) 문란(紊亂), 갓길운전과도 같다. 위험한 줄 알면서도 행하여지는 것이 바로 형살(刑殺)의 흉(凶)이다. 특히 육친(六親)간의 분쟁(紛爭)이 가중(加重)된다.

흉살(凶殺)

파살(破殺)

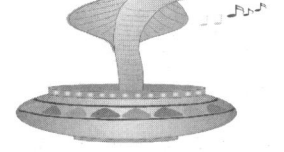

파살(破殺)이란? 육파살(六破殺)이라 하여 여섯 가지의 지지(地支)가 상응(相應)하는 지지(地支)와 마주치면서 흉(凶)으로 작용 하는데, 주로 경제적(經濟的)인 면에 작용하며, 육친(六親)간의 풍파(風波)와, 세파(世波)에 시달림을 나타낸다.
재산(財産)에 관하여 해(害)로운 작용을 하면서, 삶의 어려움과, 인간(人間) 인연(因緣)의 그리움에 대한 액(厄)을 나타낸다는 의미(意味)를 가진다.

◆ 파살(破殺)의 구성(構成).

자유(子酉), 오묘(午卯), 진축(辰丑), 신사(申巳), 인해(寅亥), 미술(未戌)인데 이중 형(刑)도 되고, 합(合)도 되고, 기타 변화가 다양하다.
실질적으로 파(破)는 별로 크게 그 사용함에 효용성을 크게 인정을 받지는 못한다. 그 이유는 무엇일까?
신사(申巳)는 형(刑)이요, 인해(寅亥) 역시 합(合)이요, 미술(未戌) 형(刑)이라 중복이 되어 파(破)로 작용한다고 보기에 문제가 있는 것이다.
자유(子酉)는 귀문관살(鬼門官殺)이요, 묘오(卯午)는 목생화(木生火)로 연결되어 파(破)의 작용이 의미가 없고, 진축(辰丑) 역시 파(破)이지만 미술(未戌)과 형(刑)작용으로 감소된다.
실질적으로 무관하다고도 볼 수 있는데, 파(破)로 그 작용을 본다면 기존의 작용을 한 후에 파(破)의 작용을 본다.
파손(破損), 파재(破財), 파산(破産),이탈(離脫) 등 매사에 장애가 많이 발생하게 만든다. 신체상 상(傷)함이 있는 살(殺)이다.
파(破)의 본뜻은 제일로 크게 보는 것은 항상 깨지고, 망가지고, 떨어져

 파살(破殺)

나가고, 찢어진 종이처럼 되는 형국이다.

삶의 풍파가 심하다.

연월일시(年,月,日,時)에 해당 육친(六親)을 살펴보고 응용(應用)하고, 그 내용에 통변(通辯)을 한다.

해살(害殺).

육해살(六害殺)은 또한 여섯 가지인데, 실질적으로 많이 사용하는 것은 두 종류에 한정되다 시피하고 있다.
자미(子未), 축오(丑午), 해신(亥申), 인사(寅巳), 술유(戌酉), 묘진(卯辰)
이중 자미(子未), 축오(丑午), 해신(亥申)을 주로 많이 사용한다. 물론 다른 것도 사용하기는 한다. 작용(作用)에 있어서도 해(害)의 여파(餘波)가 두 가지는 강(强)하게 작용을 하고, 나머지는 다른 혼합된 것으로 인하여 작용력이 비교적 약한 것이라 크게 쓰임새가 없다.
나머지 역시 다른 작용도 또 하고 있는데, 자미(子未)는 원진(怨嗔)의 작용, 축오(丑午)는 탕화의 작용도 한다.

☀ 이 살(殺)의 특징(特徵)은 상천살(相穿殺)이라고도 하여 불리는데 그 작용을 설명한다. 상천(相穿)이란 쉽게 생각하면 구멍이 나는 것이다. 관통(貫通)한다, 끝을 본다.

☀ 그 작용을 보면 처(妻)가 아이를 정상적으로 순산(順産)을 하지 못하여 모자(母子)가 같이 위험한 지경에 이르거나, 아이가 사산(死産)되거나, 엄마가 산후 순산(順産) 중 생명(生命)을 잃는 경우도 된다. 여기에 탕화(湯火)나 원진(怨嗔)의 기능을 가미하여 음독(飮毒)사고, 자손의 불구, 화재, 재난 등의 흉사(凶死)를 당한다.

☀ 육해살(六害殺)은 원진(怨嗔)살과 함께 서로가 통(通)하는 의미로 혼합되어 작용하여 원진육해(怨嗔六害)살이라 고도 하는데, 주된 작용은 부부간의 불화(不和), 이별(離別), 사업상 일이나 진행 중인 계획 등이 문제가 발생, 중간에 파기(破棄)된다. 요즈음의 실례를 든다면

해살(害殺)

아파트 미분양 사태로 인하여 건설회사 들의 자금압박으로 덤핑, 또는 할인하여 회사 자체가 흔들리는 것 보다, 이윤(利潤)이 없더라도 자금(資金)의 회전을 우선(優先)으로 하는 것이다.

☀ 궁합(宮合)을 볼 때 육해(六害), 원진(怨嗔) 또는 귀문관살(鬼門官殺)을 꺼리는 것은 성격(性格) 차이로, 깨어질 확률이 많다 보는 것이다.

◆ **자미(子未)** : 자(子)수는 물이다. 동짓달의 찬 물이다. 여기서 어느 쪽이 기운이 강하냐에 따라 상황이 달라진다.

☀ 자(子)수가 강할 경우 : 자(子)수는 지장간이 임(壬), 계(癸)이다. 온통 물로 구성이 되어 있다. 미(未)토는 정(丁)을(乙)기(己)이다. 조토(燥土)이다. 물이 많으니 뜨거운 흙이 연기를 내면서 식어가며 물속에 가라앉는다.

☀ 왜 처(妻)산망(産亡) 이야기를 하는가? 미(未)의 지장간(支藏干) 정(丁)화와, 기(己)토는 화생토(火生土)하여 어미와 자식이다. 물속에 사라지니 안 보이는 것이요, 연기를 낸다는 것은 화기(火氣) 심장이 멎어진다. 을(乙)목과, 정(丁)화로 본다면 습(濕)목이라 목생화(木生火)를 못하니 태중(胎中) 사산(死産)이다. 낙태(落胎)로 이어진다.

☀ 미(未)토가 강(强)할 경우. : 미토(未土)가 강할 경우 조토(燥土)라, 수기(水氣) 즉 물을 잘 빨아 당긴다. 자(子)수는 미토(未土)에 흡수되면 보이지 않는다. 양수(羊水)가 부족하고, 아이가 나오지 않는 것이다.

흉살(凶殺)

◆ **축오(丑午)** : 원래 탕화(湯火)는 인오축(寅午丑) 셋이 국(局)을 이루는데 여기서는 오축(午丑)을 논하는 것이다. 인(寅)과, 오(午)는 화기(火氣)가 많으니 당연히 화(火)인데, 축(丑)은 어찌 이와 연관이 있을까? 의미(意味)상으로 해석을 하자. 용접을 할 때 불똥이 튀는 것이라 생각하면 된다. 화(火)와, 금(金)의 작용으로 된다. 그것이 바로 축오(丑午)의 작용이다. 옆에 있다 날벼락 맞는다.

원진살(怨嗔殺)

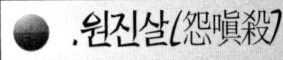

서로가 미워하고 탓하고 원망하며 자기 자신은 합리화를 시킨다. 서로 간 문제가 발생하여 부딪힘이 생기고, 다음에 나타나는 일종의 후유증(後遺症)이나 마찬가지다.

- ✪ 子 未
- ✪ 丑 午
- ✪ 寅 酉
- ✪ 卯 申
- ✪ 辰 亥
- ✪ 巳 戌

✸ 子 酉
✸ 寅 未

둘 만 바꾸면 나머지는 같이 귀문관살(鬼門官殺)이 된다.

▶ 자유(子酉), 축오(丑午), 인미(寅未), 묘신(卯申), 진해(辰亥), 사술(巳戌)로 귀문관살(鬼門官殺)이다. 원진살(怨嗔殺)과 귀문관살(鬼門官殺)이 두 종류가 자칫 헷갈린다. 과연 어떻게 사용을 할 것인가?

원진살(怨嗔殺)보다 귀문관살(鬼門官殺)쪽으로 치중(置中)하여 사용하는 것이 편하다. 의미도 일맥상통하고 작용도 비슷하니 말이다. 그래도 일단 원진(怨嗔)의 길(吉), 흉(凶)으로 비교하여보자.

같은 말이라도 "아" 다르고 "어" 가 다르다. 일종의 뉘앙스가 달라진다. 귀문(鬼門)의 의미(意味)도 많이 포함된다.

☞ 신경(神經)이 매우 예민하다. ~ 히스테리, 노이로제

감각(感覺)이 예민하고, 날카롭다, 특이한 면이 강하다, 간단하고 작은 일도 허술하게 지나치지 않는다. 빈틈이라고는 눈을 씻고 보아도 찾기가 어

흉살(凶殺)

럽다.
- ☞ 원진(怨嗔)은 주로 "다 내 탓이요!"가 아니라 "다 당신 탓이요!" 라고 한다.
- ☀ 서로가 한 발씩 물러나면 되는 일에 자꾸만 집착을 한다. 자존심(自尊心)이 상하고 무엇인가 내가 손해(損害)보고, 쪽팔리는 것 같기도 하고, 허전하여 도저히 참지 못한다. 삐딱 선을 타는 것이다.
- ☀ 돈이 원수라고, 신세 진 것이 죄인이라고 불편함이 있어도 말도 못하고 대충 넘어가는 형국이다. 겉으로는 말로 못하지만 서운함이 항상 뇌리(腦裏)에 남아 있다. 공사(公私)의 개연성(蓋然性)이 문제가 된다. 주변의 시선이 더 따갑다. 저 사람 바보 아니야! 불편함이요, 속상함이다. 니들이 내 속을 알아!
- ☀ 한 지붕 두 가족이다. 차라리 싫으면 서로 갈라지면 될 것인데 서로가 "거미줄에 뭐 걸리듯" 해결이 안 되는 사안(事案)이 너무 많다. 주변의 죄 없는 사람들만 희생을 강요한다.
- ☀ 무시하고, 거만하고, 성격 자체도 괴팍하여 도무지 종잡을 수가 없다. 상대방만 피곤하게 하는 사람이다. 못 잡아먹어서 안달이 난 사람이다. 피 말리는 싸움을 전개한다. 전선(戰線) 없는 전쟁(戰爭)이다. 부부간에 이혼 직전상태나 같다. 법정(法廷)에서 이혼판결을 받고 나오는 부부 마음이다. 회한(悔恨)의 시간이 흐른다.

◆ **원진살(怨嗔殺)의 통변(通辯).**
- ☀ 원진(怨嗔)이 사주(四柱)에 있으면 서로가 다툼이 많고 불신풍조가 팽배하여 서로를 믿지 않는다. 운(運)에서 또 가중된다면 확실하다는 암시가 더 강하다. "몰래 따먹는 사과가 더 맛이 있다"고 서로를 속이

원진살(怨嗔殺)

고 불륜(不倫)을 저지르고 결국은 이별 선을 타기도 한다. 서로간의 존중(尊重)은 없다. 비하(卑下)하고, 깎아 내리기 바쁜 사이다. 일부 연예인들 가운데서 대중 앞에서는 금슬(琴瑟)이 좋은 부부인 것 같이 하였지만 결국은 이혼(離婚)하는 것이나 같다. 근본적(根本的) 통변(通辯)이다.

☀ 운(運)에서 원진(怨嗔)이 작용 할 경우, 신강(身强)하면 내가 남을 미워하고 씹는 것이요, 신약(身弱)하면 내가 역(逆)으로 입에 오르내리고 참새들의 입방아에 녹아난다. 다 풍문(風聞)이다. 스캔들에 당한다. 신약(身弱)이면 이로 타격의 여파가 길게 간다.

☀ 원진살(怨嗔殺)이 망신(亡神)으로 작용을 할 경우, 억울한 경우를 당하는 것이다. 졸지에 개망신 당한다. 비 오는 날 흙탕물을 뒤집어쓰는 것도 이러한 예다. 실언(失言)으로 인한 구설(口舌), 무지와 무식으로 천대(賤待) 당한다. 성질을 죽여야 한다.

☀ 부부간에 서로 원진(怨嗔)이 있으면 그 작용으로 인하여 해로(偕老)는 이미 물 건너갔다고 보는 것이 편하다. 가만히 있어도 누구인가가 자꾸 이간질을 하고 옆구리를 쿡쿡 찌른다. 충동질을 하는 것이다. 항상 구설(口舌)과 모함(謀陷)에 시달린다.

☀ 원진(怨嗔)이 겁살(劫煞)의 작용을 하면 말해봐야 소용이 없는 일이요, 떠들어보아야 목소리 큰 놈이 이기는 것도 아니다. 악을 써도 결국은 내가 손해(損害)보는 것이다. 다툼은 피하는 것이 상책(上策)이다.

☀ 원진(怨嗔)은 불륜(不倫)의 씨앗이다. 흉(凶)으로 작용 할 경우는 스와핑이요, 어울리지 않는 이성(異性)과의 결합(結合)이다. 돈 날리고, 몸 버리고 허탈하다. 추행(醜行)도 당한다. 운(運)이나 일진(日辰)이

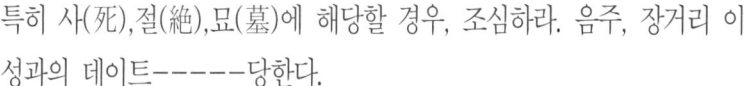

특히 사(死),절(絶),묘(墓)에 해당할 경우, 조심하라. 음주, 장거리 이성과의 데이트-----당한다.

☀ 년(年), 월(月)에 원진(怨嗔)이 있으면 부모(父母)와 조상(祖上)을 원망(怨望)하고 자신의 처지를 비관(悲觀)하기도 한다. 특히 신약(身弱)의 경우 위험한 행동도 마다하지 않는다. 일순간의 일이다.

☀ 일(日),시(時)에 해당할 경우, 처(妻),자식(子息)간에 예의(禮儀)를 순식간에 허물기도 하고, 자식의 패륜(悖倫)행위도 나타난다. 부모봉양(奉養)을 외면하는 자식을 부모가 고발하여 위자료(慰藉料)를 지급하라는 법원(法院)의 판결(判決)도 있지가 않은가! 신약(身弱)이 아니라도 항상 당할 소지가 많다.

☀ 원진(怨嗔)이 중첩(重疊)하여 사주에 나타나면 불평불만(不平不滿)에 세상(世上)살기 어려운 사람이다. 모든 것이 못 마땅하고, 딱하게 보이고, 자신과 어울리지 않는다. 속세를 떠나거나 완전한 개벽을 하여야 적응한다. 자칫 잘못하면 비관하는 경우도 발생하고, 정신적인 혼란에 봉착한다. 귀문작용으로 이어진다. 그래서 원진과 귀문이 중복이 되는 것이다.

☀ 원진(怨嗔)이 상충(相冲)을 하면 입에서 나오는 소리는 비속어요, 하는 행동은 망나니라 어디를 가도 환영받지 못한다.

☀ 원진(怨嗔)이 도화(桃花)에 해당하면 아부(阿附)를 일삼고, 자기보다 약(弱)하면 등치는 것이요, 강(強)하면 기생(寄生)하는 부류(部類)로 전락(轉落)한다. 합(合)의 경우도 마찬가지다.

☞ 丑午

독극물 막걸리 사건을 생각하면 된다. 순간적 폭발성이 나온다. 자기의 의사와는 상관없이 홀린 듯 죄의식도 느끼지 못하는 경우도 발생한다.

원진살(怨嗔殺)

마약, 약물, 알코올, 정신질환등도 나타나고, 간혹 정신 줄이 절로 끊기는 현상이 나타난다. 자해(自害)를 하기도 한다. 흉(凶)으로 작용하면 인질범, 자해 범, 공갈범 등으로 나타난다.

※ 건명(乾命)

辛	丙	己	庚
卯	子	丑	午

축(丑)월의 병(丙)화 일간(日干)이다.
합(合)과 형(刑), 귀문(鬼門)이 종합적이다.

⬆ 말년(末年)에 중풍(中風)으로 대, 소변을 받아내고 있는 사람이다.
년(年)수가 길다보니 주변의 식구들이 지친다. 서방만 아니면-- 하고, "서방이 원수(怨讐)"라며 말이다.
일주(日柱)와, 시주(時柱)가 합(合)과, 형(刑)을 이루고 있다.
분명히 병(病)은 병(病)인데 원인은 무엇일까? 년(年)과, 월(月)의 원진이요, 귀문(鬼門) 작용이 원인(原因)이다.

☞ 寅酉

하극상(下剋上)이다. 밑에서 나무를 도끼로 자르는 것이다. 역(逆)으로 위에서 아래를 덮어버리는 몰지각도 나타나고, 깜짝 놀랄 정도로 기이한 행동도 하며, 종잡을 수가 없는 행동도 불사한다.

※ 곤명(坤命)

庚	辛	乙	戊
寅	酉	卯	辰

묘(卯)월, 신(辛)금 일간(日干)이다.
일지(日支)와, 시지(時支)가 인유 귀문관.

⬆ 일지(日支), 시지(時支)가 원진(怨嗔)을 이루고, 년지(年支)와, 월지(月支)가 육해(六害)를 형성한다. 천간으로 복잡한 상황이 나타난다.
꿈에 할머니와 엉덩이를 걸치고, 편지를 받아 주머니에 넣는 꿈을 자주 꾼단다. 원진(怨嗔)에, 충(沖)에 방합(方合)에 다양하다. 금목상전(金木相戰)이다. 잃어버린 한 쪽을 찾기 위한 몸부림이다. 한스러운 원진에, 귀문

(鬼門)이 이루어지면 작용이 심하게 나타난다.

☞ 卯申

작두로 약재를 자르는 것이다. 잘 사용하면 좋으나, 이것이 잘못 사용되면 회칼로 난투극을 벌인다. 항상 위험하고, 불안(不安)한 형상을 나타낸다. 주변의 염려가 항상 뒤 따른다.

❋ 곤명(坤命)

乙	甲	乙	癸
卯	申	卯	亥

묘(卯)월, 갑(甲)목 일간(日干)이다.
월지(月支)와, 일지(日支)가 묘신(卯申).

⬆ 사주(四柱)가 지나치게 강(强)한 것도 흠이 된다.
목(木)은 신경(神經)이라, 정신적(精神的)인 문제로 상담한 경우다.
목(木)기운이 강해 배우자(配偶者)궁의 신(申)금을 압박한다.
역(逆)으로 신(申)금이, 목(木)에 당한다. 지나치면 도는 것이다.

☞ 巳戌

이중성(二重星) 성격(性格)이다. 냉정(冷靜)하기도 하고 온화(溫和)하기도 하고, 항시 조화(調和)를 이루려고 노력하는 면이 보인다.
장기적인 일에 집중하기도 하다 불연 듯 사라지는 괴팍성이 나타난다.
화약고를 안고 불 옆에 서 있는 심정이다.

❋ 곤명(坤命)

丁	庚	癸	丙
丑	寅	巳	戌

사(巳)월, 경(庚)금 일간(日干)이다.
년(年)과, 월(月)이 사술(巳戌)로 이어진다.

⬆ 거기에 일지(日支), 월지(月支)가 인(寅)-사(巳)형(刑)이다.
시지(時支), 년지(年支)가 축(丑)-술(戌)형이나 거리가 약간 멀다.
사(巳)월의 경(庚)금 일간(日干)이라, 장생(長生)이라 좋기는 한데 파란(波瀾)이 심하다. 남편(男便)과 이혼하고 각자 살면서 여러 면에 애로(厓

원진살(怨嗔殺)

路)가 많다.

☞ 辰亥

심(心)이 깊으니 탁하여 보이지 않는다. 종잡을 수 없다. 속을 알 수가 없다. 지나치게 냉(冷)하다 보니 불감증(不感症)이요, 반대로 정력가(精力家)이다.

정성(精誠)을 쏟아도 그 뜻을 모르고, 잘못해도 반성(反省)하는 기미(機微)가 보이지 않는다. 한 번 폭발(暴發)하면 감당하기 어렵다. 해로(偕老)란 무엇인가? 설명하여도 이해(理解)하면서 실행(實行)하지 않는다. 징 한(진해(辰亥)의 속된 표현) 인간이다.

❋ 곤명(坤命)

丙	戊	丁	庚
辰	戌	亥	戌

해(亥)월, 무(戊)토 일간(日干)이다.

월(月)과, 시(時)가 원진(怨嗔)을 나타낸다.

⬆ 여기서는 무엇을 먼저 보아야 할 것인가?

복잡하니 정신이 없다. 우선 설명에 관한 부분을 보자.

천라(天羅)지망(地網)을 놓고 있고, 천문(天文)성을 갖추고 있고, 충(沖)과 극(剋)도 다양하다. 원진(怨嗔)이요, 귀문(鬼門)이라 그 사항을 살펴보자.

남편(男便)과 이혼(離婚)을 하고, 첫사랑을 그리워하는 사람이다.

자녀도 딸이 한 명 있고, 관성(官星)은 해(亥)중 갑(甲)목이요, 진(辰)중 을(乙)목도 보인다. 진(辰)중 을(乙)목은 충(沖)으로 자리 차지하기 어렵다.

해(亥)중 갑(甲)목과, 진(辰)중 을(乙)목이 진해(辰亥)라는 땅위에서 서로가 반목(反目)을 하는 것이다. 정(正), 편관(偏官)의 다툼이다.

흉살(凶殺)

● 귀문관살(鬼門關殺).

◆ 귀문관살(鬼門關殺)이란?

귀(鬼) : 귀신이요, 지혜로움이요, 교활함이요, 먼 것을 말한다.

문(門) : 출입문이요, 문간이요,

관(關) : 빗장, 기관, 자동장치, 잠그다, 닫다

귀신(鬼神)이 출입하는 곳이요, 때에 따라서는 귀신이 문을 닫아 버리기도 하여 귀신의 온상(溫床)이 된다.

➡ **자유(子酉), 오축(午丑), 인미(寅未), 묘신(卯申), 진해(辰亥), 사술(巳戌)이 해당된다.**

간방(艮方)의 예를 들어보자. **축(丑), 인(寅)** 이다.

역괘(易卦)는 ☶ 이다. 겉으로는 양(陽)인데 그 안을 보면 음(陰)이 강(强)하다. 1양(陽)이 2음(陰)의 위에 있다.

겉은 멀쩡한 것 같아도 속은 다른 것이다. 겉만 보아서는 모른다.

나이 어린 남자로 보는데 삼남(三男)이라, 연령(年齡)은 대략 20세 이하로 본다. 사춘기 시절이요, 꿈이 많고, 혈기가 왕성한 시절이다.

사람도 이 시절에는 자기의 꿈을 먹고 사는 것이다.

현실적으로 반영이 아직은 요원한 것이다. 항상 변화와, 변혁이 움트는 시기라 결단이 바뀌기도 하고, 과거를 버리고 미래지향적 사고가 앞선다.

병(病)중에서 신경쇠약(神經衰弱)이나, 우울증(憂鬱症) 같은 것은 겉으로 잘 드러나지 않는다.

사색(思索)과 고민(苦悶)과, 희망(希望)의 나래가 판치는 시기(時期)라,

귀문관살(鬼門官殺)

새로운 판이 형성되기가 혼란(混亂)스럽다.

좋은 면으로 작용 하면 파격적인 사고로 희망을 쏘아 올리지만, 흉(凶)으로 작용하면 동서남북(東西南北) 정신(精神)이 없다. 과연 어디로 갈 것인가? 하고 말이다.

- 문제는 범죄자들이 이러한 성향을 갖고, 사회적인 문제를 야기한다는 것이다. 어린이를 대상으로 한 성범죄, 불특정 다수를 향한 묻지 마 범행, 우울증으로 인한 자살행위, 오락성, 사행성 게임에 대한 중독성, 컴퓨터 중독, 우발적인 범행 기타 이루 헤아리기 힘들 정도로 많은 사항이 다 이에 해당한다.

◆ **판단(判斷)하는 방법.**

일지(日支) 기준하여 년(年)에 적용하며, 시(時)에도 적용한다. 월(月)은 해당이 없다.

이 살은 일지(日支)나 시지(時支)에 있을 때 그 작용이 강(强)하다.

- 귀문관살은 정신적(精神的)인 면에 있어서 매우 중요한 작용을 한다. 특히 정서적(情緒的)인 면에 불안한 상태를 나타내기 때문에 심도(深度) 있는 관찰(觀察)이 필요하다.
- 우울증이나 정신적인 병세를 나타낸다. 심하면 극단적인 상황을 나타내기도 한다. 요즈음에 있어서 더욱 많은 부작용을 나타낸다. 그 결과 자살(自殺)이라는 상황으로 발전하는 경우도 나온다.
- 충동적(衝動的)인 면이 강하게 나타나 신경계(神經系) 이상으로 인한 병세(病勢)가 보인다. 심리적(心理的) 안정(安定)이 더욱 필요하다.
- 스토커나, 파파라치 기질이 강하다. 얼마 전에 탈의실, 화장실, 샤워

장등 가릴 것 없이 10여 년 간 여성의 은밀한 부위를 촬영하여 사진을 만들어 인터넷을 통하여 팔다가 붙잡힌 사람의 경우를 보면 알 것이다. 멀쩡히 직장을 다니면서 말이다. 그리고 좋은 직장에 다니면서 가정(家庭)에서도 착실한 가장 노릇을 하며 수년간 산불을 저지른 경우가 이러한 경우이다. 알고 나서 주변에서는 고개를 흔든다. 설마하고--

☀ 사주(四柱)상 조화(調和)를 상실하는 경우, 더욱 그 기괴함이 나타난다. 천재(天才)성과, 변태(變態)기질을 동시에 가지고 있어 두 얼굴이다.

☀ 극(極)신약(身弱)의 경우 지나치게 허약하여 헛것이 보이고 제대로 판단을 못한다, 관살(官殺)이 혼잡한 경우, 지나치게 위축되어 기를 펴지 못하고, 인성(印星)이 혼잡(混雜)한 경우, 지나친 응석받이요, 끙끙 앓다가 시간 보내고, 형충파해(刑沖破害)가 심한 경우, 파김치가 되어 기력이 없다. 조후(調候)가 안 된 사주는 정신(精神)이상이나, 신병(神病)가능성이 많다.

☀ 귀문관살(鬼門官殺)에 해당하면 변덕(變德)증세나 공주(公主)병 기질(氣質)이 있으며, 정신질환이나 신경질 히스테리 등 까다로운 데가 많으며, 엉뚱하고 괴팍하나 참신하고, 영리함은 인정할 만한 부분도 있다.

☀ 일반 사람들이 갖지 못하는 특별한 감정(感情), 감각(感覺)이 있기 쉬우며, 좋게 작용하는 경우, 예술적(藝術的)인 소질이나 특이한 재능(才能)으로 나타난다.

☀ 신경쇠약, 정신박약, 변태상, 불감증, 간질, 동성동본결혼, 심지어 근친상간도 이 살(殺)의 작용에 나타난다.

귀문관살(鬼門官殺)

- 귀문관살은 나름의 판단이 최선으로 착각을 한다. 유부남이나 노랑(老郞)과 인연이 있는데 순수사랑을 강조한다.
- 여명(女命)에 관살(官殺)이 귀문(鬼門)이면 남자에 홀려 정신이 나간다. 윤간, 강간도 당하며, 재(財)와 인수(印綬)에 귀문관살은 모처(母妻)불합(不合)이요, 일시(日時)는 자손(子孫)이 심약하고, 물귀신 같은 존재로 전락한다.
- 애증(愛憎)이 교차(交叉)한다. 굴곡(屈曲)이 심하여 마음을 종잡을 수 없다. 원망과 불평이 많으며 조금만 소홀히 해도 상대를 원망하고, 이기적인 배타심과 이유 없는 증오심이 생기며 한없이 저주하는 마음도 생긴다. 대화(對話)도 공유사항이 같아야 동질(同質)감을 느끼고 조금만 다른 견해(見解)를 보이면 적대시(敵對視)한다.
- 신기(神氣)라고 착각을 하여 마치 자기가 무엇이나 된 양 스스로 도취하여 엉뚱한 발상(發想)과 행동(行動)을 한다.
- 귀문관살(鬼門官殺)은 우둔한 사람에게는 생기지가 않는다. 약간은 내향적이며 머리가 좋은 사람에게 생기며, 항상 두 마음이 있고 내적으로 열등감, 콤플렉스, 망설임 그로 인한 일의 그르침에 대한 반발심이 스스로의 자학과 비슷한 형태로 표출된다.
- 귀문관살(鬼門官殺)은 미래 지향적 사고와는 거리가 멀다. 과거 회귀적인 사고방식이 항상 앞선다. 추억을 먹고사는 한 많은 노인같다. 짧은 과거라도 그 추억을 회상하며 실없이 웃고, 행동하며 광인(狂人)처럼 행동한다.
- 귀문관살(鬼門官殺)은 내면(內面) 의식(意識)이 강하다. 먼저 이야기를 하려고 하지 말고 스스로 말 할 수 있는 분위기를 만들어야 한다. 기다리는 인내심(忍耐心)이 있어야 결함을 발견하고 치유할 수 있다.

흉살(凶殺)

흔히 종교에 의탁하면 된다하지만, 그것은 더욱 몰입하는 역(逆)효과(效果)를 양산(量産)해낸다.

● .위치(位置)별로 살펴보는 귀문관살(鬼門關殺).

◆ 년주(年柱)
☀ 년지(年支)가 귀문관살이 되면 선조 때문에, 즉 산소나 선산 등으로 신경 써야 하고, 경제적 사안, 집안의 내력(來歷)등으로 조상을 원망하며, 탓한다. 꿈자리가 뒤숭숭하고, 자꾸 꿈에 할아버지, 할머니가 나타난다.

◆ 월주(月柱).
☀ 월주는 부모(父母), 형제(兄弟) 자리다. 친족(親族)간의 문제로 이어진다. 가족 간의 신경전이 날카롭다. 집안이 편하지 못하니 자꾸 밖으로 나돈다. 부모와 설전(舌戰)도 반복되고, 화목(和睦)이 그리워진다.

◆ 일주(日柱).
→ 일주에 위치할 경우 일지(日支)는 처궁이요, 배우자 자리다. 의처증(疑妻症)이나, 의부증(疑夫症)도 너무 관심을 가지다 보니 생기는 것이다. 자신에게 관심이 부족하다고 생기는 일종의 강짜이다. 자꾸만 같이 있는 시간을 많이 하는 것이 최고다. 관성(官星)에 해당할 경우 직장문제, 일자리, 관재로 미칠 정도로 홱 돌아가는 것이다.
→ 부모(父母)나 주변의 반대로 결혼문제로 고민하고, 재성(財星)에 해

귀문관살(鬼門官殺)

당하면 연상(年上)의 여인(女人)이나, 유부남(有婦男), 이루어질 수 없는 사랑으로 머리를 흔든다.

➡ 사주(四柱)에 귀문관살(鬼門官殺)이 있으면 단순명료한 것도 쓸데없이 집착하고 몰두하여 일을 복잡하게 만든다. 옆에서 보면 답답하다. 이러한 주변을 향하여 그는 소리친다. "다 남의 일이라 그렇게 생각한다."고 말이다.

◆ 시주(時柱).

시주(時柱)에 있으면 잔소리 대왕이다. 자기주장과 말만 옳다.
"나이 먹으면 죽어야지!" 하는 소리가 절로 본인 입에서 나온다.

● 흐름으로 읽어보는 귀문관살(鬼門關殺).

☀ 자미(子未), 자유(子酉) : 동자, 선녀귀신이 있는 것처럼 공주, 왕자병, 아이 같은 짓을 잘하므로 응석을 받아주고, 자기 할 일과 취미에 몰두하게 유도하거나, 봉사활동에 몰두하도록 하는 것이 좋다. 흉(凶) 작용을 하면 무용지물(無用之物)이다.

☀ 혼자서 설치다 끝난다. 다 지 멋에 산다고 하지만 실속이 없다. 오히려 없는 것만 못한 경우로 전락(轉落)한다.

❋ 곤명(坤命)

辛	甲	庚	辛
未	子	寅	酉

인(寅)월의 갑(甲)목 일간(日干)이다.
자미(子未)와 인유(寅酉)가 종합적이다.

⬆ 중복(重複)으로 있으니, 작용은 더블이다. 무엇이 문제일까?

흉살(凶殺)

결혼(結婚)이 급한 것이다. 그리고 직장운도 그렇고, 도무지 될 듯 될 듯 하며 안 되는 것이다. 아무 것이라도 먼저 이루어지는 쪽을 택한다 하지만 그것도 다 본인 생각이고----------

널린 것이 남자인데! 손만 뻗으면 다 잡히는 것이 거시긴데 힘들어죽겠다. 가만히 보니 아래에서 난리가 난 것이다.

미치다 빵구 난다는 말이 있지가 않은가? 다 귀신 장난이다.

관(官)이 너무 훤한 것이다. 속이 다 보이고, 지나치게 노출(露出)이 심하니 다 내 것이 아니다.

☀ **축오(丑午)** : 객사, 급사귀신이 들러붙어 있어 성질이 폭발적 폭력적인 면이 있다. 가까운 사람, 집안사람에게 폭력적이고 건들면 자살한다며 난리친다.

☀ 확률도 크고 남자에게 많다. 탕화(湯火)의 기(氣)가 있어 더한다.

✳ **건명(乾命)**

甲	甲	癸	丁
子	午	丑	巳

축(丑)월, 갑(甲)목 일간(日干)이다.
충(沖)이 많은 것이 눈에 거슬린다.

⬆ 천간(天干)으로 정계(丁癸)충(沖)이요, 지지(地支)는 자오(子午)충(沖)이다. 비록 대기업에 다니지만 가정적으로 문제가 많은 사람이다. 궁합을 보러온 사람이다. 가화만사성(家和萬事成)이다.

☀ **인유(寅酉), 인미(寅未)** : 나이 먹은 귀신이 있어 평소 점잖은 척하고 불러도 한참 있다 대답한다. 불분명한 답변을 하며, 주로 멍하니 눈만 껌벅껌벅하는 경향이 있다.

귀문관살(鬼門官殺)

※ 곤명(坤命)

| 乙 | 庚 | 庚 | 甲 |
| 酉 | 寅 | 午 | 辰 |

오(午)월, 경(庚)금 일간(日干)이다.
일지(日支), 시지(時支)가 인유(寅酉)이다.

⬆ 집안의 가족 구성원이 많다. 막내가 교통사고로 사망을 하였다. 귀신(鬼神)이 불러간 것이다. 합(合)과, 충(沖)이 많다보니 복잡(複雜)하다. 시지(時支)의 유(酉)가 동생이다. 식구들 간에 우환(憂患)이 항상 멈추는 날이 없다.

☀ 묘신(卯申) : 장군귀신, 도화살 귀신이 있어 상대를 무시하고 잘난 척하고 허풍이 심한 편. 대체로 과대망상증이 심하고 머리는 영리하여 튀려하고 자기만 옳고, 남은 무시하는 경향이 강하다.

☀ 진해(辰亥) : 처녀귀신, 애 낳다 죽은 귀신이 있어 한이 많고, 앙칼지고 사납고 히스테리컬하며 대인 기피증, 결벽증을 보이며 자기 식구만 안다. 주로 여자들에게 많이 나타나며 인물이 반반하며 깔끔을 너무 떠는 편이다. 징 하다고 보면 된다.

※ 곤명(坤命)

| 庚 | 乙 | 辛 | 丙 |
| 辰 | 亥 | 卯 | 寅 |

묘(卯)월의 을(乙)목 일간(日干)이다.
일(日), 시(時)에 귀문(鬼門)이 작용한다.

⬆ 월간(月干)의 신(辛)금이 첫 사랑이다. 나쁜 자식이 다른 여성에게 마음을 돌린 것이다. 바람둥이이다. 그 여성(女性)의 파워가 센 것이었다. 결국 다른 남성을 만나 결혼(結婚)은 하겠지만, 결국은 진해(辰亥)라 돌아버릴 지경까지 갈 정도로 다른 유부남과 불륜(不倫)의 관계로 미치는 것이다. 아직 나이가 있으니 사람의 운명(運命)이란 어찌 될지 모르는 것, 사주 상 나와 있는 기운(氣運)이 그렇다는 것이다.

흉살(凶殺)

※ 곤명(坤命)

丙	癸	庚	庚
辰	亥	辰	辛

진(辰)월의 계(癸)수 일간(日干)이다.

진해(辰亥)가 좌우(左右)로 양립(兩立)한다.

⬆ 중국교포의 사주다. 결혼(結婚)하기 위하여 남성과 궁합을 보기 위한 것이다. 지나치게 조건(條件)이 까다로워 잘 이루어지지 않는다. 심성(心性) 자체도 까다롭다. 관(官)인 진(辰)토가 양쪽에서 서로 자리를 차지하려고, 일지(日支) 해(亥)수와 신경전을 벌이고 있다.

☀ **사술(巳戌)** : 도사귀신이 들어있어 능구렁이식이며, 음흉하며 고집이 세다. 죽어도 자기주장만 한다. 이도 저도 아닌 이중구조의 마음을 갖고, 정확한 판단력을 결여할 때도 있어 억울하다는 생각을 한다.

☀ 사술(邪術)이라 사기(詐欺)와 같은 기운이라 생각하라.

※ 건명(乾命)

丙	己	丙	甲
午	戌	巳	寅

사(巳)월, 기(己)토 일간(日干)이다.

형(刑)과 귀문(鬼門)이 중복(重複)이다.

⬆ 한 가정의 큰 아들인데 제 역할을 못하고 있다.
인성(印星)이 지나치게 과함이 큰 부작용(副作用)으로 나타나고 있다.
월지(月支), 일지(日支)가 사술(巳戌)로 귀문(鬼門)을 형성한다.
인사(寅巳)형이 반복된다. 지나치게 화기(火氣)가 강하여, 일간(日干)인 기(己)토는 쓸모없는 흙으로 변한다. 동생은 k리그에서 프로 선수로 활약을 하고 있다.

탕화살(湯火殺)

● 탕화살(湯火殺).

불난 집에 부채질

탕화살(湯火殺)의 구성.

탕화살(湯火殺)은 일지(日支)가 축(丑),인(寅),오(午)에 해당한다.
축(丑)일생은 오미술(午未戌)을, 인(寅)일생은 인사신(寅巳申)을, 오(午)일생은 축진오(丑辰午)를 재차 만나면 그 작용력이 가중된다.

* **탕화(湯火)**란 원래 끓는 물에 대이거나, 화상(火傷)으로 인한 사고(事故), 불로 인한 즉 화재(火災)의 불상사(不祥事)이다. 화상, 흉터, 성형수술 등이 연관이 된다. 여기에서 연결이 심(甚)하게 되면, 심성으로 보면 염세주의요, 비관적이요, 경제적(經濟的)인 연결로 본다면 사채(私債)에 시달려 그것이 원인(原因)이 되어 자살(自殺)하는 것이니 열 받아 스스로 목숨을 끊는 것이요, 분한 마음이 충천(衝天)하여 참지 못하고 이승을 하직하는 것이다.
* 요즈음으로 본다면 성형수술 부작용, 라식수술의 부작용, 무리한 다이어트로 인한 부작용, 이물질의 삽입행위요, 보톡스 부작용 등이 해당하지만 나이가 들고나면 결국 후회하는 경우가 많다.

◆ 탕화살(湯火殺)의 통변(通辯).

탕화(湯火)는 일(日)을 중심으로 하여 주변(周邊) 환경을 보는 것이다. 일지(日支)에 따라 성향이 변화가 있으므로 국(局)의 형성(形成)과 일지와 직접적(直接的)인 연관(聯關)관계를 살펴보도록 하는 것이다.
일지(日支)와 형충파해(刑沖破害)가 된다면 직접적인 반응이 바로 나오는

흉살(凶殺)

것은 당연한 일이나, 탕화(湯火)의 경우 그 반응이 심각하게 나타난다. 생명(生命)과도 직결이 되는 경우, 심각할 정도로 위험한 상황 등으로 나타난다. 일지(日支)와 형충파해(刑沖破害)의 관계가 중복 될 경우 그 작용(作用)이 더 강(强)하게 나타난다.

☀ 탕화(湯火)일 생은 일간(日干)이 기운이 강(强)한가? 약(弱)한가를 우선 보아야 한다. 기본적 사항에 대하여 신약(身弱)일 경우, 심하여 재기불능(再起不能), 인명(人命)까지 거두어가는 경우가 발생하기 때문이다.

☀ 어느 경우나 신약(身弱)이면 항상 그 강도(强度)가 심하지만 탕화의 경우 극명하게 그 차이가 나므로 확인을 한 후 통변(通辯)하여야 한다.

◆ <u>탕화(湯火)의 특징(特徵).</u>

☀ 조용히 속삭인다. 대중 앞에 나서기를 꺼린다. 내면적(內面的)인 작용이 강하다. 사랑도 속삭이며 한다. 경험 부족으로 인하여 헤어지면 상처를 크게 받는다. 조금만 유혹 하여도 잘 넘어가는 것이다. 단 속삭이듯 가까이 접근하여야 하는데 선을 넘기가 쉽지는 않다. 일단 경계선을 넘으면 그 다음은 쓰나미다. 골수분자 식으로 "나는 당신밖에 몰라요~"를 외친다.

☀ 남들은 괜찮은데 유달리 특이한 체질을 보이는 사람들 역시 이 기운이 강한 것이다.

☀ 조금만 상한 음식을 먹어도 큰 탈로 이어지고 조금만 넘어져도 크게 다쳐 병원에 입원을 할 정도로 이어지는 것이다. 몸의 열이 심하면

탕화살(湯火殺)

피부로 열꽃이 나오듯 안에서 돌출(突出)구를 찾으려 하다가 못 찾으면 탕화(湯火)의 작용을 하면서 밖으로의 돌출(突出)을 시도한다.
※ 얼굴에 점이나, 흉터가 많은 사람 역시 이 기운이 강하다.

● **실전으로 살펴보는 탕화살(湯火殺).**

※ 건명(乾命)

庚	甲	庚	甲
午	午	午	寅

오(午)월, 갑(甲)목 일간이다.
지지(地支)가 불이다. 인오(寅午)화국을 이룬다.

⬆ 지지(地支) 화국(火局)을 이루고 있다. 오(午)화가 셋이면 국(局)을 형성(形成)하는 것이나 마찬가지다.
천간(天干)으로는 갑경충(甲庚冲)을 형성하고 있다. 뜨거운 용광로 속에 쇳물이 녹아 있는 형상이다.
식혀서 기물(器物)을 만들어야 할 것인데 물이 없다. 식힐 수가 없다. 자꾸 끓기만 하지 아무런 후속 대책(對策)이 없다. 기약할 미래(未來)가 보이지 않는다.
경(庚)금은 관절(關節)인데, 위아래에서 곤욕을 치루니 온전할 리 없다. 다리가 불편한 사람이다. 장애(障碍)인이다. 탕화(湯火)의 작용이 심하다. 심리적(心理的)으로 문제가 많은 사람이다. 옆에 항상 누구인가 있어야 할 사람이다.

흉살(凶殺)

상문(喪門), 조객(弔客)살.

상문, 조객살은 사람의 운명이 다하여 생을 마감한 후에 애도와 추모의 의미로 찾아보는 행위인데 심약하고, 신약하고, 정약 박약한 사람들이 주로 꺼리는 살의 일종이다. 물론 다른 경우도 있겠지만 대체적으로 그렇다.

과(過)하여 실수로 인하여 발생하고, 혼잡함으로 인하여 발생하기도 하는 것이 특징이다. 잘라서 말한다면 혼령(魂靈)이 따라붙거나, 귀신(鬼神)의 장난으로 인하여 여러 불상사(不祥事)가 발생하여 흉(凶)으로 나타난다.

그 현상으로는 주체, 식체 등 음식으로 인하여 급사(急死)를 하는 경우도 있고, 빙의 형태로 나타나는 것은 어지럽다든가, 헛것이 보인다든가, 꿈자리가 뒤숭숭하다든가, 몸이 시름시름 아프다든가 등등 여러 현상이 나타난다.

길사(吉事)를 앞둔 사람들의 경우, 병문안도 안 가는 것이 좋다는 식으로 듣지도, 보지도 않는 것이 좋다고 한다.

길일(吉日)은 백색(白色)이요, 청순함이라 상문(喪門), 조객살(弔客殺)은 검정이요, 태움이라 냄새도 역겹고, 그 이상의 한 맺힘이 많은지라, 티끌이라도 앉는 것이 부정(不淨)이라 보기 때문이다.

◆ 상문, 조객살의 특징과 통변

☀ 상문(喪門), 조객(弔客)살은 지지(地支)에서 앞과, 뒤는 있고 가운데가 비어있는 경우이다. 여기에서 우리는 무엇인가를 알아야 하는 것이다. 무엇을 찾는단 말인가?

☀ 일반적인 개념은 상(喪)을 당하거나, 상가(喪家) 집에 갈 일이 발생하고, 흉사(凶事)에 관여하는 일이 많아진다.

상문(喪門), 조객(弔客)

❋ 상문(喪門), 조객살(弔客殺)의 구성과 요소.

⬇ 상문살(喪門殺)이다. 순행(順行)으로 이어진다.

子寅 -----축(丑)   午申 -----미(未)
丑卯 -----인(寅)   未酉 -----신(申)
寅辰 -----묘(卯)   申戌 -----유(酉)
卯巳 -----진(辰)   酉亥 -----술(戌)
辰午 -----사(巳)   戌子 -----해(亥)
巳未 -----오(午)   亥丑 -----자(子)

⬇ 조객살(弔客殺)이다. 역행(逆行)으로 되어 있다.

子戌,   卯丑   午辰   酉未
丑亥,   辰寅   未巳   戌申
寅子,   巳卯   申午   亥酉

◆ 상문(喪門), 조객(弔客)의 특징(特徵)과 통변(通辯)

☀ 상문(喪門)은 순행(順行)이요, 조객(弔客)은 역행(逆行)이다.
☀ 찾는 방법은 앞 자가 뒤의 글자를 만나면 성립이 된다.
☀ 일(日), 년(年)을 기준으로 보는데, 예전에는 년(年)을 많이 보았는데, 현재는 일(日)을 중시 한다.
☀ 자꾸 슬픈 일이 생긴다. 주로 세운(歲運)을 위주로 하여본다. 어차피

흉살(凶殺)

흘러가는 세월이 아닌가? 대운(大運)을 본다면 말도 안 되는 소리이고------- 무엇이 좋은 일이라고 말이다.

※ 허리가 허전하다. 괜스레 슬프고, 아프고, 항시 무엇인가 빠진 것 같고, 허탈하기도 하고, 멍하기도 하다. 허리인 중심점이 즉 구심점이 없다. 버팀목이 없어진 것이다. 매사가 그러하다. 상문(喪門), 조객(弔客)의 특징이다.

※ 한 다리 건너뛰는 것이다. 과정을 무시하고 일을 진행한다. 사람의 상문(喪門)이나, 조문(弔文)등에만 집착(執着)을 하지마라.

※ 현대적인 해석의 진정한 상문(喪門), 조객살(弔客殺)은 이러한 것이다. 일의 순서가 중간 과정(過程)을 거치지 않고 처리되는 것이다. 중간 과정(過程)의 사람이나 일은 무시되고 없다고 생각하는 것이다. 존재(存在)가 무시되는 것이다. 있으나 마나니 죽은 사람이나 같다. 위에서 아래에서, 아래에서 위로 직접 명령이 하달된다. 결국 조직(組織)이 와해(瓦解)되는 악순환(惡循環)이 이어진다.

※ 파벌(派閥)이 형성되고 균열(龜裂)이 나기 시작한다. 결국 오래가지 못한다는 것을 암시한다. 무슨 일이든 망(亡)한다는 암시다.

※ 상문(喪門)은 윗사람으로 인하여 위 라인에 의하여 당하는 것이고, 조객살(弔客殺)은 아래 라인에 의하여 당한다.

※ 상문살(喪門殺)은 원청업자인 상사(上司)에게 당하는 것이요, 조객살(弔客殺)은 하청(下請)업자인 아랫사람에 의하여 당한다. 기타 통변(通辯)의 기준(基準)으로 하면 된다. 이것이 신살(神殺)을 보는 방법인 것이다. 신살(神殺) 그 자체로만 본다면 이는 어리석은 신(神)의 제자요, 명리(命理)학도(學徒)인 것이요, 발전성(發展性)이 없는 역(易)의 추종자 밖에 안 된다.

상문(喪門), 조객(弔客)

- 이 문귀(文句)가 이 책의 진수(眞髓)인 것이다. 기타 여러 가지는 차차 시간이 허락되면 적기로 하고--------
- 건강(健康)이면, 곧 알 수 없는 병(病)으로 시달린다.
- 사업(事業)으로 본다면, 곧 부도(不到)가 난다.
- 육친(六親)으로 본다면, 불화(不和)가 발생하는 것이요,
- 승진(昇進)은, 낙하산 탄 놈이 하고, 공(功)은 자기들 끼리,
- 왕따 당한다는 것이요, 허울만 있는 허수아비 바지사장이고,
- 주객(主客)이 전도(顚倒)되고, 바가지는 내가 쓴다.
- 중상(中傷)과 모략(謀略)이 있어도 감당을 못하고,
- 일기예보 믿고 그냥 갔다가, 소나기 만난다.

닭 쫓던 개 지붕 쳐다보는 것이요, 왕따(기수열외)인 것이다.

흉살(凶殺)

.급각살(急脚殺).

급각살(急脚殺)이란 갑작스런 상황으로 주로 다리 부분을 많이 이야기 하나, 신체 부분 중 아래의 부분을 말함이요, 사람의 연령(年齡)으로 본다면 유소년이나, 청소년층을 말한다.

상처(傷處)를 입거나, 해(害)함을 당하고, 불미스러운 흉사(凶死)가 발생한다.

직장으로 본다면 아랫사람이요, 일의 진행을 본다면 기초공사(基礎工事)의 부실(不實)로 발생하는 흉사(凶死)이다. 격각살(擊脚殺) 역시 다리를 다친다는 촌스러운 통변(通辯)으로만 임하면 안 된다.

◆ 급각살(急脚殺)의 구성(構成).

생월 일시	인묘진(寅卯辰)	사오미(巳午未)	신유술(申酉戌)	해자축(亥子丑)
	해(亥),자(子)	묘(卯),미(未)	인(寅),술(戌)	축(丑),진(辰)

⬆ 급각살(急脚殺)은 항상 감싸는 기운의 연속이다. 일종의 과잉보호로 생긴다.

☀ 급각살(急脚殺)은 생월(生月) 기준(基準),일(日)과, 시(時)에 대조(對照)하여 본다.

☀ 춘생(春生) 해자(亥子) ☞ 춘생(春生)이라 계절로 봄이다. 즉 음력(陰曆) 1,2,3,월 봄에 출생하고, 일(日)과, 시(時)에 해(亥), 자(子)를 형성하고 있다. 수목응결(水木凝結)의 형상이다.

✳ 곤명(坤命)

癸	丙	辛	丙
巳	子	卯	辰

묘(卯)월, 병(丙)화 일간(日干)이다.
목화(木火) 양(陽)이 많은 것 같은데----

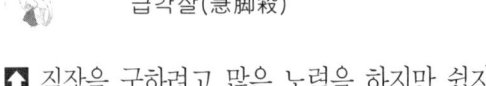
급각살(急脚殺)

⬆ 직장을 구하려고 많은 노력을 하지만 쉽지 않다.

금수(金水)인 음(陰)의 방해(妨害)가 심하다.

● 여기에서 실전 상황은 이렇게 나온다. 겨울 내내 수도가 얼어서 사용을 하지 못하였다. 봄이 되고 날도 많이 풀려 이제는 다 녹았겠지 하고 마음 놓고 수도꼭지를 돌리다 그만 터져버린다. 이런 사고가 발생하는 것이다. 이것이 급각살(急脚殺)이나 같은 것이다. 옆구리 터지는 소리인 것이다.

☀ 하생(夏生) 묘미(卯未) ☞ 하생(夏生)이니 여름이다. 4, 5, 6월 사(巳),오(午),미(未)월 출생(出生)이다. 일(日)과, 시(時)에 묘(卯), 미(未)를 갖추고 있다.

※ 건명(乾命)

己	己	丙	壬
巳	卯	午	寅

오(午)월, 기(己)토 일간(日干)이다.

화기(火氣)가 문제이다.

⬆ 현재 충무로에서 작은 인쇄소를 하고 나름대로 열심히 살고 있다.

오(午)월이라 여름인데, 일지(日支)에 묘(卯)가 있으니 해당 되는 것이다. 지나친 화(火)의 기세(氣勢)로 인하여 기(己)토가 부스러기 흙으로 변한다. 일지(日支)의 묘(卯)목도 극(剋)을 하니 어렵다.

● 여름에 어떤 사고가 날까? 지나치게 건조하다. 봄에 씨뿌리고 잘 보살폈으니 이제 지들이 알아서 잘 자라겠지 하지만 그것은 착각이다. 날이 건조하고 수량이 부족하여 말라비틀어진다.

● 사람으로 친다면 아이가 성장을 멈추는 것이다. 성장판(成長版)에 이상이 온 것이다. 발육(發育)의 부진(不進)으로 이어진다.

☀ 건명(乾命)

戊	丁	辛	甲
申	卯	未	子

미(未)월생인데 정(丁)화 일간(日干)이다.
하생(夏生)묘미(卯未)에 해당한다.

⬆ 여름의 끝자락에 태어난 사람이다. 영락없는 급각살(急脚殺)인데 현재 다리를 절고 있다. 아주 심한 경우는 아닌데, 어려서부터 일찍 다리가 불구다. 둘째 아들인데 심성(心性)은 그래도 착하다. 문제는 급각살(急脚殺)인데, 자묘(子卯)형이 더 추가된 것이다. 악살(惡殺)이 작용을 한 것이다. 귀문관살(鬼門官殺)에 원진(怨嗔)에 여러 가지가 종합이다. 어머니는 연하(年下)의 남성과 불륜(不倫)의 관계를 계속 이어가고 있다. 곧 아버지를 찾아갈 것이다.

☀ 추생(秋生) 인술(寅戌) ☞ 추생(秋生)이니 가을이다. 7,8,9월이다. 신(申),유(酉),술(戌)월에 출생하고 일(日)과 시(時)에 인(寅), 술(戌)을 놓고 있다. 가을에는 선선한 바람도 불고 농익는 맛이 있어야 한다. 덥기만 하다보면 열매가 곯는다. 이는 지나친 건조함이다.

☀ 건명(乾命)

丙	甲	丙	辛
寅	戌	申	酉

신(辛)월, 갑(甲)목 일간(日干)이다.
금(金)이 방합(方合)을 이루고 있다.

⬆ 급각살(急脚殺)이라 하여 무조건 흉(凶)이 아니라는 것을 보여주는 경우. 다리를 주로 사용하는 축구선수의 사주다. 국가대표로도 활약을 하였던 선수이다.
신(申)월의 인술(寅戌)이라 영락없는 급각살(急脚殺)에 해당한다.
허나 이 경우 오히려 그것이 득(得)으로 작용한다. 가을의 덥고, 신선한 기운이 질 좋은 상품을 만들어낸다.

급각살(急脚殺)

❈ 동생(冬生)축진(丑辰) ☞ 동생(冬生)이라 겨울이다. 10,11,12월 해(亥), 자(子), 축(丑)월에 출생(出生)하고 일(日)과 시(時)에 축(丑), 진(辰)을 갖추고 있다. 축(丑),진(辰)은 습(習)이다. 과습(過濕)으로 이어진다. 계속 지속이 되면 냉한(冷寒)으로 이어진다.

❈ 신체(身體)로 본다면 하체(下體) 즉 아래쪽에 이상이 온다. 주로 움직이는 기능을 하는 것이다. 상체(上體)를 지탱하고 이동(移動)을 하는 수단과도 연관된다. 과년한 처녀의 경우 결혼(結婚) 후 자녀(子女)의 출산(出産)에도 문제점이 노출된다. 성격적(性格的)인 면을 본다면 지나친 음기(陰氣)의 작용으로 융화(融和)하기가 힘든 것이다.

❋ 곤명(坤命)

乙	乙	己	辛
酉	丑	亥	丑

해(亥)월, 을(乙)목 일간(日干)이다.
음팔통(陰八通)의 사주(四柱)다.

🔼 관(官)이 많다보니 혼사(婚事)가 잘 이루어지지 않는다.
더욱 음팔통(陰八通)이요, 가족과 융화(融和)도 어려워 큰 문제로 나타난다. 지나치게 애완견에게 집착하여 더욱 그렇다. 대체적으로 애완견에 집착하는 사람들을 보면 음팔통(陰八通)이나, 성격(性格)상의 이상(異狀)문제를 갖고 있는 사람들이 많다. 요즈음 반려동물이라 논하지만 항상 지나치면 병(病)이 된다.
동토(凍土)의 지역에 얼어붙은 나무요, 풀이다.

❈ 교통사고와 연관이 되는데 직접적으로 상해(傷害)가 전달이 되니 자전거, 오토바이, 유모차, 보행기, 넘어져서 다치고, 자빠져도 코가 깨지는 것이나 같다.

❈ 유소년기(幼小年期)에 악살(惡殺)과 같이 작용을 한다면 장애(障碍)와도 연관 지어진다. 악살(惡殺)이라도 제화(制化)가 이루어지면 미

흉살(凶殺)

비하게 나타난다.
* 일반적(一般的)으로 단교관살(斷橋關殺)과 비슷하다 하여 같이 더불어 보기도 하나 약간 차이는 있다.

◆ <u>급각살(急脚殺)의 통변(通辯).</u>

삼형살(三刑殺)과의 관계를 살펴보도록 하자. 축술미(丑戌未)인데 월별로 살펴보면 12, 9, 6월이다. 겨울, 가을, 여름이다. 저절로 급각살(急脚殺)에 해당이 되는 것이다. 형살(刑殺)의 요소(要素)를 이미 나타낸다.

* 급각살(急脚殺)은 하부(下部)에 작용하는 살(殺)인데, 제화(制化)가 안 되고 지속적(持續的)으로 작용하면 상부(上部)조직(組織)으로 이어진다. 신체(身體)의 경우, 예로 든다면 하반신(下半身)의 부조화(不調和)로, 상반신(上半身)의 작용에 무리가 가므로 중간(中間)에 위치한 중추(中樞)기관의 부작용(副作用)까지 이어진다. 나무를 접목(椄木)하여 살리는 방법을 택하듯 이용하여야 한다.
* 이 살(殺)에 해당할 경우, 육친(六親)을 잘 살펴야 한다. 시지(時支)에 작용하면서 자녀(子女)에 해당할 경우, 장애(障碍)일 가능성이 많다. 지지(地支)의 작용과 이에 해당하는 육친(六親)을 구별하면 된다. 특히 지지(地支)에 자형살(自刑殺)을 놓고 있을 경우 확률이 많다.
* 지방간(脂肪肝)으로 풍치(風齒)가 발생하는 경우를 생각하면 된다. 목(木)이 지나치게 강(强)하여 스스로 병(病)을 유발하고, 목(木)이 강한데 금(金)을 역(逆)으로, 극(剋)할 경우 당한다.
* 사주가 지나치게 편협하면 항상 병(病)이 발생하는 것이 당연하지만

급각살(急脚殺)

이 경우 특히 사주(四柱)가 지나치게 냉(冷)하거나, 뜨거울 경우 가능성이 많다는 것을 암시한다.

* 신경(神經)과 연결이 많은 수목응결(水木凝結) 사주인 경우 얼어있고, 찬바람만 불어오니 통풍(痛風)이 온다. 혈전장애요, 중풍으로 이어진다.
* 여성(女性)의 경우 냉증(冷症), 대하증(帶下症)은 반드시 오는 것이다. 산후통, 요통, 생리통, 생리불순(生理不巡)은 당연한 것이고 불임, 자궁암(子宮癌)으로도 이어진다.
* 화(火)가 강(强)하면 건혈(乾血)로 이어진다.

흉살(凶殺)

.단교관살(斷橋關殺)

단교관살(斷橋關殺)은 급각살(急脚殺)과 비슷하다고 생각하면 된다. 같다고 할 수는 없는 것이지만 사촌(四寸)정도로 생각하면 될 것이다. 차이점은 설명을 보면서 판단하시기를 ----

◆ 단교관살(斷橋關殺)의 구성

월	인(寅)	묘(卯)	진(辰)	사(巳)	오(午)	미(未)	신(申)	유(酉)	술(戌)	해(亥)	자(子)	축(丑)
일,시	인(寅)	묘(卯)	신(申)	축(丑)	술(戌)	유(酉)	진(辰)	사(巳)	오(午)	미(未)	해(亥)	자(子)

⬆ 월지(月支)를 기준으로 하여 일(日)과 시(時)를 대조(對照)하여 본다.

어린 시절 잘 넘어져서 무릎이 성할 날이 없는 자녀일 경우, 급각살(急脚殺)이나 단교관살(斷橋關殺) 작용(作用)이 심하다.

☀ 생월(生月) 기준하여 일(日), 시(時)에 적용한다. 급각살(急脚殺)과 판단(判斷)하는 방법은 같다.
☀ 통변도 급각살(急脚殺)과 같은 요령으로 한다. 단교관살은 월별로 하여 판단하는 것이니 참고하시기 바라고, 월(月)과 일(日),시(時)가 합(合)을 이루는 것이 특성(特性)이다.
☀ 합(合)이라고 항상 좋지 않다는 이유를 여기서도 찾아본다. 호사다마(好事多魔)라고 하는 경우도 성립된다.

단교관살(斷橋關殺)

※ 건명(乾命)

庚	丁	丙	丁
戌	未	午	巳

오(午)월, 정(丁)화 일간(日干)이다.
급각(急刻), 단교관살(斷橋關殺)의 혼합이다.

⬆ 겨울에 잠바 주머니에 손을 넣고 걸어가다 넘어져 이빨이 세대가 나간다. 흔히들 재수 없으면 어떻다고 하는 경우가 발생한 것이다.
그냥 지나치기에는 너무도 비슷한 상황이 많이 생기는 것이다.
일(日), 시(時)가 형(刑)이고, 합(合)중에 흉(凶)이 나타나고, 신(辛)금이 충(沖)을 당하니 결과가 그렇게 나온다.
살다 보면 유달리 잘 넘어지고, 다치고 하는 아이들이 있다.
정신적인 불안, 신약, 등이 원인(原因)도 되지만, 그냥 치부하기에는 무엇인가 문제점을 찾는 것도 좋은 것이다.
금(金)은 재(財)인데, 여성 근무자가 많은 직장이라, 꽃밭 속에 파묻혀 있어도 여자 친구가 별로 없다. 금전(金錢)도 잘 모이지 않는다.
이것이 급각살(急脚殺)과, 단교관살(斷橋關殺)을 보는 방법이다.
가족관계 에서도 여러 사항이 나온다. 무엇일까?

흉살(凶殺)

● 낙정관살(落井官殺)

낙정관살(落井官殺)이란? 직역(直譯)하면 우물에 빠진다는 흉살(凶殺)인데, 예전의 우물을 보면 상체를 우물 안 쪽으로 구부린 후 두레박을 그 안으로 넣어서 물이 담기면 당기는 것이었는데, 우물의 벽이 높으면 아이들은 물을 퍼가기가 힘들었다. 혹 벽이 없거나, 낮을 경우 구부리다 우물 안으로 빠지는 경우도 있었다.
낙정관살(落井官殺)이란? 어떻게 통변을 하는가? 촌스럽게 말도 안 되는 우물에 빠진다는 소리는 하지 말자. 요사이 우물이 어디 있는가? 간혹 신살(神殺)을 강의 하는 경우, 보면 우물 운운하며 별로 대수롭지 않으니 그저 있다는 정도만 알고 넘어갑시다! 하는 경우도 있다.

◎ 낙정관살(落井官殺)의 진정한 뜻은 넘보지 말라는 뜻이다.
지나치게 욕심을 내면 사고가 난다는 말이요, 함정을 조심하라는 말이다.
옆에서 살짝 건드리기만 하여도 위험한 상황에 봉착을 한다는 것이니, 위만 보고 걷다가는 아래의 부분에서 사고를 당한다는 것이다.
택지(宅地)를 골라도 아래쪽은 피하라는 말이요, 등잔 밑이 어둡다는 말이요, 보이지 않는 곳이라도 잘 살피라는 말이다.

▶ 비탈길 아래의 집이다.(원으로 표시) 무엇이 문제일까?
옆에서 보아도 위태롭다. 격각살(擊脚殺), 급각살(急脚殺), 낙정관살(落井官殺)이 작용을 하는 집터. 사람이 살지 않고 폐지만 쌓여있다. 해결방법은 무엇일까?

낙정관살(落井官殺)이 있으면 추락(墜落)이나, 함몰(陷沒)사고, 빠지거나,

낙정관살(落井官殺)

걸려 넘어지거나, 남의 모략, 함정, 구설에 걸려들어 재앙(災殃)을 당한다. 특히 신약(身弱)사주일 경우 살(殺)이 왕(旺)하면 익사(溺死), 추락사(墜落死), 압사(壓死)등이 있다.

넘어지거나, 빠지거나, 다치거나, 갇히거나, 붕괴로 인한 살(殺)이니 노상(路上)이나 절벽· 노후건물, 설치작업, 수리작업, 안에 들어가서 하는 작업 등에 임할 시 사고(事故)를 조심해야 한다.

낙정관살(落井官殺)이 있는 사람이 어부, 광부, 탐사, 선원, 건설, 등의 경우가 많다. 특히 유의 할 점은 성인보다 유, 소년기(幼小年期)에 더 많다. 환경(環境)에 의하여 어린 시절과 같은 마음으로 돌아간 듯 상황이 이어질 때 조심하라.

◆ 낙정관살(落井關殺)의 구성.

일간	갑기 (甲己)	을경 (乙庚)	병신 (丙申)	정임 (丁壬)	무계 (戊癸)
일,시 지지	사(巳)	자(子)	신(申)	술(戌)	묘(卯)

⬆ 일간(日干)기준으로 일(日), 시(時)를 대조(對照)하여 판별(判別)한다. 월(月)도 포함하기도 한다.

◆ 낙정관살(落井關殺)의 작용(作用)

☀ 甲己 ☞ 巳, 乙庚 ☞ 子, 丙辛 ☞ 申, 丁壬 ☞ 戌, 戊癸 ☞ 卯.
☀ 공사장 웅덩이, 맨홀, 익사사고, 쓰나미, 파도타기 하다 실종, 옥상에서 실족, 추락, 어선피랍사고, 천안함사건, 등으로 연결. 여기에 흉살이나, 악살이 가중되면 횡액으로 연결이 된다.

흉살(凶殺)

※ 일상생활에서의 변화를 살펴보면 참으로 억울한 사연이 전개된다. 후원자의 보조금을 중간에서 낚아채가는 경우를 당하고, 타이어 파손으로 인하여 도로변으로 쳐 박히는 사고를 당하고, 성수대교 붕괴(崩壞)식으로 익사를 당하는 것이요, 삼풍빌딩 붕괴로 인하여 압사(壓死)를 당하는 식이요, 리모델링한다고 오래된 건물을 아무런 대비 없이 철거하다 압사(壓死)를 당한다.

※ 일본(日本)처럼 지진(地震)의 피해로 인하여 압사를 당한다. 여기에서 볼 것은 천재지변(天災地變)으로 인한 사고와의 연관성인데, 다른 사람들은 모면 하여도 영락없이 당한다.

※ 관재수(官災數)로 이어보자. 가만히 있다가 날벼락을 맞는다. 무고(無告)요, 위증(僞證)이요, 고발(告發)이요, 고소(告訴)요, 민, 형사상의 피해(被害)를 입는데 어이 없이 당한다.

※ 불난 것 구경하다가 용의자(容疑者)로 끌려가는 것이요, 싸움 말리다 가해자로 오인을 받는다. 여기에 성질에 못 이겨 욕 한 번 잘못했다가 공무집행방해로 추가 되는 것이요, 악살(惡殺)이나, 흉살(凶殺)이 가중된다면 더더욱 흉(凶)한 모습을 당한다.

※ 복합작용에 의한 또 다른 흉액(凶厄)의 탄생(誕生)으로 인한 삶의 변화가 나타난다.

※ 곤명(坤命)

丁	壬	丙	甲
未	午	寅	寅

인(寅)월, 임(壬)수 일간이다.
사주(四柱)상에는 낙정관살(落井官殺)이 어디?

🔺 사주(四柱)상에서 안 보인다면 아! 해당사항이 없는 것이구나! 방심할 때 항상 문제가 발생한다. 오래 된 사람도 가끔씩은 실수(失手)를 하는 것이 바로 이러한 것이다. 일단 보이지가 않으면 관심 밖으로 사라

- 417 -

낙정관살(落井官殺)

지는 것이다. 운(運)에서 오는 것을 알면서도 희미한 기억이 되어버리는 경우도 생긴다.

병술(丙戌)년에 이혼(離婚)을 한 사람이다. 식신(食神)이 상관(傷官)으로 변(變)하고, 식상(食傷)기운이 강(强)하여 지니 관(官)을 극(剋)하는 것은 당연한 일이지만 원인(原因)을 찾아 통변(通辯)해야 한다.

악살(惡殺)과 함께 작용한다.

흉살(凶殺)

● 평두살(平頭殺).

평두살(平頭殺)이란? 우선 글자부터 직역(直譯)을 하여보자.
평(平)(平)이란? 고르다는 뜻인데 다스린다는 의미가 부여된다. 즉 높낮이가 다를 때 이를 바로잡는 다는 의미다.
두(頭)란? 머리인데 제일 상층(上層)부를 말한다. 멀리 있는 것을 싫어한다.
가까이 있어야 한다. 그래야 부려먹기 좋다.
멀리 있으면 무슨 반역을 도모할지 모르는 일이다. 그래서 변방(邊方)에 나가 있는 것을 두려워한다. 불모라는 의미가 무엇인가? 배반(背叛)을 못하게 하기 위한 수단이다.
대충 의미가 나왔을 것이다. 주로 평두살(平頭殺)은 부부간의 이혼이나, 파혼, 인연의 불합리(不合理)화를 말하는 경우가 많은데 이는 진정한 사랑으로 맺어진 결합이 아니라, 자신의 편의(便宜)와 목적(目的)을 위하여 상대를 맞이함으로 인하여 생기는 부조화(不調和)다.

● .평두살(平頭殺)의 구성(構成).

✵ 구성요소 : 갑자(甲子), 갑진(甲辰), 병인(丙寅), 병술(丙戌),
　　　　　　병진(丙辰), 병인(丙寅)
✵ 위치 : 일(日),시(時)에 위치 할 경우 성립 된다.

◆ 평두살(平頭殺)의 특징(特徵)과 작용(作用).

☀ 갑(甲), 병(丙), 정(丁), 임(壬), 자(子), 진(辰) 의 글자가 4개 혹은 3이 있더라도 운(運)에서 하나가 더 추가 하여 이루어질 경우 대체적으로, 작용력이 강(强)하고, 흉(凶)으로 작용(作用)한다고 하는데

평두살(平頭殺)

면밀히 살펴보자.

* 수(水) ☞ 목(木) ☞ 화(火) ☞ 토(土)로 이어진다. 생성(生成)의 순서(順序)를 수(數)의 생성(生成)으로 본다면 1, 2, 3, 5이다. 4인 금(金)이 없다. 금(金)이란 결실(結實)이다. 결실(結實)이 없는 인생이다. 꽃까지는 피워도 열매를 얻지 못한다.
* 결혼(結婚)은 하여도 사랑은 그득하나, 자식(子息)이 없다. 사랑은 하여도, 이루어질 수 없는 사랑이다.
* 사업(事業)을 하여도 자기 대(代)에서 끝나고 만다. 자손까지 물려가며 할 수 없는 일이다. 설사 사업(事業)이 잘 된다하여도, 자식(子息)이 다른 일을 한다며 포기하는 것이요, 이어 하여도 곧 망(亡)하는 것이다.
* 조직(組織)생활을 하여도 사장(社長)은 못되고, 전무(專務)까지 올라 간다. 정상의 문턱에서 멈춘다. 여기에 흉살(凶殺)이나, 악살(惡殺)이 작용을 하면 대차게 당한다. 영원한 2인자로 충실하여도 모반(謀反)의 혐의로 불명예(不名譽) 제대를 한다.
* 모든 것이 무상무념(無想無念)이다. 올라가지 않으면 자리는 보존이 확실하다. 운(運)에서 도와준다면 보궐로 인하여 일시적인 기간이지만 조직(組織) 장(長)의 자리에 앉는다. 도지사(道知事)가 자주 자리를 비우니 부지사(副知事)가 한시적으로 도지사 자리를 대행하는 것이나 같다.
* 장군(將軍)이 되기 위하여, 박사가 되기 위하여, 승진(昇進)을 하기 위하여, 목표(目標)를 달성(達成)하기 위하여, 고시합격을 위하여 이루어지기 전 까지 많은 사람들은 애를 태우고 무진 노력을 다한다. 여기서 문제가 생긴다. 모든 것이 공염불이 되거나 수포로 돌아갈 때

극단의 방법을 택하는 경우가 나온다.
- ☀ 주변(周邊)의 기대(期待)와, 자신의 한(恨)이 운(運)에서 흉살(凶殺)과 악살(惡殺)로 작용(作用)한다. 자칫 잘못하면 횡액(橫厄)인 자해(自害)나, 자살(自殺)로 이어진다. 압박감(壓迫感)을 견디지 못한 결과(結果)다.
- ☀ 항상 자신(自信)을 다스리고, 되돌아보는 지혜가 필요하다.
- ☀ 그래서 종교인 팔자요, 철학인 팔자라는 것이다. 성공이란 그야말로 평범(平凡)하지만, 평두(平頭)다. 2인자가 성공이다. 영원한 2인자란 말이 있지 않은가! 그 역시 이 팔자(八字)이다.

❈ 건명(乾命)

丙	甲	丙	壬
寅	子	午	戌

오(午)월, 갑(甲)목 일간(日干)이다.

지지(地支) 삼합(三合)이지만 소용이 없다.

⬆ 일(日)과 시(時)에 갑자(甲子), 병인(丙寅)이다.
개명을 하고 수차례 상담을 하였지만 본인이 결정을 못 내린다.
약간의 우유부단함, 환경(環境)에 의하여 갈팡지팡이다.
개명(改名)을 하여도 사용을 하지도 않고, 방향(方向)을 제시하여도 말할 때는 수긍(首肯)을 잘한다. 일리가 있다면서 말이다.
결정적인 순간에는 아, 정신이 없네!-- 그리고 후회(後悔)하면서 또 전화를 한다. 결국은 호된 야단을 맞고서야 --- 한동안 연락이 없다.
좋은 소식을 갖고 올 것이다. 평두살(平頭殺)의 특징(特徵)이 나오는 부분이다.

홍염살(紅艷殺)

● . 홍염살(紅艷殺)

◆ 홍염살(紅艷殺)의 특징(特徵)

☀ 홍염살(紅艷殺)? 은 시집가는 새색시가 얼굴에 연지, 곤지를 바른 모습이다. 색동옷과 연지곤지를 바르는 것은 악귀와 잡귀를 물리치고 안녕과 평화를 위한 우리네 조상들의 슬기이다.

☀ 색(色)을 오행(五行)으로 분류하여 보면 정방(正方)위의 색과, 간방(間方)의 색(色)으로 구분한다. 각각의 의미는 이미 다 알 것이라 생각하여 생략하고, 흉액(凶厄)을 물리치기 위하여 연지, 곤지를 바르는데 역(逆)으로 작용하면 오히려 흉(凶)을 부르는 결과가 나온다.

☀ 홍염살(紅艷殺)이 바로 그 역할을 한다.

☀ 홍염살(紅艷殺)에도 음(陰), 양(陽)이 있다. 겉으로 드러나는 것과, 안으로 잠재(潛在)하여 끌어당기는 그것이다. 여기에서 나오는 것이 도화(桃花)이다.

☀ 도화와 비교한다면 홍염(紅艷)은 내숭 떠는 형국이다. 자연 도화(桃花) 기운보다는 약(弱)하지만, 그것은 외관상(外觀上), 활동적(活動的)인 면에서 평가(評價)이다.

◆ 홍염살(紅艷殺)의 구성

홍염살(紅艷殺)은 일간(日干)을 기준(基準)으로 하고, 시지(時支)를 위주로 하고, 일지(日支)도 같이 본다. 간혹 위치에 상관없이 보는 경우도 있다.
끌어당기는 기운이라 일시(日時)가 강(强)하다. 항상 미래지향(未來指向)적 기운(氣運)을 갖고 있다.

일간 日干	갑(甲) 을(乙)	병 (丙)	정 (丁)	무(戊) 기(己)	경 (庚)	신 (辛)	임 (壬)	계 (癸)
시지 時支	오(午)	인 (寅)	미 (未)	진(辰)	술 (戌)	유 (酉)	자 (子)	신 (申)

⬆ 시지(時支)와 일지(日支)를 같이 보기도 한다.

◆ **홍염살(紅艶殺)의 작용(作用).**

홍염살(紅艶殺)은 도화(桃花)살보다는 강도(强度)는 약(弱)하다고 평가(評價)를 한다. 왕(旺)한 기운이 도화(桃花)보다는 못하기 때문이다. 그러나 "가랑비에 속옷이 젖는다."는 점을 기억하면 된다. 본인의 의사(意思)와 상관이 없이 오해(誤解)를 받기도 하는 것이 홍염살(紅艶殺)이다.

☀ 친절을 베푸는데, 상대방은 오해(誤解)를 한다.
☀ 부드러움이 강점(强點)이 되나, 역(逆)으로 작용한다.
☀ 사주에 홍염살(紅艶殺)이 있으면 항상 명랑, 친절하고, 웃는 얼굴이라 대인관계에서 항상 좋은 평가를 받는다. 대체적으로 기(氣)가 드센 편이 아니라, 상대방이 부담 없이 다가온다.
☀ 여명(女命)의 경우, 좋은 일 하고 좋은 소리를 못 듣는 경우가 많다. 비서직, 접대 분야, 서비스업, 홍보분야, 안내직 등에 어울린다.
☀ 남명(男命)의 경우, 여성이 많이 근무하는 직종에 종사하는 경우가 많다. 여성관계가 복잡하여 정리하기가 어려워진다. 카리스마가 부족

홍염살(紅艶殺)

하여 대업(大業)을 이루기 어렵다.
- 선천적(先天的)으로 화려하고, 분위기 있는 음악에 젖는 취향이라 환락(歡樂)을 즐기는 단점(斷點)이 나타난다. 굵고 짧은 것이 아니라, 가늘고 길어 이성관계도 맺고 끊는 맛이 약하여 시달린다.
- 사주(四柱)가 신강(身强)하면 오히려 이것이 장점(長點)으로 활용이 되어 비즈니스에 큰 도움이 되나, 대체적으로 신약(身弱)의 흐름으로 이어지고, 강(强)하여도 스스로 약(弱)함을 선호하여 용두사미(龍頭蛇尾)가 된다.
- 직업(職業)이나, 성격(性格)으로 인하여 부부(夫婦)간에 서로 오해(誤解)가 발생한다. 집에 들어오면 오히려 말도 없고 과묵한 성격으로 변하는 경우가 많다. 내성적(內性的)인 성향이 강하며, 속에 있는 이야기를 털어 놓아야 마음 편안한 사람이다. 옆에 항상 사람이 있어야 하는 사람이다. 대체적으로 들어주는 쪽을 선호한다.
- 비교적 철이 늦게 드는 편이다. 자기의 실속을 차리는 데에 욕심이 없다. 약간 져주는 편이다. 한 번 신뢰를 쌓으면 끝까지 믿고 가는 스타일이다.
- 사랑은 소나기 사랑을 한다. 단점(短點)을 말한다면 상대에게 주로 당한다. 지나친 신뢰(信賴)에 의한 허무감을 강하게 느낀다. 안 그래야지 하지만 또 당한다. "홍도야 울지 마라, 오빠가 있다!"는 형국이다. 순정파가 많다.
- 여성(女性)의 경우, 버드나무처럼 휘어지나, 실속(實速) 위주로 하고, 한 편으로 사랑을 찾는다.

흉살(凶殺)

◆ **홍염살(紅艶殺)의 통변(通辯).**

☀ 신약(身弱)하면서, 신강(身强)을 뺨친다. 그러나 대체적으로 강(强)함이 아니라, 편견(偏見)과 고집(固執)으로 망한다.

☀ 자신의 잘못으로 인하여 발생하기도 하나, 주변(周邊)의 유혹이 심하여 자칫 실수를 하는 경우가 많다. 매력이 강하지는 않으나 호감(好感)을 끄는 자태(姿態)나, 형상(形象)이라 자신의 관리에 항상 주의(注意)하여야 한다.

☀ 본의 아닌 실수(失手)로 인하여 임신(姙娠)을 하거나, 강제로 추행(醜行)을 당하는 경우가 생긴다. 자연 사생아(私生兒)를 낳기도 하고, 결혼 후 이혼(離婚)을 하는 확률이 높다. 주로 경제적(經濟的)인 면이 많이 작용을 한다.

☀ 사랑에는 그다지 어려움이 없으나 경제적(經濟的) 면이나, 자신의 목적(目的)을 위하여 가정(家庭)을 버리는 경우도 발생한다. 친구 따라 강남도 간다.

☀ 항상 중요한 것은 전체적인 흐름을 일단 판단하고 길흉(吉凶)을 논하고 내가 끌려가는 것인가? 내가 끌어당기는 것인가? 판단하여야 한다. 모든 살(殺)이나 격국(格局)에서도 마찬가지다.

✷ 건명(乾命)

庚	丙	丙	乙
寅	申	戌	巳

술(戌)월, 병(丙)화 일간(日干)이다.
큰 키에 우렁찬 목소리의 주인공이다.

▢ 일지(日支)와 시지(時支)가 충(沖)이다. 년지(年支)와 월지(月支)가 파(破)이다. 형제궁이 든든하다. 형제 중 막내다. 병(丙)경(庚)이 화극금(火克金)하여 목소리가 우렁차다. 선천적(先天的)이다.

홍염살(紅艶殺)

시지(時支)에 홍염살(紅艶殺)이 작용 하는데 큰 키와, 우렁찬 목소리가 이성(異性)을 절로 유혹하는 형상이다. 반은 먹고 들어간다.

홍염살(紅艶殺)의 특징이 그대로 나타난다. 처궁(妻宮)이 시끄러운 것이 복잡한 이성(異性)관계로 인하여 문제가 빈번하게 발생한다.

사업을 한답시고 부지런히 하기는 하는데, 명석한 두뇌에 비하여 처세(處世)가 불투명(不透明)하고, 근면성(勤勉性)이 부족하고, 골프치거나, 명품에 집중하니 사업(事業)은 부진(不盡)하여 문을 닫는 형국으로 돌아간다.

❋ 곤명(坤命)

庚	甲	甲	丙
午	寅	午	午

오(午)월, 갑(甲)목 일간(日干)이다.

갑(甲)목 일간이, 시지에 오(午)를 놓고 있다.

⬆ 현재 학원(學院)을 운영하는 분인데, 식상(食傷)의 기운이 왕(旺)하고 학부모와 학생들에게 항상 친절과 믿음으로 대하여, 지방 지역 내에서 제일 많은 학생들을 지도하고 있는 분이다. 홍염살(紅艶殺)의 역량(力量)이다.

흉살(凶殺)

● 고신, 과숙살(孤辰, 寡宿殺)

과부 심정은 홀아비가 알아준다 하였던가? 짝 잃은 기러기의 서글픈 심정과도 같다.

외롭고, 쓸쓸하고, 등과 허리가 허전한 것이다. 부부(夫婦)의 연(緣)이 부족하다. 결혼(結婚)하여도 이혼(離婚)을 하고, 혼기(婚期)를 놓치고, 그럭저럭하다보니 늙어지면 여생(餘生)이 문제가 된다.

◆ 고신, 과숙살(孤辰, 寡宿殺)의 구성

고신(孤辰), 과숙살(寡宿殺)의 판단은, 년지(年支) 기준(基準)으로 하여 일(日), 시(時)를 비교하여 판단한다.

☀ 인묘진(寅卯辰)년생----사(巳)➡고신　축(丑)➡과숙.
☀ 사오미(巳午未)년생----신(申)➡고신　진(辰)➡과숙.
☀ 신유술(申酉戌)년생----해(亥)➡고신　미(未)➡과숙.
☀ 해자축(亥子丑)년생----인(寅)➡고신　술(戌)➡과숙.

◆ 고신, 과숙살(孤辰, 寡宿殺)의 작용(作用).

☀ 고신(孤辰) : 일명 홀아비 살이라 한다. 어미가 없이 아비가 홀로 지내는 형상(形象)을 이야기 한다. 남자가 아내 없이 지내는 것이다. 상처(喪妻)살 이라고도 한다. 년지(年支) 기준하여 방합(方合)국을 만들어, 끝의 다음 자(字)가 고신(孤辰)이다.

고신(孤辰), 과숙(寡宿)

☀ 결혼(結婚)을 하여도 오래 인연(因緣)이 자주 끊어지고, 생활(生活)에 파탄(破綻)이 많아 가정적(家庭的) 면에서 불행(不幸)한 결과를 초래하는 흉살(凶殺)이다.

☀ **과숙살(寡宿殺)** : 여자가 남편(男便) 없이 살아간다. 일명 과부(寡婦)살이다. 상부살(喪夫殺)이라고도 하고, 공방살(空房殺), 독수공방(獨守空房)살 이라한다.

☀ 부부(夫婦)간의 연(緣)이 짧거나, 혼기(婚期)를 놓쳐 독신(獨身)으로 지내는 경우, 이런 표현을 하여 나타낸다.

☀ 남편(男便)이나 아내가 배우자(配偶者) 없이 홀로 지내는 살(殺)이다. 요즈음은 대체적으로 결혼(結婚)을 늦게 많이 하는데, 시대적인 흐름이지만, 고신(孤辰), 과숙살(寡宿殺)작용이 시대적(時代的)으로 커다란 작용을 한다고 보면 된다.

☀ **신강(身强)일 경우** : 잠시 혼란(混亂)하나 곧 정리(整理)되어 원만한 환경을 유지한다. 일시적인 풍파(風波)는 면하기 어렵다. 미혼(未婚)일 경우 성혼(成婚)이 이루어질 듯 질 듯 하면서 속을 태우나 결국에는 성사(成事)된다.

☀ **신약(身弱)일 경우** : 공방(空房)이 길어지고, 대화(對話)의 성립이 이루어지지가 않고 파경(破鏡)으로 이어지고, 흉살이나 악살이 가세하면 불상사(不祥事)가 발생하고, 생사(生死)의 사유도 발생(發生)하는 경우도 생긴다.

☀ 미혼(未婚)의 경우 약혼(約婚) 후 파혼(破婚)되는 경우도 생기고, 집안끼리 손해배상 등의 문제도 발생한다. 요즈음은 당사자 간의 순결(純潔)문제에 대한 사항은 큰 문제가 되지 않는 상황으로 이어진다.

☀ 고신(孤辰)에서는 재성(財星)을 살펴야 하고, 과숙살(寡宿殺)에서는

흉살(凶殺)

관성(官星)을 살펴야 한다. 길신(吉辰)이나, 흉신(凶神)의 중복(重複)이나 그 영향(影響)도 살펴야 한다.

* 무조건적인 고신(孤辰), 과숙살(寡宿殺)을 논하여서는 안 된다. 년지(年支) 방합(方合)을 형성하기 이전(以前), 이후(以後) 일이므로 변화(變化)의 시작과, 끝이다.
* 살(殺)이란 요즈음 일지(日支) 위주로 하여 보는 경향이 점차적으로 늘어난다. 전체적인 흐름이 항상 우선이다. 오히려 역(逆)으로 백년해로요, 헤어졌다가 다시 이어지는 경우도 발생한다.
* 신약(身弱)에서 신강(身强)으로 변화(變化)하는 경우가 있는가? 를 살펴야 한다. 심신(心身)의 변화(變化)에 예민하다. 작은 일에도 감격을 하고, 핀잔이나, 야단, 왕따 등을 당하면 서러움과 자격지심(自激之心)에 눈물을 자주 보이는 형상이다.
* 간혹 쓸데없는 옹고집을 부리지만 결국 오래가지 못한다. 한두 번만 찍어도 넘어가는 나무와 같아 심지(心地)가 굳지 못하다.
* 자녀(子女)에 대한 미안함에 보상(補償), 심리적(心理的) 작용이 많아 인성(人性)교육에 있어 실패하는 경우가 많다. 요즈음은 컴퓨터와 접하는 시간이 많다보니 결손가정(缺損家庭)의 자녀가 되어 게임중독으로 빠지는 경우가 많다. 자녀(子女)는 관(官)이요, 식상(食傷)이라 신약(身弱)한 경우는 가능성이 농후하다.
* 고신(孤辰), 과숙살(寡宿殺)의 영향을 받는 사람은 자녀(子女)도 분명히 영향을 받는다는 것을 짚고 넘어가야 한다.
* 환경(環境)의 변화(變化)가 심하다. 잦은 이사와, 직장의 변동, 생활의 리듬이 분산되고, 본인(本人)에게 어려움이 많이 발생한다. 일의 진척이 늦어지고, 마무리가 어렵다.

고신(孤辰), 과숙(寡宿)

◆ **고신, 과숙살(孤辰, 寡宿殺)의 통변(通辯).**

고신(孤辰), 과숙살(寡宿殺)의 근본(根本)은 년지(年支) 방합(方合)이라 조상(祖上)의 자리요, 나의 뿌리다. 이곳이 방합(方合)으로 하여 씨족 간에 똘똘 뭉치는데 접근(接近)이 어려워지고, 내침을 받는다.
외면(外面)을 당하니 뿌리가 흔들리고, 좌정(坐定)을 못한다. 생활도 안정(安定)이 쉽지가 않고, 근거지(根據地)도 확립이 어렵다. 학창시절이면 왕따를 당한다.

☀ 미혼의 남녀가 성혼(成婚)이 어려워 고민을 한다. 선택에 있어서 이 살(殺)이 작용한다면 심사숙고(深思熟考) 하는 것이 좋다.
☀ 월(月)에 작용(作用) 하면, 일찍 부모(父母)와 이별(離別) 하고 동가숙서가식(東家宿西家食) 하는 상황까지 이어질 수 있다. 친지(親知)에 의존(依存)하여 어린 시절을 보내는 경우, 서러움에 눈물을 배운다.
☀ 한 지붕 두 가족 문제가 발생한다. 장기전으로 돌입한다. 황혼이혼으로 이어지는 경우가 많다.
☀ 이동(移動)이 많고 방랑하는 경우도 발생한다. 공망(空亡)등 기타 흉살(凶殺)이 가임 할 경우, 여기서 헤어나는 방법은 최대한 빨리 정착(定着)하는 것이 최선이다. 작은 일에도 항상 감사하고, 상대에 대하여 고마움을 표하라.
☀ 간혹 귀격(貴格)으로 작용하는 경우도 있으나, 선천적(先天的) 기운이 있는지라 한편으로 냉정한 처신(處身)을 보인다.
☀ 어느 연예인들처럼 사생활 문제이지만, 환영받는 결혼식도 못 올리고 많은 시간이 흐른 후에 이혼(離婚)을 하고, 위자료(慰藉料)나 재산분할 청구소송까지 이어지는 경우, 이 살(殺)의 작용이라 보면 된다.

☀ 운(運)에서 올 경우, 배우자 쪽에서 원인(原因) 발생하는 것으로 판단(判斷)한다. 막고, 끄집어 당긴다. 서로 간에 똑같은 성향(性向)의 부부라면 이심전심(以心傳心)이라 이해는 하지만, 한번 터지면 크게 사고로 연결되어진다. 대체적으로 무난히 넘어가는 경우가 많다.

☀ 갑인(甲寅), 을사(乙巳), 무신(戊申), 신해(辛亥)일주가 과숙살(寡宿殺)에 해당한다.

● **실전(實戰)으로 살펴보는 고신, 과숙살(孤辰, 寡宿殺).**

※ 건명(乾命)

己	己	辛	甲
巳	未	未	寅

미(未)월, 기(己)토 일간(日干)이다.
년지(年支) 인(寅)이요, 시지(時支) 사(巳)이다.

⬆ 초등학교 동창인 여성과 결혼한 남성이다. 아내의 몸이 너무 허약하여 주변 반대가 심하였다.
워낙 오래 연애를 하고 둘이 끔찍이 사랑하는 사이라 허락(許諾)을 한 결혼(結婚)이다. 남성의 사주에 고신살(孤辰殺)이 나타나 있다.
일지(日支)가 아니라 약간은 그렇다 하여도, 평균수명(平均壽命)이 길어진 현시대에서는 어떨는지?
사주(四柱)상으로 둘은 천생배필이다.
팔자(八字)는 피해가지를 못하는 것인가 보다. 일(日)에 있는 경우는 특별한 경우가 아니고는 명줄과 연결하여 해석을 잘 안 한다.
물론 상황에 따른 해석(解析)이 나올 때도 있으나, 시(時)에 있는 경우, 작용력(作用力)이 강(強)하다.

고신(孤辰), 과숙(寡宿)

❋ 곤명(坤命)

乙	丙	庚	辛
未	戌	寅	亥

인(寅)월, 병(丙)화 일간(日干)이다.
년지(年支) 해(亥), 일지(日支) 술(戌)이다.

⬆ 이혼 후 총각과 결혼하여, 득자(得子)한 여성(女性)이다.

일(日)에 과숙살(寡宿殺)이다. 과부(寡婦)가 된다는 것은 결코 아니다. 문제가 많았고, 탈도 많았던 결혼이라 항상 불씨를 안고 있는 가정이다. 남자가 백수라는 것이다. 오래 백수는 하지 않겠지만 사람일이야 누가 알겠는가? 현재는 여성(女性)이 벌어서 생활하고 있다.

일(日)에 과숙살(寡宿殺)이 있으니 걱정이다. 헤어질 가능성이 많다. 꼭 "배우자가 사망(死亡)한다" 보면 안 되는 이유이다.

❋ 곤명(坤命)

辛	丁	癸	甲
亥	丑	酉	寅

유(酉)월, 정(丁)화 일간(日干)이다.
년지(年支) 인(寅), 일지(日支) 축(丑)이다.

⬆ 결혼(結婚)이 너무 늦어 걱정 하는 사람이다.

과숙살(寡宿殺)이 작용한다. 관(官)도 많아 그 작용력(作用力)이 심하다. 년지(年支)의 해(亥)중 임(壬)수와 합(合)을 이루니, 결혼(結婚)이 더욱 늦어진다.

흉살(凶殺)

.십악대패살(十惡大敗殺)

십악대패살(十惡大敗殺)이란? 십악(十惡)과, 대패(大敗)의 두 단어의 합성어(合成語)다.

십악(十惡)이라는 단어도 별로 좋은 의미가 아니고, 대패(大敗)라는 자체도 그리 달갑지는 않다.

십악(十惡)이란? 쉽게 생각하면 10가지의 악살(惡殺)과도 같다. 대패(大敗)란? 패(敗)하여도 아주 크게 패(敗)하는 것이다.

진정한 의미(意味)는 원상태로의 복귀(復歸)가 힘든 상태이다.

◆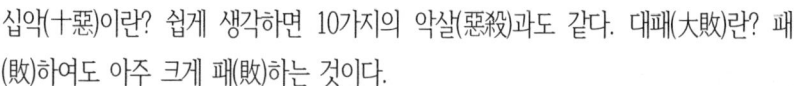

☀ 원리(原理) : 쉽게 생각을 하는 방법을 택하여 보자.
☀ 년간(年干)과, 일간(日干)이 편관(偏官)의 작용을 하고,
☀ 년지(年支)와, 일지(日支)가 상충(相沖)하는 관계,
☀ 일지(日支), 일간(日干)의 무록(無祿)으로 구성된다. 여러 조건(條件)을 충족하는 관계.

❶ 경술(庚戌)年 갑진(甲辰)日
❷ 신해(辛亥)년 을사(乙巳)日,
❸ 임인(壬寅)年 병신(丙申)日,
❹ 계사(癸巳)年 정해(丁亥)日,
❺ 갑진(甲辰)年 무술(戊戌)日,
❻ 갑술(甲戌)年 경진(庚辰)日,
❼ 을미(乙未)年 기축(己丑)日,
❽ 을해(乙亥)年 신사(辛巳)日

십악대패살(十惡大敗殺)

⑨ 병인(丙寅)年 임신(壬申)日,
⑩ 정사(丁巳)年 계해(癸亥)日,

🔼 매사 하는 일이 꼬이고 풀리지 않는다. 자연 삶 자체가 피곤(疲困)하고 의욕(意慾)이 없어지고, 희망(希望)을 품지 못한다. 치고 박는 상황(狀況)에서 무엇인들 제대로 될 것인가!

◆ **십악대패살(十惡大敗殺)의 통변(通辯).**

☀ 기준(基準)은, 일지(日支)를 근본으로 판단한다.
☀ 깨지고, 부서지고, 망가지는 흉(凶) 작용을 하는 것이다. 좋게 본다면 파격적(破格的)이고, 개혁적(改革的)이고, 추상적(抽象的)이고, 혁신적(革新的)인 상황, 창조적(創造的)인 면, 기존(旣存)의 룰을 파괴하는 종류나, 새로운 발명 내지는 학술, 진취적인 예술 활동, 추상적인 사고방식과, 경이적인 이론의 결과에 대하여서 오히려 이러한 살(殺)의 작용(作用)이 기다려지는 면도 있다.
☀ 직업(職業) 또한 이러한 분야에 종사(從事)하면 좋다.
☀ 평범하고, 순리적(順理的)인 상황에는 어울리지 않는다. 질서가 없고, 정리가 없고, 무작위적인 상황의 연속이다.
☀ 아무리 좋은 운(運)을 만나도 빛을 보는 것은 그 때 뿐, 지나고 나면 이 살(殺)의 작용(作用)에 의한 범주(範疇)에서 벗어나지 못한다.
☀ 괴이한 활동(活動)과 처신(處身)으로 세간의 주목(注目)을 받아도 인기와 명예는 그 때 뿐, 지나고 나면 허무하다. 십악대패살(十惡大敗殺)의 작용(作用)이 그러하다.

흉살(凶殺)

● **실전(實戰)으로 살펴보는 십악대패살(十惡大敗殺).**

✽ 곤명(坤命)

庚	壬	庚	丙
子	子	子	午

자(子)월, 임(壬)수 일간(日干)이다.
일(日)과 년(年)의 간지가 충(沖)으로 이어진다.

⬆ 년(年)과 월(月), 일(日),시(時) 전부가 극(剋)과 충(沖)으로 이어진다. 이런 사주는 그리 흔치 않을 것이다.
8세 때 부터 소아마비요, 정신착란이요, 장애(障碍)이다. 평생(平生)을 가는 것이다. 십악대패살(十惡大敗殺)이란 이런 것이다.

✽ 곤명(坤命)

甲	庚	甲	甲
申	戌	戌	辰

술(戌)월, 경(庚)금 일간(日干)이다.
년(年), 일(日)의 천간(天干)지지(地支)가 충(沖)

⬆ 천간(天干)으로 년(年),월(月),시(時)가 일간(日干)과 전부 충(沖)이 연속으로 이어진다.
불나비와 같은 인생을 사는 여성이다. 결혼(結婚)이 늦어지는 것은 당연한 것이고, 이혼남과 결혼(結婚), 이혼(離婚) 그리고 또 다른 남성과 동거-------

✽ 곤명(坤命)

癸	辛	癸	乙
巳	酉	未	卯

미(未)월, 신(辛)금 일간(日干)이다.
년(年), 일(日)이 각각 충(沖) 한다.

⬆ 이 여성은 결혼을 자그마치 3번이나 하였다. 각각 다른 배우자를 만났지만 별거 후 다시 합하여 동거를 하고 있다.
여성의 경우, 관(官)이 남편인데, 사주를 보면 재(財)를 충(沖)하고 있는

십악대패살(十惡大敗殺)

것이다. 어째서 일까? 남성 같은 여성이다. 남자로 태어날 운명인데, 여자로 태어난 것이다.
거기에 조상(祖上)을 극(剋)하니 천륜(天倫)을 우습게 아는 것이다.
업(業)이다. 앞에서 소개한 사주 역시 마찬가지다. 차이점이 있다면 양(陽)일간은 더욱 거칠고, 음(陰)일간은 다소 연(軟)하다는 차이이다.
다른 면으로 해석(解析) 한다면 여성에게 재(財)란 시어머니요, 시가(媤家)다. 사이가 안 좋다. 시어머니를 잡아먹으려 달려드는 것이다.
사사건건 시비(是非)이다. 숨소리도 듣기가 싫은 것이다.
자연 가정불화(家庭不和)로 이어지니 이혼(離婚)이다.
매사 모든 일에 적응(適應)이 안 된다. 되는 일이 있을 리가 없다.

흉살(凶殺)

음양차착살(陰陽差錯殺)

우선 차(差), 착(錯)에 대하여 살펴보자.

☀ 차(差)란? 비교(比較)를 생각하여보자. 위, 아래 길고 짧음, 알고 모르고 식으로 한 쪽이 기우는 것이다. 생각보다는 무엇인가가 기준치에 어긋나거나, 그 이상이다.

☀ 착(錯)이란? 주된 의미는 섞이는 것인데, 혼란(混亂)이 가중되어 어지러운 것이다. 나도 모르게 정신이 없으니 상대가 볼 때는 외면(外面)을 하고 있는 것처럼 보인다. 동 떨어진 것이요, 등을 돌린 것이다. 매사가 엉망이다.

☀ 음양차착살(陰陽差錯殺)은 양(陽)에 속하면 양차(陽差)살이라 하고, 음(陰)에 속하면 음착(陰錯)살이라 하는데, 둘을 합하여 차착살(差錯殺)이라 하여 음양차착살(陰陽差錯殺)이라 한다.

◆ 음양차착살(陰陽差錯殺)의 구성(構成)

음(陰)과, 양(陽)의 구별은 천간(天干) 기준(基準)으로 한다.

☀ 양착살(陽錯殺) : 병오(丙午), 병자(丙子), 무신(戊申), 무인(戊寅), 임진(壬辰), 임술(壬戌)

☀ 음차살(陰差殺) : 신묘(辛卯), 신유(辛酉), 계사(癸巳), 계해(癸亥), 정미(丁未), 정축(丁丑)

음양차착살(陰陽差錯殺)

천간(天干)	▶	丙丁戊	丙丁戊	辛壬癸	辛壬癸
지지(地支)	▶	子丑寅	午未申	卯辰巳	酉戌亥

◆ **음양차착살(陰陽差錯殺)의 작용(作用)과 통변(通辯).**

음양차착살(陰陽差錯殺)이란?
대체적으로 외가(外家), 시가(媤家)를 운운하는데, 실질적(實質的)으로 나와의 관계를 본다.
좀 더 근접(近接)적인 면으로 찾아보자. 현대의 결혼 풍속도를 살펴보자.
첫째는 사랑이 앞서야 이루어진다.
그 다음은 그 사랑을 유지하고 버티어나갈 여력(餘力)이 키워져야 지속적인 사랑이 유지된다.
음양차착살(陰陽差錯殺)은 한마디로 한다면 얼마나 좋은 배경(背景)을 갖춘 집안에 내가 안착(安着)할 것인가 보는 것이다.
 설사 그것이 안 된다면 주변의 도움이라도 받을 수 있는가? 능력적인 면도 살펴보는 것이다.
차착살(差錯殺)이 있으면 이런 복(福)은 없는 것이다. 이에 해당이 안 되어야 며느리, 사윗감으로 알맞다고 보는 것이다.

☀ 남성(男性)은 처가(妻家)의 신세를 질 수도 있고, 그 배경(背景)을 이용하여 출세(出世)도 할 수가 있다.
☀ 여성의 경우, 시댁이 경제적(經濟的)인 여력(餘力)이 충분하여 호의호식(好衣好食)하고 지낼 수도 있다.
☀ 이 살(殺)은 그런 것을 전부(全部)가 피해간다. 지지리 복(福)도 없다. 주변(周邊)의 도움을 받기도 어렵다.

흉살(凶殺)

- 이 살(殺)을 갖추고 있으면 특히 생일(生日)이 이에 해당하면 부부(夫婦)간 풍파(風波)가 많고, 여러 어려움에 봉착(逢着)한다. 특히 시댁(媤宅)의 가세(家勢)가 기울어 말 못할 사연이 많이 생긴다.
- 남편(男便) 복이 없으면, 시댁(媤宅) 복(福)도 없는 것이다.
- 남자(男子)의 경우, 처가(妻家) 도움을 받기는커녕 오히려 보태주어야 한다. 처가(妻家)의 몰락으로 많은 애를 쓰게 된다. 아내의 지나친 요구로 이혼(離婚) 당하는 경우도 발생한다.
- 친가(親家)가 어려우면 외가(外家)라도 좋아야 할 터인데 오히려 외가(外家)쪽이 더 난리이다. 무엇이던 부창부수(夫唱婦隨)다. 끼리끼리 어울린다.
- 음양차착살(陰陽差錯殺)은 기댈 복(福)이 없다. 그저 내가 벌어 내가 열심히 사는 것이 최고다. 그것이 순리(順理)다.
- 이 살(殺)을 보는 근본(根本) 목적은, 겉으로는 외가(外家), 처가(妻家) 운운하였지만 실상은 내가 과연 경제적(經濟的)으로, 또는 권력있는 집안에 어떻게 가능성이 있는가? 없는 가? 보고, 행여 어려울 때 주변(周邊)의 도움을 받을 수 있는 가? 일종의 보험식의 요행(僥倖)수를 보는 것이다.
- 같은 값이면 다홍치마라고 아는 사람들이 많으면 얼마나 좋은가? 집안의 번창도, 친족(親族)간의 연락 및 기여도 등을 살핀다. 한마디로 한다면 궁합볼 때 집안이 괜찮은가? 어떤가를 살피는 방법 중의 하나로 본다.
- 이러한 살(殺)을 갖고 있는 경우는 급할 때 수단(手段)과, 방법(方法)을 가리지 않는다. 다 살기 위한 수단이라고 하지만 워낙 없다보니 줄 것은 없고, 받기만 해야 한다. 갑갑하다.

음양차착살(陰陽差錯殺)

※ 배우자(配偶者)를 배신하는 것은 다반사다. 해로(偕老)하기가 힘들다. 자신의 신세를 한탄(恨歎)하며 상대방을 원망하고 "다, 니 탓이요!"를 연발한다.

◆ **실전으로 살펴보는 음양차착살(陰陽差錯殺).**

쉽게 기억하는 법은 병자(丙子), 병오(丙午), 신묘(辛卯), 신유(辛酉)를 기억하고, 육갑의 순서로 2씩 추가한다.

✺ 곤명(坤命)

壬	丙	己	乙
辰	子	丑	卯

축(丑)월의 병(丙)화 일간(日干)이다.
지지(地支)의 합(合)과 형(刑)이 보인다.

⬆ 일(日)과, 시(時)에 차착살(差錯殺)이다. 금융기관에 근무하는 여성인데 노모(老母)를 모시고 홀로 지내는 여성(女性)이다. 효심(孝心)이 극심하지만 본인의 인생(人生)이 문제다.

의논(議論) 할 사람이 없다. 인덕(人德)이 없다. 무인도(無人島)에 갇혀 있는 형국이다.

흉살(凶殺)

효신살(梟神殺)

효(梟)란? 올빼미를 일컫는데 왜? 효신살(梟神殺)이라고 하였을까?

일반적으로 어머니에게 해(害)를 끼치는 것으로 해석(解析)들을 하고 있는데, 다른 면으로 살펴보자. 자식이 못났으니 어미가 희생(犧牲)을 하는 것이요, 어미 복(福)이 없으니 일찍 이별을 하는 것이다.

청개구리의 이야기를 상기하여보자. 비 오는 날 개울가에서 세상을 하직한 엄마를 그리면서 운다.

엄마의 속뜻은 뭍에다 묻어주기를 바랬던 것인데, 자식인 청개구리는 살아생전 불효만 하였으니 마지막으로 효도(孝道) 한번 하자며 어머니의 뜻을 따라 개울가에 시신(屍身)을 묻는다.

효(梟)란 올빼미를 말하는데, 약간은 모자라는 것이다.

덜 갖추어졌다는 말이다. 부족(不足)함이 많다. 내가 모자라도 알아서 다 채워주니 크게 신경을 안 쓴다는 것이다.

◆ **효신살(梟神殺)의 구성(構成)**

일주(日柱)기준으로 한다. 일지(日支)가 인수(印綬)일 경우, 효신(梟神)이라 하는데 어미의 희생(犧牲)을 등에 업고, 자신의 명(命)을 연명(延命)한다.

◆ **일지(日支)가 인성(印星)인 경우**

일간(日干) ☞ 甲 乙 丙 丁 戊 己 庚 庚 辛 辛 壬 癸
일지(日支) ☞ 子 亥 寅 卯 午 巳 辰 戌 丑 未 申 酉

효신살(梟神殺)

갑자(甲子), 을해(乙亥), ----목(木) 일간
병인(丙寅), 정묘(丁卯), ----화(火) 일간
무오(戊午), 기사(己巳), ----토(土) 일간
경진(庚辰), 경술(庚戌), ----금(金) 일간
신축(辛丑), 신미(辛未), ----금(金) 일간
임신(壬申), 계유(癸酉). ----수(水) 일간

◆ **효신살(梟神殺)의 특성(特性)과 작용(作用).**

1) 일지(日支) 인수(印綬)이면 이것을 효신(梟神)이라 하는데, 일지(日支)란 배우자 자리다. 그런데 인수(印綬)인 어머니가 있다. 생물학적 어머니라는 존재 밖에 안 된다. 자식이 자기 마누라인줄 착각을 하고 부려먹기만 한다. 불효막심한 것이다.
지지(地支)란 천간(天干)에 따라 가고, 오는 것이다. 천간(天干)이 양(陽)이면 지지(地支)도 양(陽)이요, 천간(天干)이 음(陰)이면 지지(地支)도 음(陰)이다.
결국은 편인(偏印)이 자리한다. 편인(偏印)이란 도식(倒食)이다. 일간(日干)에게는 일시적(一時的)으로 도움이 될지? 는 몰라도 장기적(長期的)인 안목(眼目)에서는 아니다.

☀ 남성의 경우는 재성(財星)을 피곤하게 하니, 처(妻)와는 불화(不和) 관계가 생성(生成)된다.
☀ 편인(偏印)이므로 모외유모(母外有母), 유실자모(幼失慈母), 모정결핍 등 어머니와 연관된 여러 사항(事項)이 발생된다. 편애(偏愛), 집착

흉살(凶殺)

(執着) 그리움 등이 몸에 베인 행동(行動)과, 생각으로 나타난다.
* 여명(女命)에 인성(印星)은 자손(子孫)인 식신, 상관을 극(剋)하니 무자팔자일 경우가 발생하거나, 자손(子孫)이 있어도 산액(産厄)이 발생하여 장애가 나타나고, 병(病)치례가 심한 경우가 된다.
* 남녀 공히 결혼(結婚)운이 대체적으로 불길하다.
* 특히 시(時)에 있으면, 자식과의 인연(因緣)이 박하다. 인수(印綬)가 공망(空亡)까지 겹치면 일찍 엄마와 이별을 하거나, 계모(繼母)를 맞는데 양쪽을 왔다 갔다 하는 기구한 운명으로 이어지고, 말년(末年)에 양쪽을 다 잃어버리는 결과로 나타난다. 늙은 고아가 된다.

* 곤명(坤命)

壬	丁	壬	庚
寅	卯	午	戌

오(午)월, 정(丁)화 일간(日干)이다.
년(年)과, 일(日)에 효신(梟神)이다.

⬆ 어머니가 행방불명(行方不明)으로 처리된 여성(女性)이다.
목(木)이 화(火)로 변하여 허공(虛空)으로 날아갔다.
조상(祖上)에서 데리고 간 것이다. 이 사주(四柱)의 주인공(主人公)에게도 문제점이 나타난다. 아리따운 여성이 양팔에 술병을 들고 있다.
불꽃처럼 타오른다. 인성(印星)이 비겁(比劫)으로 화(化)한다.
이런 경우 화(火)가 되어 재(財)인 경(庚)금을 잡는다.
여성(女性)에게 재(財)는 시가(媤家)요, 시어머니다. 어찌 되겠는가?
정재(正財)니 아버지다. 아버지인 경(庚)금이 년간(年干)에 있으니 초년(初年)에 이미 세상을 뜨신 것이다.
어머니가 자식을 낳자, 아버지가 세상을 떠난 것이다.
결국 이 여성은 홀로 사는 인생(人生)이 된 것이다.

천전살(天轉殺), 지전살(地轉殺)

천전살(天轉殺)과 지전살(地轉殺)

천전살(天轉殺), 지전살(地轉殺)은 월지(月支)인 계절(季節)을 기준(基準)으로 하여 일주(日柱)를 대조(對照)하여 판단(判斷)한다.

◆ **천전살(天轉殺).**
계절(季節)에 대하여 가장 강(强)한 기운(氣運)으로 왕(旺)함을 갖추고 있다. 지나치게 왕(旺)하여 생기는 변화(變化)다.

　　　　　　　　　　　　　　　　　　　　납음(納音)
☀ 춘생(春生)--인묘진(寅卯辰)--을묘(乙卯)--대계수(大溪水)
☀ 하생(夏生)--사오미(巳午未)--병오(丙午)--천하수(天河水)
☀ 추생(秋生)--신유술(申酉戌)--신유(辛酉)--석류목(石柳木)
☀ 동생(冬生)--해자축(亥子丑)--임자(壬子)--상자목(桑柘木)

◆ **지전살(地轉殺).**　　　　　　　납음(納音)
춘생(春生)--인묘진(寅卯辰)--신묘(辛卯)-송백목(松柏木)
하생(夏生)--사오미(巳午未)--무오(戊午)-천상화(天上火)
추생(秋生)--신유술(申酉戌)--계유(癸酉)-검봉금(劍鋒金)
동생(冬生)--해자축(亥子丑)--병자(丙子)-간하수(澗下水)

◆ **천전살(天轉殺), 지전살(地轉殺)의 작용**

☀ 전(轉)이란? 굴러가고, 움직이고, 옮겨지고 변화(變化)하고 결국은

바뀌는 것이다.

☀ 천전살(天轉殺)은 하늘의 변화(變化)로 자연(自然)의 방해(妨害)가 심하여진다.

☀ 지전살(地轉殺)은 땅위에서 변화다. 천(天)은 기(氣)의 변화(變化)이지만, 지(地)는 물(物)의 변화(變化)다. 물(物)의 변화는 다양하다. 커지기도 하고, 부서지기도 하고, 각기 다른 것끼리 모이기도 하고 천차만별(千差萬別)인 것이요, 매우 복잡(複雜)하여 예측이 힘들다.

☀ 무엇이든 항상 과(過)하면 탈(奪)이 나는 법이다. 기운(氣運)이 강(强)하면 물러날 줄 모른다. 지나치게 강(强)하면 부러지는 법이다. 융통성(融通性)이 필요하다.

☀ 자칫 잘못하여 우쭐하는 기분으로, 잘난 척 하다가, 별일도 아닌 것으로 인하여 별일이 생긴다. 요절(夭折)이라는 소리 까지 나오는 경우가 생긴다. 힘자랑, 먹는 자랑, 위험한 상황에서의 묘기자랑, ――다 부질없는 일이요, 귀한 생명을 잃는 경우가 발생한다.

☀ 지나치게 모자랄 경우 어떻게 될까? 자기 밥도 못 찾아 먹는다. 실전 사주를 보면서 살펴보자.

✻ 건명(乾命)

乙	辛	甲	乙
酉	卯	寅	卯

인(寅)월, 신(辛)금 일간(日干)이다.
지전살(地轉殺)에 해당된다.

⬆ 일(日),시(時)가 충(沖)으로 얼룩진다. 바보 같은 인생이다. 허나 팔자가 그런 것을 어찌 할 것인가?
나무를 잘라야 할 톱이 나무에 박혀 나오지 않는다. 재다신약(財多身弱)인데 차라리 재(財)에 종(從)하는 격(格)이면 나으련만, 그렇지 못하다.

천전살(天轉殺), 지전살(地轉殺)

이것이 인생이다. 일을 하고 돈을 받지를 못한다. 이 핑계, 저 핑계 아니면 업소가 망(亡)하고 주인(主人)이 도망가고, 산 넘어 산이다. 인생(人生)의 굴레를 벗어나지를 못한다. 어찌 할 것인가?

신살(神殺)통변(通辯)

제 4장
신살통변 (神殺通辯)

그 동안 살펴본 신살(神殺)에 대한 종합적인 사항을 살펴보는 것이다.
전체적으로 많은 부분을 같이 보아야 하나, 신살(神殺)을 위주로 하여 살펴보는 것이 주 사항이므로 일일이 다 접하여 보지를 못하는 것에 대한 이해를 부탁드리며 실전에 임하는 것과 같은 분위기로 접하기를 바라는 바이다.

신살(神殺)통변(通辯)

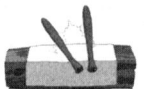

신살(神殺)통변(通辯)

❋ 건명(乾命)

丙	甲	庚	辛
寅	午	寅	丑

인(寅)월, 갑(甲)목 일간(日干)이다.
지지(地支)에 탕화(湯火)가 국(局)을 이루고 있다.

⬆ 일단 탕화(湯火)가 제일 먼저 눈에 들어올 것이다.

여기서 무엇을 먼저 보아야 하는가? 사람마다 취향(趣向)이 다르고, 식성(食性)이 다 다르듯 각자가 관심(觀心)갖는 부분이 다 다를 것이다. 순간적(瞬間的)인 영감(靈感)이 떠오르는 사람이 있는가 하면, 재물? 여자? 직업?--- 각양각색(各樣各色)이다. 그 중 일단 본인(本人)이 무엇이 궁금한가? 이야기를 할 경우 그 쪽 부분을 볼 것이다. 그러나 말이 없을 경우는 어찌 할 것인가?

사주(四柱)위에 관상(觀相)이요, 관상(觀相)위에 심상(心相)이라고 하던가? 각자가 알아서 볼 것이다.

중요한 것은 신강(身强)인가? 신약(身弱)인가? 먼저 살펴보자. 인(寅)월이라 초봄이라는 환경의 나무다.

천간(天干)으로 일간(日干) 갑(甲)목이 매우 약(弱)한 형상(形象)이다.

찢기고, 상처 나고, 난도질당한 나무이다. 결국 까만 재로 간다..

지지(地支)에 인오(寅午) 화국(火局)하여 일간(日干)기운이 심히 설기(泄氣) 되는 형상이다.

설상가상 축(丑)이 있어 완전한 탕화(湯火)국(局)을 이루니 약간 허탈하다. 천간(天干)과 지지(地支)로 많이 허기진 형상이다. 신약(身弱)한 사주이다.

살(殺)을 일일이 그 종류(種類)를 따지자면 지나치게 복잡하니 책에 소개된 정도의 수준에서 살펴보자.

월주(月柱) 경인(庚寅)을 보면 백호(白虎), 고신(孤辰)이다. 겁살(劫煞)

신살(神殺)통변(通辯)

에 해당. 일지(日支) 도화(桃花)요, 시지(時支) 겁살(劫煞)이다. 일주(日柱)는 현침(懸針)에, 평두(平頭)요, 탕화(湯火)요, 귀문(鬼門)관이요, 도화(桃花)요, 원진(怨嗔)이요---다양하다.
어느 사람이던 신살(神殺)을 찾으면 아무리 없어도 10개 이상 나오는 것이 정상이다. 그 만큼 누구나 다 갖고 있다.
사람이 제아무리 잘나고 동물이 아니고 마치 신(神)인 것처럼 인간을 미화(美化)하지지만, 결국 한낱 동물에 지나지 않는다는 것을 알아야 한다.
자연의 재해(災害)와 변화(變化)에 아무런 저항(抵抗)도 하지 못하고 순순히 순한 양같이 받아들이지 않는가?
생로병사(生老病死)에 대한 순응, 지진이나, 해일, 폭풍, 화재, 황사, 화산폭발------ 다 한계가 있다.
신살(神殺) 역시 이러한 기운(氣運)의 일종의 변화(變化)다.
이 사주 주인공의 직업(職業)은 무엇일까? 현시대에는 직업의 종류가 하도 많으니 열거하기도 어려울 정도이고, 모르는 직종, 새로 탄생하는 직종도 부지기수다.
중요한 것은 얼마나 경제적 발전과, 안정을 도모하고 있는가? 하고 살피는 것 일게다. 시대(時代)가 요구하는 사항이니 말이다.
지방의 재래시장에서 생선판매업을 하고 있다. 경제적(經濟的) 면에는 걱정 안 할 정도이다. 나름대로 열심히 생활을 하고 있는 분이다.
갑(甲)목 일간에게 식상(食傷)과, 관(官) 기운이 왕(旺)하니 차분히 갈증(渴症)을 달래주며, 안정(安定)을 주는 수(水)의 반김이 그리운 것이다.
직종(職種)의 선택은 아주 잘 된 것이다. 공망(空亡)에 대한 사항은 어떤가? 크게 염려되지는 않는다.
건록(建祿)격 사주(四柱)이나, 식신(食神)도 지나치면 상관(傷官)화(化)

- 450 -

하는 것이라 상관(傷官)격 사주로 변질(變質)된다.

겉으로는 관(官)의 기세(氣勢)가 강(强)하나 식(食),상관(傷官)의 기세(氣勢)가 이를 잘 조화(調和)하니 다행이다.

중년 이후 지나침을 항상 조심해야 하는 것이 문제다.

※ 건명(乾命)

丁	甲	乙	戊
卯	午	卯	申

묘(卯)월, 갑(甲)목 일간(日干)이다.
귀문관살(鬼門官殺)이 눈에 들어온다.

⬆ 갑(甲)목 일간(日干) 사주인데 신강(身强)하다.

육해(六害), 지살(地殺)이 어우러져 귀문관살(鬼門官殺)을 이루고 있다.

월(月), 시(時)에 도화(桃花)가 있다. 비겁(比劫)도화(桃花)이다.

일지(日支)에 정재(正財)인 기(己)토가 있으나 사방에 있는 비겁(比劫)으로 자기 자리를 찾지 못한다.

이성(異性)관계에 있어서 문제가 발생한다. 일지(日支)의 오(午)화가 재살(災殺)인데, 삼재(三災)가 인묘진(寅卯辰)이다. 결국 월(月)일(日)시(時)가 전부 재살(災殺)이라는 결론(結論)에 도달한다.

경인(庚寅), 신묘(辛卯)년 많은 어려움에 봉착을 하고 있다. 관(官)이 필요한 사주(四柱)인데, 지지(地支)가 절궁(絶宮)에 해당하니 제 역할을 못한다.

삼재(三災)에 해당하니 더더욱 힘들어진다. 흔히 삼재(三災)는 세운(歲運)에서 오는 3년간만 생각하는데, 그것은 일차적인 사고방식이다. 이차 방정식처럼 조금 더 폭 넓게 활용해야 한다.

양인살(羊刃殺) 작용도 강(强)하여, 신(申)금 편관(偏官)이 맥을 못 춘다.
직장생활은 죽어도 못한다.

다행히 대운(大運)에서 그동안의 고생을 해갈(解渴)하니 앞으로 지난날의

신살(神殺)통변(通辯)

고생을 웃으며 이야기 할 것 같다.

✸ 건명(乾命)

丁	乙	壬	丙
丑	丑	辰	午

진(辰)월, 을(乙)목 일간(日干)이다.
지지(地支)가 혼란(混亂)스럽다.

⬆ 합(合),충(沖),파(破),해(害)가 고루고루 섞여있다. 지지(地支)에는 많은 신살(神殺)이 있어 하나씩 구별하며 살펴보자.

✸ 년(年)을 보면 탕화(湯火), 격각(隔角), 도화(桃花), 홍염살(紅艶殺) 등이 있다. 장성살(將星殺)에 해당한다.

✸ 월(月)을 보면 양인(羊刃), 조객(弔客), 과숙살(寡宿殺)등이 있고, 월살(月殺)에 해당하고

✸ 일(日)에는 원진(怨嗔), 귀문관살(鬼門官殺), 도화(桃花)등이 있고, 천살(天殺)에 해당하고,

✸ 시(時)에는 백호, 구문관살, 원진, 도화(桃花)인데 도삽(倒揷)도화(桃花)다. 일지(日支)와 마찬가지로 천살(天殺)이다.

✸ 납음(納音)오행을 살펴보면 년(年)에는 천하수(天河水)요, 월(月)에는 장류수(長流水)요, 일(日)에는 해중금(海中金)이고, 시(時)는 윤하수(潤下水)로 작용한다. 기(氣)의 작용이다. 사주(四柱) 음기(陰氣)가 강하게 작용하니 탕화(湯火)가 작용하면 발작을 할 정도다.

✸ 축(丑)과, 진(辰)은 계절(季節), 환경(環境)이 바뀌는 매우 중요한 시기다. 항상 바뀌는 시기(時期)가 사주 전체에 미치는 영향도 살펴야 한다. 계절(季節)이 바뀌는 기간에는 환경(環境)이 바뀌면서 많은 변화를 동반한다. 운(運)도 이에 상응하는지라 항상 다가오는 변화와, 지나가는 변화의 차이를 잘 감지해야 한다. 이것을 잘 판단하는 것이 통변(通辯)을 잘하는 것이다.

신살(神殺)통변(通辯)

화토(火土)중탁(重濁)의 사주(四柱)라 문제점이 많이 노출이 된다.
을(乙)목 일간(日干)이 매우 신약(身弱)하게 나타난다.
월주(月柱) 천간(天干)과 지지(地支)의 역할이 중요하다.
정기(正氣)의 활용에 착안(着眼)을 해야 한다.

◆ 진흙 속에 카바이트를 넣고 동그랗게 모양을 형성하고 그 곳에 공기가 통하도록 구멍을 뚫어보면 그 사이로 가스가 새어 나온다. 이때 그곳에 불을 댕기면 불길이 생긴다. 바로 이와 같은 형상이다.

◆ 나무에 꽃이 피는 형상이 아니다. 불을 피워도 이상하게 피운다. 습(濕)한 토(土)와, 왕(旺)한 수(水)의 기운(氣運) 사이에서도 불을 피울 수는 있다. 그것은 화기(火氣)덩어리가 그 속에 묻혀 있기 때문이다. 빨대 효과이다.

✳ 곤명(坤命)

甲	辛	丙	辛
午	卯	申	亥

신(申)월, 신(辛)금 일간(日干)이다.
복잡한 이성(異性)관계를 살펴보자.

⬆ 월간(月干) 병(丙)화가 일간(日干)과, 년간(年干)과 투합(妬合)을 이루고 있다.
월지(月支) 경(庚)금이 있다. 살(殺)과는 무슨 관계가 있을 것인가? 월지(月支)와 일지(日支)가 귀문관살(鬼門官殺)을 이루고 있다.
이 사주 주인공은 유부남과 사귀면서 그의 아내와도 같이 식사도 하는 그런 여성이다. 대단한 사람인지? 아니면 정신이 나간 사람인지 알 수가 없다. 그리 돈이 좋은가 보다.
월간(月干)의 병(丙)화를 보자. 사방에 주렁주렁 달린 것이 여자다. 해살(害殺)에, 귀문(鬼門)에 참 복잡하다. 회두극(回頭剋)으로 결론이 날 것이다.

도(道)를 지나치면 항상 그 업(業)은 받는다. 이 사주의 남편은 어디에 있는가? 시지(時支)의 오(午)중 병(丙)화로 보면 될 것이다.

❋ 건명(乾命)

辛	丙	癸	甲
卯	寅	酉	辰

유(酉)월, 병(丙)화 일간(日干)이다.
지지(地支) 방합(方合)이 삼재(三災)이다.

⬆ 일간(日干) 병(丙)화가 병신(丙申)합 하여, 자신을 옥죄는 결과를 만든다.

일지(日支)를 살펴보면 원진(怨嗔)에, 평두살(平頭殺)에, 효신살(梟神殺)에, 홍염살(紅艷殺)에, 조객살(弔客殺)등 살(殺)이 많다. 또한 합(合)과, 충(沖)도 보이고 해살(害殺)도 보이고------

이 사주의 주인공은 오로지 돈이다. 물론 살기 위한 방편이지만 지나치다. 그것이 눈에 보일 정도이니 얼마나 집착하는 사람인가? 재물(財物)이란 지나치게 집착(執着)하면 떠나간다.

재물(財物)과 합(合)을 하여도 결국, 그것이 자신에게는 관재수(官災數)로 돌아온다.

어떤 이는 여자(女子)로, 어떤 이는 재물(財物)로 --참 세상이란 묘(妙)하다.

❋ 건명(乾命)

庚	壬	辛	己
戌	辰	未	酉

미(未)월, 임(壬)수 일간(日干)이다.
괴강살(魁罡殺)이 돋보인다.

⬆ 사주(四柱)가 신강(身强)한 것 같아도 실지로 매우 신약(身弱)하다. 인성(印星)이 강(强)하니, 인성(印星)에 의존(依存)하는 사주이다.

지망살(地網殺)도 보이고, 충(沖)도 합(合)도 나타난다.

실질적(實質的)으로 본인이 무엇인가 이루어야 하는데, 뜻대로 잘 안 된

신살(神殺)통변(通辯)

다. 마치 얹혀가는 형국이다. 이유는 무엇일까? 물론 본인 자체가 약한 이유도 있지만 살로 살펴보자.

괴강(魁罡)기운(氣運)이 강(强)하다. 보통 양인(羊刃)이나, 백호(白虎), 괴강(魁罡) 등 살(殺)이 거친 경우, 본인이 일단 스스로가 강해야 한다. 처지면 문제가 생긴다. 끌려가는 입장이 된다.

현재 개소주, 녹즙 등을 하는 분이다. 업종의 선택은 아주 적절하다. 경제적인 면에서 별로 어려움이 없다.

한두 번 외도(外道)를 하다 결국 다 털어먹고, 다시 현재의 일에 열중하고 있다.

❋ 건명(乾命)

甲	丁	庚	庚
辰	卯	辰	申

진(辰)월, 정(丁)화 일간(日干)이다.

신살(神殺)의 작용이 겹쳐서 작용된다.

🔼 현재 계미(癸未) 대운(大運)이다. 일지(日支)를 살펴보자. 효신(梟神)에 귀문관살(鬼門官殺)이요, 반 방합(方合)을 이루고 있다.

방합(方合)도 습(濕)한 기운의 합이라 생(生)에는 인색(吝嗇)하다.

해살(害殺)이 차지하는 권역이 넓다. 거기에 진진(辰辰) 자형살(自刑殺) 기능도 나타낸다.

제일 무서운 것은 운(運)에서 자(子)수가 올 경우다.

지지(地支)에 형성되어 있던 인성(印星)의 기운(氣運)이 졸지에 와해(瓦解)된다. 금(金), 목(木)의 균형이 무너진다.

일지(日支)와 자묘(子卯)형이요, 지지(地支)에서 신자진(申子辰) 삼합국(三合局)을 형성, 관국(官局)을 이룬다.

이때 재관(財官)에 종(從)하여 세력을 따르면 될 것이나, 시간(時干)의 갑(甲)목이 있어 거부할 경우가 문제다.

신살(神殺)통변(通辯)

재성(財星)과 인성(印星)이 균형을 이루는 것 같으나, 천간(天干)에서 경(庚)금의 충(沖)을 견디기 항상 괴롭다.
이 사주의 특징은 무엇일까?
진(辰)중 무(戊)토가 인성(印星)으로 변하여 작용하니 대인관계가 어려운 것이다. 자연 재성(財星)이 있어도 이성(異性)관계 소식, 진전이 없다.
재다신약(財多身弱) 기운(氣運)이다.
진(辰)토 또한 신(申)금과 합하여 자(子)수가 올 경우, 관국(官局)을 형성한다. 묘진(卯辰)의 해살(害殺)작용 또한 강(强)하게 작용한다.
진진(辰辰)이 자형살(自刑殺)로 작용하는 것이 직장도 시원치 않고, 대외적(對外的) 활동에 많은 지장을 초래한다. 거기에 묘(卯)목과 자체적 해살(害殺) 또한 심각한 영향을 끼친다. 신살(神殺)작용이 크다.

❋ 곤명(坤命)

辛	甲	壬	戊
未	寅	戌	辰

술(戌)월, 갑(甲)목 일간(日干)이다.
진술(辰戌)충(沖)과, 인미(寅未) 귀문(鬼門)

⬆ 이 사주(四柱)의 핵심(核心)은?
대학입시를 5회나 치른 집념의 여성이다. 더 할 것인가? 아니면 말 것인가? 나의 길은 무엇일까? 여기에서 신살(神殺)을, 그리고 합(合)과 충(沖)을 찾아보자.
월간(月干)의 임(壬)수가 편인(偏印)이다. 진(辰)중 계(癸)수가 정인(正印)이 된다.
년주(年柱) 무진(戊辰), 월주(月柱) 임술(壬戌)이 백호살(白虎殺)이다.
일(日)에는 평두살(平頭殺)이고, 일(日)과, 시(時)에서도 귀문관살(鬼門官殺)이 작용한다.
진술(辰戌)-충(沖) 또한 문제다. 지장간(支藏干)을 보면 정계(丁癸)충

(沖)이라, 월간(月干)의 임(壬)수는 주변을 둘러보아도 이미 벽으로 둘러막혀 우군(友軍)이 들어올 길이 없다. 인성(印星)이 힘을 못 쓰니 학업과는 인연이 없다.

대운(大運)은 경신(庚申)이라 관성(官星)이니, 인성(印星)을 생(生)하는 여력(餘力)은 있어도, 갑(甲)목의 뿌리 인(寅)목을 인신(寅申)-충(沖)으로 두들기니 뿌리가 흔들린다.

대운(大運)이 역(逆)으로 흐르니 다른 길을 모색하는 것도 방법이다.
인성(印星)이 힘을 못 쓰니 스스로 힘을 키워야 한다.

❋ 건명(乾命)

壬	甲	丙	戊
申	寅	辰	辰

진(辰)월, 갑(甲)목 일간(日干)이다.
진진(辰辰) 자형살(自刑殺), 인신(寅申)충이다.

⬆ 이 사주에서는 직업을 살펴보자. 현재 대학생이다.
호텔조리과를 다니고 있는 중이다. 올 해 아마 졸업을 하였을 것이다.
자격증도 이미 취득한 상태였으니까－－－－－－－
눈에 확 들어오는 것이 자형살(自刑殺)과, 인신(寅申)충(沖)이다.
재성(財星)이 자형살(自刑殺)이다. 직업(職業)으로 선택은 잘 된 것이다.
인신(寅申)충인데 일지(日支)가 된다. 이성(異性)관계에 약간 문제성은 있다. 이것 역시 눈에 안 보이는 자형살(自刑殺)의 영향, 중요한 것은 재고(財庫)를 놓고 있다.
자형살(自刑殺) 속에 백호살(白虎殺) 작용도 같이 한다.
현재 기미(己未) 대운이니 조금 더 시간이 흘러야 한다.

❋ 곤명(坤命)

丙	甲	甲	癸
子	辰	子	巳

자(子)월, 갑(甲)목 일간(日干)이다.
백호살(白虎殺)이 넘쳐난다.

⬆ 백호살(白虎殺)이 월(月), 일(日), 시(時)에 있고, 과숙살(寡宿殺), 평두살(平頭殺) 또한 보인다. 양착살(陽錯殺)도 보인다.

관점(觀點)은 가정(家庭)문제다. 재혼(再婚)을 해야 하는 팔자다.

사람은 누구나 백발(白髮)이 되도록 한 배우자와 오래 살고 싶을 것이다. 그러나 운명(運命)이란, 그리 쉽게 뜻대로만 이루어지는 것이 아니다.

여성(女性)이 재혼(再婚)하는 경우다. 결국 계모(繼母)소리 듣는 팔자(八字)다.

백호(白虎) 작용이 강하다. 월(月), 시(時)에서 일지(日支)로 양쪽에서 자리를 차지하려고 한다. 일간(日干)의 입장에서는 어쩔 수 없이 받아드려야 하는 팔자(八字)이다.

경오(庚午) 대운(大運)이라 천간(天干)의 갑(甲)목에 대한 갑경충(甲庚沖)이요, 지지(地支) 자(子)수에 대한 자오(子-午) 충(沖)이다.

남의 집에 대신 어머니로 가는 것이다.

※ 건명(乾命)

庚	辛	庚	戊
子	卯	申	子

신(申)월, 신(辛)금 일간이다.
바람기에 대하여 알아보자.

⬆ 사주에서 바람기란 도화(桃花)인데, 도화는 어디 있는가?

년지(年支) 기준(基準)으로, 유(酉)가 비겁(比劫)도화(桃花).

일지(日支) 기준(基準)으로, 자(子)수가 식상(食傷)도화가 된다.

비겁(比劫)도화, 식상(食傷)도화에 대하여 내용을 살펴보고 판단하자.

년지(年支)기준으로 유(酉)를 보았을 때, 사주(四柱)에서 보이지가 않는다. 그럼 바람기라는 도화(桃花)가 없다는 말?

일단은 없다. 그러나 운(運)에서 올 경우, 문제가 발생을 한다.

운(運)에서 유(酉)가 올 경우, 그 파급효과(波及效果)가 매우 커진다.

신살(神殺)통변(通辯)

시지(時支), 일지(日支), 년지(年支) 전부가 그 변화(變化)의 영역(領域)에서 벗어나지 못한다. 보이지 않는다고 하여 신경을 안 쓰면 안 된다. 이처럼 보이지 않아도 더 큰 흉이 나타나는 수가 있다.

그럼 년(年)으로 볼 것인가? 일(日)로 볼 것인가? 어느 쪽을 보아야 할 것인가?

보는 방법은 년(年)기준으로 많이 본다, 간혹 일지(日支)기준으로 하여 보는 사람들도 있고, 일간(日干)기준으로 판단하는 경우도 있고, 대체적으로 년(年)기준으로 많이 판단하는데 점차적으로 일간(日干)기준으로 보는 사람들도 늘어나고 있는 형국이다.

이에 대한 판단은 각자가 알아서 하도록 하는 것이다.

현재 이 사주의 주인공은 바람기로 아내에게 많은 시간 힘든 역경과 고통을 주었던 사람이다. 재산의 많은 탕진도 포함이 되는 것이다. 현재도 진행 중인 남성이다. 지 버릇 개 못주는 것이다.

대운(大運) 또한 정묘(丁卯)대운이라 문제가 많다. 황혼(黃昏)이혼 이라는 말이 있지만, 그런 결과는 없어야 할 것이다. 이미 포기하고 내 놓은 남편이다.

※ 건명(乾命)

| 甲 | 甲 | 辛 | 庚 |
| 戌 | 辰 | 巳 | 申 |

사(巳)월, 갑(甲)목 일간(日干)이다.

사주가 형(刑)과 충(沖)으로 얼룩진다.

⬆ 여기서는 건강(健康), 가정(家庭)을 보도록 하자.

일(日)과 시(時)에 백호살(白虎殺)이 중첩(重疊)이다. 천간(天干)으로 충(沖)이요, 지지(地支)는 형(刑), 파(破)등---복잡하다.

상문(喪門), 귀문(鬼門), 평두(平頭), 대패(大敗), 고진살(孤辰殺), 낙정관살(落井官殺), 홍염살(紅艶殺) 등--------

너무 많으니 일주(日柱), 시주(時柱)를 우선보자. 갑(甲)목은 머리카락이다. 천간(天干)에서 충(沖)이요, 극(剋)을 받으니 머리가 제대로 자라지를 못한다. 자리를 보존하기가 힘들어진다. 뿌리 또한 충(沖)으로 흔들리니 머리가 빠진다. 탈모(脫毛)이다. 건강(健康)으로 보는 것이다.

※ 곤명(坤命)

丙	己	庚	乙
寅	卯	午	丑

오(午)월, 기(己)토 일간(日干)이다.
탕화(湯火)가 보인다.

⬆ 식당을 운영하고 계신 분이다. 탕화(湯火)가 국(局)을 형성. 남편과 이혼하고, 딸은 학업으로 인하여 외국생활을 하고 있다. 탕화(湯火)로 인하여, 남편(男便)과 딸이 본인과는 떨어져 생활을 하고 있다. 문학을 사랑하던 분이셨는데, 다른 길로 접어든 것이다.

년간(年干), 월간(月干)이 합(合)이 든다. 아버지와 딸은 사이가 좋은 것이다. 모든 뒷바라지를 다하고 있다. 본인은 관인상생(官印相生)으로 인하여, 관(官)의 도움으로 열심히 하고 있다. 여기서 관(官)은 정관(正官)이 아니다.

-(終)-

편집후기

-편집후기-

길고 긴 시간 이었습니다.
원고정리 하느라 생각보다 많은 시간이,
어느 덧
한 해의 달력도 바뀌고
새로운 형태를,
새로운 모습을,
결국은
욕심이라는 것을 알았습니다.
차분함이 자리하니
모든 것이 순조로웠습니다.
부족하지만 뿌듯하였습니다.
이제 또 한 걸음 내딛었습니다.

2011.07.30.
법사 원담.

☯. 도서출판 두원출판미디어 역학도서

만세력(포켓용)	만세력4-6판	만세력(신국판)	부부클리닉
6,000원	13,000원	18,000원	18,000원
사주명리에 빠져봅시다	사주상담노트	사주통변술의이차방정식	추명가 해설집(여명편)
27,000원	9,000원	25,000원	23,000원
추명가 해설집(남명편)	건강과 질병	사주격국의 원리와 흐름을 찾아서	사주용신의발톱을 찾아라
18,000원	15,000원	27,000원	30,000원

CD,DVD 안내

실전사주학 시리즈 ---❼

사주 신살, 약(藥) 인가? 독(毒) 인가?의 CD,DVD구입 안내.

책 내용에 관한 설명을 담은 내용입니다.(전권내용)-❼
기존의 실전사주학 ❶-❻ 시리즈도 계속 제작 합니다.
많은 성원 부탁드립니다.(개정판과 같이 나옵니다.)
강의 : 법사 원담(한 명호)
책을 구입하신 독자에 한하여 보급을 합니다.
연락처 : 출판사로 문의 하시면 됩니다.

033)242-5612

실전사주학 (고재용)——⑦

사주신살, 약(藥) 인가? 독(毒) 인가?

지은이 / 김숙희

펴낸이 / 한원석
펴낸곳 / 두원출판미디어
　　　　강원도 춘천시 효자3동 612-2
☎ 033) 244-5612, 252-5612　FAX 033) 251-5611
Cpoyright ⓒ2011 , by Dooweon Publishing Media
이 책의 내용은 저작권법에 따라 보호받고 있습니다.
판권은 본사의 소유임을 알려드립니다.
등록 / 2010. 02. 24 제333호

♣ 파본, 낙장본은 교환하여 드립니다.
♣ 블러그 : http://kr.blog.yahoo.com/doo1616
　홈페이지 : www.internetsajoo.com
　　　　：　www.dooweonmedia.co.kr
♣ E-mail : doo1616@yahoo.co.kr

1판 2쇄 2021.02.03.　ISBN 978-89-964099-2-2

정가 27,000 원

판권 본사
소유 의인